Inhalt

Musik besteht nicht aus Bedeutungen, die – wie bei Verkehrs-
zeichen – jederzeit und überall eindeutig zu bestimmen sind.
Die Auffassung, Musik sei mehrdeutig, geht von der Fähigkeit
der Sprache zur eindeutigen Bezeichnung aus; Sprache – be-
schreibend, erklärend, beurteilend – fungiert denn auch als Medium der Annäherung an Musik. Zu zeigen, wie weit dies überhaupt möglich ist und welche unterschiedlichen, oft kontroversen Deutungen und Wertungen ein und dasselbe Werk im Laufe
der Zeit erfahren hat, ist Hauptzweck der vorliegenden Textsammlung. Die Absicht der Herausgeber bestand weniger darin, eine lückenlose Rezeptionsgeschichte der ausgewählten
Werke oder gar der Komponisten zu präsentieren; vielmehr
wurde angestrebt, die Spektren der Interpretationen und Urteile in ganzer Vielfalt wiederzugeben. Die zusammengestellten
Texte bilden – obgleich gelegentlich als Negativbeispiele – Mo-
delle sprachlicher Annäherung an Musik und konzentrieren zugleich die wesentlichsten Aussagen, die bis heute über die gewählten Kompositionen getroffen wurden. Dabei sind solche
Texte ausgeklammert, die ausschließlich oder überwiegend
kompositionstechnische Befunde mit musiktheoretischer Systematik und Terminologie zu erfassen suchen: im Wagner-Kapitel
etwa ist kaum vom Tristan-Akkord die Rede. Die Zusammen-
stellung von eigenen Aussagen der Komponisten, Uraufführ-
rungskritiken, Rezensionen von Notendrucken, Konzertfüh-
rerbeschreibungen, musikliterarischen und musikwissenschaftlichen Äußerungen hat gewiß manches zutage gefördert, was
zum Schmunzeln veranlassen mag; viele Publikumsreaktionen,
Deutungen und Werturteile erscheinen heute kaum mehr nachvollziehbar. Doch jenseits allen Amusements mögen die Interpretationen auch daraufhin betrachtet werden, wie weit sie unser Musikhören bis auf den heutigen Tag beeinflussen. Neben
dem objektbezogenen Kriterium unserer Auswahl – die Sum-
mierung der wichtigsten Deutungen eines Werkes –, wäre dies
ein eher hörpsychologischer Aspekt, der die sozialisierenden
Wirkungen solcher Texte betrifft.

Die Idee einer Sammlung rezeptionsgeschichtlicher Zeugnisse
konkretisierte sich bald darin, nicht allgemeine Texte zu einem
Komponisten oder gar einer Epoche zu berücksichtigen, son-

dern lediglich solche, die unmittelbar einem bestimmten Werk zugedacht sind; dadurch ist gewährleistet, daß Deutungen und Wertungen konkret nachvollziehbar sind, sie können gleichsam als verschiedene Versuche der Übersetzung ein und desselben musikalischen in einen sprachlichen Text vergleichend beurteilt werden. War ursprünglich geplant, Texte zu einem Kanon großer – und geläufiger – Werke wiederzugeben, so mußte diese Absicht bald modifiziert werden. Nicht immer entspricht dem kompositorischen Rang eine rezeptionsgeschichtliche Vielfalt: die ständige, in allen Epochen ermüdend wiederkehrende Beteuerung, es handele sich hier oder dort um ein vollkommenes und allgemein anerkanntes Meisterwerk, ist rezeptionsgeschichtlich von geringem Interesse. Da werkbezogene Texte in größerem Umfang erst seit dem frühen 19. Jahrhundert existieren, konnte vor Bach nicht zurückgegangen werden; den Grenzpunkt zur neueren Zeit bildet Strawinsky. Die dreifache Auswahl der Komponisten, Werke und Texte ist, dessen sind sich die Herausgeber bewußt, in dieser oder jener Hinsicht sicherlich angreifbar. Wenn auch eine Auswahl anderer Werke den gleichen Zweck erfüllt hätte – sie zu vergrößern verbot der Umfang –, so meinen wir freilich, daß die vorliegende nicht nur der genannten Aufgabe gerecht wird, sondern darüber hinaus auch allgemeine Charakteristika der musikalischen Rezeptionsgeschichte erkennbar macht. Eine Kritik, die diese Auswahl trifft, bestünde im begründeten Vorschlag einer anderen.

Die Reihenfolge der Kapitel entspricht den Daten der jeweiligen Uraufführungen, die Reihenfolge der Texte hält sich an deren Chronologie; gelegentliche Abweichungen davon dienen der Verdeutlichung von Bezügen einzelner Texte untereinander. Den einzelnen Kapiteln gehen kurze Einleitungen voraus, die als notwendig erachtete Informationen zu den Werken selbst sowie, wo erforderlich, Hinweise zur rezeptionsgeschichtlichen Situation enthalten, der die gewählten Texte entstammen. Die stichwortartige Begründung der getroffenen Auswahl der Texte erhebt nicht den Anspruch einer umfassenden Deutung. Dies einerseits in der Gewißheit, daß Substanz und Eigenarten der Texte auch ohne detaillierte Erläuterungen sich erschließen lassen, andererseits in der Auffassung, daß Rezeptionsgeschichte kein abgeschlossener Zustand sei, der in einer Textsammlung zu fixieren wäre. Die Lektüre rezeptionsgeschichtlicher Texte ist Bestandteil der Rezeptionsgeschichte selbst.

Ein detailliertes Inhaltsverzeichnis steht jeweils am Anfang der Kapitel, das Autor, Kurztitel und Jahr der Veröffentlichung nennt; die genauen bibliographischen Angaben befinden sich vor den Texten. Besaß eine Veröffentlichung keinen eigenen Titel, wurde sie durch den Namen des Publikationsorganes markiert. Zusätze und Auslassungen der Herausgeber sind durch eckige Klammern bezeichnet. Die in den Texten auftretenden Anmerkungen wurden nur aufgenommen, wenn sie zum Verständnis unerläßlich schienen; Notenbeispiele wurden weitgehend durch entsprechende Partiturhinweise ersetzt.

Soweit zu ermitteln war, folgt jeweils im Anschluß an die Texte eine kurze biographische Notiz zu den jeweiligen Autoren.

Hermann J. Busch stellte die Kapitel Bach, Mozart, Schubert, Bruckner, Brahms und eine Bibliographie zur musikalischen Rezeptionsgeschichte zusammen; Werner Klüppelholz bearbeitete die Kapitel Beethoven, Wagner, Mahler, Schönberg und Strawinsky.

Siegen und Köln, im Herbst 1981   Hermann J. Busch
                                         Werner Klüppelholz

Johann Sebastian Bach, Vier Duette aus dem Dritten Teil der Klavierübung BWV 802–805

ANONYMUS: lbr. in: Musikalisches Wochenblatt (1792)

PHILIPP SPITTA: Johann Sebastian Bach (1880)

ALBERT SCHWEITZER: Johann Sebastian Bach (1908)

WILHELM EHMANN: J. S. Bachs »Dritter Theil der Clavier-übung« in seiner gottesdienstlichen Bedeutung und Verwendung (1933)

RUDOLF STEGLICH: Johann Sebastian Bach (1935)

HERMANN KELLER: Die Klavierwerke Bachs (1950)

KLAUS EHRICHT: Die zyklische Gestalt und die Aufführungs-möglichkeit des 3. Teils der Klavierübung (1950)

ROBIN A. LEAVER: Bach's Clavierübung III: Some historical and theological considerations (1975)

REINHOLD BIRK: Die Bedeutung der 4 Duette in Bachs »Klavierübung III« (1976)

Einleitung

Die Geschichte der Bach-Rezeption läßt sich kaum einigerma-ßen vollständig an solchen Texten exemplifizieren, die sich auf ein bestimmtes Einzelwerk beziehen. Dies hat seine Ursache wohl zunächst darin, daß von Bach eine große Zahl von Kom-positionen aus den verschiedensten Gattungen vorliegt, die im Laufe der Rezeptionsgeschichte in sehr unterschiedlichem Ma-ße literarische Würdigungen erfahren haben. Bis zum Ende des 19. Jahrhunderts war das Bach-Bild vor allem von der Klavier- und Orgelmusik bestimmt, in der das Einzelwerk weitgehend in der Gattung aufgeht. Von den eher individuell sich präsentie-renden Großwerken stand nur die Matthäus-Passion im Blick-feld, deren Rezeptionsgeschichte des 19. Jahrhunderts bereits dargestellt worden ist.[1] In der ersten Hälfte des 20. Jahrhun-derts fand vor allem die Kunst der Fuge publizistische Beach-tung, was ebenfalls bereits in eindrucksvoller Weise dokumen-tiert wurde.[2] Hier fiel die Auswahl auf eine Gattung, die nur

---

[1] Martin Geck, Die Wiederentdeckung der Matthäuspassion im 19. Jahrhun-dert, Regensburg 1967 (Studien zur Musikgeschichte des 19. Jahrhunderts, Bd. 9).

[2] Walter Kolneder, Die Kunst der Fuge. Mythen des 20. Jahrhunderts, 5 Teile in 4 Bänden, Wilhelmshaven 1977 (Taschenbücher zur Musikwissenschaft 42).

durch wenige Exemplare vertreten ist und die im Schaffen Bachs kaum ein Gegenstück findet. Solche Sonderstellung wird noch durch Fragen der Überlieferung und Funktion akzentuiert, die diese Stücke in einem Zwischenbereich zwischen weltlicher und geistlicher Musik ansiedeln. Das hierdurch entstehende Problem und die daraus gefundenen Auswege reflektieren einige wesentliche Tendenzen der Bach-Rezeption.

Als ersten Teil der »Clavierübung« hatte Bach 1731 sechs Partiten herausgegeben, als zweiten Teil 1735 das »Concerto nach italienischem Gusto« samt der »Ouverture nach Französischer Art«. War im Titel des ersten Teils das »Clavier« nicht näher bezeichnet, so wird im zweiten Teil das »Clavicymbel mit zweyen Manualen« genannt.

Der vollständige Titel des dritten Teils lautet: »Dritter Theil der Clavier Übung bestehend in verschiedenen Vorspielen über die Catechismus- und andere Gesaenge, vor die Orgel: Denen Liebhabern, und besonders denen Kennern von dergleichen Arbeit, zur Gemüths Ergezung verfertiget von Johann Sebastian Bach, koenigl. Pohlnischen, und Churfürstl. Saechs. Hoff=Compositeur, Capellmeister, und Directore Chori Musici in Leipzig. In Verlegung des Authoris.«

Trotz seiner Weitläufigkeit gibt der Titel keinen ganz präzisen Aufschluß über den Inhalt und seine instrumentale und liturgische Bestimmung. Gänzlich unerwähnt bleiben Präludium und Fuge Es-Dur und die vier Duette, mehr als die Hälfte der Stücke ist ohne weiteres auch auf dem besaiteten Tasteninstrument spielbar. Bachs Vetter Johann Elias bestätigt diese instrumentale Ambivalenz in seiner Ankündigung vom 10. 1. 1739: »So ist es auch an dem, daß mein Vetter einige Clavier Sachen, die hauptsächlich vor die Herren Organisten gehören u. überaus gut componirt sind, heraus wird geben.«[3]

An den offenen Fragen der zyklischen Ordnung, der Funktion und der Aufführungspraxis setzen die Deutungsversuche der Interpreten an. Wenn Bach diesen wie die übrigen drei Teile der Klavierübung (als vierter Teil erschienen 1742 die sogenannten »Goldbergvariationen«) »denen Liebhabern zur Gemüths Ergezung« widmet, im dritten Teil aber daneben eigens die »Kenner von der gleichen Arbeit« anspricht, so scheint dies die

---

[3] Fremdschriftliche und gedruckte Dokumente zur Lebensgeschichte Johann Sebastian Bachs 1685–1750. Vorgelegt und erläutert von Werner Neumann und Hans-Joachim Schulze, Kassel-Leipzig 1969 (Neue Bach-Ausgabe. Supplement. Bach-Dokumente, Bd. II), S. 335.

Vermutung zu stützen, daß in dieser Musik Mitteilungen verborgen sind, deren Verständnis nicht dem Gemüt, sondern nur der gebildeten Vernunft möglich ist.

Es liegt nahe, die Deutung der vier Duette aus dem Kontext zu erschließen, in dem sie publiziert wurden oder in dem sie zur Darbietung gelangten bzw. gelangen sollten, wobei die gedruckte mit der zu spielenden Auswahl und Anordnung nach Meinung der meisten Kommentatoren nicht identisch sein muß oder darf. Hier zum besseren Verständnis dieser Erörterungen die Reihenfolge des Drucks:

Praeludium pro Organo pleno (Es-Dur)

»Kyrie, Gott Vater in Ewigkeit« Canto fermo in Soprano à 2 Clav. et Ped.

»Christe, aller Welt Trost« Canto fermo in Tenore a 2 Clav. et Ped.

»Kyrie, Gott heiliger Geist« a 5 Canto fermo in Basso Cum Organo pleno

»Kyrie, Gott Vater in Ewigkeit« alio modo manualiter

»Christe, aller Welt Trost«

»Kyrie, Gott heiliger Geist«

»Allein Gott in der Höh sei Ehr« a 3 Canto fermo in Alto

»Allein Gott in der Höh sei Ehr« à 2 Clav. et Pedal

Fughetta super »Allein Gott in der Höh sei Ehr« manualiter

»Dies sind die heilgen zehen Gebot« à 2 Clav. et Ped. Canto fermo in Canone

Fughetta super »Dies sind die heiligen zehen Gebot« manualiter

»Wir gläuben all an einen Gott« in Organo pleno con Pedale

Fughetta super »Wir glauben all an einen Gott« manualiter

»Vater unser im Himmelreich« à 2 Clav. et Pedal e Canto fermo in Canone

»Vater unser im Himmelreich« alio modo manualiter

»Christ, unser Herr zum Jordan kam« à 2 Clav. e Canto fermo in Pedale

»Christ, unser Herr, zum Jordan kam« alio modo manualiter

»Aus tiefer Not schrei ich zu dir« a 6 in Organo pleno con Pedale doppio

»Aus tiefer Not schrei ich zu dir« a 4 alio modo manualiter

»Jesus Christus, unser Heiland, der von uns den Zorn Gottes wandt« à 2 Clav. e Canto fermo in Pedale

Fuga super »Jesus Christus, unser Heiland« a 4 manualiter

Duetto I (e-moll)

Duetto II (F-dur)
Duetto III (G-dur)
Duetto IV (a-moll)
Fuga a 5 con pedale pro Organo pleno (Es-dur)

Die schon von Bach angedeutete Scheidung des Publikums in
»Liebhaber« und »Kenner« findet bei dem mit »lbr.« bezeichneten Anonymus ihre Fortführung. Er wünscht für den »Liebhaber« neue Duette im »galanten Zeitgeschmack«, gleichwohl
zeigt er Respekt für diese »Meisterwerke für den Gaumen weniger Eingeweihten«. »Mehr Befremden als Hingabe« findet Spitta angesichts der Duette begreiflich, auch bei ihm das Bild ga-
stronomischer Kennerschaft (»Leckerbissen für harmonische
Feinschmecker«). Albert Schweitzers Befremden gilt der Quel-
lenlage, die er damit erstmals problematisiert. Einen ersten großen Lösungsversuch macht Ehmann, dessen liturgische Deutung des Dritten Teils der Klavierübung als Orgelmesse bis
heute vielfach übernommen wurde. In diesem Rahmen finden
die Duette als Musik »sub communione« ihren Platz, ohne daß
daraus für ihre Interpretation noch Konsequenzen gezogen
werden. Eine Deutung unternimmt als erster Rudolf Steglich,
der einen zeitgenössischen Theologen als Gewährsmann heran-
zieht, ohne auf konkrete Beziehungen zu Bach verweisen zu
können. Keller rezipiert und kritisiert die vorliegende Literatur,
insbesondere Steglich, und gibt eine recht pragmatische Deutung der Druckanordnung. Er beschränkt sich auf musikalisch-
technische Analysen, trennt sie aber vom »Verständnis« ab. Ein
rätselhafter Fehler ist ihm unterlaufen: Was er den »Haupttitel«
des Drucks nennt, tritt im Erstdruck überhaupt nicht auf, »Clavier-Übung Dritter Teil, Choralvorspiele und Duetten« ist ein
fingierter Kurztitel, der vom Herausgeber des III. Bandes der
Gesamtausgabe der Bach-Gesellschaft (Leipzig 1851–1899) dem
Notentext vorangestellt wurde, während das Vorwort den vollständigen Originaltitel zitiert.

Klaus Ehricht geht als erster auf innermusikalische Zusammenhänge zwischen den Duetten und den anderen Teilen der
Klavierübung ein und zieht daraus aufführungspraktische Konsequenzen. Robin A. Leaver greift wieder auf die Entstehungs-
und Überlieferungsgeschichte sowie theologische und liturgische Aspekte zurück, um auch zu aufführungspraktischen Konsequenzen zu gelangen.

Zahlensymbolische Überlegungen hatte schon Ehricht angedeutet. Werke, die sich einer überzeugenden Deutung so lange entzogen zu haben scheinen, reizen in besonderem Maße zur Entdeckung von Geheimnissen.

Gerhard Friedemann[4] hat alle vier Stücke, Ulrich Siegele[5] nur das Duett F-Dur auf Zahlen hin untersucht, beide Autoren haben auf ihren Erkenntnissen theologische Gebäude von beträchtlicher Ausdehnung und Komplexität entwickelt, die sich in Auszügen nicht veranschaulichen lassen.

Ein »klarer, einfacher Zusammenhang« ist für Reinhold Birk die »Bedeutung« der Duette, ihm ist »des Rätsels Lösung gelungen.«

Wer sich auf das Terrain der Zahlensymbolik begibt, erliegt offenbar leicht der Faszination der Entdeckerfreude beim Zählen und Deuten, und strittig bleibt, wo hier die Grenzen zwischen historisch Gesichertem und Spekulativem verlaufen.

Ulrich Meyer hat sich zweimal kritisch mit den historischen Voraussetzungen und den interpretatorischen Konsequenzen der Zahlensymbolik auseinandergesetzt.[6]

Spitta stand ratlos vor denjenigen Duetten, die sich dem romantischen Bach-Bild nicht fügten, das in Bachs Musik die Übereinstimmung von Künstlichkeit und Poesie pries[7]. Dieser Verlegenheit konnten die Deuter des 20. Jahrhunderts energisch zu Leibe rücken, nachdem sie sich von der Idee des »absoluten« Charakters der Musik Bachs befreit hatten.

Die Entscheidung zugunsten einer theologischen Deutung der Stücke scheint inzwischen gefallen zu sein, sie spiegelt den hohen Rang wieder, den die Quellenkritik im wissenschaftlichen Bachbild unseres Jahrhunderts eingenommen hat.

Intensive musikalische Analysen der vier Duette bietet: Th. van Huystee, Die vier Duette aus Bachs »Drittem Teil der Clavier Übung«, in: Musik und Kirche 43, 1973, S. 275 ff.

[4] Gerhard Friedemann, Bach zeichnet das Kreuz. Die Bedeutung der vier Duetten aus dem Dritten Teil der Clavierübung, Pinneberg 1963.

[5] Ulrich Siegele, Bachs theologischer Formbegriff und das Duett F-Dur. Ein Vortrag, Neuhausen-Stuttgart 1978 (Tübinger Beiträge zur Musikwissenschaft, Bd. 6).

[6] Ulrich Meyer, Johann Jacob Schmidts »Biblischer Mathematicus« von 1736 und seine Bedeutung für das Verständnis der Zahlensymbolik im Werk J. S. Bachs, in: Die Musikforschung 32, 1979, S. 150 ff.; ders., Zum Problem der Zahlen in Johann Sebastian Bachs Werk, in: Musik und Kirche 49, 1979, S. 58 ff.

[7] Vgl. Carl Dahlhaus, Zur Entstehung der romantischen Bach-Deutung, in: Bach-Jahrbuch 1978, S. 192 ff.

Lbr., Besprechung von Johann Ernst Rembts »Fünfzig vierstimmige Fugetten für die Orgel«, Leipzig 1791, in: Musikalisches Wochenblatt XVIII, 1792, S. 140.
Zit. nach: Dokumente zum Nachwirken Johann Sebastian Bachs 1750–1800. Vorgelegt und erläutert von Hans-Joachim Schulze, Kassel 1972 (Neue Bach-Ausgabe. Supplement. Bach-Dokumente, Bd. III), S. 517.

[...] das Orgel-Duo oder Duetto, als ein, [...] noch nicht viel bearbeitetes Tonstück, [...] Wenigstens sind mir in diesem Fache nicht mehr als 19 Stücke bekannt geworden. Diese sind alle von dem großen Sebastian Bach, und also lauter Meisterstücke. Die vier ersten sind in dem 3ten Theile seiner Klavierübungen gedruckt zu finden; die funfzehn letztern aber, welchen er den Nahmen Inventionen gegeben, circuliren nur in Handschriften. Alle aber, doch besonders die vier ersten, sind nur für den Gaumen weniger Eingeweihten, und es wäre daher ein sehr gutes Unternehmen, wenn sich jemand fände, der die kontrapunktischen Saiten etwas nach dem Geschmacke der Zeit herabstimmte, und mit unter etwas galant thäte.

Philipp Spitta, Johann Sebastian Bach, Bd. II, Leipzig 1880, S. 647 f.

Mit den zweistimmigen Inventionen für Clavier hatte Bach seiner Zeit eine neue Form geschaffen. Er hat uns den Beweis geliefert, daß er ein bedeutendes Gewicht auf sie legte, indem er den dritten Theil der »Clavierübung«, welcher eigentlich nur Orgelmusik enthalten sollte, mit einem Anhang von vier Clavierstücken in Inventionenform ausgehen ließ. Hier nennt er sie Duette und lenkt dadurch die Aufmerksamkeit bestimmter noch auf den zweistimmigen Satz. Alles was von den Inventionen gesagt ist, gilt auch von ihnen, sie sind außerdem aber in der offenliegenden Absicht geschrieben, zu zeigen, daß sich auch im zweistimmigen Clavierstück der größte harmonische Reichthum mit voller Deutlichkeit entfalten lasse. In dieser Beziehung offenbaren sie wirklich erstaunliches; als Muster eines strengen Satzes darf man sie nicht ansehen. Bach hat vielmehr von allen den Freiheiten, welche das »harmonische« System an die Hand giebt, ausgiebigen Gebrauch gemacht, namentlich auch im Gebrauch der Quarte, so daß Kirnberger wohl zu der

Behauptung berechtigt war, Bach habe im zweistimmigen Satze die Quarte nicht für eine rechte Grundstimme gehalten. Was man sonst noch hat bemerken wollen, diesen Duetten sei es eigenthümlich, daß sie keine dritte Stimme zuließen, ist bei Lichte besehen nichtssagend. Denn wenn sie Kunstwerke sein sollten, mußten sie selbstverständlich ohne weitere Ergänzung alles aussprechen, was der Componist aussprechen wollte. Die Duette sind immer mit mehr Befremden als Hingabe betrachtet worden, und es ist das zum Theil wohl zu begreifen. Als Fortsetzungen der Inventionen lassen sich das capricciöse E moll- und das heitere G dur-Duett leicht verstehen. Sie sind bei aller Künstlichkeit scharf gezeichnete Charakterstücke, bei denen Form und Inhalt in voller Harmonie stehen. Die andern beiden hinterlassen aber den Eindruck, als befinde sich der enorme harmonische Reichthum, die Schwere der Gedanken und Weite der Durchführung nicht ganz im richtigen Verhältniß zu der Dürftigkeit der darstellenden Mittel. Es sind Compositionen für »Kenner von dergleichen Arbeit«, denen es Genuß ist den verwickelten Harmoniengang auch nach bloßen Andeutungen zu verstehen, Leckerbissen für harmonische Feinschmecker. Das A moll-Duett sieht sich wie eine zweistimmige Fuge an; die frei ausgeführten Partien überwiegen aber so, daß man nach dem Gesamteindruck auch dieses Stück nur eine ausgeführte Invention nennen kann. Das Thema ist von außerordentlicher harmonischer Ausgiebigkeit, und trotz aller Beschränkung durch innere und äußere Mittel fühlt man in diesem Duett immer noch das freie Walten eines schöpferischen Geistes. Dagegen läßt sich bei dem Mittelsatze des F dur-Duetts ein starker scholastischer Beigeschmack schwer verwinden.

Philipp Spitta (1841–1894), Studium der Philologie, daneben private Musikstudien. 1875 Direktor der Musikhochschule und Professor für Musikgeschichte an der Universität Berlin, persönlicher Freund von Johannes Brahms. Er gilt als einer der Begründer der modernen Musikwissenschaft, sein Hauptwerk ist das 1873/80 zweibändig erschienene Bach-Buch.

Albert Schweitzer, Johann Sebastian Bach, Leipzig 1908, S. 251, Fußnote 30, und S. 280.

Jedoch haben die Duette ... mit dem dritten Teil der Klavierübung von Haus aus nichts zu tun. Sie haben sich beim Stich hineinverirrt.

Anno 1739 kam der dritte Teil der Klavierübung heraus. Er sollte bloß Orgelwerke, die Vorspiele über Katechismuslieder, enthalten; die vier Klavierduette gerieten aus Versehen hinein.

ALBERT SCHWEITZER (1875–1965), Studium der Musik, Theologie und Philosophie. 1899–1912 in Straßburg als Pfarrer, Hochschullehrer für Theologie, Musikwissenschaftler und konzertierender Organist tätig, daneben Medizinstudium. 1913 Gründung von Lambarene, Missionsstation und Krankenhaus in Zentralafrika. Das grundlegende Bach-Buch erschien zuerst 1905 in französischer Sprache als »Jean-Sébastian Bach, le musicien-poète«.

WILHELM EHMANN, J. S. Bachs »Dritter Theil der Clavierübung« in seiner gottesdienstlichen Bedeutung und Verwendung, in: Musik und Kirche 5, 1933.
Zit. nach: Wilhelm Ehmann, Voce et Tuba. Gesammelte Reden und Aufsätze 1934–1974, hrsg. von Dietrich Berke, Christiane Bernsdorff-Engelbrecht und Helmut Kornemann, Kassel 1976, S. 99 f.

Der dritte Teil der »Clavier Übung« stellt also in seinen Chorälen das deutsche, meist von der Gemeinde gesungene, allsonntägliche Ordinarium der protestantischen Messe dar und folgt in seinem Aufbau Schritt für Schritt dem evangelischen Gottesdienst, wie er von den Reformatoren aus den traditionellen Meßelementen und den dazu neu gedichteten Liedern in den frühen Meßordnungen festgelegt wurde. Da Bach im Titel ausdrücklich von Choral-»Vorspielen« spricht und zu jener Zeit das versweise Abwechseln zwischen Orgel und Gemeinde schon außer Gebrauch gekommen war, handelt es sich hier – auch nach der stilistischen Beschaffenheit der Sätze – nicht um Orgelverse, sondern wirklich um Orgelvorspiele zu den nach der Gottesdienstordnung von der Gemeinde angestimmten Chorälen.

Wird die Folge in dieser Weise gedeutet, so erhalten – gleichsam von selbst – auch die 4 Duette am Schluß ihren Sinn. In der bisherigen Interpretation blieb für sie kein Raum; Spitta und Luedtke übergehen sie stillschweigend und Schweitzer entscheidet rasch: »Jedoch haben die Duette mit dem dritten Teil der Klavierübung von Haus aus nichts zu tun. Sie haben sich beim Stich hineinverirrt«. Da die Duette jedoch zwischen dem Abendmahlschoral »Jesus Christus unser Heiland« und der Schlußfuge stehen, also unmittelbar dem Abendmahlsteil des

Gottesdienstes zugeordnet sind, können sie nur als »unter der Communion zu musiciren« gedeutet werden. Während der Abendmahlshandlung wurde demnach strenge kontrapunktische Musik gemacht. [. . .] War die Konzert-»Music« frühzeitig zu Ende, so konnte die Gemeinde noch einige vorgeschriebene Choräle singen: Bach hat z. B. auf den Umschlag der Kantate Nr. 61 ›Nun komm der Heiden Heiland‹ notiert: . . . »Verba institutionis. Praeludieret auf die Music. Und nach selbiger wechselweise praeludiert und Choräle gesungen, bis die Kommunion zu Ende ist et sic porro.« Fehlen etwa Chor und Orchester, und der Organist muß diese Zeitspanne allein ausfüllen, schlägt Bach jene Duette vor. – Die Fuge hat dem Brauch gemäß am Schluß des Gottesdienstes als Postludium zu stehen, ebenso wie ihn das Praeludium einleitet.

WILHELM EHMANN (geb. 1904), Studium der Musikwissenschaft, Promotion 1934, Habilitation 1937, 1940–1945 an der Universität Innsbruck tätig, 1948–1975 Landeskirchenmusikdirektor der Ev. Kirche von Westfalen und Direktor der Kirchenmusikschule Herford. Ehmann trat vor allem als Chorleiter und mit zahlreichen Veröffentlichungen zur Evangelischen Kirchenmusik des 16. bis 19. Jahrhunderts hervor.

RUDOLF STEGLICH, Johann Sebastian Bach, Potsdam 1935, S. 146f.

Zwischen den Orgelchorälen und der Schlußfuge stehen vier »Duette« – ihrer musikalischen Form nach zweistimmige Inventionen von ungewöhnlichem Ausmaß. Da man sich ihr Erscheinen an dieser Stelle nicht erklären konnte, glaubte man bisher, sie seien versehentlich in das Heft hineingeraten. Ehe wir das aber von einem Werke annehmen, das »in Verlegung des Authoris« selbst erschien, dessen Stich und Druck also gewiß von Bach selbst überwacht wurde, muß versucht werden, die Frage zu beantworten, die diese Duette durch ihr Wesen und ihre Stellung im Werk aufgeben: Gibt es für Bach außer dem Menschen, der – in seinen Beziehungen zu Gott – von den Orgelchorälen dargestellt wird, ein Zweites, und zwar ein dem Wesen jener Duette entsprechendes viergliedriges Zweites, das von der göttlichen Macht umschlossen ist? Diese Frage zielt auf das religiöse Weltbild Bachs.

Müßte jenes Zweite nicht die von Gott geschaffene Welt, die Natur außerhalb des Menschen sein? Da wir von Bach selbst kein Schriftzeugnis darüber haben, finden wir etwa in einem

seiner theologischen Bücher Auskunft? Da werden in Johann
Arndts »Vier Bücher vom Wahren Christentum« zu Anfang des
vierten Buches, des »Liber naturae – Wie das große Weltbuch
der Natur nach christlicher Auslegung von Gott zeuget und
zu Gott führet« alter Philosophenmeinung entsprechend zwei
»gewaltige Zeugen Gottes« genannt: »erstlich die große Welt;
und dann die kleine Welt, das ist der Mensch«. Die »kleine
Welt« in ihren Beziehungen zu Gott ist das Thema der Orgelchoräle. Kann nun die »große Welt«, die außermenschliche Natur als Schöpfung Gottes das Thema der vier Duette sein?
Arndt sieht nach uralter Lehre die große Welt aus vier Elementen gebildet: Himmel, Luft, Wasser, Erde. Der Himmel ist »die
unaussprechlich große Rotundität, die alles beschließt«, die
»sphaera octava«, das kraftvollste und spiritualischste der Elemente, Festigkeit des Firmaments und Geist des Feuers in einem – Bachs erstes Duett hat zum Thema den gewaltigen, umfassenden Kreis der authentischen Oktave in feurigem Auf und
Ab, es ist eine Himmels- und Feuermusik ohnegleichen. Die
Luft ist nächst dem Himmel das klarste, lauterste der Elemente,
sie umfängt die Früchte der Erde »gleich in ihren Armen und
Flügeln«, durch sie kommen Regen und Tau und Wind, Wärme
und Kühle, »sie durchgeht alle Elemente und gibt ihnen das
Leben« – Bachs zweites Duett ist das lichteste, unbeschwerteste
der vier – es geht dem Generalbaßwesen geradezu aus dem
Wege! – und durchläuft von allen die verschiedensten Aus-
drucksgebiete: ist der Hauptteil wie ein schwebendes Spiel der
freien Himmelsluft, so die noch strenger kanonisch gearbeitete
Mitte in ihrem Mollklang mit den übermäßigen Sekunden wie
schleichender, durchdringender Gruft- und Nachthauch. Das
Wasser ist »ein fließendes und netzendes Element«, aus dem
Untergrund der Erde entspringend, »seine Zweige und Früchte
austeilend durch den ganzen Kreis der Erde« – Bachs drittes
Duett fließt in lebhafter, klarer Bewegung dahin, aus dem Baß-
grund anhebend und stets von ihm unterbaut, alle Tonregionen
durchmessend, bald wie sprudelnde Quelle, bald wie klar hin-
strömender Fluß. »Die Erde ist die gröbeste, schwerste corpo-
ralische Substanz der ganzen Welt . . . Und wird die Erd- und
Wasserkugel von Gewalt der Luft getragen . . . Diese Befesti-
gung des Erdbodens in der Mitten der großen weiten Expansion
der Luft ist ein überaus großer Zeuge der Allmacht Gottes« –
Bachs viertes Duett ist das seltsamste von allen durch die eigen-
artige Verbindung von festem, gedrungenem, im Verhältnis zu

den andern grobem und doch wie bodenlosem, in der Schwebe bleibendem Wesen in seinem Thema und dessen Ausarbeitung; kaum daß der Baß einmal einen Augenblick lang einen Grundklangstützpunkt findet. So seltsam das erscheint, als Darstellung jenes vierten Elements ist es verständlich und gewinnt im Verein mit den drei andern Duetten einen bestimmten und notwendigen Sinn im Weltbildgefüge des Bachschen Werkes. Daß Bach nicht selbst im Titel des Werkes oder der Stücke darauf hinwies, ist nicht verwunderlich; sagt er doch sogar über Präludium und Fuge und über die Geschlossenheit der ganzen Choralfolge nichts. Oder sollte er vielleicht vorgezogen haben, sein Werk ohne genaue Angaben »besonders denen Kennern von dergleichen Arbeit zur Gemüths Ergezung« vorzulegen, da schon Arndt in seinem Liber naturae sich gegen die Gefahr der Mißdeutung verwahren mußte: auch dieses Buch gehöre zum wahren Christentum, wenn auch etliche sich möchten »ein Widriges träumen lassen«? Bachs bei aller Tiefgründigkeit klare und kräftige Tonbilder könnte freilich der Vorwurf mönchischer Mystik nicht treffen. Daß er sich dieser Arbeit unterzogen, dazu mochten ihn immerhin auch einige Sätze über »die großen Künstler und natürlichen Meister« angeregt haben, die Arndt im selben Buch aus dem »vortrefflichen Teutschen Philosophen« Philippus Paracelsus anführt: »Denn die Natur treibt die Gemüter solcher Leute, den Künsten mit heftigem Nachsinnen und Arbeiten obzuliegen, auf daß Gottes Werke offenbar und hervorgebracht werden zu Gottes Ehren und dem Menschen zu Nutz«.

RUDOLF STEGLICH (1886–1976), Studium der Musikwissenschaft bei Hugo Riemann, Promotion 1911, bis 1929 Musikkritiker. 1929–1956 lehrte er Musikwissenschaft an der Universität Erlangen.

HERMANN KELLER, Die Klavierwerke Bachs, Leipzig 1950, S. 209 ff.

Der dritte Teil der Klavierübung, den Bach vier Jahre nach dem zweiten, dieses Mal wieder im Selbstverlag, herausgab, enthält eine merkwürdige Mischung von Orgel- und Klaviermusik. Der Haupttitel lautete: »Clavierübung Dritter Teil, Choralvorspiele und Duetten«; der Untertitel jedoch spricht nur von »Vorspielen über die Catechismus- und andere Gesänge, vor die

Orgel« und nennt die Duette überhaupt nicht mehr. Der Hauptteil des Bandes – das Es-dur-Präludium, 10 große, 11 kleine Choralvorspiele und die Es-dur-Fuge – ist also der Orgel gewidmet und wird als »Orgelmesse« seit etwa 1930 vielfach zyklisch aufgeführt, – aber was hatten in diesem Zusammenhang die vier großen zweistimmigen Klavierstücke zu suchen, die Bach zwischen den letzten Orgelchoral und die Es-dur-Fuge eingefügt hat? Schweitzer nahm kurzerhand an, die Duette hätten sich »im Stich hereinverirrt«, was aber schon durch den Titel widerlegt ist; andere nahmen an, es handle sich um Orgelmusik, die zum Abendmahl gespielt werden solle, wieder andere versuchten, den Duetten eine symbolhafte Bedeutung zu geben: nach Steglich bedeuten sie die vier Elemente Luft, Erde, Wasser, Feuer (wobei, glaube ich, nur ein kleiner Teil der Spieler herausbringen würde, welches Element welchem Duett zuzuordnen wäre?!). Mir scheint der Fall einfacher und realer erklärbar: Bach wollte gerne auch einmal Orgelmusik herausgeben, wagte das aber wegen des viel geringeren Absatzes nicht, ohne auch etwas für die Klavierspieler beizufügen. Das waren nicht nur die vier Duette, sondern auch die elf manualiter auszuführenden Orgelchoräle, die, zunächst für ein Positiv gedacht, doch auch auf einem besaiteten Tasteninstrument ausführbar waren. So enthielt der Band (der bei Vorausbestellung 3 Rthl. kostete) neben 12 großen, nur auf der Orgel möglichen Stücken 15 kleinere auch auf dem Klavier ausführbare, so daß Bach immerhin mit einigem Recht es wagen konnte, mit diesem ungleichen Gespann die begonnene Reihe fortzusetzen. Da ich die Choralvorspiele in meinem Buch »Die Orgelwerke Bachs« behandelt habe, so kommen hier nur die vier großen zweistimmigen Inventionen, denen Bach den neutralen Titel »Duette« gab, in Betracht. Sie sind so eigenartig und zum Teil so schwer verständlich, daß man in der Tat vermuten möchte, Bach habe damit etwas Besonderes ausdrücken wollen, – aber den richtigen Schlüssel zu ihnen hat noch niemand gefunden. Joh. Nep. David hat mich darauf aufmerksam gemacht, daß in den Themen der vier Duette Choralzitate (besonders aus den im Dritten Teil der Klavierübung behandelten Katechismus-Chorälen) versteckt seien; ein schlüssiger Beweis, daß es sich hierbei um mehr als nur Zufallsanalogien, wie sie in Stücken ähnlichen Charakters oft anzutreffen sind, handelt, dürfte schwer zu erbringen sein. Auch die Tonartenfolge e, F, G, a ist vielleicht nicht zufällig, wir wissen aber auch hier nicht, was sie bedeuten soll. So sehe ich besonders das zweite und vierte Duett neben der »Fantasie über ein Rondo« (S. 208) als die am schwersten zu verstehenden Klavierstücke Bachs an.

Das Duetto I e-moll weist die für Bach so bezeichnende e-moll Chromatik auf (vgl. die Fuge zur e-moll-Toccata, die e-moll-Fuge im W.Kl., das Crucifixus der h-moll-Messe, und die etwa gleichzeitig mit den Duetten entstandene große Orgelfuge, Peters II, 9). Steglich sieht in ihm »eine Himmels- und Feuermusik ohnegleichen«, – könnte man aber in dem Auf- und Abwogen des Anfangs nicht auch ein Abbild des Wassers sehen, wenn es schon eines der vier Elemente sein müßte (besonders in den Takten, in denen beide Stimmen in großartiger Weise gegeneinander wogen)? Ohne jede programmatische Deutung aber haben wir hier eine Meister-Invention vor uns, deren ungewöhnlich reiches Doppelthema mit der Mannigfaltigkeit seiner melodischen und rhythmischen Bildung so viele widerstreitende Ausdruckselemente zusammenfaßt: die strömenden Zweiunddreißigstel, die chromatischen fallenden Oktaven, die unruhig gewundenen Figuren, deren Achtelschritte ruhig und fest entgegentreten, daß man staunt, mit welcher Kunst Bach alle diese divergierenden Kräfte seinem Gestalt-Willen sich unterwirft!

Das Duetto II F-dur gibt uns sowohl in bezug auf Form wie Ausdruck Rätsel auf, die ich, da ich sie nicht lösen kann, wenigstens darlegen möchte.

Der formale Bau des Stücks zeigt verblüffende Symmetrien: A^1 B A^2, A^1 = 37, B = 75, A^2 = 37 Takte, d.h. (einige Überschneidungen eingerechnet) $A^1 + A^2$ = B.
A besteht aus 9 + 7 + 5 + 7 + 9 Takten,

a   b   a   b   a

ist also ebenfalls in sich völlig symmetrisch gebaut (a = Thema, b = Fortführung (aus T. 6) im Kanon der Unterterz im Abstand eines Viertels). Ebenso symmetrisch ist der Bau von B:
75 = 31 + 13 + 31 Takte

c^1 d c^2

c^2 wiederholt c^1 mit vertauschten Stimmen in der Untersexte, d bringt das 1. Thema samt seinem c. p. [Kontrapunkt] 5 Takte später genau im Spiegelbild, c führt im scharfen Gegensatz zu der siegesgewiß aufsteigenden Fanfaren-Thematik von a ein

schleichendes Moll-Thema ein, ebenfalls im Abstand eines
Viertels enggeführt; nach je 2 solcher Engführungen tritt a
ebenfalls in Engführung ein! Trotz dieser Gegensätzlichkeit im
Ausdruck bestehen aber enge Beziehungen zwischen a und c:

Darf ich es sagen, daß ich das Stück nicht verstehe?

Das Duetto III G-dur führt uns aus den Regionen abstrakter
Geistigkeit wieder in den Blütengarten der Musik: eine sanft
schmeichelnde, in den Achteln zierlich abgesetzte Melodie wird
weich und wohllautend in Terzen und Sexten kontrapunktiert.
Bei gleicher Takt- und Tonart finden wir verwandte Stimmungen im ersten Satz der Gamben-Sonate G-dur und in der dritten
der Goldberg-Variationen. Um diese Musik zu verstehen, bedarf es wahrlich keiner metaphysischen Spekulation! Trotz des
nur zweistimmigen Satzes scheint es uns, als hörten wir zu
Anfang den Alt, in Takt 3 den Tenor, in Takt 7 den Baß und in
Takt 9 den Sopran einsetzen, letzteren mit bemerkenswert lang
durchgehaltener tonaler Beantwortung:

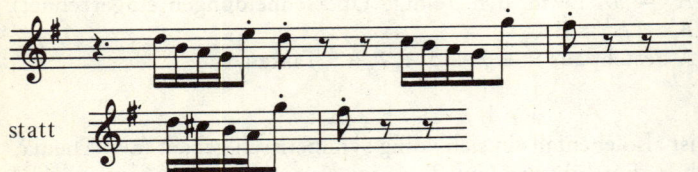

Das Duetto IV a-moll [. . .] soll nach Steglich die »Erde« bedeuten – man möchte kalauern »trockene Erde«, denn es ist eine
merkwürdig wenig anmutende Musik: das Thema mit seiner
ungewöhnlichen Wendung zur zweiten Unterdominante und
dem langen Auslauf, seine Verarbeitung, die sich auf Tonika
und Dominante beschränkt (je 3 Einsätze), der wenig überzeugende Anhang am Schluß des c.p.,

die lose Beziehung der Zwischensatz-Motive zu beiden (allenfalls läßt sich

aus einer Umstellung von

, und

aus T. 3–4 des Themas erklären). Doch sehen wir auch hier eine
kunstvolle Formung wie im zweiten Duett, wenn die Exposition von Takt 34 (1. Stimme) bzw. Takt 41 (2. Stimme) ab mit
vertauschten Stimmen wiederholt wird (mit Modulation nach
D). Auch der Zwischensatz Takt 18–25, der in Takt 50–57 und
79–86 wiederkehrt, ebenso Takt 63–70 in Takt 86–93, – aber es
fehlt dem Betrachter bis jetzt leider das geistige Band, das alle
diese Kräfte zusammenhält!

Hermann Keller (1885–1967), Studium bei Max Reger und Karl Straube, Organist in Weimar und Stuttgart, Promotion 1925, 1920–1950 Professor an der
Musikhochschule Stuttgart, veröffentlichte zahlreiche Werke zur Barockmusik.

Klaus Ehricht, Die zyklische Gestalt und die Auffüh-
rungsmöglichkeit des III. Teils der Klavierübung von Joh.
Seb. Bach, in: Bach-Jahrbuch 1949/50, S. 44 ff.

Die vier Duette haben thematische Beziehungen zu einzelnen
Choralvorspielen der als »manualiter« bezeichneten Reihe und
sind mit dieser organisch zu verbinden.

Außer einigen abwegigen Versuchen, den Duetten eine geistig
gerechtfertigte Bedeutung im Gesamtzyklus zu geben, – die

daran scheitern mußten, daß ihre Verfasser und Urheber den Zyklus irrig als eine Orgel-»Messe« ansahen –, blieb bisher die Meinung bestehen, als habe Joh. Seb. Bach diese Duette in den von ihm unter dem Gesamttitel einer »Clavier«-Übung veröffentlichten Band hineingenommen, um den Klavier-(Cembalo-) Spielern der damaligen Zeit neben den ihnen auch zugänglichen »manualiter«-Choralvorspielen noch einige freie Kompositionen zu bieten und damit den Titel besser zu rechtfertigen. (Fußnote: Die dort [bei Hermann Keller, Die Orgelwerke Bachs] geäußerte Begründung dieser Ansicht, Bach habe diese seine organistische Veröffentlichung in die »Klavierübung« einbezogen, um ihr einen größeren Interessentenkreis zu sichern, und aus diesem Grunde neben den auf dem Klavier spielbaren manualiter-Chorälen noch die ausgesprochen klavieristischen Duette eingefügt, ist nicht stichhaltig einfach deshalb, weil der Begriff »Klavier« damals noch nicht den besaiteten Tasteninstrumenten vorbehalten war, sondern jedes durch die Claves spielbare Instrument umfaßte, ohne Rücksicht auf die Tonerzeugung, und demnach auch die beiden Orgeltypen einschloß. Zudem wäre eine solche reklametechnische »halbe Irreführung des Publikums«, einen in der Hauptsache mit Orgelwerken gefüllten Band als Klavierkompositionen anzupreisen, kaum nach dem Geiste Joh. Seb. Bachs.) Sie werden deshalb bei Aufführungen des Zyklus geflissentlich unterdrückt. Diese Meinung und die daraus resultierende Praxis ist ebenso falsch wie jene Albert Schweitzers, die Duette seien beim Stich versehentlich in den Band hineingelangt (Fußnote: Widerspricht dies doch völlig der von Bach zu erwartenden Sorgfalt und Akkuratesse, die er gerade auf ein im Selbstverlag erscheinendes Werk wenden mußte.), denn alles dies widerspricht dem Geistesbild, das wir uns heute von J. S. Bach machen dürfen.

Jedes der vier Duette ist thematisch verknüpft mit einem oder gar zweien der »manualiter«-Vorspiele und bekommt, in die zyklische Nachbarschaft des oder der betreffenden Vorspiele gestellt, eine formgestaltende Bedeutung. Am klarsten hörbar ist diese Tatsache bei dem Duett in a-moll.

Nicht nur kehrt die rhythmisch-melodische Figur zerlegt oder umgekehrt im Kontrapunkt des Choralvorspiels »Christ unser Herr zum Jordan kam« (manualiter) deutlich wieder:

Takt 3 und 4:

oder Takt 7:

und naturgemäß das ganze Vorspiel hindurch, sondern im Thema des Duetts ist auch der c. f. »Christ unser Herr zum Jordan kam« in der bei Bach häufigen auf Konrad Paumanns »fundamentum organisandi« zurückgehenden Art des Kolorierens enthalten:

Der Kleinterz-Aufschwung der ersten c. f.-Töne gab Veranlassung zu der langen melodischen und dabei so stark rhythmisch gegliederten Linie der ersten zweieinhalb Takte, aus der dann die »imitatio violistica«-Figur entfließt, die in ihren Spitzentönen als jeweils letztes Achtel jeden Taktes die ersten fünf c. f.-Töne des Aufliedes trägt.

Jenes charakteristische Intervall des Themenkopfes des Duetts wie des c.f. »Christ unser Herr zum Jordan kam«, die kleine Terz, bildet aber auch zugleich das Initium des c. f. »Vater unser im Himmelreich« in der Umkehrung bei Unterdrückung der Repetition des 1. Tones:

und auch von diesem c.f. sind deutliche Spuren im Thema des a-moll-Duetts nachweisbar:

Da die letzten vier Noten dieser invertierten c. f.-Zeile mit den ersten vier des Taufliedes übereinstimmen, treffen sie völlig zwanglos im Thema des Duetts zusammen.

Diese analytische Betrachtungsweise mag zunächst unmusikalisch erscheinen, da eine Komposition schließlich nicht eine Summe von Einzeltönen ist; immerhin aber haben alle Einzeltöne innerhalb der Komposition und ganz besonders die des Themas funktionale Bedeutung: Aus der Stellung der Einzeltöne, ihrem Intervall- und rhythmischen Verhältnis zueinander resultiert der Charakter der Komposition, und daß der des a-moll-Duetts im Gesamten den beiden im Zyklus aufeinanderfolgenden Choralbearbeitungen »Vater unser im Himmelreich« und »Christ unser Herr zum Jordan kam« stark verwandt ist, wird beim Hören ohne weiteres empfunden, zumal das Thema des Duetts durch die Hinneigung nach dorisch (im 3. Takt durch das fis) und nach d-moll (im 4. Takt durch das b) auch tonale Beziehungen zu ihnen aufweist. Die analytische Methode will nichts weiter, als diese akustische Empfindung erklären, und hat daher ihre musikalische Berechtigung. Zudem entstammen Erscheinungen dieser Art jener »ars inveniendi«, deren Anwendung durch J. S. Bach von Hermann Sirp für die Thematik der Kirchenkantaten überzeugend nachgewiesen wurde. (Fußnote: Bach-Jahrbuch 1931.)

Fast ebenso deutlich wie die Verwandtschaft des a-moll-Duetts mit dem Vaterunser- und dem Taufliede ist die des F-dur-Duetts mit dem Abendmahlslied »Jesus Christus unser Heiland, der von uns den Gotteszorn wandt«:

und mit der F-dur Bearbeitung von »Allein Gott in der Höh sei Ehr«:

Die Bedeutung dieses letztgenannten Zusammenhanges soll später dargelegt werden; zunächst ist die tonale und thematische Verwandtschaft mit dem Abendmahlslied wichtig, denn sie führt zu der Vermutung, daß diesem Duett in einem aus den »manualiter«-Choralbearbeitungen zusammengestellten Zyklus, einem »kleinen Orgelkatechismus«, eine ähnliche Stellung zukommt wie der dreiteiligen Es-dur-Fuge im »Großen Orgelkatechismus«, nämlich als Abschluß der Reihe. Vielleicht ist auch dies ein Hinweis auf die Zusammengehörigkeit von Duett und Abendmahlsfuge, daß die einzige Umkehrung des Themas des Duetts ab Takt 74 in f-moll, eben der Tonart der Choralbearbeitung erklingt.

[...] Nach der Fixierung eines den kleinen Katechismus abzuschließen berufenen Stückes ergibt sich die Aufgabe, das Analogon zum Es-dur-Präludium, also eine Präambel des manualiter-Zyklus zu finden. Nun ist im F-dur-Duett auffällig der aus einem neuen Thema gebildete Mittelteil, der von der Dreiklangs- und diatonischen Melodik des Rahmens durchaus differiert, wohl aber auf die abstruse chromatische Thematik des e-moll-Duetts hinweist:

denn der übermäßige Sekundschritt des F-dur-Duetts ist auf den temperiert gestimmten Klavierinstrumenten klanglich identisch mit dem Kleinterzintervall, das die Motivik des e-moll-Duetts entscheidend mitbestimmt.

Dieses Duett in e-moll ist mit dem aus phrygisch-e gehenden Choralvorspiel »Kyrie Gott Vater in Ewigkeit« tonal und the-

matisch ähnlich verwandt wie die soeben untersuchten Stücke:
Das Eingangsthema des Duetts, die auf- und abschwingende
Tonleiter, kehrt rudimentär im Choralvorspiel wieder:

wobei die merkwürdige Erscheinung auftritt, daß beide Stücke
zwar im Charakter durchaus differieren, jedoch ein gänzlich
übereinstimmendes Tempo besitzen (Achtel des Duetts gleich
Achtel des Kyrie-Vorspiels, etwa M.M. 96).

Hiernach also wird die Funktion der zum kleinen Katechismus gesuchten Präambel dem Duett in e-moll zugewiesen; damit zugleich ist die Auffälligkeit erklärt, daß die manualiter-
Bearbeitungen des Kyrieliedes aus phrygisch-e gehen, die großen Kompositionen derselben c. f. dagegen aus dem hiermit ja
gar nicht verwandten und in der Praxis wohl auch kaum ange-
wendeten phrygisch-g: Die großen Stücke sollen sich ja an das
Präludium Es-dur anschließen, mit dem die kleinen keinerlei
Zusammenhang haben und ihn auch nicht brauchen, da ihnen
das e-moll-Duett vorangeht.

Zwei der vier Duette sind damit in funktionale Beziehung zu
der Reihe der manualiter-Choralbearbeitungen gesetzt als deren
Rahmenstücke analog dem Präludium und Fugen Es-dur des
Großen Katechismus; ein drittes, das a-moll-Duett, ist in seiner
Verwandtschaft zu zwei Choralbearbeitungen eben der »manualiter«-Reihe erkennbar und hätte demzufolge in einer zyklischen Aufführung zwischen dem Orgelchoral »Vater unser im
Himmelreich« und dem »Christ unser Herr zum Jordan kam«
alio modo manualiter zu erklingen. Seine Aufgabe ist demnach,
die von Sakramenten handelnden letzten Hauptstücke des Katechismus einzuleiten und von den vorhergehenden zu trennen.
Übrig bleibt das Duett in G-dur, welches in Tonalität, Metrum
und Charakter deutliche Beziehungen zu dem großen Trio über
»Allein Gott in der Höh sei Ehr« dieses III. Teiles der Klavierübung zeigt. Seine Oberstimmenmelodik koloriert zudem in
der oft zu findenden Art den Anfang des c.f. »Allein Gott in der
Höh sei Ehr«:

Da Metrum und Tonalität außerdem mit denen der Fughette »Dies sind die heiligen zehn Gebot« übereinstimmen, liegt nichts näher, als diesem Duett die vermittelnde Funktion zwischen diesen beiden Choralvorspielen zuzuweisen und damit die Aufgabe, die beiden einleitenden Stücke des Zyklus »Kyrie« und »Gloria« – »von des Menschen Elend« und »von der Erlösung« – von den dem lutherischen Katechismus folgenden Liedbearbeitungen abzusetzen, welche im ganzen den dritten Teil des reformierten Heidelberger Katechismus repräsentieren, der überschrieben ist »Von der Dankbarkeit«.

Ob die aus diesen Feststellungen resultierende Differenz in der Anlage der beiden Zyklen – dem großen Katechismus eignen nur zwei Rahmenstücke, der kleine dagegen wird von den vier Duetten umrahmt und durchflochten – das Ergebnis einer denkbaren zahlensymbolischen Spekulation sei (indem durch die Vierzahl der Duette an Stelle von nur zwei zu einem Rahmen genügenden die Gesamtzahl der Einzelstücke des III. Teiles der Klavierübung auf die kanonische 27 gebracht wurde), ist hier zu erörtern belanglos, da es einzig um musikalische, der Aufführungspraxis zugute kommenden Untersuchungen und Ergebnisse ging.

Klaus Ehricht (geb. 1917), Kirchenmusikstudium in Leipzig 1935–1939, Kantor an der Stadtkirche in Schkeuditz bei Halle.

Robin A. Leaver, Bach's Clavierübung III: Some historical and theological considerations, in: The Organ Yearbook VI, 1975, S. 17 ff.
(deutsche Übersetzung von Hermann J. Busch)

Die vier Duette BWV 802–805 waren schon immer das Rätsel der Clavierübung III, und es sind schon viele Hypothesen darüber aufgestellt worden, warum diese Cembalostücke in eine Sammlung von Orgelmusik aufgenommen wurden und was sie versinnbildlichen. Sie wurden als Musik angesehen, die zur Austeilung der Kommunion dargeboten wurde, und man hat in ihnen Darstellungen der vier Evangelien oder der vier Elemente gesehen. Aber diese Deutungen sind unbefriedigend, denn man pflegte zum Abendmahl Choräle zu singen, und die Duette können weder die Evangelien noch die Elemente veranschaulichen, denn dies würde nicht zu dem Plan passen, der sich in den übrigen Stücken andeutet. Die populärste Deutung ist die, daß diese Klavierwerke einfach aufgenommen wurden, weil noch Platz zur Verfügung stand, und daß sie deshalb mit den übrigen Stücken gar nichts zu tun haben. Aber das würde nicht zu Bach's Vorliebe für Ordnung und Vollständigkeit passen, die sich in einzelnen Werken wie in dem Grundriß seiner Werkzyklen manifestiert. Andere Erklärungen sind nötig.

Luthers Großer Katechismus handelt nur von den Grundlehren, während sein kleiner Katechismus zusätzliches Material verschiedensten Charakters enthält. Auf die sechs Glaubensartikel folgen vier Gebete: Ein Morgen-, ein Abendgebet, ein Tischgebet vor und eine Danksagung nach dem Essen. Diese zehnteilige Gliederung hat Vopelius für die Einteilung seines Gesangbuchs übernommen:

Aus dem heiligen Catechismo
Die Zehen Gebote Nr. 170–172
Vom Glauben Nr. 173–174
Das Gebet des Herrn Nr. 175
Von der heiligen Taufe Nr. 176
Von der Beicht und Buße Nr. 177–182
Vom heiligen Abendmahl Nr. 183–189
Morgengesänge Nr. 190–203
Abendgesänge Nr. 204–212
Vor dem Essen Nr. 213–217
Nach dem Essen Nr. 218–228

Betrachtet man nun Bachs kleine Katechismusbearbeitungen zusammen mit den Duetten, so hat man zehn Stücke vor sich, sechs mit den Hauptstücken des Katechismus und vier in einem gänzlich anderen Stil, die für die Gebete stehen, die den Schluß des Katechismus bilden.

Die Vorstellung des Gebets wird durch den Titel bestärkt, den Bach für diese vier Stücke gewählt hat. »Duetto« ist eine sehr ungewöhnliche Bezeichnung für solche Klavierwerke. Es handelt sich um zweistimmige Inventionen, aber Bach vermeidet diesen Titel, den er früher für Werke dieser Art verwendet

hatte und zieht einen Begriff vor, der gewöhnlich auf eine Vo-
kalform angewendet wird. Dies deutet auf eine Reihe von Du-
ett-Sätzen in den Kantaten – insbesondere solche mit der Bezeichnung »Dialogus«, die Gespräche zwischen dem Gläubigen
und Christus und so die Tätigkeit des Gebets darstellen.

Die Lehre von den sechs Hauptstücken war ein wichtiger Teil
des kirchlichen Lebens (obwohl jedes Familienoberhaupt diese
Lehren im Hause fortsetzen sollte, was auf die Ambivalenz der
kleinen Vorspiele deutet, die auf der Orgel wie auf dem Cembalo gespielt werden können), und so schreibt Bach seine musikalischen Darstellungen für das kirchliche Instrument, die Orgel.
Das Gebet nach dem Aufstehen oder vor dem Schlafengehen,
die Danksagung vor und nach der Mahlzeit sind aber Tätigkeiten in der Intimität des Hauses. So schreibt Bach vier Stücke für
das ebenfalls im Haus befindliche Instrument: Cembalo oder
Clavichord.

ROBIN A. LEAVER, theologische Ausbildung am Trinity College, Bristol. Neben
seiner Tätigkeit als Pfarrer betreibt er Forschungen über Bach und Luther sowie
zu Kirchenmusik und Hymnologie.

REINHOLD BIRK, Die Bedeutung der »Vier Duette« in Bachs
»Klavierübung III«, in: Musik und Kirche 46, 1976, S. 63 ff.

Daß ein klarer, einfacher Zusammenhang jahrzehntelang als fast
unlösbares Problem galt, ist – wenn des Rätsels Lösung gelungen ist – bisweilen eine seltsame Vorstellung. Der Sinn von
»Klavierübung III« dürfte, was die Orgelchoräle (Kyrie, Gloria, Katechismuslieder) und die Trinitätssymbolik von Präludium und Fuge anbelangt, erkennbar sein. Die Bedeutung der
von Bach vor die Schlußfuge gestellten »Vier Duette« gilt jedoch als dunkel [. . .]. Als ungelöstes Problem rückten die vier
Duette in der Reihe der musikwissenschaftlichen Kalamitäten
immer mehr nach vorn [. . .]. Erwiesenermaßen beschäftigte sich
Bach, einem Brauche seiner Zeit folgend, viel mit Zahlensymbolik. Einige seiner für Freunde bestimmten, z. T. humorvollen
musikalischen Zahlenrätsel, deren Lösung übrigens reichlich
schwierig ist, sind erhalten. Auch die Rolle des Zahlenalphabets
(s. u.) in mancherlei geistlichen Werken Bachs ist verschiedent-
lich beschrieben worden. [. . .] Zahlenalphabet und -symbolik
sind Gebiete, die mit äußerster Vorsicht und sehr behutsam zu
behandeln sind; denn es besteht die Gefahr des Hineininterpre-

tierens, vor allem bei niedrigen Zahlen wie den Symbolzahlen und Quersummen, seltener wohl bei größeren zwei- und dreistelligen Zahlen, die Wörtern entsprechen. Erwähnt sei, daß zu Bachs Zeit auch bei weltlichen Zahlenrätseln, Eigen- und Ortsnamen latinisiert wurden; daß Bach sich hierbei nicht »rivus« nannte, bedingt wohl die Umkehrmöglichkeit 14/41 für »Bach/ J. S. Bach«.

Bei der Klärung der Bedeutung der »vier Duette« muß man vorrangig das musikalische Wesen von Bachs Schaffen im Auge behalten und die Rhetorik der Motive beachten; ergänzend als »Gegenprobe«, mag man dann die »Zahlen« heranziehen. Betrachten wir auf diese Art die vier Duette!

Duett I bringt, gewissermaßen als »Schlüssel« und auffälligsten thematischen Hinweis im Rahmen der vier Duette, mehrmals in beiden Stimmen den aus dem Crucifixus der h-moll-Messe und der Kantate »Weinen, Klagen, Sorgen, Zagen« (BWV 12) bekannten Ostinatobaß. An die Passion erinnern auch die schmerzlich-bewegten Zweiunddreißigstel-Koloraturen, die oft gestische Synkopen aufweisen bzw. in zwei Zweiunddreißigstel mit nachfolgendem Sechzehntel auslaufen [. . .]. Aus Passionsarien (»Von den Stricken«, »Ach, mein Sinn«, »Zerfließe, mein Herze«, »Erbarme dich« u. a.) ließen sich so viele ähnliche Melismenbildungen anführen, daß sich Notenbeispiele erübrigen. Der häufige Gebrauch der octava superflua abwärts erinnert mit seiner »verderbt« wirkenden Chromatik an die Rolle der Septsprünge im Orgelchoral »Durch Adams Fall ist ganz verderbt«. Eine bogenförmig auf- und direkt danach wieder absteigende Tonleiter, oftmals wiederkehrend, symbolisiert die »Vollendung« von Christi Erdenlauf und die Erfüllung des väterlichen Auftrags. Wie Bachs Motive, etwa die Schmerzmotive, zu deuten sind, ist seit Albert Schweitzer, der dies als einer der ersten beschrieben hat, allenfalls in Einzelfällen strittig, aber kein grundsätzliches Problem mehr. Daß in Duett I alles auf Passion, auf Leiden, Sünde und Tod hindeutet, dürfte daher einleuchten. [. . .]

Was sagen dazu die Zahlen? Das Crucifixus-Thema erscheint je 4mal in Unter- und Oberstimme; 28mal, je 14mal in jeder der beiden Stimmen, tritt die auf- und absteigende Tonleiter auf. In 14 steckt die Vollendungszahl 7; das Produkt 28 ist auch als Ergebnis der Multiplikation durch die Faktoren 4 (s. o.) zu werten: der Multiplikator 4 (= alle Windrichtungen, d. i.: alle Welt) und der Multiplikand 7 (= Vollendung) wollen im Ergebnis

34

bekunden, daß hier am Kreuz (Crucifixus) für »alle Welt« der »Sohn Gottes« zum »Vollender« (Hebr. XII, 2) wurde. Daß in der Zahl der Takte (= 73) des Duetts gleichzeitig das Zahlenalphabet von »filius« (= der Sohn) steckt, dürfte Bach nicht entgangen sein, wenngleich die Zahl 73 noch eine andere, gewichtigere Bedeutung erhält.

In beiden Stimmen erscheint die auf- und absteigende Tonleiter in dieser Form zehnmal; beim elften Male – und nur da! – tritt sie gespiegelt, also von oben nach unten und dann wieder aufwärts, auf. (Das zwölfte- bis vierzehntemal entspricht dem ersten- bis zehntenmal.) Gewiß kein Zufall! Elf ist die Zahl, die die zehn Gebote »übertritt«. Ist aber das gemeint, oder hat die Umkehrung hier den Sinn, daß nun die Bewegung von oben nach unten betont werden soll? Und wenn, von wo oben nach wo unten? Das dreidimensionale, ptolemäische Weltbild ließe mehrere Deutungen zu. Hier sollte man m. E. nicht »deuten«; wohin dies führen kann, zeigt ein anderes Beispiel aus Klavierübung III, nämlich der große Orgelchoral »Dies sind die heilgen zehn Gebot«, aus dessen Kontrapunkten zur Melodie die Deuter völlig heterogene Dinge herauslesen: »Unordnung, bevor das Gesetz war« (A. Schweitzer), »sündlosen Zustand im Paradies« (F. Dietrich) und – noch am ehesten überzeugend, weil mit der Thematik einer Bachkantate vergleichend – »Gebot der Nächstenliebe« (H. Keller).

Zweimal erscheinen übrigens die auf- und absteigenden Tonleitern in direkter Folge siebenmal (je viermal in der einen und dreimal in der anderen Stimme zugleich), so daß die Vollendungszahl 7 auch einzeln sichtbar gemacht ist. Ob Bach mit der Zahl 14, die ja (s. o.) auch seinen eigenen Namen bedeutet, darüber hinaus andeuten wollte »Gestorben auch für mich« (entsprechend der Bedeutung dieser Zahl im Orgelchoral »Vor deinen Thron tret ich hiermit«), müssen wir ebenfalls dahingestellt lassen.

REINHOLD BIRK (geb. 1923), Kirchenmusikstudium in Stuttgart, seit 1953 Kirchenmusiker, Komponist, Konzertorganist in Krefeld.

Wolfgang Amadeus Mozart, Klavierquartette g-moll KV 478 und Es-dur KV 493

GEORG NIKOLAUS NISSEN: Biographie W. A. Mozarts (1828)
ANONYMUS: Ueber die neueste Favorit-Musik in großen Concerten (1788)
JOHANN NIKOLAUS FORKEL: Musikalischer Almanach für Deutschland (1789)
OTTO JAHN: W. A. Mozart, Vierter Theil (1859)
HERMANN ABERT: W. A. Mozart, 2. Teil (1921)
ALFRED EINSTEIN: Mozart. Sein Charakter. Sein Werk (1947)
ARNOLD SCHÖNBERG: Brahms, der Fortschrittliche (1950)

Einleitung

Die Schwierigkeit, die Rezeptionsgeschichte eines Mozartschen Werkes zu dokumentieren, resultiert – wie bei Bach – aus der Auffassung des 18. Jahrhunderts, das Kompositionen weniger als individuelle »Werke« denn als Bestandteile eines Gesamtoeuvres oder Exemplare einer Gattung ansah, die nicht der Konstituierung eines Repertoires, sondern dem musikalischen »Tagesbetrieb« gewidmet waren. Kaum ein zeitgenössischer Text ist einem einzigen, ganz bestimmten Werk Mozarts gewidmet, sieht man von einigen Opern ab, die schon zu Lebzeiten des Komponisten zu »Repertoirestücken« wurden. Zwei Mozartopern haben denn auch in jüngerer Zeit umfassende Darstellungen ihrer Rezeptionsgeschichte gefunden (vgl. Bibliographie). Zu den wenigen Texten, die zu Lebzeiten des Komponisten ausführlich auf Instrumentalwerke Bezug nehmen, gehört ein Bericht, der im »Journal des Luxus und der Moden« erschien, sich jedoch keineswegs als so oberflächlich erweist, wie es der Name dieses Periodicums vermuten läßt, sondern eine geradezu moderne rezeptionssoziologische Sicht artikuliert. Der aparte Reiz dieses Textes war es, der den Herausgeber vor allem veranlaßte, die beiden Klavierquartette aus dem ohnehin schmalen Bestand solcher Werke Mozarts auszuwählen, die eine bis ins 18. Jahrhundert zurückreichende Rezeptionsgeschichte zu dokumentieren erlauben.

Die Rezeption der beiden Klavierquartette Mozarts gemeinsam zu dokumentieren, liegt aus verschiedenen Gründen nahe:

Zunächst läßt uns der erwähnte zeitgenössische Text im Unklaren darüber, welchem der beiden Werke er gilt (ohne daß dieses Dokument deshalb an Wichtigkeit verliert), dann ist es nicht unwahrscheinlich, daß die Rezeption des Quartetts KV 478 auf die Komposition von KV 493 von Einfluß war, jedenfalls werden die beiden Werke gerne in ihrem kontrastierenden Charakter aufeinander bezogen.

Der Bericht von Constanzes zweitem Ehemann ist vorangestellt, weil er die einzige Quelle zur ganz frühen Rezeption von KV 478 bildet, die sich als verlegerischer Mißerfolg manifestiert.

Nissen zeigt die Problematik der beiden Werke für das zeitgenössische Musikpublikum auf: »Fremdartigkeit«, »eigenthümliche Gestalt«, »erzwungene Manier«, »Abweichendes« ist den Werken eigen, die ihren Sinn nicht mehr in der Erfüllung funktional bestimmter Gattungs- und Stilnormen haben, sondern »aus einem tiefen Innern entsprungen« sind, also als Dokumente individuellen Lebensgefühls neuartige Ansprüche an den Hörer stellen.

Die Darstellung des Anonymus aus dem »Journal des Luxus und der Moden« steht scheinbar im Widerspruch zu Nissens Bericht vom verlegerischen Fehlschlag des g-moll-Quartetts, und daraus mag auch wohl Otto Erich Deutsch im Kommentar seiner Dokumentenausgabe[1] den Schluß gezogen haben, hier sei vom Quartett Es-Dur die Rede. Jahn und Abert, die beide den Text des »Journals« im Wortlaut zitieren, legen sich in dieser Hinsicht nicht fest. Für KV 478 spräche ja, daß es eher »sehr künstlich gesetzt« anmutet als KV 493.

Dem Berichterstatter des »Journal« geht es aber auch weniger um die musikalische Substanz als um die Frage ihrer angemessenen Darbietungs- und Rezeptionsweise. Diese ist für Forkel nur »äußerer Anschein«, er übersieht, daß eben die von ihm im »Journal« vermißte »Kunstkenntnis« dort nachdrücklich für Ausführende wie Hörer postuliert wird. Sie besteht in der Einsicht, daß solche Musik nicht länger Medium zur Selbstdarstellung des Interpreten und zur Unterhaltung des Publikums ist, sondern zur Szene subtiler musikalischer Kommunikation wird. Rochlitz faßt in seinem von Jahn zitierten Text diesen

---

[1] Mozart. Die Dokumente seines Lebens. Gesammelt und erläutert von Otto Erich Deutsch, Kassel-Leipzig 1961 (Neue Mozart-Ausgabe, Serie X: Supplement, Werkgruppe 34).

Autonomieanspruch ganz im Sinne des »Journal«-Autors noch einmal zusammen. Jahn verweist auf diese Aussage, um die historische Authentizität der Rezeption zu rekapitulieren, er verschweigt nicht die für ihn damit verbundenen Mühen. Die Auseinandersetzung mit Beethovens später Kammermusik ist um die Mitte des 19. Jahrhunderts ja noch im vollen Gange. Ihr inhaltlicher Anspruch – und diesem galt die Aufmerksamkeit der Zeitgenossen – läßt an Mozart nur die »formellen Schönheiten« in Geltung, »Kraft und Tiefe« erschließen sich nur der historisch vermittelten Anstrengung.

Jahns Nachfolger Abert hat diese Schwierigkeit nicht. Er nimmt ganz selbstverständlich zu Beethoven wie zu Mozart den historischen Standpunkt ein, setzt Einzelwerk, Gesamtwerk, Persönlichkeit und Umwelt in Beziehung, verbleibt in diesem hermeneutischen Raum. Einstein bleibt dieser Methode verpflichtet, rückt Gattungsgeschichtliches und Hermeneutisches noch mehr vor das Musikalisch-Technische als Abert. Es scheint wichtig, diese geistesgeschichtliche Tradition mit zwei charakteristischen Texten aus der universitären musikwissenschaftlichen Tradition des frühen 20. Jahrhunderts ausführlich zu belegen. Schönbergs strukturalistischer Ansatz hebt sich davon umso eindrucksvoller ab. Daß auch dieser im Dienste einer entwicklungsgeschichtlichen Ableitung steht, hat beim Komponisten Schönberg persönliche Motive: Er sieht sich als Schüler und Fortsetzer einer »progressiven Tradition«, möchte seine kompositorischen Tendenzen ebenso verstanden wissen, die Neigung zur pädagogischen Wirksamkeit entspringt folgerichtig solchem Selbstverständnis.

Zu beiden Werken fehlen bislang, soweit festzustellen war, analytische Darstellungen.

Georg Nikolaus Nissen, Biographie W. A. Mozarts, hrsg. von Constanze, Wittwe von Nissen, früher Wittwe Mozart, Leipzig 1828 (Reprint Hildesheim 1964), S. 633.

Das Fremdartige der originellen Werke, die, aus einem tiefen Innern entsprungen, in eigenthümlicher Gestalt auftreten, verblüfft, reizt auch wohl zum Widerspruch, ihren eigenthümlichen Sinn faßt man nicht leicht, oder kann sich ihn doch nicht aneignen, ihre Manier scheint erzwungen; doch dies Alles zum Glücke nur auf eine Weile. Dann ist uns das Fremdartige nicht mehr so fremd, dem Abweichenden haben wir uns genähert, der Sinn ist uns heller aufgegangen und die Manier geläufiger geworden. Nun kömmt es darauf an, ob wirklich großer Gehalt darin ist, dann aber werden diese Werke feststehen. Nur darum fand selbst Mozarts Figaro in Wien und sein Don Juan in Prag anfangs nur sehr mäßigen, bald mehrern, und endlich so allgemeinen Beifall, daß sie auf den Bühnen aller Nationen feststehend sind, und die Welt immer von Neuem entzücken. Nur darum sprach Mozart's erstes Clavier-Quartett, G^b, anfangs so Wenige an, daher der Verleger Hofmeister dem Meister den vorrausbezahlten Theil des Honorars unter der Bedingung schenkte, daß er die zwei anderen accordierten Quartette nicht schrieb und Hofmeister seines Contractes entbunden wäre; – später wurden immer Mehre von dieser Musik eingenommen, und jetzt würden wir das Manuskript, das wir unterdrückten, gewiß mit Perlen aufwiegen, wenn wir es damit hervorzuzaubern könnten.

Georg Nikolaus Nissen (1761–1826), dänischer Diplomat, der 1809 die Witwe Mozarts heiratete und eine Mozart-Biographie verfaßte, die nach seinem Tode von Konstanze herausgegeben wurde.

Anonymus, Ueber die neueste Favorit-Musik in großen Concerten, sonderlich in Rücksicht auf Damen-Gunst, in Clavier-Liebhaberey, in: Journal des Luxus und der Moden, Weimar 1788, S. 231 ff.
Zit. nach: Mozart. Die Dokumente seines Lebens. Gesammelt und erläutert von Otto Erich Deutsch, Kassel-Leipzig 1961 (Neue Mozart-Ausgabe, Serie X: Supplement, Werkgruppe 34), S. 279 f.

Mozart ist nun auch als Kaiserl. Kapellmeister nach Wien gegangen. Er ist ein merkwürdiger Mann für jeden philosophischen Liebhaber der Tonkunst. Er war ein äußerst frühzeitiges Genie und componierte und spielte schon in seinem neunten Jahre (ja noch früher) als wahrer Virtuos, zu jedermanns Verwunderung. Was aber sehr selten ist, er war nicht nur ungewöhnlich früh ein geschickter Musikus, sondern reifte auch glücklich fort und zeigte sich in bleibender Gedeihlichkeit auch noch als Mann. Man kennt die vorüberblitzenden schnellen Genien aus leidiger Erfahrung! Wo sind die Früchte zu rechter Zeit? und Dauer in Solidität? Nicht so bey Mozart! jetzt nur ein paar Worte über ein bizarres Phänomen, das er (oder seine Berühmtheit) veranlaßt. Es kam vor einiger Zeit von ihm ein einzelnes Quadro (für Clavier, 1. Violin, 1. Viola (Bratsche) und Violoncell) gestochen heraus, welches sehr künstlich gesetzt ist, im Vortrage die äußerste Präcision aller vier Stimmen erfordert, aber bei glücklicher Ausführung doch nur, wie es scheint, Kenner der Tonkunst in einer Musica di Camera vergnügen kann und soll. Der Ruf: »Mozart hat ein neues gar besonderes Quadro gesetzt, und die und die Fürstin und Gräfin besitzt es und spielt es!« – verbreitete sich bald, reizte die Neugier und veranlaßte die Unbesonnenheit, diese originelle Composition in großen lärmenden Concerten zu produciren, und sich damit, invita Minerva, zum Prunk hören zu lassen. Manches andre Stück souteniert sich noch auch bey einem mittelmäßigen Vortrage; dieses Mozartische Produkt aber ist würklich kaum anzuhören, wenn es unter mittelmäßige Dilettanten-Hände fällt, und vernachläßigt vorgetragen wird. – Dieß ist nun im vorigen Winter unzähligemal geschehen; beinahe wo ich auf meiner Reise nur hinkam, und in einige Concerte eingeführt wurde, kam ein Fräulein, oder eine stolzierende bürgerliche Demoiselle, oder sonst ein naseweiser Dilettante in rauschender Gesellschaft mit diesem Quadro angestochen, und prätendirte, daß es goutirt würde. Es konnte nicht gefallen; alles gähnte vor Langerweile über dem unverständlichen Tintamarre von 4 Instrumenten, die nicht in vier Takten zusammenpaßten, und bey deren widersinnigem Concentu an keine Einheit der Empfindung zu denken war; aber es mußte gefallen, es mußte gelobt werden! Mit welchem Eigensinn man dies beynahe allerwärts zu erzwingen gesucht hat, kann ich Ihnen kaum beschreiben. Diese Thorheit eine ephemerische Manie du jour zu schelten, sagt zu wenig, weil sie fast einen ganzen Winter hindurch gewährt, und sich (nach allem dem, was ich noch nebenzu Erzählungsweise vernommen habe) viel zu wiederholt gezeigt hat. Sie verdient eine öffentliche Rüge in Ihren Blättern, wo so manche andre Mode-Thorheit, und schiefe Ostentation dergleichen ebenfalls mit Recht bisher erhalten hat. Denn in der That ist diese unschickliche Vordringlichkeit nicht nur unanständig, und nicht nur ohne Nutzen und Frommen, sondern sie schadet auch der Kunst und Verbreitung des ächten Geschmacks. »Ists nichts weiter als das?« (denkt der halbgelehrte Zuhörer der Musik) »das soll in Vortrefflichkeit an die Extreme der Kunst gränzen? und ich fühle doch Versuchung, mir öfters die Ohren

dabey zuzuhalten? Wie reimt sich das? Weiß ich auch nur zuletzt, was ich aufrichtig in Musik loben oder tadeln darf?« – So
verleidet man wahre Musik-Liebhaberey, macht den gesunden
Menschenverstand und gesundes Natur-Gefühl irre, und hin-
dert diejenige Geradheit und Gründlichkeit in Cultur, ohne
welche doch keine Kunst zu haltbarer Höhe jemals empor-
steigt. Welch ein Unterschied, wenn dieses vielbemeldete
Kunstwerk von vier geschickten Musikern, die es wohl studirt
haben, in einem stillen Zimmer, wo auch die Suspension jeder
Note dem lauschenden Ohr nicht entgeht, nur in Gegenwart
von zwey oder drey aufmerksamen Personen, höchst präcis
vorgetragen wird! Aber freylich ist hiebey an keinen Eclat, an
keinen glänzenden Mode-Beyfall zu denken, noch conventio-
nelles Lob zu lucriren! Politische Ambition hat dabey nichts zu
thun, nichts zu erringen, nichts zu verschenken, nichts zu geben, nichts zu nehmen, – wie dieß doch in öffentlichen Concerten neuerer Art beynahe durchgängig statt hat.

JOHANN NIKOLAUS FORKEL, Musikalischer Almanach für
Deutschland auf das Jahr 1789, Leipzig 1789, S. 119.

Das neueste Stück des Journals des Luxus und der Moden vom
Monat Junius, 1788, enthält einen Aufsatz über die neueste Favoritmusik in großen Concerten, sonderlich in Rücksicht auf
Damengunst und Clavierliebhaberey. Man merkt bald, daß der
Verf. ein Dilettant ist, dem es an Kunstkenntnis fehlt, der folg-
lich nur nach einem gewissen äußern Anschein zu urtheilen
vermag.

JOHANN NIKOLAUS FORKEL (1749–1818), nach juristischen und musikalischen
Studien ab 1779 Universitätsmusikdirektor in Göttingen. Der erste deutsche
Musikhistoriker im modernen Sinne. Hauptwerke: Musikalisch-kritische Biblio-
thek (1778/79), Allgemeine Geschichte der Musik (1788–1801), Über Johann
Sebastian Bachs Leben, Kunst und Kunstwerke (1802).

OTTO JAHN, W. A. Mozart, Vierter Theil, Leipzig 1859,
S. 45 ff.

Einen verhältnismäßig viel höheren Rang als die Mehrzahl der
Trios nehmen die beiden Quartetts für Klavier, Violine, Viola
und Violoncello ein, von denen das erste in g-moll am 19. Ok-

tober 1785, das zweite in Es-Dur am 3. Juni 1786 komponiert
ist. Sie sind den vermehrten Mitteln entsprechend größer und
breiter angelegt, die Motive völliger, die harmonische Behandlung reicher und, was durch die selbständige Behandlung der
einzelnen Stimmen bedingt wird, die thematische Behandlung
tritt mehr in den Vordergrund. Es geht hier entschieden aufs
Ganze und aus einem inneren Kern entwickelt sich das Einzelne, daher ist trotz der ausführlicheren Behandlung die Darstel-
lungsweise bestimmter zusammengefaßt, der innere Gehalt bedeutender, der Ausdruck der Stimmung kräftiger und bei reicher Detailausführung innig und klar. Da man heutigen Tags,
nachdem durch Beethoven die Kammermusik dem Gehalt nach
wie in den Formen und Mitteln der Darstellung so außerordentlich gesteigert worden ist, mehr die formelle Schönheit im
ganzen und in einzelnen Zügen, die wohl ihre hinreißende und
tief ergreifende Wirkung nie verlieren können, als die Kraft und
die Tiefe, wie die Originalität im Ausdruck der Empfindung
anzuerkennen geneigt ist, so mag an ein Urtheil erinnert werden, das von Rochlitz über diese Mozartschen Compositionen
im Jahre 1800 gefällt wurde. »Sie sind« heißt es in A.M.Z. III
S. 27 »von festem Charakter, hoch gedacht, tief gefühlt, uner-
schütterlich gehalten, oft wahrhaft leidenschaftlich. In diesen
Kompositionen, durchaus nur für erwählte kleinere Zirkel, geht
der Geist des Künstlers in seltener, fremdartiger Weise, groß
und erhaben einher wie eine Erscheinung aus einer anderen
Welt; und schmilzt er auf Momente in Wehmuth dahin oder
tändelt in fröhlicher Laune: so sind es nur Momente, nach denen er – wär' es auch gleichfalls nur auf Momente – sich wieder
aufreißt in kühner, zuweilen wilder Kraft, oder sich windet in
bitterm, schneidendem Schmerz, der dann nach dem Siege zu
triumphiren oder im Kampfe zu ersterben scheint. Damit man
das nicht für leere Schwärmerei halte, sondern gleich in Einem
beisammen finden könne, höre man ganz gut executiren (was
nur von Personen geschehen kann, die außer der erforderlichen
beträchtlichen Geschicklichkeit ein Herz und einen für Musik
sehr reif gebildeten Verstand haben) Mozarts Quartett für Klavier, Violin, Viola und Violoncello aus Es-dur – man höre es,
studiere es dann und höre nun es wieder.«
[Bei Jahn ist der folgende Schlußsatz Rochlitz' nicht zitiert:
»So – im Vorbeygehen gesagt – sollte man überhaupt jede wahrhaft bedeutende Komposition behandeln; warum? kann anders-
wo auseinandergesetzt werden.«]

Als Beleg für den kräftigen Ausdruck leidenschaftlicher Empfindung, der auch Härte und Herbigkeit nicht scheut, würden
wir wohl lieber den ersten Satz des Quartetts in G-Moll anführen.

OTTO JAHN (1813–1869) studierte nach gründlicher musikalischer Ausbildung,
u. a. bei dem Bach-Schüler G.Chr. Apel, klassische Philologie und Archäologie
und wurde in diesen Fächern Professor in Greifswald, Leipzig und Bonn. Seine
grundlegende Mozart-Biographie entstand aus Vorarbeiten zu einem Beethoven-
Buch.

JOHANN FRIEDRICH ROCHLITZ (1769–1842), musikalische Ausbildung (Klavier,
Orgel) in der Thomasschule Leipzig; Studium der Theologie; 1798–1819 erster
Chefredakteur der »Allgemeinen Musikalischen Zeitung« (Leipzig); daneben
reiche schriftstellerische Tätigkeit; enge Kontakte zu Goethe, Zelter und Spohr.

HERMANN ABERT, W. A. Mozart. Neubearbeitete und er-
weiterte Ausgabe von Otto Jahns Mozart, 2. Teil 1783–1791,
Leipzig 1921, S. 155 ff.

Das erste der beiden Quartette für Klavier, Violine, Viola und
Violoncello in g-Moll und Es-Dur vom Juli 1785 und 3. Juni
1786 nähert sich in seinem leidenschaftlichen Ton am meisten
der Sphäre der Streichquartette. Schon sein erstes Thema ist mit
seinem unvermittelten Gegensatz von heroischem Trotz und
grüblerischem Sinnen ein echter Mozart. Es zeichnet sich durch
eine ungewöhnliche Länge aus, und namentlich von dem punktierten Rhythmus des Anfangs kann sich Mozart gar nicht trennen: er läßt ihn bald schmerzlich klagen, bald wild sich aufbäu-
men, wobei es auch vorkommt, daß die beiden Parteien thematisch ihren eigenen Weg gehen. Zu einer Lösung der Gegensätze
kommt es nicht. Erst das zweite Thema schlägt ruhigere Töne
an, schließt aber den ganzen Teil am Ende doch recht kleinlaut
ab. Die Durchführung beginnt, gleich so vielen Werken jener
Zeit, mit dem rückleitenden Motiv der vorhergehenden Schluß-
takte, greift dann aber bald das Seitenthema in einer freien,
vergrößerten und hauptsächlich kantablen Umbildung auf, und
auf Grund dieses Gedankens entspinnt sich nun eine von beiden
Streicheroberstimmen in Engführungen vorgetragene Partie,
die, vom Klavier zweimal in gewaltsamen modulatorischen
Rückungen unterbrochen, einen immer erregteren und finsteren Charakter annimmt, namentlich wie sich die jäh aufschie-
ßenden Sechzehntelskalen einmischen. Richtig stellt sich jetzt

auch wieder das Hauptthema ein und führt in trotzigem Dialog mit jenem Sechzehntel-Motiv schließlich die Reprise herbei. Auch sie wird gleich am Anfang zugunsten der Kampfgeister des Satzes verändert. Vor allem aber hält sie sich nach Mozarts bekannter Art durchaus innerhalb der Tonart g-Moll, deren trübe Stimmung jetzt auch das Seitenthema ergreift, und dieses düstere Bild wird in der Coda noch ins Wilde und Dämonische gesteigert; kaum daß der sinnende Zug des Satzes noch einmal in dem rührenden, konzertierenden Spiel von Klavier und Geige mit dem Motiv:

zur Geltung kommt. Gleich darauf aber rast das Hauptthema in den Streichern in voller Wildheit los, begleitet von einer Klavierfiguration in gebrochenen Akkorden, die durchaus nicht etwa spielerisch gemeint ist, sondern ihren vollen Anteil an der allgemeinen Erregung hat (Fußnote: Man beachte dabei auch die in der Oberstimme versteckte, schwer ringende Melodie.); am Schlusse vereinigen sich alle Instrumente zu einem Unisono von geradezu schauerlichem Ausdruck.

Ähnlich wie die ersten Allegros der Moll-Klavierkonzerte biegt also dieser Satz aus dem herkömmlichen Gefühlskreise aus und steht als ein Bekenntnis des dämonischen, leidenschaftlichen Mozart unter seinesgleichen ganz einzig da. Aber als hätte der Meister in dieser Umgebung schon zuviel von jener Seite seines Wesens enthüllt, kehrt er in den folgenden Sätzen wieder zum alten Gesellschaftston zurück. Nur in der stillen Wehmut, die über dem Andante liegt, und in der eigentümlichen Unruhe der kaum aussetzenden Zweiunddreißigstelskalenmotive scheint ein Nachhall des vorhergehenden seelischen Aufruhrs zu liegen. Der Satz ist ebenso klar im Bau wie einheitlich in der Stimmung, er kommt immer wieder auf dieselben Motive zurück. Auch der letzte Satz hält sich bei aller Heiterkeit doch von jeder Tändelei fern: schon sein Hauptthema trägt in seinen Synkopen und seinem Aufwärtsdrängen in engen Intervallschritten einen Zug der Erregung und Spannung in sich. Für die erste Episode ist der Reichtum an Themen bezeichnend: Motive gemütvoller Schwärmerei, sinniger Grazie und volkstümlicher Fröhlichkeit lösen einander unmittelbar ab; das letzte (in D-Dur) ist Haydnschen Geistes, erhält aber durch die Phrasierung einen launigen, fast burschikosen Zug. In der E-Moll-Episode dagegen klingt die Kampfstimmung des ersten Satzes noch einmal nach: ein unwirsch polternder Anfang und als Antwort darauf eine kleinlaute, Hilfe suchende Partie im andern Instrumentenkörper; auch der weitere Verlauf führt in recht dunkle, ja unheimliche Gebiete, bis die Streicher mit dem Anfangsmotiv des Hauptthemas die Befreiung zu erzwingen suchen. Sie kommt auch, aber nicht mit dem erwarteten Hauptthema, sondern in sehr origineller Weise mit dem vom Klavier angestimmten ersten Seitengedanken, der die Stimmung endgültig aufklärt. Nur noch einmal, bei dem überraschenden Trugschluß auf Es, machen sich zum letzten Mal die romantischen Geister des Werkes geltend.

Einen intimeren und zugleich daseinsfreudigeren Charakter trägt das Schwesterwerk in Es-Dur, dessen formaler Bau bis in Einzelheiten, wie z. B. die Gestaltung des Rondos, hinein derselbe ist. Sein erster Satz beginnt mit einem echt Mozartschen, verträumten Gesangsthema, dem dann der schwärmerische Augenaufschlag des zweiten Themas:

zur Seite tritt. Es ist der eigentliche Held des Satzes und beherrscht die gesamte, wieder auf Baßsequenzen aufgebaute Durchführung in den Streichern, zuerst einfach konzertierend, dann in Engführungen; es ist ein unersättliches Schwelgen in der Sphäre dieses einzigen, männlich schönen Gedankens; auch in der Coda drückt er dem Ganzen nochmals sein Sigel auf. Die Krone des Werkes ist aber das Larghetto in As-Dur, ein Satz von unbeschreiblicher Innigkeit der Empfindung. Auch ihm fehlt der verträumte Zug nicht; er findet seinen Ausdruck besonders in dem von höchster Genialität eingegebenen, auf sehnsüchtig dahingleitenden Harmonien sich vollziehenden Rückgang in den Anfang und in der nicht minder zauberhaften Coda mit ihrer das leise verklingende Hauptthema zart umrankenden Figuration. Der Grundcharakter des Finales ist harmlose Fröhlichkeit, mit Beschaulichkeit gepaart; der Nebengedanke:

mischt sich in allerhand reizvollen kontrapunktischen Verklei-
dungen auch während der Episoden immer wieder ein und entwickelt aus seinen drei letzten Noten sogar das erste Episoden-
thema, ja mittelbar auch die Mollepisode. Sie ruft diesmal trotz
ihrer Länge keine ernsthafte Störung hervor, sondern gleicht
mehr einer virtuosen Klavierphantasie; auch sorgen immer wieder Glieder aus andern Themengruppen dafür, daß die Sache
nicht zu ernst wird. Das schließliche Ergebnis ist, wie im
g-Moll-Quartett, die Rückkehr nicht des Anfangs, sondern der
ersten Episode.

Wie fremd diese Quartette das damalige Publikum anmute-
ten, lehrt ein Wiener Bericht »über die neueste Favoritmusik in
großen Conzerten« aus dem Jahre 1788.

[Es folgt der Text aus dem »Journal des Luxus und der Moden«, s. S. 39–41.]

HERMANN ABERT (1871–1927) studierte klassische Philologie (Promotion 1897)
und Musikwissenschaft (Promotion 1899). Er lehrte Musikwissenschaft an den
Universitäten Halle (1902–1920), Leipzig (1920–1923) und Berlin (1923–1927).
Die grundlegende Neubearbeitung der Mozart-Biographie Otto Jahns ist sein
Hauptwerk, daneben veröffentlichte er eine Schumann-Biographie und Arbeiten
zur antiken Musik und zur Operngeschichte.

ALFRED EINSTEIN, Mozart. Sein Charakter. Sein Werk,
Stockholm 1947, Frankfurt ²/1968, S. 279ff.

Ende 1785 oder Anfang 1786 brachte Mozarts Freund, Geldge-
ber und Berufsgenosse Fr. A. Hoffmeister ein Klavierquartett
Mozarts heraus, von dem es bei Nissen S. 633 heißt, es sei das
erste einer kontraktlich verabredeten Folge von drei Nummern
gewesen (K.V. 478). »Als aber«, so heißt es weiter, »Hoffmeister geklagt habe, das Publikum finde sie zu schwer und wolle
sie nicht kaufen, habe Mozart ihn freiwillig seines Kontraktes
entbunden und die Fortsetzung aufgegeben« (K.V.³, pag. 600);
ja Hoffmeister habe sogar »dem Meister den vorrausbezahlten
Teil des Honorars unter der Bedingung geschenkt, daß er die
zwei andern akkordierten Quartette nicht schrieb . . .« Nun hat
Mozart noch ein zweites Klavierquartett geschrieben (K.V.
493), das in der Tat nicht mehr bei Hoffmeister erschienen ist,
sondern bei Artaria. An der ganzen Geschichte ist nur unglaub-
würdig, daß Artaria wagemutiger gewesen sein sollte als Hoffmeister, der doch späterhin so schwierige Werke in Verlag nahm
wie die Violinsonaten in Es (K.V. 481) und A (K.V. 526), das

Klavierrondo in a-moll (K.V. 511) und die Fuge für zwei Klaviere in c-moll (K.V. 426).

Wie dem sei, das Publikum, in Wien und anderwärts, war auf ein solches Werk wenig vorbereitet – im Grunde nicht einmal durch Mozart selber, dessen große Klaviertrios alle in eine spätere Zeit fallen. Denn die Gattung des Klavierquartetts war so gut wie neu. Man wird sich dessen bewußt, wenn man feststellt, daß Haydn sie überhaupt nicht gepflegt hat – unter seinen »Divertimenti für Klavier mit andern Instrumenten« findet sich meines Wissens keins dieser Besetzung – und daß bei Carl Philipp Emanuel Bach nur die »Klaviersonate mit begleitenden Instrumenten«, bescheidenster Art, vorhanden ist, bei Johann Christian Bach aber nur das Quintett gemischter Besetzung mit Basso Continuo. Ein Werk für Klavier mit mehr als zwei Streichern wird bei Johann Christian und bei Philipp Emanuel unweigerlich zum Klavierkonzert. Bei Mozart bleibt es reinste, stilvollste Kammermusik, die aber an den Klavierspieler ebenso hohe virtuose Ansprüche stellte wie manches Konzert der Zeit und die drei Streicherparte in einem Grad thematisch beteiligte, der über die Gewohnheiten und den Horizont der Dilettanten hinausging. Dazu kam bei diesem Quartett in g-moll die Schwierigkeit, sich abzufinden mit soviel Ernst, Leidenschaft, Tiefe. Dies ist keine gesellschaftliche Kunst mehr, die man genießerisch, oder lächelnd anhören könnte. Es ist die Schicksalstonart Mozarts, wir wissen es von zwei Sinfonien und einem Streichquintett her; und man könnte den wilden Befehl, der im Unisono den ersten Satz eröffnet und der dem ganzen Satz sein Gepräge gibt, immer im Hintergrund droht und ihn erbarmungslos abschließt, mit gleichem Recht ein Schicksalsmotiv nennen wie das Vier-Noten-Motiv der fünften Sinfonie Beethovens. Das Andante, in B-dur, ist das milde Gegenstück dieses Satzes; das Finale, ein Rondo voll männlichen Jubels in Dur, stellt das Gleichgewicht des Werkes her – Dur hat hier einen andern Sinn als in jenem Streichquintett späterer Zeit, wo das Gleichgewicht nicht mehr erreicht werden kann. Das Auftauchen jenes Johann Christianschen Themas, später der Keim der kleinen Klavierrondos in D (K.V. 485), ist ein Moment der völligen Seligkeit – er kehrt nicht wieder, das Thema wird im Lauf des ganzen Satzes nicht mehr verwertet. Dies ist der Himmel Mozarts – eine melodische Blüte, wie absichtslos vorhanden; ein Geschenk Gottes, das man unberührt stehen lassen soll.

Das einzige Gegenstück zu diesem Moll-Werk hat Mozart

ungefähr ein dreiviertel Jahr später vollendet: das Klavierquartett in Es (K.V. 493), etwa fünf Wochen nach Beendigung der »Nozze di Figaro«. In Erinnerung an seine Schwierigkeiten mit Hoffmeister hat er es vielleicht technisch ein wenig leichter gehalten, aber es ist an Originalität, Frische der Erfindung, Feinheit der Durchbildung kein geringeres Meisterwerk. Es ist von heiterer Grundfarbe; aber es irisiert immer nach den dunkleren Farben hin: das Larghetto, voll von zarten Echos, steht in As, und in der gleichen Tonart, in der Unterdominante diesmal, steht die »himmlische« Melodie im Rondo, von der Geige angestimmt, vom Klavier etwas verziert wiederholt – das Simpelste, Göttlichste der Welt. Das Konzerthafte ist in allen Sätzen gerade soweit angedeutet – im Rondo etwa durch einen die Kadenz vertretenden Triller im Klavier –, als es sich mit Kammermusik verträgt; die Klaviersonaten gehen darin viel weiter. Beim Hören eines solchen fleckenlosen Meisterwerks kann man sich lediglich wieder des Ausspruches Haydns erinnern: höchster Geschmack vereint mit höchster »Wissenschaft«.

ALFRED EINSTEIN (1880–1952), Vetter Albert Einsteins, studierte Musikwissenschaft (Promotion 1903) und war Musikkritiker in München und Berlin. 1933 Emigration über London und Florenz nach New York, 1939–1950 Professor in Northampton (Massachusetts). Autor zahlreicher Standardwerke zur Musikgeschichte des 16. bis 20. Jahrhunderts.

ARNOLD SCHÖNBERG, Brahms, der Fortschrittliche, in: Stil und Gedanke. Aufsätze zur Musik (Gesammelte Schriften 1, hrsg. von Ivan Vojtěch), Frankfurt 1976.

[Schönberg analysiert vergleichend den Periodenbau des Andante aus dem Streichquartett a-moll op. 51 Nr. 2 und des dritten der »Vier Ernsten Gesänge« op. 121 von Brahms.]
Der Sinn für Logik und Ökonomie und die Erfindungskraft, die zusammen so natürlich fließende Melodien bilden, verdienen die Bewunderung jedes Musikliebhabers, der von der Musik mehr als Süße und Schönheit erwartet. Aber obwohl ich aus dem Stegreif von einem Komponisten vor Brahms nur ein einziges Beispiel von solcher Komplexität der Konstruktion kenne – von Mozart natürlich (siehe Beispiel 51 aus dem *Klavierquartett in g-Moll*) – muß ich feststellen, daß die Strukturanalyse sogar noch größere Verdienste an den Tag bringt.
Das Beispiel von Mozart ist ein Rätsel – nicht für den Aus-

führenden, sondern für den Analytiker, der an der Grammatik, der Syntax, der Linguistik der Musik interessiert ist.

[Bei Schönberg ist das folgende Notenbeispiel Beispiel 51.]

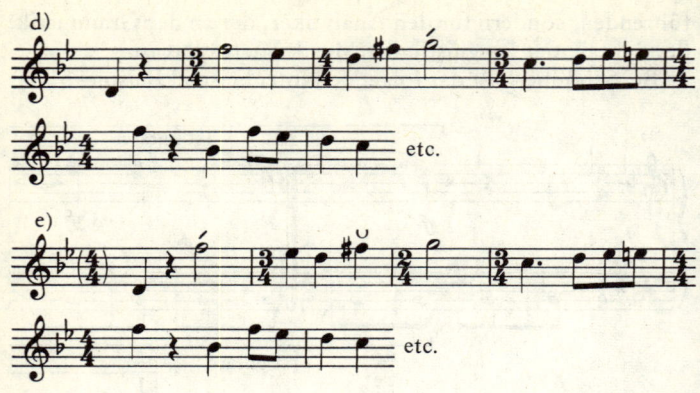

Es besteht aus drei kleinen Abschnitten oder Phrasen, deren metrische Stellung kompliziert ist. Der Beginn der ersten Phrase auf einer dritten Schlagzeit ist mit *sf* bezeichnet, das einen stärkeren Akzent fordert, als der dritten Schlagzeit für gewöhnlich zukommt. Die nachfolgende erste Schlagzeit ist mit *p* bezeichnet, und falls dies eine »Aufhebung des Akzents« bedeutet, könnte man annehmen, es sei ein Taktwechsel gemeint, wie er in den Beispielen 51 d und 51 e, wo die Taktwechsel ausgeführt werden, angedeutet ist. Aber in Takt 2 ist die vierte Schlagzeit ebenfalls mit *sf* bezeichnet, und die Akzentuierung der folgenden Schlagzeit ist ebenfalls aufgehoben oder zumindest abgeschwächt. Aus diesem Grund könnte man annehmen, daß die zweite Phrase nicht, wie die Klammer oben anzeigt, auf der zweiten Schlagzeit von Takt 3, sondern, entsprechend der Klammer unter der linken Hand, auf der vierten Schlagzeit von Takt 2, mit dem *sf* beginnt. Es ist ebenfalls möglich, daß der Ton auf der dritten Schlagzeit (das Fis) seinen Akzent behalten soll, wodurch ein Spondäus entstünde.

Zusätzlich zu all diesen Problemen wirft das Cello bei der Wiederholung des kleinen Segments ein eigenes Problem auf durch *sf*-Akzente, die denen der Hauptstimme zum Teil widersprechen (Beispiel 51 b). Der strukturellen Kompliziertheit dieses Beispiels kommt die polyrhythmische Konstruktion der zweiten Variation im Finale des *Streichquartetts in d-Moll* (Beispiel 52 a) gleich.

ARNOLD SCHÖNBERG (1874–1951) widmete sich neben dem Komponieren mit besonderer Vorliebe dem Unterrichten: um 1902 vorübergehend am Sternschen

Konservatorium Berlin, dann privat in Wien (Schüler u. a. Berg, Webern, Eisler), 1925–1933 als Leiter einer Meisterklasse für Komposition an der Preußischen Akademie der Künste in Berlin, nach seiner Emigration bis 1944 an verschiedenen amerikanischen Hochschulen, dann wieder privat. Wichtigste theoretische Veröffentlichungen: Harmonielehre (1911), Models for Beginners in Composition (1942), Fundamentals of Composition (1967).

Ludwig van Beethoven, Sinfonie Nr. 3 Es-dur op. 55 (Eroica)

Einleitung

Beethovens 3. Sinfonie in Es-dur, deren Skizzen auf das Jahr 1801 zurückgehen und die 1803 beendet wurde, kam Anfang Januar 1805 beim Bankier Würth in privatem Kreis, am 7. April 1805 im Theater an der Wien zur öffentlichen Uraufführung. Das Werk besteht aus vier Sätzen – Allegro con brio, Marcia funebre, Scherzo, Finale – und trägt den Titel »Sinfonia eroica composta per festigiare il Souvenire di un grand' Uomo dedicata a Sua Altezza Serenissima il Principe di Lobkowitz da Luigi van Beethoven op. 55« (Heroische Sinfonie, komponiert zur Feier des Andenkens an einen großen Mann und gewidmet seiner Durchlaucht, dem Fürsten Lobkowitz von Ludwig van Beethoven). Ob die Komposition ursprünglich Napoleon gewidmet war und Beethoven, bei der Nachricht von dessen Kaiserkrönung, das Titelblatt wütend zerrissen habe, ist so oft als Faktum angenommen wie als Anekdote bezweifelt worden. Jedoch war jene Vermutung wohl wesentlich die Ursache für die immense Flut literarischer Deutungen, deren Umfang und Eigenarten die Auswahl gerade dieser Sinfonie begründete.[1] Des begrenzten Raumes wegen sind die gewählten Textausschnitte freilich mancher Beschränkung unterworfen. Sie behandeln weit überwiegend nur den ersten Satz, und in ihnen ist wenig die Rede von der Stilwende Beethovens, welche die »Eroica« markiert, von der deutlichen Differenz zur Sinfonik Haydns und Mozarts. Auch kommt die materiale und gedankliche Verwandtschaft des Finales zu den beiden benachbarten Beethovenschen Werken (»Die Geschöpfe des Prometheus« und die Klaviervariationen op. 35) kaum zur Sprache, und es fehlt die Diskussion, ob die Anordnung der Sätze dem poetischen Programm konsequent entspreche. Bestimmend für die Auswahl der Texte war vor allem die Absicht, ein möglichst breites Spektrum von Deutungen des »Inhaltes« dieser Sinfonie zu präsentieren, Deutungen, die sämtlich von der besagten Widmung und bestimmten musikalischen Merkmalen ausgehen (Berlioz, Wagner, Marx, Ulybyschew, Lenz, Kretzschmar, Schering). Ein solch weiter Horizont von Interpretationen, der sich vom allgemeinen Bild eines sinfonischen Subjekts (Wagner) bis zur Reportage konkreter Gesten (z. B. Ulybyschew), von der Antike (Schering) bis zum »sozialistischen Friedenslager« (Schönewolf) erstreckt, kann detailliert hier nicht gesondert erläutert werden. Wohl mag sich eine Vorstellung davon vermitteln, welch vielfältige Aussagen aus einem Stück Instrumentalmusik herausgeholt oder in dieses hineingelegt worden sind. Gewiß

---

[1] Das Schrifttum zu diesem Werk wird am ausführlichsten diskutiert bei Karl Nef, Die neun Symphonien Beethovens, Leipzig 1928. Verwiesen sei auch auf die jüngste Monographie: Constantin Floros, Beethovens Eroica und Prometheus-Musik. Sujet-Studien, Wilhelmshaven 1978.

erweckt die Lektüre dieser Texte Erstaunen darüber, wie fraglos der musikalischen Inhaltsästhetik vor allem des 19. Jahrhunderts das Verfahren war, uneindeutige Klangkonstellationen in außermusikalischen Bedeutungen und Begriffen zu definieren. Zugleich könnten solche Musikbeschreibungen indes auch als Katalysator der heutigen Rezeption dienen, die im Konzertsaal ebenso wenig rein formal, vielmehr häufig wohl assoziativ verlaufen dürfte. Welche Ähnlichkeiten und welche Unterschiede – trotz gemeinsamer Grundlage der Idee des Heroischen – zu verzeichnen sind, mögen die angefügten Zusammenstellungen von Äußerungen zu drei Passagen der Partitur verdeutlichen, wobei im einzelnen allerdings schwierig zu begründen (oder zu widerlegen) ist, ob ein Motiv freudig oder fragend klinge. Zur Inhaltsästhetik im weiteren Sinne zählen die Texte von Rolland – eine biographische Interpretation –, von Machatius – die philosophische Exegese eines einzigen Tones – und die gleichsam politischen Aufladungen der »Eroica« bei Bülow, Vetter und Schönewolf; Beispiele der Tendenz, Kunst und Künstler als Kronzeugen auswechselbarer Ideologien zu benutzen. Die differenzierte Formanalyse von Dahlhaus, ein strikter Kontrast zu den Schlachtschilderungen des 19. Jahrhunderts, mag für das musikwissenschaftliche Bewußtsein der heutigen Epoche einstehen, die gekennzeichnet ist durch das Bemühen um Objektivierbarkeit von Urteilen. Zwei zeitgenössische Konzertkritiken (anonyma) und eine Rezension des Erstdrucks der Orchesterstimmen (Rochlitz) markieren die Situation um 1805. Alle drei Texte bringen zum Ausdruck, daß die »Eroica« den Erwartungshorizont des zeitgenössischen Publikums durchbrach, ein Umstand, der vom ersten Autor als ärgerlich, von Rochlitz als angenehm empfunden wurde. Ist bei beiden Texten eine noch intakte Beziehung zwischen Komponist und Publikum spürbar, so deutet die Kritik des »Freimüthigen« an, daß gerade avantgardistische, die Konventionen ihrer Zeit negierende Werke – zu denen die »Eroica« zählt – die Auflösung der Einheit von Produktion und Rezeption fördern. Dieser Text mag als Vorahnung der Hörprobleme bei Neuer Musik gelten.

Eine detaillierte Formanalyse des 1. Satzes findet sich bei Walter Riezler, Beethoven, Zürich 7/1951, die sich – in Gegensatz zur zitierten Analyse von Dahlhaus – aber stärker an das traditionelle Formschema der Sinfonie anlehnt.

Anonymus, in: Allgemeine Musikalische Zeitung VII, Leipzig 1804/05, Sp. 321.

Bei Herrn von Würth wurde die Beethoven'sche Symphonie aus C-Dur [Nr. 1] mit Präzision und Leichtigkeit gegeben. Eine herrliche Kunstschöpfung. Alle Instrumente sind trefflich genutzt, ein ungemeiner Reichtum schöner Ideen ist darin prächtig und anmutig entfaltet, und doch herrscht überall Zusammenhang, Ordnung, Licht. Eine ganz neue Symphonie Beethovens [Nr. 3] ist in einem ganz anderen Stil geschrieben. Diese lange, für die Ausführung äußerst schwierige Komposition ist eigentlich eine sehr weit ausgeführte, kühne und wilde Phantasie. Es fehlt ihr gar nicht an frappanten, schönen Stellen, in denen man den energischen, talentvollen Geist ihres Schöpfers erkennen muß. Sehr oft aber scheint sie sich ganz ins Regellose zu verlieren. Referent gehört gewiß zu Herrn von Beethovens aufrichtigsten Verehrern; aber bei dieser Arbeit muß er doch gestehen, des Grellen und Bizarren allzuviel zu finden, wodurch die Übersicht äußerst erschwert wird und die Einheit beinahe ganz verlorengeht.

Anonymus, in: Der Freimüthige Nr. 83 vom 26. April 1805. Zit. nach: Howard Chandler Robbins Landon, Beethoven. Sein Leben und seine Welt in zeitgenössischen Bildern und Texten, Wien 1970, S. 264.

Die einen, Beethovens ganz besondere Freunde, behaupten, gerade diese Symphonie [Nr. 3] sei ein Meisterstück, das sei eben der wahre Stil für die höhere Musik, und wenn sie jetzt nicht gefällt, so komme das nur daher, weil das Publikum nicht kunstgebildet genug sei, alle diese hohen Schönheiten zu fassen; nach ein paar tausend Jahren aber würde sie ihre Wirkung nicht verfehlen. Der andere Teil spricht dieser Arbeit schlechterdings allen Kunstwert ab und meint, darin sei ein ganz ungebändigtes Streben nach Auszeichnung und Sonderbarkeit sichtbar, das aber nirgends Schönheit oder wahre Erhabenheit und Kraft bewirkt hätte. Durch seltsame Modulationen und gewaltsame Übergänge, durch das Zusammenstellen der heterogensten Dinge, wenn z. B. ein Pastorale im größten Stil durchgeführt wurde, durch eine Menge Risse in den Bässen, durch 3 Hörner u. a. m. könnte zwar eine gewisse, eben nicht wünschenswerte Originalität ohne viele Mühe gewonnen werden; aber nicht die Hervorbringung des bloß Ungewöhnlichen und Phantastischen, sondern des Schönen und Erhabenen sei es, wodurch sich das Genie beurkundet: Beethoven hatte selbst durch seine früheren Werke die Wahrheit dieses Satzes erwiesen. Die dritte sehr kleine Partie steht in der Mitte; sie gesteht der Symphonie manche Schönheiten zu, bekennt aber, daß der Zusammenhang oft ganz zerrissen scheint, und daß die unendliche Dauer dieser längsten, vielleicht auch schwierigsten aller Symphonien selbst Kenner ermüde, dem bloßen Liebhaber aber unerträglich werde. Sie wünscht, daß H. v. B. seine anerkannten großen Talente verwenden möge, uns Werke zu schenken, die seinen beiden ersten Symphonien aus C und D gleichen, seinem anmutigen Septett aus Es, dem geistreichen Quintett aus D-dur [C-dur?] und anderen seiner früheren Kompositionen, die B. immer in die Reihe der ersten Instrumentalkomponisten stellen werden. Sie fürchtet aber, wenn Beethoven auf diesem Wege fortwandelt, so werde er und das Publikum übel dabei fahren. Die Musik könne sobald dahin kommen, daß jeder, der nicht genau mit den Regeln und Schwierigkeiten der Kunst vertraut ist, schlechterdings gar kein Genuß bei ihr finde, sondern durch eine Menge unzusammenhängender und überhäufter Ideen und einen fortwährenden Tumult aller Instrumente zu Boden gedrückt, nur mit einem unangenehmen Gefühl der Ermattung den Konzertsaal verlasse. Das Publikum und H. v. Beethoven, der selbst dirigierte, waren an diesem Abend nicht miteinander zufrieden. Dem Publikum war die Symphonie zu schwer, zu lang, und B. selbst zu unhöflich, weil er auch den beifallklatschenden Teil keines Kopfnickens würdigte. Beethoven im Gegenteil fand den Beifall nicht auszeichnend genug.

FRIEDRICH ROCHLITZ, Rezension des Erstdrucks der Stimmen, in: Allgemeine Musikalische Zeitung IX, Leipzig 1806/1807, Sp. 321 und 324.

Den Anfang dieser Symphonie macht ein Allegro con brio im Dreivierteltakt aus Es-Dur. Nachdem vom ganzen Orchester der harmonische Dreiklang zweimal kräftig angeschlagen, gibt das Violoncell folgenden einfachen Hauptsatz, der hernach von allen Seiten aufgestellt, gewendet und ausgeführt werden soll, leise, doch bemerkbar genug an [Vgl. Notenbeispiel 1, S. 85].

Schon im siebten Takt, wo über Cis im Baß der verminderte Septakkord, und im neunten Takt, wo über D der Quartsextakkord vorkommt, bereitet der Verfasser den Zuhörer vor, oft in der Harmonienfolge angenehm getäuscht zu werden; und schon diese, gleichsam präludierende Abweichung – wo man förmlich nach g-Moll glaubt geleitet zu werden, aber statt der Auflösung des Quartsextakkords die Quarte aufwärts in die Quinte geführt bekommt, und so sich, vermittels des Quintsextakkords unvermutet wieder zu Hause in Es-Dur befindet – schon dies ist interessant und angenehm. Takt 25 ff. gibt B. dadurch dem Gedanken eine auffallendere und pikantere Wirkung, daß er die sogenannten schlechten Taktteile heraushebt und dadurch eine gerade Taktart (Zweivierteltakt, wie man sichs auch zur Erleichterung des Vortrags denken kann) hervorzubringen scheint. Die Schärfe dieser und ähnlicher oft vorkommenden Stellen, besonders da sie mit aller Kraft des Orchesters auszuführen sind, imponiert außerordentlich, und kontrastiert zugleich sehr wirksam gegen die sanfteren, denen sie entgegenstehen, und die in diesem ganzen Satz ebenso neu als schön erfunden und vorzüglich den Blasinstrumenten zugeteilt sind. Meisterhaft hat B. dann im zweiten Teil dieses Satzes die im ersten Teil nur kurz berührten Hauptgedanken sorgsam und gründlich durchgeführt; es ist dieses aber, so sicher sich der feste Gang des Komponisten verfolgen ließe, doch nicht ohne bogenlange Beispiele anschaulich zu machen; und so muß sich Rezensent auch hier nur mit einzelnen Bemerkungen begnügen. Ganz überraschend, durchaus neu und schön ist es z. B., daß im Verfolg dieses 2. Teils, wo des Ausführens der früheren Ideen fast zuviel zu werden anfängt, plötzlich ein ganz neuer, noch nicht gehörter Gesang von Blasinstrumenten aufgefaßt und episodisch behandelt wird [Takt 374 ff.] – wodurch dann nicht nur die Summe des Angenehmen und seine Mannigfaltigkeit vermehrt, sondern der Zuhörer auch erfrischt wird, dem Verfasser wieder gern zu folgen, wenn er zu der verlassenen Heimat zurückkehrt, und mit noch reicherer Kunst die Hauptgedanken einkleidet und durchführt.

[...] Schon aus diesem Wenigen wird man abnehmen, daß dieses Allegro, ungeachtet seiner Länge, mit einer Sorgsamkeit zur Einheit zusammengehalten ist, die Bewunderung abnötigt; daß aber der Reichtum an Mitteln, sowie die Kunsterfahrenheit und die Originalität in der Verwendung derselben zugleich einen Effekt herbeiführe, wie er bei Werken dieser Art höchst selten ist, und wie er von denen, die diesen Stil nur von Ferne oder gar nicht kennen, oft genug für unmöglich erklärt wird. Daß aber dieses Allegro, wie auch das ganze Werk, um diesen Effekt zu machen, allerdings ein Auditorium voraussetze, dem nicht etwa eine Partie gewöhnlicher Variatiönchen über alles geht, weil sie doch artig hinlaufen und alle Augenblicke eine aus ist; sondern ein Auditorium, daß zum wenigsten ernstlich aufmerken, und in der ernsteren Aufmerksamkeit sich selbst festhalten kann − das versteht sich von selbst, und versteht sich nicht nur bei diesem, sondern bei jedem sehr weitläufigen und reich zusammengesetzten Werke der Poesie oder Kunst.

Johann Friedrich Rochlitz, s. S. 43.

Richard Wagner, Beethovens »Heroische Symphonie«. Einführung in ein Züricher Konzert (1851), in: Gesammelte Schriften und Dichtungen, Bd. 5, Leipzig 1907, S. 169f.

Zunächst ist die Bezeichnung »heroisch« im weitesten Sinn zu nehmen und keineswegs nur etwa als auf einen militärischen Helden bezüglich aufzufassen. Begreifen wir unter »Held« überhaupt den ganzen, vollen Menschen, dem alle reinen menschlichen Empfindungen − der Liebe, des Schmerzes und der Kraft − nach höchster Fülle und Stärke zu eigen sind, so erfassen wir den richtigen Gegenstand, den der Künstler in den ergreifend sprechenden Tönen seines Werks sich uns mitteilen läßt. Den künstlerischen Raum dieses Werkes füllen all die mannigfaltigen, mächtig sich durchdringenden Empfindungen einer starken, vollkommenen Individualität an, der nichts Menschliches fremd ist, sondern die alles wahrhaft Menschliche in sich enthält und in der Weise äußert, daß sie, nach aufrichtigster Kundgebung aller edlen Leidenschaften, zu einem die gefühlvollste Weichheit mit der energischsten Kraft vermählenden Abschluß ihrer Natur gelangt. Der Fortschritt zu diesem Abschlusse ist die heroische Richtung in diesem Kunstwerke.

Richard Wagner (1813–1883), einer der bedeutendsten Komponisten der neueren Musikgeschichte. Wie er vor allem in seinem theoretischen Hauptwerk »Oper und Drama« darlegte, habe Musik die ganze Vielfalt verwandter und widerstrebender menschlicher Empfindungen zu vermitteln, allein Musik könne das Unaussprechliche zum Ausdruck bringen, wozu sie zur näheren Bestimmung freilich der Sprache bedürfe. Darin sieht sich Wagner als legitimer Erbe Beethovens, der den unbestimmten Ausdrucksinhalt der Sinfonie durch die Einbeziehung von Sprache in dessen Neunter Sinfonie in der Bedeutung präzisiert habe, um ihn zugleich musikalisch zu transzendieren. Dies meint eine der Hauptthesen von »Oper und Drama«, die Tonsprache sei Anfang und Ende der Wortsprache.

ALEXANDER ULYBYSCHEW, Beethoven, seine Kritiker und seine Ausleger (deutsche Übersetzung von: Beethoven, ses critiques et ses glossateurs, Leipzig 1857), Leipzig 1859, S. 182–185.

Dieses Allegro ist in Es-Dur, Dreivierteltakt, geschrieben. Kaum haben zwei einzelne Akkorde die Tonart festgestellt, als das Thema, allein vom Violoncello vorgetragen, sogleich mit einer Freiheit, einer Zuversicht und einem Adel auftritt, die es zum Glücklichsten und Fruchtbarsten von allen machen, die Beethoven für den 1. Satz einer Symphonie gewählt hat. Nachdem es sich wie die Sonne am Horizont gezeigt, verschwindet es einen Augenblick unter dem Nebel einer unbestimmten Harmonie, um in seinem ganzen Glanz, wie die strahlende Sonnenscheibe in voller Rundung von Neuem zu erscheinen. Ein kunstreiches und wirkungsvolles Verfahren, welches den Satz, der nur vier Takte umfassen zu müssen schien, zu einer Periode von dreizehn Takten verlängert. Ich bemerke vor allem, daß dieses Allegro, obwohl im höchsten Grade heroisch, doch keineswegs militärisch ist, daß aber dennoch Schlachtruf und noch schrecklichere Klänge an mehr als einer Stelle darin ertönen. Dies kommt daher, weil die Schilderung nicht in der Handlung, sondern in der Idee stattfindet, weil sie oft dramatisch erscheint, ohne von den dramatischen Formen zu borgen, indem sie im Gegenteil im wahren und größten Symphoniestil geschrieben ist. Mit Hilfe der Aufschrift erkennen wir in dem Thema einen Gedanken, der die Welt umfaßt, um sie zu erobern, einen Gedanken, der anfangs ernst und ruhig ist, wie alle weit ausgreifenden Pläne, der aber den Eindruck und das Bild von allem hervorruft, was zu seiner Ausführung und zu seinen Resultaten beitragen wird. Daher rühren die Episoden voll Erhabenheit und Schönheit, die Beethoven aus der poetischen Idee abgeleitet und mit so bewundernswerter Kunst in die musikalische Idee eingeführt hat. Die Eroberung der Welt ist ein Gedanke, welcher der Phantasie und dem Stolze schmeichelt; das zeigt uns die kleine liebliche und schmeichelnde Phrase, welche zuerst erklingt und dann von der Klarinette, der Oboe, der Flöte und der 1. Violine wiederholt wird [Vgl. Notenbeispiel 2, S. 85]. Auf diesen melodischen Erguß folgt eine unruhige Figur in gruppetti von Sechzehnteln, die das Klirren und die Blitze sich kreuzender Waffen malt [Vgl. Notenbeispiel 3, S. 85]. Dann sieht der große Feldherr seine Garde vorbeiziehen, welche nach den drei Taktteilen in gleichem Schritt mit den Violinen marschiert und den Rhythmus eines punktierten Viertels in den Fagotten und Flöten betont [Takt 83 ff.]. Welche Stattlichkeit und welche Haltung! Eine prachtvolle Schar, nicht wahr, deren kleinste Knirpse Helden sind und die dem Feind nur ins Auge zu schauen brauchen, um ihn in Staub zu verwandeln. Wir werden späterhin darüber urteilen. Diese episodischen Themas, welche den ersten Teil des Allegros ausfüllen, in welchem das Hauptthema nur eben erscheint, sind durch Orchesterbrücken oder tutti von erstaunender Kraft und prächtigem Instrumentalkolorit miteinander verbunden. Einige klagende Melodien, vergebene Seufzer der Sehnsucht, können nicht durchdringen, weil sie durch die bisher ungewöhnliche Ausdehnung der Perioden um ihre Schlußkadenzen kommen.

Nachdem der Held seine Kräfte gezählt, seine Angriffs- und Verteidigungsmittel überschlagen hat, stellt er sie im zweiten Teil nach den Erfordernissen seiner gigantischen Pläne vereinigt auf und ruft sie in seinem Geist zum Kampf, zu einem Kampf, dessen Resultat vorgesehen und unausbleiblich ist, denn er selbst, der Mann des Schicksals, leitet alles. Man mache sich also gefaßt, einen Mittelsatz, eine thematische Durchführung zu hören, die an Macht alles übertrifft, was man in der instrumentalen Musik jemals gehört hat. Aus der aufgehenden Sonne, welche es im Anfang war, wird das Thema zu einem blutroten Meteor, zu einem furchtbaren Kometen, dessen aufgärende innere Glut die Welt in Flammen zu setzen droht. Man sieht jenen Gott der Schlachten bald finster, bald leuchtend, wie er auf der einen Seite Schrecken und Tod aussät, auf der anderen seine Soldaten mit einem schützenden Blick deckt, wodurch das Feuer ihres Mutes von Neuem auflodert. Die strategischen Träume des großen Feldherrn umfassen das Schlachtfeld in den mannigfachsten Beziehungen. Hier stellt er sich an die Spitze seiner leichten Truppen, kommandiert mit immer lauterer Stimme und beschleunigt den Galopp der Schwadronen in Sechzehnteln [Takt 182–211]. Weiterhin entspinnt sich ein furchtbarer Kampf, aber das Thema ist nicht dabei, denn es geht da für einen Soldaten im kaiserlichen Purpur zu heiß her. Es ist ein Bajonettangriff, den die alte Garde ausführt, d. h. das Motiv der drei Viertelnoten. Jetzt geht es nicht mehr her wie bei der Parade. Die unbezwingliche Phalanx marschiert nicht mehr gerade und stolz, sie windet sich wie eine verwundete Schlange durch eine geistzerrüttende Modulation, sie rückt vor, glimmt mit Wut empor, dann noch einmal empor und macht plötzlich Halt. Ihre Kraft bricht sich gegen einen überlegenen Widerstand, den Beethoven nicht offenbart. Ist es Gott? Ist es der Feind? Ich weiß es nicht. Das Orchester läßt nur noch Töne ohne Melodie und Harmonie hören, rauhe und herzzerreißende E gegen F [Vgl. Notenbeispiel 4, S. 86], das Röcheln des Todes, das mit jener nur allzuwahren Wahrheit ausgedrückt ist, welche für die Kunst eine Lüge wird. Was sollen diese schrecklichen Dissonanzen bedeuten, die auf einmal abbrechen und ohne Auflösung bleiben? Hat Beethoven Furcht vor sich selbst gehabt, oder hat das prophetische Leuchten des Brandes von Moskau seinem Helden das Unglück der Zukunft verraten? Plötzlich wendet sich der Gedanke des Helden nach Ägypten oder vielleicht nach Indien, dessen Eroberung er einem Bundesgenossen vorschlagen will, der zu großmütig ist, um sich durch die reiche und leichte Beute verlocken zu lassen. Nach einigen Takten, die nur eine Vorbereitung sind und sonst nichts bedeuten, hört man auf einmal eine Melodie von orientalischer Farbe, welche das Violoncell und die Oboen wie ein Trio anstimmen [Takt 285 ff.].

ALEXANDER DIMITRIJEWITSCH ULYBYSCHEW (1794–1858), 1818–1830 im russischen Staatsdienst, privatisierte seit 1830. 1843 gab er eine Mozart-Biographie heraus, in der Beethovens Spätwerk kritisiert wurde. Darauf antwortete Wilhelm von Lenz mit heftiger Polemik (Beethoven et ses trois styles, 2 Bde., Petersburg 1852), worauf Ulybyschew mit seinem Beethoven-Buch replizierte.

ADOLPH BERNHARD MARX, Ludwig van Beethoven. Leben und Schaffen, Bd. 1, Berlin 1859, S. 258–261.

Der erste Akt stellt das Geistesbild des Heldengangs auf, vom stillen, kaum bemerkten Anfang, durch die Welt hindurch. Nach zwei Kraftschlägen des ganzen Orchesters (»Hört! Hört!«) tritt der Heldengedanke [Vgl. Notenbeispiel 1, S. 85] still in den Violoncellen unter der Decke der achtelschlagenden 2. Violine und Bratsche hervor, um sich gleich wieder unter dem scharfen Luftzug, der nach g-Moll weht, zu verlieren. Allein sogleich wendet sich der Gang zurück nach dem Hauptton (Es-Dur) und der Heldengedanke setzt, um nun fester den Hauptsatz auszubilden, abermals in Flöte, Klarinette und Horn, in drei Oktaven übereinander, ein. Es liegt etwas höchst Spannendes in dieser Vorbereitung. Der Hauptgedanke tritt in den Violoncellen noch blaß, noch nicht erwärmend hervor, gleich der eben den Horizont berührenden Sonne, um gleich ihr in fröstelnden Nebeln sich noch einmal zu bergen. Dieses »Noch nicht!« (Wie oft hat es Napoleon in heißen Schlachten ausgesprochen, wenn seine Generäle zu früh die Reserven forderten!), dieses sich Verlieren in die Moll-Parallele der Dominante weitet den Satz von 4 auf 13 Takte aus; wir sind auf große Verhältnisse hingewiesen.

[. . .] Hieran [an Takt 20 ff.] knüpft sich (auf der Dominante, B-Dur, Seitensatz) ein eigentümlich bezeichnender Gedanke; es ist wie freudig jauchzende Feldmusik, die heranrückt, aber wieder leise, wie von Weitem [Vgl. Notenbeispiel 2, S. 85] und, innerlich eins, äußerlich gleichsam zusammenhanglos in abgebrochenen Gliedern bald in diesem, bald in jenem Instrument auftaucht, – erst in der Oboe, dann in der Klarinette, dann in der Flöte, dann in der 1. Violine und nochmals durch alle durch, – als wenn man vom Hügel das weite Blachfeld überschaute, blinkend im Strahl der Morgensonne, die in den blanken wachen Gliedern blitzt und hörte von fern, da und dort her den zusammenrückenden Scharen vorauf den heitern Ruf der Feldmusik. Jetzt schart sich alles dichter, tritt alles munterer hervor, faßt unter dem Blitzen und Klirren der Waffen Fuß [Vgl. Notenbeispiel 3, S. 85] und schließt aneinander Mann an Mann, und Schar an Schar, von hohem Mut das ganze, wie ein Körper von einem machtvollen Willen beseelt.

ADOLPH BERNHARD MARX (1795–1866), zunächst Jurist, als Rechtsreferendar in Halle, studierte anschließend Komposition, u. a. bei Zelter. Gründete 1824 die »Berliner Allgemeine Musikalische Zeitung«. 1830 Professor der Musik an der Berliner Universität. Komponist, Autor zahlreicher musiktheoretischer und ästhetischer Werke, u. a. Lehre von der musikalischen Komposition, 4 Bde., Leipzig 1837–1847.

WILHELM VON LENZ, Kritischer Katalog sämtlicher Werke Ludwig van Beethovens mit Analysen derselben. Zweiter Teil, II. Periode op. 21–op. 100, 1. Hälfte op. 21–op. 55, Hamburg 1860, S. 291 f.

Da ist gleich der 1. Satz (Allegro con brio, Dreiviertel, Es-Dur, 593 Takte ohne Reprise).

Auf die Knie, alte Welt! Du stehst vor dem Begriff der *großen* Beethoven'schen Symphonie. Haydn, Mozart, die unsterblichen Schöpfer des Weltoratoriums und der Weltoper, geht an die Bratsche, schlagt die Pauke im Eroica-Orchester. Hier endigt *ein* Reich und fängt ein *anderes* an. Hier liegt die Marke eines Jahrhunderts.

Zwei Hiebe schwerer Kavallerie, die ein Orchester spalten wie eine Rübe – und das Thema im Violoncello, von Altviole und 2. Geige schüchtern gefolgt. Eine Tonfigur von vier Noten (Es, G, Es, B) und was wird daraus! Heldengeflüster zu Anfang, Heldenchöre zu Ende. Wenn Mozart das lesen könnte! Von Haydn stand nichts zu hoffen, er war der Widerstand im gemächlichen Besitz. Mit welchen Feueraugen Mozart in das Buch der Eroica geblickt hätte! Das Horn freilich wäre auch für Mozart zu früh gekommen. Zu früh für dich, 18. Jahrhundert, zur rechten Zeit im 19. Jahrhundert. Der erste Satz der Eroica ist der Durchbruch instrumentaler Persönlichkeit in der Symphonie. Sehen wir, wie der Feldherr seine Schlacht aufstellt.

Kerntreffen: Motiv (3. und 4. Takt [Vgl. Notenbeispiel 1, S. 85]). Wie eine unbarmherzige Säge des Schicksals geht es durch den Satz. Auf seinem Schilde lesen wir:

Geboren wird der Wurm und wird zertreten
Und nichts bezeichnet seines Lebens Spur:
Doch wo ein Held, ein Herrscher kommen soll,
Da ruft's ein Gott in seiner Sterne Flammen.

Flügel: Gegenmotiv, normal auf Dominante und Tonika – von drei Noten (G, F, 45., E, 46. Takt [Vgl. Notenbeispiel 2, S. 85]). Sie fegen den Staub von den Verflachungen des Alltagslebens:

So komm denn aus der Scheide
Du Reiters Augenweide
Heraus, mein Schwert, heraus!

Reserven: Hinter der von Motiv und Gegenmotiv [T. 83–90] gebildeten Hauptlinie das zweite Treffen, zweite Hauptthema

(90. Takt). In Beethoven'scher Keilschrift gleicher Werte (vor-
herrschend Viertel) schließende Kohorten. [. . .] Wir fassen die
vier Sätze der Eroica unter folgenden Überschriften:

Allegro: Leben und Tod des Helden
Marcia: Das Leichenbegängnis
Scherzo: Waffenstille am Grabe
Finale: Das Leichenmahl und die Heldenballade.

WILHELM VON LENZ (1808–1883), Klavierschüler von Liszt und Moscheles, studierte Jura und trat in den russischen Staatsdienst ein. Nach »Beethoven et ses
trois styles« (vgl. Notiz zu Ulybyschew, S. 61) ist sein »Kritischer Katalog . . .«,
Zeugnis eines enthusiastischen Liebhabers, der dritte bis fünfte Band von »Beethoven, eine Kunststudie« (Band I–II Kassel 1855).

HECTOR BERLIOZ, Kritische Betrachtung der Beethoven'-
schen Symphonien, in: Musikalische Streifzüge. Literarische
Werke, Bd. 5 (deutsche Übersetzung von: A travers chants,
Paris 1862), Leipzig 1903, S. 17–19.

Es ist sehr unrichtig, die dieser Symphonie vom Komponisten
gegebene Aufschrift abzukürzen. Sie führt den Titel: Heroische
Symphonie zum Andenken eines großen Mannes. Man sieht,
daß es sich hier nicht um Schlachten und Triumphzüge handelt,
wie viele, die sich durch die Verstümmelung der Überschrift
täuschen lassen, notwendig erwarten, sondern vielmehr um ern-
ste und tiefe Gedanken, melancholische Erinnerungen und Ze-
remonien von eindrucksvoller Größe und Trauer, mit einem
Wort um den Nekrolog eines Helden. Ich kenne in der Musik
wenig Beispiele eines Stils, in welchem der Schmerz andauernd
so reine Formen und einen solchen Adel des Ausdrucks festzu-
halten imstande ist.

Der erste Satz hat Dreivierteltakt und ungefähr das Tempo
eines Walzers. Und doch, gibt es etwas Ernsteres und Dramati-
scheres als dieses Allegro? Das energische Hauptthema erscheint nicht sogleich vollständig. Entgegen dem Gebrauch hat
uns der Komponist am Anfang seinen melodischen Gedanken
nur angedeutet; dieser zeigt sich mit seinem vollen Glanze erst
nach einer Einleitung von einigen Takten. Der Rhythmus ist
außerordentlich bemerkenswert durch die Häufigkeit der Synkopen und durch die Einmengungen des zweiteiligen Taktes,
welcher durch Betonung schwacher Taktteile aus dem Dreivierteltakt entsteht. Gesellen sich zu diesem gestörten Rhythmus

noch gewisse harte Dissonanzen, wie die gegen Mitte der zweiten Wiederholung, wo die 1. Violinen das hohe F gegen das E, die Quinte des A-Moll-Akkords anschlagen [Vgl. Notenbeispiel 4, S. 86], so kann man angesichts dieses Gemäldes zügelloser Wut eine Bewegung des Schreckens nicht unterdrücken. Es ist die Stimme der Verzweiflung und beinahe der Raserei. Nur kann man sich fragen: Warum diese Verzweiflung, warum diese Raserei? Der Grund ist nicht zu entdecken. Das Orchester beruhigt sich plötzlich bei dem folgenden Takt; man möchte meinen, daß es, durch die Aufwallung, welcher es sich eben überließ, gebrochen, plötzlich der Kräfte ermangelt. Dann kommen sanftere Wendungen, in welchen wir alles, was die Erinnerung an schmerzlicher Rührung in der Seele wecken kann, wiederfinden. Es ist unmöglich, die Mannigfaltigkeit der melodischen und harmonischen Einkleidungen, unter denen Beethoven sein Thema wiederholt, zu beschreiben oder auch nur anzudeuten. Wir wollen uns darauf beschränken, auf eine ganz besonders bizarre Stelle hinzuweisen, welche zu vielen Diskussionen Veranlassung gegeben hat, von dem französischen Verleger in der Partitur als vermeintlicher Stichfehler verbessert, nach eingehender Prüfung aber wiederhergestellt worden ist: Die 1. und 2. Violinen halten ganz allein im tremolo die große Sekunde B-As als Bruchstück des Dominantseptakkords von Es-Dur, da läßt plötzlich ein Horn, welches irrtümlich vier Takte zu früh einzusetzen scheint, verwegen den Anfang des ausschließlich auf den Noten Es, G, Es, B sich bewegenden Hauptthemas hören. Man begreift, welche sonderbare Wirkung diese aus den drei Noten des Stammakkords bestehende Melodie gegenüber den beiden dissonierenden Noten des Dominantakkords hervorbringen muß, obgleich die Entfernung der Stimmen ihre Reibung sehr abschwächt; in dem Augenblick aber, wo das Ohr gegen eine derartige Anomalie sich aufzulehnen im Begriffe ist, wird dem Horn das Wort abgeschnitten, durch ein kraftvolles tutti, welches im piano auch den Stammakkord abschließt und zu dem Vortrag des vollständigen, nun richtig harmonisierten Themas durch die Violoncelli überleitet. Für einen einigermaßen über der Sache stehenden Beurteiler ist es schwer, eine ernsthafte Rechtfertigung für diese musikalische Laune zu finden (auf welchen Gesichtspunkt man sich auch stellen mag, ob hier wirklich eine Absicht Beethovens vorliegt oder an den hierüber umlaufenden Anekdoten etwas Wahres ist oder nicht, so muß man zugeben, daß diese Laune albern ist). Und doch soll der Komponist große Stücke darauf gehalten haben; ja, man erzählt, daß bei der ersten Probe dieser Symphonie Ries, welcher zuhörte, das Orchester mit dem Ruf angehalten habe: »Zu früh! Zu früh! Das Horn hat sich geirrt!« Und daß sein Eifer von dem wütenden Beethoven durch eine ganz besonders heftige Strafpredigt belohnt worden sei.

HECTOR BERLIOZ (1803–1869), französischer Komponist und zugleich Autor zahlreicher musikalischer Feuilletons. Er zeigte zeitlebens großes Interesse an deutscher Musik (u. a. schrieb er »Etudes sur Beethoven, Gluck et Weber«, 2 Bde., Paris 1844). Wagner vergleichbar, leitet er eine Ästhetik der Programmusik aus den Sinfonien Beethovens ab.

HERMANN KRETZSCHMAR, Führer durch den Konzertsaal, Bd. 1, Symphonie und Suite, Leipzig 1887, S. 201–204.

Man weiß, daß Beethoven seine Eroica »Bonaparte« überschrieben hatte. Als aber der Konsul sich zum Kaiser gemacht hatte, riß der republikanische Tonsetzer den Umschlag weg und widmete das Werk nur im Allgemeinen dem »Andenken eines Helden«. Mit diesem Titel ist weniger ein eingehendes Programm gegeben, als vielmehr nur eine allgemeine Direktive. Man hat bekanntlich den Mittelsätzen bestimmte Bilder aus dem Kriegerleben unterzulegen versucht: Dem Trauermarsch eine feierliche Bestattungsszene der Gefallenen, dem Scherzo das geschäftige Treiben des Lagers und der Beiwacht. Das mag gestattet sein und jedenfalls nicht schaden. In den anderen Sätzen ist aber dieser Versuch nicht durchführbar; namentlich dem 1. gegenüber erscheint er unbedingt kleinlich! Das ist nicht das Bild einer Schlacht, wie Ausleger behauptet haben, sondern das einer Heldennatur, deren Hauptzüge Beethoven mit einer eigenen Tiefe des Blicks erfaßt hat und in gegenseitige Aktion bringt. Das eigentümliche an dieser Beethoven'schen Auffassung des Heroischen ist, daß er den Elementen der Kraft und des frohen Tatendranges einen starken elegischen und pathetischen Gegensatz beimischt.

Es geht durch den ganzen Satz ein Zug der Trauer über die Wunden, welche der Held schlagen muß; vor und nach den gewaltigen Streichen, die er führt, erhebt sich die Stimme des Mitleids, und seine großen Entschlüsse umringt die Wehmut. Dieser weiche menschliche Zug begleitet schon das Hauptthema, das in seiner ersten, vielleicht aus Mozarts Ouverture zu

»Bastien et Bastienne« entnommenen Hälfte den Hauptträger kräftigen, fröhlichen Heroentums bildet.

Bereits aber im fünften Takt mit dem langen verminderten Septakkord kommt die schmerzliche Wendung. Noch stärker ist sie im zweiten Thema ausgebildet: Mit dem übermäßigen Dreiklang [Takt 83 ff. ?]; ferner in der wehklagenden e-Moll-Episode der Durchführung. Diese Episode machte Beethoven, wenn wir die durch Nottebohm veröffentlichten Skizzen zu dieser Symphonie recht verstehen, geradezu zum Mittelpunkt des ersten Satzes. Sie war von vorneherein fertig und fest beschlossen, und um sie in die rechte Wirkung zu setzen, änderte er die Entwürfe zu der ihr vorhergehenden Partie immer wieder, bis die Rhythmen so trotzig, die Dissonanzen so beängstigend, so realistisch schneidend wurden, wie sie jetzt dastehen. Von ähnlicher Tendenz ist auch das Nachspielmotiv, welches den wuchtigen Schlägen des empörten Orchesters am Schlusse des ersten Teils folgt [Takt 132 ff.]. Es sind die reinen Klagen und Seufzer; ähnlich auch die hinsterbenden Anklänge an das erste Motiv des Hauptthemas, mit denen der Durchführungsteil beginnt. [Takt 155 ff.]

[. . .] Er [der Durchführungsteil] ist diesmal keine Exegese, sondern er hat unverkennbar pragmatische Bedeutung, er bringt die Hauptsache: Die Schilderung des Kampfes, den der Held leitet. Diese durchaus dramatisch gehaltene, aufregende Schilderung gipfelt in der Szene, wo sich Bläser und Geigen gewissermaßen ineinander festrennen, wo die Sekunde F–E so gräßlich durch die Harmonien schreit [Vgl. Notenbeispiel 4, S. 86]. Das ist Schlag und Schmerz, und darauf kommt naturgetreu und lebenswahr die e-Moll-Klage. Sie ist das eigentliche zweite Thema des Satzes, und wir stehen vor ihr wieder wie bei einem gewaltigen Versuch Beethovens, die Sonatenform frei zu beleben. Nachdem dieser Gipfel passiert ist, setzt Beethoven ein zweites Mal an: Der Feind ist getroffen, aber nicht vernichtet. So beginnt der Kampf zum zweitenmal, und diesmal endet er bei der fanatischen Ces-Dur-Stelle, die allmählich in Totenstille übergeht und mit einer Wendung schließt, deren eigentümliche Schönheit lange Zeit über ihrer absonderlichen Form verkannt worden ist [T. 367 ff.]. Wir meinen jene Stelle – man nennt sie wenig geschmackvoll den Kumulus –, wo über der tremolierenden Sekunde B-As der beiden Geigen das Solohorn leise den Zauberruf intoniert, der alle wieder aus der unheimlichen Erstarrung ruft: Das Heldenmotiv Es-G-Es.

HERMANN KRETZSCHMAR (1848–1924). Nach seiner musikwissenschaftlichen Promotion in Leipzig 1871 war er bis 1887 als Dirigent tätig. 1887 wurde er Dozent für Musikgeschichte in Leipzig, 1904 Ordinarius für Musikwissenschaft in Berlin, daneben leitete er 1909–1920 die Berliner Musikhochschule. Die mit seinem Namen verknüpfte Hermeneutik war der pädagogische Versuch, auf Grundlage der Affektenlehre des 18. Jahrhunderts Musik durch inhaltliche Beschreibung und Deutung auch musikalischen Laien nahezubringen, denen eine primär formale Rezeption fremd ist.

HANS VON BÜLOW, Rede, gehalten bei der Gelegenheit des 50. philharmonischen Konzertes in Berlin, 28. März 1892, in: Briefe und Schriften, Bd. 3, hrsg. von Marie von Bülow, Leipzig 1896, S. 448–450.

Ja, was ist denn diese Menschheit eigentlich? Woraus besteht sie denn schließlich anders als aus Kunz und Hinz, Peter und Paul, aus Gevatter Schneider und Gevatter Böttcher und Gevatter Michel? Also mit der Menschheit ist es ein schöner Traum, oder eigentlich ein wüster Traum, der seine bösen Früchte getragen. Er hat z. B. manche Worte des Wahns hervorgerufen, darunter die drei Worte des Wahns: liberté, égalité, fraternité, einen bösen Irrtum, denn mit dieser Devise ist nichts ausgerichtet worden, wie wir sehen, höchstens das Gegenteil; sie sind karikiert und parodiert, aber niemals realisiert worden. Da könnte ich ihnen eine andere Realität nennen, die idealisiert worden ist, so wenig süß und einschmeichelnd sie klingt, so nüchtern und prosaisch sie ist. Das ist gegenüber der Freiheit, Gleichheit und Brüderlichkeit die positive Devise: Infanterie, Kavallerie und Artillerie!

Ja, meine Herren, im Ernst: Diese drei Worte sind nicht Worte des Glaubens sondern der Gewißheit; sie sind die Saiten auf der Violine, auf der der Held der Weltgeschichte uns etwas vorgondelt [sic!]. Anders ist es nicht, und Gott sei Dank haben die Landesgenossen von Beethoven einen sehr schönen Stradivarius, wie man keinen echteren finden kann für ihren Helden, den sie brauchen.

Ja, der Held war die Quintessenz der Welt für Beethoven. Was in seiner Seele schlummerte, können wir nur ahnen, nicht wissen. Vielleicht schlummerte in ihm das Bild des großen amerikanischen Bürgers Washington. Aber er wollte einen Helden seiner Zeit, einen Helden Europas. Da fielen seine Blicke auf den großen Stern Bonapartes. Merkwürdig, sonst pflegen die

Tondichter ihre Werke erst zu komponieren und dann zu dedizieren. Beethoven dedizierte sein Werk, bevor er es komponierte. Aber es kam ganz anders. Als er es komponiert hatte, begab sich der Konsul Bonaparte in schlechte Gesellschaft, an der er hernach zugrunde ging, auf den Maskenball, auf dem er die Maske Napoleons I., eines wahnsinnigen Cäsaren, annahm. Voll Wut, voll heiliger Entrüstung zerriß Beethoven seine Dedikation und setzte mit schneidender Ironie an die Stelle dieses großen Namens den eines einfachen, biederen Aristokraten, des Fürsten Lobkowitz. Das war doch eine schreiende Dissonanz gegen das ganze Werk. Das haben wir Musikanten schon längst herausgefühlt und uns über diese peinliche Dissonanz geärgert.

Nun, wie Sie wissen, wir Musikanten sind ein vermessenes, verwegenes Volk, und Berlioz hat uns vielleicht in der Harold-Symphonie ein klein wenig charakterisiert. Wir haben jetzt auch diese neue Dedikation abgerissen und wir brauchen nicht lange zu suchen, wen wir auf das Titelblatt der heroischen Symphonie zu setzen haben. Wir brauchen nur zu gedenken, daß in wenigen Tagen, im Laufe dieser Woche, ein hoher Festtag für die ganze deutsche Nation bevorsteht. Im Laufe dieser Woche kommt ein Tag, höher als der Sedantag, der immer nur geeignet ist, nachbarlichen Haß wieder zu provozieren. Wir Musikanten mit Herz und Hirn, mit Hand und Mund, wir weihen und widmen heute die heroische Symphonie von Beethoven dem größten Geisteshelden, der seit Beethoven das Licht der Welt erblickt hat. Wir widmen sie dem Bruder Beethovens, dem Beethoven der deutschen Politik, dem Fürsten Bismarck! Fürst Bismarck – Hoch!

HANS VON BÜLOW (1830–1894), deutscher Pianist und Dirigent. 1867–1869 auf Betreiben Wagners, dessen »Tristan« und »Meistersinger« er zur Uraufführung brachte, Hofkapellmeister in München, später in Hannover und Meiningen. 1886–1893 Dirigent in Hamburg und Leiter des Berliner Philharmonischen Orchesters. Bülow, der gern einführende Ansprachen in seinen Konzerten hielt, war der erste Dirigent im modernen Sinne, der nicht primär Instrumentalvirtuose oder Komponist war, sondern auf die Deutung eines Werkes abzielte.

WALTHER VETTER, Sinfonia Eroica – Betrachtungen über Beethovens Ethik, in: Die Musik, XIV. Jg. (1914), Bd. 53, Heft 3, S. 119 und 125.

Und so kommen wir zur merkwürdigsten Stelle der ganzen Symphonie. Die beiden Takte 398 und 399 wiegen ganze Bände trockener Philosopheme auf. Es ist die Stelle, da Beethoven zu seinem Heldenthema, das in so ostentativer Weise den Es-Dur-Dreiklang durchschreitet, die B-Dur-Harmonie mit Septime erklingen läßt. Der wackere Ferdinand Ries hätte seinerzeit bei der ersten Probe der Eroica von Beethoven beinahe eine Ohrfeige erhalten, weil er bei der Stelle ausrief: »Es klingt ja infam falsch!« Und der brave Herr hatte doch so recht. Ja, die Stelle klingt wirklich falsch, sie ist sogar »falsch«, und Beethoven hat mit dieser Falschheit dem gesamten Philistertum von dazumal wie von heutzutage eine schallende Ohrfeige versetzt.

Und merken wir wohl: Beethoven hat einen solchen »Fehler« ausgerechnet in seiner Eroica gemacht. Soll das wohl ein Zufall sein? Der tiefe Sinn der merkwürdigen Stelle nach all den vorhergegangenen Ereignissen ist: Der Heldenwille, dessen Moral *Kraft* heißt, bahnt sich überall seinen Weg. Er verachtet überkommene, veraltete Satzungen und rennt jeden über den Haufen, der jene Satzungen ihm gegenüber vertreten will. Das Heldenthema, dessen Gesetze einzig in Beethovens Brust wohnen, bahnt sich ebenso überall seinen Weg. Es verachtet überkommene veraltete Satzungen der musikalischen Theoretiker, die ihm die »Stufen« seines Weges vorschreiben wollen, und spricht den obwaltenden Taktvorschriften Hohn. Aber es kommt noch schlimmer. Zäh hält sich über ganze Strecken (Takt 382 ff.) hin eine Harmonie, die dem Es-Dur-Glanze des Themas feindlich ist, ja, die den absoluten Gegenpol dieser Es-Dur-Harmonie darstellt. Das Heldenthema ist nun so mächtig geworden und in sich gefestigt, so erhaben über jede feindliche Schmälerung, daß es sich gar nicht erst die Mühe nimmt, den Feind – eben jene Dominantseptimharmonie – aus dem Felde zu schlagen, sondern es pflanzt seine Fahnen einfach mitten im feindlichen Lager auf, unbekümmert um das Wehgeschrei der Herren Theoretiker, die sich ereifern über die Mißachtung aller Regeln der Kriegskunst. Im Takt 402 ist dann keine Spur mehr von einer gegnerischen Harmonie, das Thema mit seinem Es-Dur herrscht unbedingt, und in den Takten 402–450 ergeht es sich in einem Triumphzug steter Wiederholungen (im Ganzen erklingt es zirka zehn mal hintereinander!).

[...] Aus England kommt die erschütternde – natürlich zwerchfellerschütternde – Kunde von dem augenblicklichen »Boykott der deutschen Musik«. Was soll nun aus der armen deutschen Kunst werden?! Wie aber mag es wohl kommen, daß die Herren Engländer in ihren »Kriegs«-Konzertprogrammen die deutschen Meister lediglich durch russische und französische Komponisten ersetzen? Warum holt das stolze Albion wohl keine englischen »Meister« zu Hilfe? . . . Oh diese Blamage! . . . Nun, wir sind herzlich froh, daß Beethovens hehre Kunst in dieser schicksalsschweren Zeit in jenem Krämerlande nicht prostituiert wird. Vielleicht aber gibt es manchen Briten drüben – wir wollen es gerne glauben –, dem jetzt die Schamröte ins Gesicht steigt, wenn er daran denkt, daß sein Vaterland mit dem Barbarenvolk der Russen gemeinsame Sache macht gegen Deutschland, dieser Hochburg von Kunst und Wissenschaft, und daß es die gelben Asiaten den Enkeln Beethovens auf den Hals hetzt. Und wenn dieser einsichtige Brite die Partitur der Sinfonia Eroica aufschlägt, so wird ihm daraus schreckhaft das deutsche Wort unseres deutschen Beethovens entgegenleuchten: »Ich will dem Schicksal in den Rachen greifen.« Wir aber wollen Beethovens Erbe erwerben, um es zu besitzen, und wollen in diesen Tagen seine Moral zu der unsrigen machen.

WALTHER VETTER (1891–1967), bis 1914 Dirigentenstudium in Leipzig. Promotion in Musikwissenschaft 1920. 1921–1927 Musikredakteur in Leipzig, danach Hochschullehrer an verschiedenen deutschen Universitäten, von 1946–1958 an der Humboldt-Universität Berlin. Autor zahlreicher musikwissenschaftlicher Arbeiten vor allem über das 18. und 19. Jahrhundert. Vetter galt als einer der führenden Musikhistoriker der DDR.

ROMAIN ROLLAND, Beethovens Meisterjahre. Von der Eroica zur Appassionata (deutsche Übersetzung von: Beethoven – Les grandes époques créatrices. De l'Héroique à l'Appassionata, Paris 1927), Leipzig 1930, S. 43–45.

Seit Anfang des Sommers 1802 wohnte er also in Heiligenstadt in einem großen hochgelegenen Bauernhause außerhalb des Ortes und sieht hinab auf die ferne Donauebene bis an den verblauenden Saum der Karpathen.

»Laude turque domus, longos quae prospicit agros!«

Ihn umhegt die Stille der Felder. Sein Arzt Dr. Schmidt hat ihm Schonung für sein Gehör anempfohlen und so versteckt er sein Gebrechen vor der Welt. Er ist mit seinen Dämonen allein, mit seiner gekränkten Liebe, mit Hoffnung und Schmerz. Keine Stimme fehlt in dem inneren Chor. Und solange der Sommer und die Hoffnung dauerten, hat der Baum frische, heitere Blüten getrieben. Soeben ist die 2. Symphonie vollendet worden. Dann aber kam der Oktober, und die Sonne wärmte Herz und Fluren nicht mehr. »Der hohe Mut, der mich oft in den schönen Sommertagen beseelte, – er ist verschwunden.« Kalt ist es wie das Grab, schal wie das ewig Leere. In dem einsamen Hause jammert ein zu Tode Getroffener – in jenen lichtlosen Tagen schrieb Beethoven das Heiligenstädter Testament. Wir aber hören über die Schlachten und Revolutionen des Jahrhunderts hinweg den angeschmiedeten Prometheus, und immer noch erbebt uns das Herz.

Und was wurde ihm zur Antwort in seiner Todesangst? Tief aus dem nahen Wald, wo im Oktoberregen die Pastoralsymphonie reift, erklingt auf den Hilferuf ein geheimnisvolles Horn – Stehe auf und wandle! [Es-Dur-Motiv] Ries versichert, Beethoven habe die Eroica in Heiligenstadt komponiert, das soll wohl heißen begonnen. Im November aber war er schon wieder in Wien. Also muß der erste Gedanke zu dem Werk unmittelbar nach dem Heiligenstädter Testament in ihm aufgetaucht sein. – »Oh Vorsehung, laß einmal einen reinen Tag der Freude mir erscheinen! Solange schon ist der wahren Freude inniger Widerhall mir fremd. Oh wann, oh wann, oh Gottheit, kann ich im Tempel der Natur und der Menschen ihn wieder fühlen! – Nie? Nein – oh, es wäre zu hart!« Vielleicht hatte er diese letzten Zeilen kaum beendet, als der Geist des Lebens die Gruftplatte dröhnend wieder zuschlug. Da wurde es Licht.

Nottebohm nimmt an, das Skizzenbuch sei im Oktober angefangen worden. Und schon auf den ersten Seiten stehen kleine Skizzen zum ersten, zweiten und vierten Satz der Eroica. Dann folgen vier große Entwürfe für den ersten Teil des ersten Satzes, jeder mit vielen Varianten, wiederum einer Reihe kleiner Skizzen, – und dann der ganze Rest. Das innere Gesicht überwältigt den Meister; er hält nicht eher inne, als bis das Werk vollendet ist. Die Schläge fallen und die Funken sprühen!

In der ersten großen Skizze erscheint der ganze erste Teil des ersten Satzes auf einmal. Das Strombett wird gegraben, mit festem Strich wird die Kammlinie des Gebirges gezogen, die melodischen Höhepunkte werden bezeichnet, der Wechsel von Licht und Schatten, der Gang der Modulationen. Und schon hier sinkt, als es gerade auf den Plan getreten ist, das große heroische Thema auf dem Cis im fünften Takt schmerzlich zusammen [Takt 3 ff.]. Noch ist die Seele getrübt und zaudert, dem Geheiß des unsichtbaren Meisters zu folgen, dem Ruf zur

Tat und zur Größe. Das ist ein Nachklang jener düsteren Oktobertage in Heiligenstadt, da den Gequälten die Berufung zum Helden traf wie ein Blitz und er zuerst zagend zusammensank. Doch der Strom erfaßt ihn, unwiderstehlich, und trägt ihn mit sich fort [Takt 9 ff.].

Romain Rolland (1866–1944), französischer Schriftsteller und Musikforscher. Rolland war Professor für Musikgeschichte (u. a. an der Pariser Sorbonne) und daneben Musikkritiker (u. a. bei der damals führenden französischen Musikzeitschrift »La Revue musicale«), bis er sich 1933 als freier Schriftsteller in der Schweiz niederließ. Rolland ist Verfasser zahlreicher musikhistorischer Bücher, etwa über Händel und Beethoven, die in mehrere Sprachen übersetzt wurden. 1915 erhielt er für seinen zehnbändigen Musikerroman »Jean-Christophe« den Literaturnobelpreis.

Arnold Schering, Die Eroica, eine Homer-Symphonie Beethovens?, in: Neues Beethoven Jahrbuch V, 1933, S. 163–168.

Nach längerer geistiger Wanderung, bei der die merkwürdigen Takte 3–15 den Ausgangspunkt bildeten, habe ich die Überzeugung gewonnen, daß Beethoven das Bild der Heldengestalt nicht seiner eigenen Zeit, sondern dem klassischen Altertum entnommen hat, und zwar der Homerschen Ilias. Jene Hektorgestalt nämlich scheint es zu sein, die Beethoven, dem eifrigen Leser und Bewunderer Homers, seit den Bonner Tagen als vor anderen heroisch und denkwürdig entgegenleuchtete. Aber auch sie ist ihm nicht bloßer gedanklicher Anhalt, vorschwebendes Idealbild ohne Umrisse gewesen. Er greift bestimmte Szenen aus dem Gedicht heraus, transsubstantiiert sie in Musik und gestaltet daraus die ersten drei Sätze der Symphonie. Auf die Spur gebracht wurde ich durch die zahlreichen wehmutvollen, entsagenden Wendungen des ersten Satzes. Sie schienen mir mit dem Bilde eines Tatmenschen, wie ihn die Durchführung zeigt, unvereinbar. Vieles glaubte ich auf einen weiblichen Charakter beziehen zu müssen. Die Analysen bestätigten das, und so mag gesagt sein, daß Beethoven nicht den Helden (Hektor) allein, sondern auch dessen Lebensgefährtin (Andromache) in den Gesichtskreis der Darstellung mit einbezogen hat.

Im 6. Gesang der Iliade steht die berühmte Episode vom Abschied Hektors von Andromache und dem Söhnchen Astyanax. Wenn nicht alles trügt, war sie es, die Beethovens Phantasie entflammte. Ihrer Darstellung gilt der erste Teil des ersten

Satzes. Mit ihr verband er (in der Durchführung) die im 16. Gesang des Gedichts geschilderten Schlachtszenen (Fall des Patroklos), über deren Auffassung noch zu sprechen sein wird. Im 23. Gesang lesen wir von den Kampf- und Wettspielen zu Ehren des gefallenen Patroklos, die wir im Scherzo der Symphonie wiederfinden, und für den Trauermarsch bot die Totenfeier des von Achilles erschlagenen Hektor selbst im 24. Gesang das erhabene Vorbild.

[...] Die beiden Akkordschläge am Anfang faßte Marx im Sinne eines »Hört, Hört!« Daß sie mehr zu bedeuten haben, nämlich ein energisches Sichaufraffen des Helden, geht aus dem Folgenden, aber auch aus der ursprünglichen Fassung der Takte hervor, die nach Nottebohm (Ein Skizzenbuch Beethovens aus dem Jahre 1803, S. 6) in doppelter Aufzeichnung vorhanden waren:

Diesen abrupten Beginn, aus einem vorausliegenden Geschehnis, hat Beethoven später abgeschwächt. Aber der Charakter einer auffahrenden Geste (»Auf! Auf!«) ist geblieben. Das den Anfang bestimmende Phantasiebild ist folgendermaßen zu denken. Hektor hat sich den Armen der Gattin entwunden, um in den Kampf zu ziehen. Nicht rauh oder kühn jedoch, sondern schonend, zurückhaltend gibt er den Entschluß zu erkennen: Das Heldenthema tritt in zartester Form in den Bässen auf. Die Ausweichung nach cis kann nur Überraschung bedeuten, eine Art Reflexbewegung im Antlitz des Mannes über das, was die Takte 7–15 verraten. Denn im selben Augenblick schon hat die liebende Gefährtin beschwörend die Hände erhoben: Ziehe nicht hinaus! Eine nur der Musik zugängliche Zusammenpressung der von Homer geschilderten Szene in eine kurze Affektgeste:

Aber neben ihn trat Andromache, tränenvergießend,
Drückt ihm freundlich die Hand und redet, also beginnend:
Seltsamer Mann, dich tötet dein Mut noch, und du erbarmst
          dich
Nicht des stammelnden Kindes, noch mein, des elenden
          Weibes,
Ach, bald Witwe von dir! Denn dich töten gewiß die Achaier,
Alle mit Macht anstürmend! Allein mir wäre das Beste,
Deiner beraubt, in die Erde hinabzusinken, denn weiter
Bleibt kein Trost mir, wenn du dein Schicksal erreicht hast.
                             (Ilias 6, 405–412).

Diese drängende, schwellende, von höchster Unruhe belebte Phrase kann unmöglich auf den Helden selbst bezogen werden, der eben erst entschlußreif auf den Plan getreten ist. Wir stehen vielmehr schon mitten im Geschehen. Beruhigend antwortet der Gatte, und die Verteilung des Themas auf Violine und Holzbläser trägt einen Zug des Liebenden, Zärtlichen (15–22). Er gibt die Versicherung, daß der Mut ungebrochen, die Hand stark genug ist, den Kampf zu bestehen: Ihr antwortet drauf der helmumflatterte Hektor:

Mich auch harmt das alles, oh Trauteste; aber ich scheue
Trojas Männer zu sehr und die saumnachschleppenden Weiber,
Wenn, wie ein Feiger, entfernt ich hier ausweiche der Feld-
Schlacht.
Auch verbeut es mein Herz, denn ich lernete bitteres Mutes
Immer zu sein und zu kämpfen im Vorderkampfe der Trojer,
Schirmend zugleich des Vaters erhabenen Ruf und den meinen!
(Ilias 6, 440–446).

Diese kriegerische Aufwallung, die bis zum stolzen Sichaufrekken geht, bringen die Takte 23–45. Aber aufs Neue bittet Andromache (im Seitenthema 45–55), diesmal dem Flehen einen Zug des Schmeichelnden zugesellend. Oder ist es gar Astyanax, den sie dem Vater entgegenhält?

Lächelnd schaut der Vater das Kind, auch die zärtliche Mutter.
Schleunig vom Haupte sich nahm er den Helm, der strahlende
Hektor, legte dann auf die Erde den Schimmernden; aber er
Selber küßte sein liebes Kind und wiegt es sanft auf den Armen.
(Ilias 6, 471–474).

Männlich schneidet der Held (55, 56) die zärtliche Wallung der Gattin ab, spricht sanften Trost zu und weist aufs Neue auf die Lust und die Pflicht des Kampfes, nicht ohne dessen Ernst der Zagenden gegenüber durch das Betonen des Spielerischen klug abzuschwächen. Eine neue, jetzt ausgesprochen schmerzliche Bewegung des Weibes ist die Antwort (83–86, Holzbläser). Hektor begütigt voll Zuversicht und in unendlich liebevoller Hingabe (87–91, Streicher), was indessen einen gesteigerten schweren Seufzer der Lebensgefährtin hervorruft (92–94, wieder Holzbläser). Einen Augenblick versinken beide in den trüben Gedanken des Verzichts. Aber der Entschluß des Mannes steht fest. Er entrafft sich der liebenden Umarmung, und wie die völlig Zusammengebrochene ihn zuckend und widerstrebend entläßt (99 ff.), stürmt auch der Held schon hinweg.

Arnold Schering (1877–1941), deutscher Musikforscher. Er studierte zunächst Violine, wandte sich dann aber der Musikwissenschaft zu und promovierte 1902 bei Hermann Kretzschmar. Schering war zunächst als Musikkritiker tätig, später als Dozent und Professor für Musikgeschichte in Halle und Berlin. Psychologisch beeinflußt, entwickelte er eine »musikalische Symbolkunde«, die er vor allem an der Musik Beethovens darstellte, in der er nach verschwiegenen Programmen fahndete. Aus einer Vielzahl Beethovenscher Kompositionen las er literarische Passagen von antiken Autoren, Shakespeare, Cervantes, Goethe, Schiller usw. heraus.

Anna Gertrud Huber, Der Held der Eroica. Beethovens Es-Dur Symphonie in ihrem Aufbau, Straßburg 1947, S. 4–6.

Die beiden ersten Takte sind eine Vorverkündigung eines sieghaften Eigenlebens, und aus dem heroischen Es-Dur löst sich nun die Geistesgestalt des Helden [T. 3–7] heraus – aus dämmerhaften Tiefen steigt sie empor in trochäischem Schritt. Eigenartig genug berührt uns die Gliederung: [Rhythmus T. 3–7] denn die Gestalt des Helden wäre ungleich verständlicher, wenn das Thema folgenderweise erklänge: [Rhythmus T. 3–7 Zäsur der Phrasierung zwischen es und d.] Doch steht vor dem inneren Auge Beethovens nicht eine in sich abgeklärte, sondern eine zwiespältige Heldengestalt und so trennt er einen Teil seines Wesens von dem harmonischen Ganzen, und mit dem verminderten Septimenakkord auf cis tritt als zweites Moment – doch nur blitzartig angedeutet – das tragische Element in seiner Seele auf. Aus der unruhigen Synkopierung erwächst die Cantilene [T. 9–13], welche die Heldengestalt nun als Ganzes erscheinen läßt, sie gleichsam abrundet. Mit dem abklingenden Thema führt gleichzeitig ein Übergangstakt den Heros in die Sphären höchster Flötenklänge [T. 13 f.], aber noch ist seine Gestalt verhüllt (T. 15), ja sie gleitet schattenhaft durch Klarinetten, Horn, Fagott – sie nimmt einen letzten Aufschwung (T. 20, 21) und verschwindet im hämmernden Antispastus [Rhythmus T. 25 f.]. Erst im 37. Takt hat sich die Gestalt sieghaft gelöst und in unerhörter Pracht ergießt sie sich gleichsam durch das ganze Orchester, sie durchmißt gleichzeitig Höhen und Tiefen, aber 8 Takte später weicht die Pracht – schattenhafte Gebilde, nur durch zwei ff-Takte unterbrochen (T. 55, 56), gleiten an uns vorüber, und Takt 65 erleben wir eine Zersplitterung der heroischen Gestalt [1. Violine]. Doch rafft sie sich wieder zusammen und das Gegengewicht der Zerstückelung der Ich-Kräfte ist gegeben durch eine Variante der Urgestalt, herausplastiziert durch sf [T. 109–112, 1. Viol.]. Aus diesem Wechsel von Selbstbehauptung und Abdämpfung der Ich-Kräfte erwächst, kurz vor Schluß des 1. Teiles, die Cantilene [T. 133–138, 1. Viol.]. Die Durchführung dieses Satzes gehört zum Großartigsten, was man – nicht nur innerhalb Beethovens Werk, sondern innerhalb der ganzen Musikliteratur – als Titanenkampf bezeichnen kann.

Unendliche Wandlungen erlebt der Held, deren innerer Sinn sich offenbart, wenn wir den Boden rationalistischen Denkens verlassen und den Bereich metaphysischer Vorstellungen mit der Ehrfurcht betreten, die sich gebührt, um in die Mysterien dieses Wunderwerkes einzudringen.

Wer ist dieser Held? Könnte es nicht Dionysos sein, mit dessen Geistgestalt Beethoven durch die Werke Platos eng verbunden war? Man muß schon mit Blindheit geschlagen und mit allem böswilligen Verneinen der geistigen Tatsachen ausgerüstet sein, wenn man vorerst im »Gastmahl« jene Stellen übersieht, wo Sokrates frühere Inkarnation als Silen so weit angedeutet ist, als es für eine öffentliche Schrift zulässig sein konnte. [Es folgen Zitate aus Platons »Gastmahl«. Silen war der Gefährte und Erzieher des Bacchus.]

KARL SCHÖNEWOLF, Beethoven in der Zeitenwende, Bd. 1, Halle 1953, S. 225f. und S. 245.

Der erste Satz enthält den heroischen Kampf des »Helden«, in dem – dem Ethos Beethovens entsprechend – die republikanischen Tugenden verkörpert sind: Freiheits-, Vaterlands- und Menschheitsliebe. Dargestellt wird ein heroischer Kampf unter widerspruchsvollen Bedingungen, die es zu überwinden gilt und die mit ungeheurer Kraftentfaltung auch überwunden werden. Der Begriff »Held« kann bei Beethoven niemals subjektivistisch verstanden werden. Vielmehr ist er kollektiv gemeint, als Sinnbild des Heldischen, als Inbegriff revolutionären Kämpfertums. Von einer engen Bindung an eine bestimmte Person hatte der Komponist ihn von Anbeginn gelöst, obwohl die »Eroica« ursprünglich »auf Bonaparte geschrieben« war. Beethovens Absicht diente – wie stets in seiner Musik – überpersön-

lichen Zwecken. Indem er allgemeingültig die Wirklichkeit seiner widerspruchsvollen Zeit widerspiegelte und parteiergrei-
fend in sie eingriff, konnte er den Menschen mit dem Optimis-
mus seines kämpferischen Fortschrittwillens vorangehen. Bei
der Konkretisierung seiner Absichten verwandelte sich im neu-
en Bewußtsein des schöpferischen Musikers jede Note zum be-
kennerischen Ausdruck.

[...] »Beethoven war groß genug, dem neuen Jahrhundert,
das mit Revolutionen und weltgeschichtlichen Schlachten die
Herrschaft der Masse einleitete, die ersten bis heute unver-
gleichlichen Proben eines neuen Monumentalstils zu geben, an
Umfang, an Atem und Gesichten einer tausendköpfigen Volks-
menge gemäß«, schrieb der Dichter und Musikwissenschaftler
Romain Rolland vor zweieinhalb Jahrzehnten. Wieviel mehr
noch gilt sein Ausspruch in unserer Zeitenwende, die durch den
unaufhörlichen Vormarsch des Sozialismus gekennzeichnet ist
und in der die Menschen in einem millionenköpfigen Friedenslager dabei sind zu verwirklichen, wovon Beethoven nur träumen konnte.

KARL SCHÖNEWOLF (1894–1962) studierte Musikwissenschaft und war als Musikkritiker in verschiedenen deutschen Städten, seit 1947 in Ost-Berlin tätig. Neben
dem Beethoven-Buch verfaßte er »Franz Schubert, ein großer Volkskünstler«,
Berlin 1953.

FRANZ-JOCHEN MACHATIUS, »Eroica« (Das transzendentale
Ich), in: Bericht über den internationalen Kongreß für Musikwissenschaft Kassel 1962, Kassel 1963, S. 193.

In Beethovens Eroica-Thema wird bekanntlich die »natürliche«
Periode nach dem ersten Halbsatz gestört durch jenes von er-
regten Synkopen gefolgte Ausweichen des Basses:
Crescendierend über D nach Cis, der metrisch »5.« Takt wird
mehrfach suspendiert, das harmonisch-metrische Gefüge ge-
dehnt, schließlich mit fühlbarer Energie zu Ende geführt, wobei
aus den »aufgegebenen« acht Takten dreizehn geworden sind.
Das Stilisierungsbeispiel zeigt gleichsam e contrario die mögli-
che immanente Vollendung der Gestalt. Aber es ist offensicht-
lich, daß in diesem charakteristischen »Griff« ein neuer, sehr
bestimmter und bewußter Geist am Werke ist, der in souve-
räner Selbstverantwortung und gewolltem Anderssein mit vor-
gegebenem Material schaltet, ein gewaltsames »Transzendie-

ren« und Sich-Emanzipieren aus dem Zwang und den Grenzen des Gegebenen; und die Aufgabe wäre, hier den Namen zu finden und den systematischen Ort innerhalb des geistesgeschichtlichen Gefüges.

Da die Gefahren kunstwissenschaftlicher Terminologie keineswegs in der Verwendung philosophischer Begriffe liegen, sondern vielmehr darin, daß diese »leer« sein könnten, sei hier methodisch ausdrücklich auf diesen einen Takt verwiesen, der nur noch einmal wiederkehrt an der entsprechenden Stelle der Reprise, wohl aber bereits in allen vier von Nottebohm veröffentlichten Entwürfen enthalten ist.

Im übrigen trägt das Kopfmotiv der Eroica wenig an sich vom einmaligen Charisma romantischen »Einfalls«:

Ein simples Naturtonmotiv, zuhandenes Materialstück zur Verarbeitung, das nur an diesen zwei Stellen zur Gestalt eines Themas gebunden, dabei durch jene »widernatürliche« Rückung in seiner Eigengesetzlichkeit sichtbar degradiert, denaturiert wird. Der Hinweis auf Mozarts Bastien-Thema (P. Bekker), Zeichen der Unsinnigkeit bloß formaler Herleitungen, zeigt dennoch, was ein durchaus anderer Geist aus scheinbar gleichem oder übernommenem Material gemacht hat: Denn es gehört nicht zu den Eigenheiten des Typs, den Beethoven repräsentiert (zumal in diesem Werk), sein Objekt zu übernehmen, als vielmehr es selbst zu setzen, zu zertrümmern, umzuschaffen zu neuer Gestalt.

Die Haltung aber dem *Objekt* gegenüber ist entscheidend für den Geist eines geschichtlichen Phänomens. Insofern ist die Denaturierung der »natürlichen« Gestalt durch Beethoven, für die uns dieses die Form sprengende und wieder in die Form zurückgezwungene Cis Symbol ist, von höchster geistesgeschichtlicher Relevanz. – Die Haltung des Barock kann man nicht anders als mit dem Begriff der *Immanenz* bezeichnen: Ein Werken angesichts der ewigen Ordnungen (»siquidem deus omnia fecit in numero, pondere et mensura«) aus der tätigen »Einwohnung« des Geistes, selbst darinnebleibend im geheiligten Plan des Kosmos, dessen Abbild zu geben man sucht in unendlichen Reihen von »Figuren«. – Objektiv, vorgegeben ist für Beethoven die »dem Menschen eingepflanzte« Lied-Periode der Aufklärung. Wie nun hier nach dem scheinbar traditionellen ersten Halbsatz – nicht mehr einem barocken Kettenglied, das nach additiver Reihung, sondern einem »organischen« i. S. gegliederter Gestalt, das nach seiner symmetrischen Entspre-

chung verlangt – in herrischem Zugriff dem »Ding« an die Gur-
gel gefahren wird, das bedeutet nichts anderes als zu reflektieren auf die eigengesetzliche Schöpferkraft oder (wenn man will)
das Heraustreten des Menschen aus der »selbstverschuldeten
Unmündigkeit«, was nach Kant »Aufklärung« heißt und allerdings nur von der Position der gleichzeitigen »Transzendental-
philosophie« zu verstehen ist.

FRANZ-JOCHEN MACHATIUS (geb. 1910), nach dem Studium der Musik (Klavier,
Dirigieren) studierte er Musikwissenschaft, Philosophie, Psychologie und Ger-
manistik. Tätigkeit als Kapellmeister an verschiedenen deutschen Theatern, als
Dozent für Musikgeschichte an der Berliner Kirchenmusikschule (1955–1957)
und als Abteilungsleiter bei der GEMA (1956–1975). Machatius ist mit einigen
Veröffentlichungen zum musikalischen Tempo hervorgetreten.

CARL DAHLHAUS, Beethovens »Neuer Weg«, in: Jahrbuch
Staatliches Institut für Musikforschung 1974, S. 54–56.
Dahlhaus bezieht sich hier vor allem auf die Aufsätze von
Peter Gülke, Zur Bestimmung des Symphonischen bei Beet-
hoven, in: Deutsches Jahrbuch der Musikwissenschaft für
1970, S. 67–95, und Egon Voss, Beethovens »Eroica« und
die Gattung der Symphonie, in: Kongreßbericht Bonn 1970,
S. 600–603.

Die Behauptung, die Takte 3–6 stellten das Hauptthema dar, ist
eine Simplifikation, die nicht einmal in einem Konzertführer
erlaubt sein dürfte. (Und die ausweichende Formulierung, es
handle sich weniger um ein Thema als um ein Motto, hilft nicht
aus der Verlegenheit, sondern drückt sie bloß aus.) Die Frage,
wo denn das Hauptthema exponiert werde, geht ins Leere. Die
Takte 3–6, ein Motiv pastoralen Charakters, sind »noch nicht«
die Exposition, und die Takte 15–22 eine Wiederkehr des
Hauptmotivs mit Sequenzen auf der II. und der IV. Stufe sind
es »nicht mehr«: Die Motivik wird bereits entwickelt, statt als
Thema in der syntaktischen Form einer Periode präsentiert zu
werden. Von der »Vorform« geht Beethoven, kaum anders als
in opus 31,2 [Klaviersonate d-moll, »Der Sturm«], unmittelbar
zur »Ableitung« über, ohne daß das Thema »eigentlich« exponiert worden wäre. Die Takte 3–6 sind, pointiert ausgedrückt,
weder substantiell ein »Thema« noch funktional eine »Exposition«. Nicht ein Thema liegt dem Satz zugrunde, sondern – in
Beethovens »neuer Manier« – eine thematische Konfiguration.

Sie besteht in der Eroica aus dem Kontrast zwischen der Dreiklangsbrechung des Hauptmotivs und dem chromatischen Sekundgang, in den das Hauptmotiv in den Takten 6–7 überraschend abbiegt: in einem Kontrast also, der einerseits ähnlich elementar und andererseits ähnlich abrupt ist wie der Gegensatz zwischen Dreiklang und Skalenbewegung in opus 31,2. [...]

Die thematische Konfiguration des ersten Satzes der Eroica ist nirgends – im Sinne eines Textes zu einem Kommentar – »gegeben«; sie geht vielmehr restlos in dem Prozeß auf, dessen Substanz sie bildet. Sogar die scheinbar unverfängliche Formulierung, daß das Hauptthema in der »Coda« seine endgültige Gestalt erreiche, ist fragwürdig, sofern nicht bloß gemeint ist, daß es sich um die letzte, sondern auch, daß es sich um die »eigentliche« Gestalt handele. Die triumphale Ausbreitung in Wiederholungen, die kein Ende zu finden scheinen, ist zweifellos ein spezifischer Finalcharakter: das Hauptmotiv ist an ein Ende angelangt, das eine Kulmination darstellt. Entscheidend aber ist, daß auch die letzte Station des Formprozesses eine Station wie die anderen ist, daß das Thema nirgends, weder am Anfang noch am Ende, in einer »eigentlichen« Gestalt erscheint, sondern, daß es immer, in jedem Augenblick, eine Funktion – eine abhängige Variable – des Formprozesses ist.

CARL DAHLHAUS (geb. 1928), Promotion 1953, Tätigkeit als Dramaturg und Redakteur, Habilitation 1966. Seit 1968 Ordinarius für Musikgeschichte an der Technischen Universität Berlin. Zahlreiche Veröffentlichungen zu allen Epochen der Musikgeschichte, -theorie und -ästhetik seit der Renaissance.

Äußerungen zum 1. Satz, Takt 1–7 (Vgl. Notenbeispiel 1, S. 85)

»Der 1. Akt stellt das Geistesbild des Heldenganges auf, vom stillen, kaum bemerkten Anfang durch die Welt hindurch. Nach zwei Kraftschlägen des ganzen Orchesters (Hört! Hört!) tritt der Heldengedanke hervor«.
Adolph Bernhard Marx, a. a. O., S. 258.

»Kaum haben zwei einzelne Akkorde die Tonart festgestellt, als das Thema, allein vom Violoncell vorgetragen, sogleich mit einer Freiheit, einer Zuversicht und einem Adel auftritt, die es

zum Glücklichsten und Fruchtbarsten von allen machen, die
Beethoven für den 1. Satz einer Symphonie gewählt hat«.
Alexander Ulybyschew, a. a. O., S. 182.

»Nach den zwei wuchtigen Akkordschlägen, in die Beethoven
die Einleitung zusammenpreßt, wirkt die Themaintonation der
Violoncelli fast nur wie eine zaghafte Vorahnung, ein vorausge-
worfenes Schattenbild der wirklichen Heldenerscheinung«.
Paul Bekker, Beethoven, Berlin 1911, S. 217.

»Zwei Hiebe schwerer Kavallerie, die ein Orchester spalten wie
eine Rübe – und das Thema im Violoncello, von Altviole und
2. Geige schüchtern gefolgt. [. . .] Wie eine unbarmherzige Säge
des Schicksals geht es durch den Satz«.
Wilhelm von Lenz, a. a. O., S. 291.

»Eine thematische Konfiguration«.
Carl Dahlhaus, a. a. O., S. 54.

»Im 5. Takt gleitet das Thema zum leiterfremden Cis hinunter,
wodurch seine unkomplizierte Klarheit eingetrübt wird. Es erhält einen grimmigen, schmerzlichen und skeptischen Zug. Es
sagt aus, daß der Kampf nicht einfach sein wird, daß sich Kom-
plikationen ergeben müssen«.
Karl Schönewolf, a. a. O., S. 228.

»Das Heraustreten des Menschen aus der selbstverschuldeten
Unmündigkeit«.
Franz-Jochen Machatius, a. a. O., S. 193.

»Stehe auf und wandle«.
Romain Rolland, a. a. O., S. 44.

»Der Held tritt schon verblutend auf«.
Eduard Hanslick, Aus dem Konzertsaal, München und Berlin
2/1886, S. 99.

»Die Überlegenheit des wahren Soldaten und des echten Feldherrn gründete sich noch stets auf die Moral und den Geist:
Wenn Beethoven in den beiden forte-Akkordschlägen sich mit
Donnergetöse zwei Blitze entladen läßt, so schreitet sein Heldenthema T. 3 ff. in umso größerer Gelassenheit einher: Man

fühlt sich an den in seiner ewigen Deutschheit unvergänglichen Kupferstich Albrecht Dürers ›Ritter, Tod und Teufel‹ erinnert«. Walther Vetter, Ludwig van Beethoven und das Zeitgeschehen. Ein Versuch über die Symphonia Eroica, in: Mythos – Melos – Musica. Ausgewählte Aufsätze zur Musikgeschichte, Erste Folge, Leipzig 1957, S. 391 f.

Äußerungen zum 1. Satz, Takt 45 ff. (Vgl. Notenbeispiel 2, S. 85)

»Es klingt wie ein Vogelruf im Wald«.
Romain Rolland, a. a. O., S. 47.

»Nicht zu zerstören, sondern zu beglücken ist ihr [jener Melodie] Beruf, dem sie sich mit Behagen, beglückend und beglückt hingibt«.
Otto Neitzel, Beethovens Symphonien nach ihrem Stimmungsgehalt erläutert, Köln 1891, S. 23.

»Matt klagende Seufzer der Holzbläser«.
Paul Bekker, a. a. O., S. 217.

»Es ist wie freudig jauchzende Feldmusik«.
Adolph Bernhard Marx, a. a. O., S. 261.

»Sie [die drei Noten jenes Motivs] fegen den Staub von den Verflachungen des Alltagslebens«.
Wilhelm von Lenz, a. a. O., S. 229.

»Klagende, innig flehende Stimmen machen sich geltend: Das bittende Prinzip«.
Karl Schönewolf, a. a. O., S. 229.

»Es klingt wie Fragen und Bedenken«.
Hermann Kretzschmar, a. a. O., S. 203.

»Aber aufs Neue bittet Andromache (im Seitenthema 45–55) diesmal dem Flehen einen Zug des Schmeichelns zugesellend«.
Arnold Schering, a. a. O., S. 166.

Äußerungen zum 1. Satz, Takt 390 ff. (Vgl. Notenbeispiel 5,
S. 87)

»Ergriffen und ermattet horcht der Held selbst auf. Erst als ein
fernes Horn ihn leise gleichsam mit Namen ruft, erwacht er aus
der Betäubung«.
Arnold Schering, a. a. O., S. 170.

»Das Solohorn intoniert leise den Zauberruf, der alle wieder aus
der unheimlichen Erstarrung ruft«.
Hermann Kretzschmar, a. a. O., S. 204.

»Langsam ermattend versinkt der Kämpfer in traumhaftes Sinnen. Da ertönt wie ein verheißungsvoll mahnender Geisterruf
das Hornmotiv und führt aus dämmerndem Brüten wieder zurück in die lebendige Welt der Tat«.
Paul Bekker, a. a. O., S. 218.

»Dazu stimmt das Horn, leise wie aus der Ferne, das Es-Dur
vorwegnehmend das Helden-Motiv mahnend an. Es ist die
Stimme des Gewissens, der Verantwortung«.
Karl Schönewolf, a. a. O., S. 233.

»Nach diesen Verwandlungen, Spannungen, Krämpfen hat die
Situation ihre Unbefangenheit nicht mehr. Sie ist geschwängert.
Das Metrum hält sie kaum, sie scheinen ortlos. Wie dieses (b)
[Streichertremolo zum Horneinsatz] vereinsamt über die unbe-
grenzte Ebene hinruft!«
Fritz Cassirer, Beethoven und die Gestalt. Ein Kommentar.
Stuttgart 1925, S. 26 f.

»Aber noch eine andere Seite Beethovenscher Ethik spiegelt
sich in den beiden Takten 398 und 399. Diese herbe Dissonanz
repräsentiert die ewige Wahrheit: Nur im Kampf beweist sich
echtes Heldentum, nur Unlust kann Lust erzeugen und Leben
wird nur geboren aus namenlosen Schmerzen«.
Walther Vetter, a. a. O., S. 119.

»Auf welchen Gesichtspunkt man sich auch stellen mag, ob hier
wirklich eine Absicht Beethovens vorliegt und an den hierüber
umlaufenden Anekdoten etwas Wahres ist oder nicht, so muß
man zugeben, daß diese Laune albern ist«.
Hector Berlioz, a. a. O., S. 18.

»Das Heldenthema ist nun so mächtig geworden und in sich gefestigt, so erhaben über jede feindliche Schmälerungssucht, daß es sich gar nicht erst die Mühe nimmt, den Feind – eben jene Dominantseptimharmonie – aus dem Felde zu schlagen, sondern es pflanzt seine Fahnen einfach mitten im feindlichen Lager auf, unbekümmert um das Wehgeschrei der Herren Theoretiker, die sich ereifern über diese Mißachtung aller Regeln der Kriegskunst«.
Walther Vetter, a. a. O., S. 119.

»Über solche Dinge hat ein Feldherr andere Ideen als ein Kleinbürger, der nie etwas anderes befehligte als einige Harmonieschüler«.
Wilhelm von Lenz, a. a. O., S. 293.

1: T. 1 ff.

2: T. 45 ff.

3: T. 65 ff.

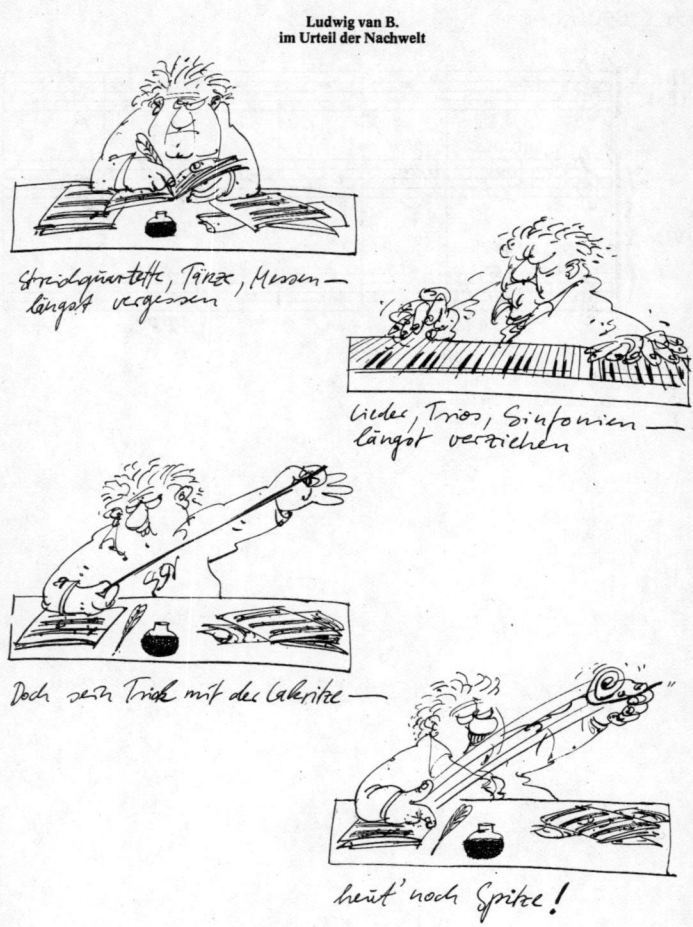

aus: ROBERT GERNHARDT, Wörthersee, Frankfurt a. M. 1981.

Franz Schubert, Die Winterreise D 911, op. 89

I. Leben und Werk
JOSEF VON SPAUN: Aufzeichnungen über meinen Verkehr mit Franz Schubert (1858)

JOHANN MAYRHOFER: Erinnerungen an Franz Schubert (1829)

RICHARD CAPELL: Schubert's Songs (1928)

ALFRED EINSTEIN: Schubert. Ein musikalisches Porträt (1952)

HARRY GOLDSCHMIDT: Schuberts »Winterreise« (1967)

FRIEDER REININGHAUS: Winterreise und Vormärz (1978)

HANS J. FRÖHLICH: Schubert (1978)

II. Frühe Kritik
ANONYMUS in: Wiener Allgemeine Theaterzeitung (1828)

ANONYMUS in: Allgemeiner Musikalischer Anzeiger (1829)

GOTTFRIED WILHELM FINK: Recension. Nr. 1 Winterreise (1829)

KARL VON BRUYK: Schubert's »Winterreise« (1864)

III. Der Zyklus
RICHARD CAPELL: Schubert's Songs (1928)

MARC-ANDRÉ SOUCHAY: Zu Schuberts »Winterreise« (1931)

ERNST BÜCKEN: Die Musik des 19. Jahrhunderts bis zur Moderne (1929)

RUDOLF STÖCKL: Die musikalische Gestaltung von Sprachform und Gehalt in Schuberts »Winterreise« (1949)

HARRY GOLDSCHMIDT: Schuberts »Winterreise« (1967)

Einleitung

Die Quellen zur Rezeption einzelner Schubert-Lieder fließen naturgemäß nicht sehr reichlich, umso größer ist die Ausbeute bei den Zyklen, und hier bieten die Texte zur Winterreise ein differenzierteres, auch kontroverseres Bild als bei der »Schönen Müllerin«.

Angesichts der fast unübersehbaren Fülle der Literatur zur »Winterreise« beschränkt sich unsere Auswahl auf Texte zu drei Aspekten: Der Zusammenhang zwischen Leben und Werk, frühe kritische Stimmen und Versuche, den zyklischen Charakter des Werks kompositorisch festzumachen.

Die Berichte der zeitgenössischen Augenzeugen Spaun und

Mayrhofer akzentuieren schon den engen Zusammenhang zwischen Schuberts Biographie und der Komposition der Winterreise, während Capell emphatisch für eine Trennung zwischen Künstler und Privatperson plädiert. Alfred Einstein trennt hier zwar nicht, stellt aber eine Rangordnung auf: Die Geburtswehen des Schöpfers sind bedeutungsvoller als die Betroffenheit des Menschen Schubert. Die Winterreise nicht nur vor dem Hintergrund der privaten Situation Schuberts zu betrachten, sondern Leben und Werk als Reflex der zeitgeschichtlichen Situation zu verstehen, ist natürlich vor allem ein Anliegen marxistisch orientierter Autoren wie Goldschmidt und Reininghaus. Fröhlich verknüpft diesen Ansatz mit dem psychoanalytischen.

Mit einer poetischen Beschreibung des »Wesens der Romantik deutscher Art und Kunst« in der Besprechung aus der »Wiener Allgemeinen Theaterzeitung« beginnt der zweite Komplex: Frühe Kritik. Die Besprechung ist frei von jenen Vorbehalten, die »Übertreibungen«, »bloß Gesuchtes«, »schonungslos Verwundendes«, monieren und davor warnen, Gefühl und Fantasie »zu verzärteln, zu verweichlichen und zu subtilisiren«. Diese kritischen Tendenzen des Allgemeinen Musikalischen Anzeigers, Finks und von Bruyks sind Ausdruck einer klassizistischen Auffassung, die sich treffend in Finks Diktum manifestiert »Mit der Romantik macht kein Mensch Schule, der eine gute Schule machen will.« (AmZ 37, 1835, Sp. 164).

Als Mittel zyklischer Gestaltung denkt Capell nur an leitmotivische Wiederaufnahmen, deren Fehlen er dankbar vermerkt. Souchay vermutet, daß mit solcher Feststellung über die für ihn nicht faßbare zyklische Gestaltung noch nicht das letzte Wort gesprochen ist. Auch Ernst Bücken tastet sich noch vorsichtig an das Problem heran, deutet nur flüchtig ein »Schrittmotiv« an, ohne den Gedanken weiter auszuführen. Stöckl greift offenbar diese Anregung auf und gruppiert die Lieder aufgrund gemeinsamer Bewegungscharaktere. Goldschmidt faßt das Problem schließlich energisch an und konkretisiert die Ahnungen seiner Vorläufer durch die Identifikation dreier Motive und ihrer »Bedeutung«, ein Verfahren, das in seiner durchgängigen Anwendung gelegentlich nicht frei von Gewaltsamkeiten scheint und von der im Bereich der marxistischen Musikwissenschaft gründlich rezipierten Intonationstheorie angeregt ist.

Eingehende Analysen der einzelnen Lieder bei Arnold Feil, Franz Schubert. Die schöne Müllerin. Winterreise. Stuttgart 1975.

I. Leben und Werk

JOSEF VON SPAUN, Aufzeichnungen über meinen Verkehr
mit Franz Schubert (1858).
Zit. nach: Schubert. Die Erinnerungen seiner Freunde. Gesammelt und hrsg. von Otto Erich Deutsch, Leipzig 1957,
S. 147–164.

Schubert war voll Verehrung für Beethoven, und dessen Tod im
März 1827 erschütterte ihn auf das heftigste. Ahndete er vielleicht, wie bald er ihm folgen und neben ihm ruhen werde? [. . .]
Schubert war durch einige Zeit düster gestimmt und schien
angegriffen. Auf meine Frage, was in ihm vorgehe, sagte er nur,
»nun, ihr werdet es bald hören und begreifen«. Eines Tages
sagte er zu mir, »komme heute zu Schober, ich werde euch
einen Zyklus schauriger Lieder vorsingen. Ich bin begierig zu
sehen, was ihr dazu sagt. Sie haben mich mehr angegriffen, als
dieses je bei anderen Liedern der Fall war«. Er sang uns mit
bewegter Stimme die ganze »Winterreise« durch. Wir waren
über die düstere Stimmung dieser Lieder ganz verblüfft, und
Schober sagte, es habe ihm nur ein Lied, »Der Lindenbaum«,
gefallen. Schubert sagte hierauf, »mir gefallen diese Lieder mehr
als alle, und sie werden euch auch noch gefallen«; und er hatte
recht, bald waren wir begeistert von dem Eindruck der wehmütigen Lieder, die Vogl meisterhaft vortrug. – Schönere deutsche
Lieder gibt es wohl nicht, und sie waren sein eigentlicher
Schwanengesang. Er war von da an angegriffen, ohne daß jedoch sein Zustand besorgniserregend gewesen wäre. Viele
glaubten, und glauben vielleicht noch, Schubert sei ein stumpfer
Geselle gewesen, den nichts angreife; die ihn aber näher kannten, wissen, wie tief ihn seine Schöpfungen angegriffen und wie
er sie in Schmerzen geboren. Wer ihn nur einmal an einem
Vormittag mit Komponieren beschäftigt gesehen hat, glühend
und mit leuchtenden Augen, ja selbst mit anderer Sprache, einer
Sonnambule ähnlich, wird den Eindruck nie vergessen. (Wie
hätte er auch diese Lieder schreiben können, ohne im Innersten
davon ergriffen zu sein! –) Nachmittags war er freilich wieder
ein anderer, alleine, war zart und tief fühlend, nur liebte er es,
seine Gefühle nicht zu zeigen, sondern in sich zu verschließen
[. . .].
Ich halte es für unzweifelhaft, daß die Aufregung in der er

seine schönsten Lieder dichtete, daß insbesondere seine »Winterreise« seinen frühen Tod mitveranlaßten.

JOSEF VON SPAUN (1788–1865), österreichischer Jurist, wohnte 1805–1809 im Wiener Stadtkonvikt, wo er den 1808 eintretenden Schubert kennenlernte und mit ihm zeitlebens eng befreundet blieb.

JOHANN MAYRHOFER, Erinnerungen an Franz Schubert, in: Neues Archiv für Geschichte, Staatenkunde, Literatur und Kunst, Wien, 23. Februar 1829.
Zit. nach: Schubert. Die Erinnerungen seiner Freunde. Gesammelt und hrsg. von Otto Erich Deutsch, Leipzig 1957, S. 20.

[...] Anders in der »Winterreise«, deren Wahl schon beweist, wie der Tonsetzer ernster geworden. Er war lange und schwer krank gewesen, er hatte niederschlagende Erfahrungen gemacht, dem Leben war die Rosenfarbe abgestreift; für ihn war Winter eingetreten. Die Ironie des Dichters, wurzelnd in Trostlosigkeit, hatte ihm zugesagt; er drückte sie in schneidenden Tönen aus. Ich wurde schmerzlich ergriffen.

JOHANN MAYRHOFER (1787–1836), österreichischer Dichter, im Hauptberuf Beamter der staatlichen Buchzensur, mit Schubert eng befreundet, litt unter schweren Depressionen und beging Selbstmord.

RICHARD CAPELL, Schubert's Songs, New York 1977 (1. Aufl. London 1928), S. 230 f.
(deutsche Übersetzung von Hermann J. Busch)

Spauns Darstellung ist überzeugender als Mayrhofers Theorie. Wenn Schubert die düstere »Winterreise« mit dreißig Jahren schrieb, weil er den »Winter seines Lebens« nahen fühlte, dann ist zu fragen, wie es zu den anderen Kompositionen der Jahre 1827 und 1828 kommen konnte, die alle von Frühlingsstimmung erfüllt sind. Um die »Winterreise« zu erklären, bedarf es nicht der äußeren Lebensumstände. Es genügt, daß Schubert die Gedichte fand – weitere Gedichte vom Dichter der »Müllerin«, auch Gedichte mit einer schlichten Szenerie und von einem leidenden Herzen, nur, daß es diesmal Dezember statt Mai ist. Der Schmerz ist tiefer, das Herz eines Mannes, nicht eines

Jünglings, ist gebrochen. Wir brauchen die Erklärung für das Pathos nicht in äußeren Wechselfällen des Schicksals zu suchen, wenn es hier um den gleichen Schubert geht, der mit siebzehn Jahren den Jammer Gretchens so gültig in Musik gebracht hat, und der sich immer wieder von jedem Schmerz betreffen ließ, von den Seufzern Mignons und des Harfners, von Mayrhofers Traurigkeit. Schuberts abgehärmtes Aussehen zur Zeit der »Winterreise« braucht uns nicht zu überraschen. Aber nicht Depression, vielmehr eine Art heiliger Verzückung begleitet das Schaffen solcher Poesie, das den Schöpfer gewiß erschöpft und ausgezehrt aussehen läßt, aber zugleich auch hochgestimmt durch die Entdeckungen und Errungenschaften, zu denen ihn sein Genie zwang. Wenn wir alle Berichte von Schuberts Krankheit und Entmutigungen in Betracht ziehen, so sehen wir ihn doch in furchtbarer Freude über seine tragische »Winterreise« seufzen, über die reizvolle Anregung, die ihm sein Dichter wiedergab, über die zahllosen frischen Bilder, welche diese Dichtung von Feuer und Schnee, von Strom und Eis, von brennenden und gefrorenen Tränen in ihm erweckte. Der Komponist der »Winterreise« mag hungrig zu Bett gegangen sein, aber er war ein glücklicher Künstler. Keine enttäuschte Fantasie hat jemals gestalten können – und so gestalten können . . .

RICHARD CAPELL (1885–1954), zunächst Cellist, dann Musikkritiker in London, seit 1933 Chefkritiker des »Daily Telegraph«. Verfaßte englische Übersetzungen der Liedtexte Schuberts, Schumanns und Wolfs.

ALFRED EINSTEIN, Schubert. Ein musikalisches Porträt, Zürich 1952, S. 347.

Es verrät ziemliche Unvertrautheit mit dem Vorgang schöpferischer Tätigkeit, zu glauben, daß Schuberts »Angegriffenheit« aufs Inhaltliche dieser Lieder beschränkt gewesen sei. Es hat ihn natürlich tief ergriffen, sonst hätte er sie nicht in Musik gesetzt; sie waren seiner Lage und seiner Stimmung gemäß. Aber viel mehr angegriffen hat ihn das Problem ihrer schöpferischen Gestaltung. Er spricht auch nur von ihrem künstlerischen oder ästhetischen Wert, denn von gewöhnlichem »Gefallen« kann ja bei diesem Zyklus wohl kaum die Rede sein. Der Träger des Liederkreises ist ein von Liebe und Leben enttäuschter Jüngling, der als Ende seiner winterlichen Wanderung nur den Tod vor sich sieht. Das Problem der Vertonung war der Überschwang des Textes, die Gefahr der Unnatur und der Sentimentalität. So wird Schubert womöglich noch einfacher, aber womöglich auch noch intensiver und konzentrierter als in der »Schönen Müllerin«.

ALFRED EINSTEIN s. S. 48.

HARRY GOLDSCHMIDT, Schuberts »Winterreise«, in: Harry Goldschmidt, Um die Sache der Musik, Leipzig 1967, 2/1976, S. 117 f.

In ihrer unwiederholbaren Einheit von Vers und Ton bietet die Winterreise eines der erschütterndsten, wenn nicht das erschütterndste künstlerische Doppelzeugnis jener politischen Unfreiheit, die Heine als die wahre Ursache der romantischen Ironie und des Weltschmerzes beim Namen nannte. Das persönliche Schicksal des einsam durch die endlose Schneewüste irrenden Wanderers – wiederum eines Handwerksburschen wie in der Schönen Müllerin – wird nur ganz schwach motiviert (enttäuschte Liebe). Was ihn in Wahrheit vertrieben hat und nicht einmal in der »unbarmherzigen Schenke«, dem kühlen Wirtshaus des Todes Ruhe finden läßt, was ihn zuletzt zum Weggefährten des Bettlers und Leiermanns gesellt, das ist die Zentnerlast des überpersönlichen, allgemeinen Schicksals. Vergeblich machte Goethe nach einem Besuch Wilhelm Müllers 1827 – im musikalischen Entstehungsjahr der Winterreise! – seinem olympischen Unmut über die »Lazarett-Poesie« Luft. (Möglicherweise hatte ihm Müller damals gerade jene Gedichtsammlung »aus den hinterlassenen Papieren eines reisenden Waldhornisten« mit der vollständigen Winterreise überreicht.) »Sie schreiben alle, als wären sie krank und die ganze Welt ein Lazarett« (zu Eckermann). Die historisch notwendige Antwort blieb ihm Heine nicht schuldig, als er zwei Jahre später in den »Bädern von Lucca« schrieb: »Ach, teurer Leser, wenn du über jene Zerrissenheit klagen willst, so beklage lieber, daß die Welt selbst mitten entzweigerissen ist. Denn da das Herz des Dichters der Mittelpunkt der Welt ist, so muß es wohl in der jetzigen Zeit jämmerlich zerrissen werden. Wer von seinem Herzen rühmt, es sei ganz geblieben, der gesteht nur, daß er ein prosaisches, weitabgelegenes Winkelherz hat.«
Das war nicht nur ein neuer Ton, sondern auch eine neue

Begründung, die es radikal ablehnte, die unheilbaren Widersprüche der bürgerlichen Gesellschaft länger zu verkleistern. Der bürgerliche Realismus hatte eine neue, selbstkritische Wendung genommen.

Es ist leider immer noch viel zuwenig bekannt, wie schwer gerade Schubert unter den Halbheiten der bürgerlichen Gesellschaft gelitten hat. In seinem selbstverfaßten Gedicht Klage an das Volk hat sich der Schmerz bis zum Schrei des Protestes Luft gemacht. Nirgendwo wird in seinem mächtigen Liederschaffen eine solche einsame Höhe erreicht wie in der Winterreise und den ihr bald folgenden sechs Heine-Liedern.

HARRY GOLDSCHMIDT (geb. 1910), Musikstudium in Basel und Königsberg, Musikkritiker in Basel, 1950–1955 Dozent für Musikgeschichte an der Musikhochschule in Ostberlin, 1956–1965 Direktor des Zentralinstituts für Musikforschung beim Verband Deutscher Komponisten und Musikwissenschaftler der DDR, seit 1965 freier Mitarbeiter der Deutschen Akademie der Wissenschaften Berlin. Veröffentlichungen zur Musikästhetik und über Beethoven und Schubert.

FRIEDER REININGHAUS, Winterreise und Vormärz, in: Spuren. Zeitschrift für Kunst und Gesellschaft 1, 1978, S. 10 ff.

Man muß sich die Musik Schuberts sehr genau anhören, obwohl sich das bürgerliche Feuilleton hundert Jahre lang ein Klischee vom rührenden Franzl Schubert hergerichtet hat. Man muß sie entziffern auf dem Hintergrund scharfer politischer Unterdrückung und weitreichender Zensur gerade auch der Musik mit Text, wie sie nach den Karlsbader Beschlüssen im metternichschen Wien besonders streng gehandhabt wurde. Man darf sich nicht davon irritieren lassen, daß Schuberts Musik etwas »Künstliches, Gestelltes« (Brecht) aufbaut, weil eine »einfache ›Wiedergabe der Realität‹« nicht möglich war; zugleich sind heute nicht nur noch die äußeren, offenliegenden Momente dieser Wirklichkeit, sondern auch die Betroffenheit der Subjekte, innere Faktoren für die Konstituierung von Kunstwerken von Interesse. [...]

Obwohl sich das bürgerliche Musikleben in den ersten Jahren des 19. Jahrhunderts gerade in Wien stattlich ausgeweitet hatte, waren noch immer die aristokratischen Salons ausschlaggebend. Aus Gründen seiner Herkunft – er war kein »zünftiger« Musiker – und einer von den Zeitgenossen einheitlich bezeugten Schüchternheit fand Schubert hier zeitlebens nicht den erfolgversprechenden Zutritt; und so schrieb er für seinesgleichen, für Künstlerfreunde und Vorstadtbürger. Als Mann ohne Namen bekam er von seinen Verlegern nur Hungerhonorare und in der von Inflationen gebeutelten Zeit war er auf die Unterstützung eines Freundeskreises angewiesen. Der Rückzug in jene Sphäre des Privaten, den engen und abgeschirmten Freundeskreis, reagiert jedoch nicht nur auf die nicht enden wollende ökonomische Not, entspricht nicht nur einem subjektiven Wunsch nach Geborgenheit (der nach frühen Auseinandersetzungen mit dem Elternhaus wegen seiner Komponistenlaufbahn dort nicht mehr erfüllt wurde); dieser Rückzug ist typisch für die Restaurationsepoche nach 1815. [...]

»Meine Erzeugnisse für die Musik«, schreibt Schubert im März 1824 in seinem Tagebuch, »sind durch den Verstand und durch meinen Schmerz vorhanden; jene, welche der Schmerz allein erzeugt hat, scheinen die Welt am meisten zu erfreuen«. Und so wird der Schmerz zunehmend in den zwanziger Jahren zu einem der dominierenden Motive in Schuberts Musik, sichtlich mit dem Jahr 1826. Weil sein Verstand jedoch so wenig für die metternichschen Verhältnisse arbeitet, sondern mit der Verschlüsselung von ungeliebten Wahrheiten und dem Festhalten am subjektiven Ausdrucksrecht beschäftigt war, ist Schuberts Haltung jedoch nicht einfach fortschrittlich. So wichtig das Wirtshaus als Treffpunkt in jeder Hinsicht auch war in einer Zeit, in der politische Versammlungen verboten waren und der polizeiliche Argwohn bei jedem größeren privaten Treffen allgegenwärtig, so sehr versackte jedoch der schubertsche Freundeskreis auch darin: Für Schubert ist das Wiener Wirtshaus konstitutiv: dort stand das Klavier, das er zu Hause nicht hatte und an dem er seine Kompositionen mit und ohne Publikum ausprobieren mußte; hier war die Debatte, von hier kam Anregung und die bescheidene Anerkennung. [...]

Wenn es in der Stadt schon so eng ums Herz ist, bleibt der Gang aufs Land, in die Natur. Sie spielt lange in Schuberts Liedern die zentrale Rolle und gerade Schuberts Liedbegleitungen sind Modell geworden für die Haltung des romantischen Musikers gegenüber der Natur. Zum Rückzug ins Wirtshaus kommt die Flucht in die Natur, ihre Einsamkeit. Mit allen ihren verbliebenen Schrecken erscheint die Ferne da draußen, die der in Wien so seßhafte Schubert nie existentiell erfahren hat, das bessere Bild gegenüber der unerträglichen Gegenwart mit ihrer enttäuschten Liebe und allen den betrogenen Hoffnungen.

Alle diese Motive kehren wieder, sind zusammengefaßt in der Winterreise, dieser großen zyklischen Liedform, deren Einzelstücke motivisch und thematisch untereinander verwoben sind. Der Zyklus der vierundzwanzig Lieder der Winterreise aus den zwanziger Jahren des 19. Jahrhunderts ist nicht mehr der Frühlingskranz von Liedern und Texten wie bei den beiden jungen Brentanos zwei Jahrzehnte zuvor, als die junge deutsche Bourgeoisie noch recht ungebrochen hoffnungsfroh jubilierte. Das muntere Vorwärtsperlen des Klaviersatzes, das die Schöne Müllerin auszeichnete, weicht einer zunehmend sparsamen, kargen, gegenüber der Singstimme selbständig und kontrastreich gehaltenen Klavierbegleitung, die zum gleichberechtigten Dialog emporgehoben wird. Dieses schubertsche Verfahren wurde für das Kunstlied des 19. Jahrhunderts Modell: von hier nimmt der Gedanke der mendelssohnschen Lieder ohne Worte seinen Ausgang, die Liederzyklen Robert Schumanns von 1840 und die von Brahms, Hugo Wolf und schließlich, bei aller Veränderung, methodisch auch die von Hanns Eisler im 20. Jahrhundert.

Die Winterreise: das ist ein Weg des Rückzugs, noch keine Offensive. Noch ist das Ende des Winters nicht abzusehen, der Vormärz nicht von der politischen Lyrik des »Jungen Deutschland« angekündigt. Noch ist es ganz die Zeit der leisen Töne, die Schubert ja auch in der Kammermusik und der Sinfonik besser gerieten als die Emphase, der Trotz und die Proklamation. [...]

Die Winterreise bewegt sich auch musikalisch weg von dem, was man zuvor von Schubert gewohnt war. Hier gibt es plötzlich eine Kompromißlosigkeit des Ausdrucks, hochexpressiv, die den Freundeskreis verwirrt und die offizielle Wissenschaft veranlaßt hat, von einem »Spätstil« zu sprechen, der eben eine etwas ungeklärte Sonderstellung einnimmt. Müßig ist die Frage, wohin Schubert gegangen wäre, wenn er das Jahr 1828 überlebt hätte. In seinen beiden letzten Lebensjahren kündigt sich unüberhörbar – vorher ist es zu überhören – Opposition an: es finden sich harte Klänge, beißender Stillstand im musikalischen Fortgang und der Verzicht auf alles ausschmückende Beiwerk. Vertont werden mit Texten Wilhelm Müllers die Arbeiten eines Mannes, der an den Befreiungskriegen 1813 teilgenommen hatte und auch danach hartnäckig für die Freiheit aller Völker eintrat. [...]

In den letzten Werken Schuberts gibt es einen großen Funken der Hoffnung, ohne daß die Hoffnung noch konkret geworden wäre. Das macht ihre Ambivalenz aus und vielleicht bis heute

einen eigentümlichen Reiz. Mit der Ironie des Liedes vom
»Wirtshaus« und der Entschiedenheit des Liedes vom »Mut«
weist Schuberts Musik weit über die Kirchhofsruhe der metternichschen Zustände hinaus.

FRIEDER REININGHAUS (geb. 1949), Studium (Musikwissenschaft, Germanistik,
Soziologie) in Tübingen, Stuttgart und Berlin. Lebt als Komponist, Musikwissenschaftler und Musikkritiker in Köln.

HANS J. FRÖHLICH, Schubert, München 1978, S. 163 und
181 ff.

Doch – sprechen wir noch von dem Gesellen? Er ist eine fiktive
Person. Ihr Autor ist Wilhelm Müller, und dieser hat nicht
zuletzt mit diesem Zyklus ein Selbstbekenntnis ablegen wollen,
das Psychogramm eines Künstlers, für den Einsamkeit unab-
dingbare Voraussetzung zur schöpferischen Arbeit ist, die ihrerseits gesellschaftliche Absonderung zur Folge hat. Hinter
den Worten »Was vermeid ich denn die Wege« verbirgt sich
auch der solitäre Stolz des avantgardistischen Schriftstellers, die
konventionellen Bahnen verlassen zu haben, in dichterisches
Neuland vorzustoßen. Es verlangt dies eine Strategie, die der
eines geplanten Verbrechens gleicht.

Von hier aus wird verständlich, was Schubert an Müllers Texten fasziniert hat, weshalb er sich mit dem Schicksal des Wanderers identifizieren konnte, mehr als ihr Autor, dessen Leiden
vermutlich nur berufsspezifischer Art waren. Schubert aber litt
physisch und psychisch, wie der Wanderer, und war ebenso
verzweifelt, ebenso besessen von einem Todesverlangen.

Die tiefste Ursache seines Schmerzes – wir behaupten es –
war der Verlust der Mutter. Er kam darüber so wenig weg wie
der junge Heine über seine unglückliche Liebe zu Amalie. Aber
wenn Schubert auch die Mutter nicht vergessen konnte, die
Ursache seines Schmerzes hat er im Laufe der Zeit durchaus
vergessen, und das heißt: verdrängt. Er hat versucht, diesen
Schmerz zu anästhesieren: zum Beispiel durch Arbeit. Es ist
ihm dies vorübergehend gelungen. Aber trotz solcher Betäu-
bungen blieb das Bewußtsein vom Schmerz. Daraus wurde allmählich ein dumpfes Gefühl, ein Knäuel von unauflösbaren
Leidensqualitäten, die sich gleichsam verselbständigt hatten,
immer neue Metastasen bildend. Wer einmal mit Leiden angefangen hat, wird weiter leiden, weil der Organismus für Leiden

empfänglich geworden ist. Schuberts Kopfschmerzen, seine Migränen, seine Schlafstörungen und Depressionen sind nur verschiedene Symptome, Ableger und Auswucherungen seines Grundübels: der Unfähigkeit, dieses frühe Trauma zu überwinden. Wie Krankheiten im Körper wandern und heute in dieser, morgen in jener Gestalt auftauchen, mal als Kopfschmerz, mal als Kreuzschmerz, können auch seelische Leiden die unterschiedlichsten Erscheinungsformen annehmen, und weil sie letztlich dem Betroffenen selbst undefinierbar sind, haben Skeptiker schnell das Wort Hypochondrie bei der Hand, womit alles und nichts gesagt ist.

Schubert, für viele noch immer Inbegriff eines gemütlichen Wieners, eines lebenslustigen Kunstzigeuners und heiteren Trinkkumpans, der sich selbst als »den unglücklichsten, elendsten Menschen auf der Welt fühlte«, sah sich darum auch vollkommen unverstanden.

»Keiner, der den Schmerz des Andern, und Keiner, der die Freude des Andern versteht!«

Mit dieser Tagebucheintragung vom März 1824 (er hatte gerade das Oktett op. 166 beendet und arbeitet am d-Moll Streichquartett »Der Tod und das Mädchen«) sprach er wieder einmal sehr allgemein aus, was ihn ganz persönlich betraf. [. . .]

Verzweiflung, wenn sie den Wahnsinn streift, ist nicht mehr kommunikationsfähig. In diesem Zyklus schauerlicher Lieder hatte Schubert sich zu stark mit dem Text identifiziert. Die Frage, ob dies überhaupt noch Kunst sei, wurde in dieser Deutlichkeit vermutlich nicht gestellt, aber vielen lag sie auf der Zunge. So unberechtigt war die Frage nicht, wenn man an dieses Werk die Maßstäbe legt, die Schuberts Publikum besaß, und selbst gemessen an den späten Beethoven-Quartetten, die man damals freilich nicht kannte, gemessen an deren Kunstfertigkeiten und an dem hohen Grad von Abstraktion waren diese Lieder, bis auf wenige Ausnahmen, in der Tat von beklemmender Kunstlosigkeit, von erschütternder Einfachheit, und damit meine ich nicht nur die scheinbare Simplizität des »Leiermann«, diese lähmende Monotonie der leeren Quinten in der linken Hand, die bizarre Figur der rechten Hand mit ihren steigenden und fallenden Terzen, sondern ziemlich alle Stücke der »Winterreise«, besonders aber »Gefrorene Thränen«, »Wasserfluth«, »Auf dem Flusse«, »Rückblick«, auch »Irrlicht«, »Rast«, »Einsamkeit«, »Im Dorfe«, »Täuschung«, letztlich auch »Der Wegweiser« mit seiner simplen Imitationstechnik. Verglichen mit den letzten Beethoven-Sonaten, selbst mit denen Schuberts ist die Faktur der Begleitung zu allen genannten Liedern von bestürzender Schlichtkeit. Sofern er überhaupt noch illustrierende Momente verwendet (wie etwa in »Die Wetterfahne« oder »Im Dorfe«), greift er zu den einfachsten Mitteln: Oktavbewegungen und Trillern, Akkord- und Tonrepetitionen. Dagegen wird in dem Lied »Die Krähe« das irre Kreisen des Tieres über dem todmüden Wanderer nur noch musikalisch symbolisiert, nicht mehr illustriert. Diese Einfachheit der späten Lieder Schuberts ist nicht die unschuldige eines Dilettanten, sondern sozusagen eine Einfachheit zweiter oder dritter Ordnung, also keine ursprüngliche, sondern eine schwer gewonnene.

Es scheint, als habe der lange unbekümmert drauflos komponierende Schubert, der nur, weil er seine Arbeit nicht zu Stilproblemen hat schrumpfen lassen, so viel und so schnell schaffen konnte, zum ersten Mal das Vertrauen in die Technik verloren, als habe er, wie später Hugo Wolf, vor allem jedoch Gustav Mahler, die schöpferische Naivität eingebüßt, den Glauben an die bändigende Kraft der Form.

Doch deutet dies – allen Kulturpessimisten und Untergangsprognostikern zum Trotz – nicht gleich auf die Agonie der Musik. Auch Schubert ist nicht am Ende seiner Kunst, aber – nach Vollendung der »Winterreise« – am Ende seiner physischen Kräfte. Er hat die Grenze dessen, was ein Mensch an Leid ertragen kann, überschritten. Zwar kann eine epochale Krise an einer individuellen manifest werden, doch darf man über das Epochale das Individuelle nicht als bloße Zeiterscheinung abqualifizieren. Das persönliche Unglück verliert nichts von seiner Schwere, wenn man es gesellschaftlich erklärt. Zudem beginnen Veränderungen nicht mit Sturmgeläut, äußern sich selten in Massenbewegungen, sondern gehen zunächst im kleinen und unbemerkt vor sich. Man muß, um sie wahrzunehmen, besondere Antennen dafür haben. Schubert hat solche gehabt, und als sensibler Künstler hat er solche sich leise ankündigenden Veränderungen lange vor der Krise schon registriert. Gleichwohl geht sein Schmerz nicht in der gesellschaftlichen Depression auf, wie seine Musik, die nicht deren Spiegelung, sondern geschaffenes Symbol ist, nicht in seinem Schmerz aufgeht, sondern über diesen hinausweist.

HANS J. FRÖHLICH (geb. 1932) studierte Komposition bei Wolfgang Fortner und ist seit 1961 publizistisch bei Presse und Rundfunk tätig. Er veröffentlichte mehrere Romane und Hörspiele.

II. Frühe Kritik

ANONYMUS in: Wiener Allgemeine Theaterzeitung vom 29. März 1828.
Zit. nach: Schubert. Die Dokumente seines Lebens. Gesammelt und erläutert von Otto Erich Deutsch, Kassel 1964 (Neue Schubert-Ausgabe, Serie VIII: Supplement, Bd. 5), S. 505 f.

»Winterreise. Von Wilhelm Müller in Musik gesetzt für eine Singstimme mit Begleitung des Pianoforte von Franz Schubert. 89. Werk. I. Abteilung. Eigentum des Verlegers. Wien, bei Tobias Haslinger, Musikverleger im Hause der Sparkasse am Graben.«

Auf etwas durchaus Gelungenes aufmerksam zu machen, ist das angenehmste Geschäft, dem sich ein Kunstfreund unterziehen kann. Sehr gern sprechen wir daher von dem vorliegenden Werke, das von Seite des Dichters, des Tonsetzers und Verlegers seinem Ursprung Ehre macht. Müller ist naiv, sentimental und stellt der äußeren Natur in der Parallele einen leidenschaftlichen Seelenzustand gegenüber, der von jener Färbung und Bezeichnung entnimmt. Schubert hat seinen Dichter auf jene geniale Weise aufgefaßt, die ihm eigentümlich ist. So naiv wie der Ausdruck des Dichters ist seine Musik; er hat die Empfindungen, welche die Gedichte aussprechen, tief nachgefühlt und diese Gefühle so in Tönen wiedergegeben, daß kein Herz sie ohne innige Rührung singen und hören kann. Schuberts Geist hat überall einen kühnen Schwung, in dem er alle mit sich fortreißt, die sich ihm nahen, und der sie durch die unermeßlichen Tiefen des Menschenherzens in weite Fernen trägt, wo ihnen die Ahndung des Unendlichen im dämmernden Rosenlicht sehnsüchtig aufgeht, wo aber zur schaurigen Wonne eines unaussprechlichen Vorgefühles der sanfte Schmerz beschränkender Gegenwart sich gesellet, der die Grenze des menschlichen Seins umstellt. Hierin liegt das Wesen der Romantik deutscher Art und Kunst und in diesem Sinne ist Schubert ein durchaus deutscher Komponist, der unserem Vaterlande und unserer Zeit Ehre macht. In diesem Geiste sind vorliegende Lieder gedichtet; dieser spricht sich in denselben aus, wo auch der Stoff auf ganz andere Wege hinzuweisen scheint; und in dieser konsequenten Herstellung der Harmonie des Äußeren und Innern liegt eben das Hauptverdienst beider Dichter, des sprechenden und sin-

genden. Mit der Auseinandersetzung der technischen Schönheiten kann man sich in diesem Blatte nicht befassen, das nicht der
Theorie gewidmet ist, aber auf den Standpunkt hinzuweisen,
auf welchem dies schöne, edle Werk recht innig und völlig genossen werden kann, ist in unseren Tagen ein um so dringende-
res Bedürfnis, da es fast Manie wurde, sich in der Tonkunst nur
den materiellen Eindrücken zu überlassen.

Wir stehen in der schönen freien Gottes-Natur und sehen in
Feld und Wald oben den blauen Himmel, das saftige Grün, die
reizenden Gruppierungen der Bäume, wir fühlen die belebende
Frühlingswärme, uns duftet das süße Aroma von den Wiesen
herauf und fühlen uns so behaglich, daß wir uns durch Mah-
nungen an ein Höheres in diesen Eindrücken selbst, in unsern
passiven Genüssen gar nicht stören lassen mögen, zum minde-
sten kein Verlangen danach tragen. Ein solcher, echt epikurei-
scher Genuß ist recht gut als medium stimulans, aber indem
sich der Reiter die Sporen anschnallt, sitzt er noch nicht einmal
zu Rosse! Die Ausstattung vonseiten der Verlagshandlung ist
ihrer würdig; es steht zu hoffen, daß die zweite Abteilung des
Werkes nicht ausbleiben werde, da die Zahl derjenigen, die an
so etwas ihre Freude haben, nicht gering sein kann.

ANONYMUS in: Allgemeiner Musikalischer Anzeiger, Nr. 3,
Wien, Samstag, den 17. Jänner 1829, S. 10 f.

Winterreise von Wilh. Müller. In Musik gesetzt für eine Sing-
stimme mit Begleitung des Pianoforte, von Franz Schubert. 89.
Werk 1. und 2. Abteilung zusammen 5 fl. 30 kr. Wien, bey
Tobias Haslinger.

Die über den ausgezeichneten, uns leider zu früh entrissenen
Tondichter Schubert gefällten Urtheile waren nicht jederzeit
frey von Übertreibung. Ein geniales Talent hat er indessen in
seinen Liedern beurkundet und viele derselben besitzen blei-
benden Werth. Ganz eigenthümlich ist die Form dieser Clavier-
begleitung, die er so oft von einem im Gedichte berührten Na-
turereignisse oder einem andern zufälligen Umstande ableitete
und ebenso consequent als charakterstark durch das Ganze verfolgte. Dadurch drückte er seinen Schöpfungen ein besonderes
Siegel auf, was schon an sich in unserer nachahmungssüchtigen,
schwächlichen Zeit ein sehr großer Vorzug ist, dadurch rundete

er jedes Lied zu einem Ganzen, voll Kraft und Einheit. Nicht immer zu vermeiden war es jedoch, daß nicht zuweilen dieses Festhalten an eine gewählte Figur einen und den andern Übelstand herbeyführte; doch meistens überwand der geschickte Tonsetzer die Schwierigkeit und brachte Gesang und Begleitung in den vollkommensten Einklang. Oft geschah es auch, daß er tiefer und kräftiger empfand, als der Dichter selbst getan und den Sinn der Worte nicht ganz ohne Übertreibung wiedergab. Fügt man zu diesen allgemeinen Bemerkungen noch die Schwierigkeit bey, die ein Cyclus von 24 Liedern verschiedenen Inhalts und von oft widerstrebender Form biethet, so wird man manches nicht ganz Gelungene um so eher übersehen und das Genie bewundern, welches gegen solche Hindernisse meistens siegreich ankämpfte. Die Krone des Ganzen sind das erste Lied der ersten und die Post im Anfange der zweyten Abtheilung. Originalität, Wahrheit, Kraft paaren sich zu einem schönen Ganzen und müssen jede fühlende Seele entzücken. Die Lieder Nr. 5, 6, 8, 12, 15, 16, 18, 20, 22, 24 [Der Lindenbaum, Wasserflut, Rückblick, Einsamkeit, Die Krähe, Letzte Hoffnung, Der stürmische Morgen, Der Wegweiser, Mut, Der Leiermann] sind alle mehr oder minder gelungen und selbst in den hier nicht angeführten finden sich immer gemüthliche Stellen, die manches Gesuchte, einige gezwungene Modulationen und dergleichen Nebelflecke vergessen machen. Die Ausstattung macht der Verlagshandlung Ehre und der geschmackvolle Umschlag ziert und schützt zugleich das Werk.

GOTTFRIED WILHELM FINK, Recension. Nr. 1. Winterreise. Von Wilhelm Müller. In Musik gesetzt für eine Singstimme mit Begleitung des Pianoforte von Franz Schubert. [...] Nr. 2. Schwanengesang [...], in: Allgemeine Musikalische Zeitung vom 7. Oktober 1829, S. 654 ff.

Die ganze Winterreise schildert uns ein in getäuschter Liebe blutendes Herz, das mit seiner eigenen Qual zu scherzen sich unterfängt, und sich über seine oft wieder durchbrechende Zärtlichkeit in spottender Ironie gefällt.

Allerdings ein zeitgemäßer Gegenstand, der vor Vielem unserem Componisten zusagen mußte, wenn gleich der Dichter ihn nicht immer so erwünscht musikalisch behandelte, als er es in anderen Gedichten gethan hatte [...].

So sehr aber auch diese Winterreise von manchem Anderen zu Schuberts vorzüglichsten Gaben gerechnet wird: so können wir doch nicht umhin, den Schwanengesängen des früh Entschlafenen bey Weitem den Vorzug vor jenen einzuräumen; wir finden sie viel liebenswürdiger, gehaltener, erfindungsreicher und empfindungsinniger; die hier gewählten Gedichte, die sieben ersten von Rellstab, die sechs folgenden von H. Heine und eins von J. G. Seidel, sind im Ganzen viel musikalischer, oft frischer durch ihren klar und dichterisch ausgesprochenen Inhalt und selbst schöner in ihrer Form, was offenbar den Tonsetzer lebendiger erfüllte, und doch freyer ließ, ihn vom bloß Gesuchten, vom schonungsloss Verwundenden meist erwünscht zurückführte, und ihn dann so dauernd zu beschäftigen wußte, daß er nicht Zeit, nicht Lust fand, sich vom guten Wege des innig Wahren auf irgend einen ungebahnten Nebenpfad hinüber zu winden. So wenig er auch hier gewisse, ihm fast stehend gewordene Melodieen-Wendungen, Gänge und vorhaltende Ausschmückungen, ferner: schwer vorzutragende, in malenden Figuren durchgehaltene Begleitungen und stechende Modulationen aufgibt: so sind doch hier alle diese Eigenheiten meistentheils aus der Natur der Sache weit mehr hervor gegangen, der Empfindung angemessener, so daß wir den Schwan auf den Wogen des Avernus, unter dem Schatten der Hangeweide ruhend, mit innigerm Antheile rudern sehen, als wir die winterliche Reise mit dem verlassenen Wanderer vollbringen.

GOTTFRIED WILHELM FINK (1783–1846) war zunächst Theologe, 1827–1841 Redakteur der »Allgemeinen Musikalischen Zeitung«, seit 1842 Musikdirektor der Universität Leipzig. Er komponierte Lieder und veröffentlichte u. a. eine Harmonie- und eine Kompositionslehre.

KARL VON BRUYK, Schubert's »Winterreise«, in: Recensionen und Mittheilungen über Theater und Musik X, 1864, S. 3 ff.

Schubert's »Winterreise« ist als eine der wundersamsten Schöpfungen der musikalischen Lyrik allgemein anerkannt. Vielleicht mag es den einen oder anderen Leser dieser Zeitschrift interessieren, diesen so überreichen Liedercyclus wieder einmal gemeinschaftlich mit mir zu durchwandern und nun einmal auch seine einzelnen Schönheiten, die man sonst halb unbewußt im Strome des Ganzen zu genießen pflegt, genauer zu untersuchen.

Auf den Prinzipienstreit, welchen man vielleicht diesen Liedern gegenüber von vornherein erheben könnte: in welchem
Verhältnisse sie nämlich wohl zu einem etwaigen Ideale stehen,
das man sich von dem Liede der Form und dem Wesen nach
gebildet haben möchte, kann ich hier nicht eingehen. Zuzuge-
ben ist nur, daß der außerordentliche Eindruck, welchen diese
Lieder auf empfängliche Hörer auszuüben pflegen, nicht so
sehr auf ihrer rein musikalischen Schönheit, als vielmehr
auf ihrem wunderbar ergreifenden, tiefen, charakteristischen
Ausdruck beruht, der zwar nie die musikalische Schönheit verletzt, sondern sie nur nicht direkt sucht, nicht direkt
die Aufmerksamkeit des Hörers auf sie als solche hinlenkt.
Wie man diese Art der Kunstwirkung gegenüber der Wirkung
der reinen Schönheit schätzen will, soll uns hier nichts angehen, sondern wir wollen nur einmal versuchen, die Elemente
aufzuzeigen, aus welchen sie häufig schon – man mochte sich
mitunter wohl fragen: woher und warum – ein so ganz besonderer Effekt entsprungen ist ... [Es folgen die Betrachtungen
der einzelnen Lieder.]

Und somit beschließen wir diese Analyse einer der außeror-
dentlichsten Schöpfungen, welche die musikalische Literatur
aufzuweisen hat. Unserer Zeit mit ihren großen geschichtlichen
Bewegungen ist überall das Vertiefen in das allzu Individuelle,
Subjektive wenig angemessen. Indessen sind auch diese Lieder
von gewöhnlichen Reise-, Schmerzens- und Liebesliedern gar
sehr zu unterscheiden, indem sie wesentlich allein, nur durch
besonderen Anlaß hervorgerufen, den ganz allgemeinen tiefen
Liebesschmerz zum Ausdruck bringen, welcher das Individuum von Zeit zu Zeit um so heftiger beschleichen muß, je mehr
es sich zur Welt nur durch die Organe der Empfindung und der
Phantasie in ein Verhältnis zu setzen vermag. Gleichwohl darf
nicht verhehlt werden, daß das Naturgefühl, ja die ganze Empfindungsweise, aus welcher die Mehrzahl dieser Lieder entsprungen ist, auf einer bis zur Krankhaftigkeit gesteigerten nervösen Reizbarkeit beruht, daher wir auch aus gewissen, vielleicht nicht zu verachtenden diätetischen Rücksichten rathen
möchten, sich dem (obgleich der modernen Empfindungsweise
so sehr zusagenden) Genusse dieser und aller in verwandtem
Kreise ligenden Produktionen nicht allzu sehr hinzugeben.
Reine Schönheit ist das Ideal, dem alle Kunst, so lange sie
noch in urkräftiger Gesundheit blüht, zustrebt: nach der Ideali-
sirung des Leiblichen, Materiellen, Stofflichen ringt sie, nicht

nach dessen Verklärung. Seien wir also vor allem eingedenk, immer aus jenen völlig reinen gesundkräftigen Quellen zu schöpfen, um unser Gefühl, unsere Phantasie gesund und kräftig zu erhalten, sie nicht über das zuträgliche, zugleich rein und echt künstlerische Maß hinaus zu verzärteln, zu verweichlichen und zu subtilisiren.

KARL VAN BRUYK (Karl Debrois van Bruyk, 1828–1902), Jurist und Musikkritiker in Wien, schrieb u. a. eine »Technische und ästhetische Analyse des Wohltemperierten Klaviers« (1867) und stand in intensivem Briefwechsel mit Robert Schumann.

III. Der Zyklus

RICHARD CAPELL, Schubert's Songs, New York 1977 (1. Aufl. London 1928), S. 232.
(deutsche Übersetzung von Hermann J. Busch)

Es ist zu bewundern, daß Schubert niemals der Versuchung erlegen ist, vorangehende Motive wiederaufzugreifen, ein Kunstgriff, der hier ein reflektierendes Bewußtsein eingeführt und die Stimmung des Ganzen verdorben hätte. Weder der Müller noch der winterliche Wanderer sind sentimental, sie gestalten nicht die Stationen ihrer Gefühle, sie stellen sich unvermittelt den Stürmen der vielfältigen und unverhofften Stationen ihres Lebens. Das Wiederaufgreifen alter Themen hätte den Opfern Erleichterung angesichts ihrer Anstrengungen und Kämpfe gewährt. Aber in einem bewegten Gefühlsleben gibt es keine Wiederkehr, keine Stunde ist wie die andere. Schubert wußte das so gut, daß nicht einmal der »Rückblick« sich auf irgend ein anderes Lied bezieht. Ein solches Stilmittel, das so einfach und wirksam gewesen wäre, fehlt beiden Liederzyklen, und wir können dafür nicht dankbar genug sein.

RICHARD CAPELL, s. S. 93.

MARC-ANDRÉ SOUCHAY, Zu Schuberts »Winterreise«, in: Zeitschrift für Musikwissenschaft 13, 1930/31, S. 282 f.

Auf ein letztes, schwieriges Problem deutet der Untertitel der »Winterreise« – »ein Cyclus von Liedern« –: Sind alle Lieder musikalisch irgendwie zu einer Einheit, zu parallelen oder ge-

gensätzlichen zwei »Abteilungen« oder mehreren kleineren Gruppen zusammengefaßt? Nicht, daß wir nach alleinseligmachenden Leitmotiven suchen wollten – diese spätere Technik liegt Schubert gänzlich fern und er kann den Ruhm entbehren, sie vorausgeahnt zu haben. Vielmehr handelt es sich darum, ob es gelingt, ein architektonisches Prinzip klarzulegen, wie das bei Händelschen Opern und Oratorien, Bachschen Kantaten und Passionen, bei Beethovens Liederkreis »An die ferne Geliebte« möglich ist (um nur ein paar Beispiele aus der Vokalmusik zu nennen).

Daß die »Winterreise« textlich wie musikalisch vollkommen einheitlich ist, daß sie ihren Untertitel mit Recht führt, fühlen wir alle. Läßt sich dieses Gefühl mit greifbaren Realitäten klar beweisen, wie es sich im einzelnen Lied – sogar in der am buntesten erscheinenden »letzten Hoffnung« – belegen ließ? Wir haben uns ehrlich bemüht, in dieser Hinsicht möglichst viel aus der Harmonik, Melodik, Rhythmik und Form der 24 Lieder und der Varianten heraus-, nichts in sie hineinzulesen (was leider bei derartigen Untersuchungen ungewollt, ja unbewußt allzuoft geschieht) und müssen gestehen, daß unser Auge den großen, greifbaren Zusammenhang trotz aller Anstrengungen nicht entdecken konnte. Vielleicht sind die Gebreite des zarten Begriffs Stimmung für die fest zugreifende wissenschaftliche Untersuchung unzugänglich, vielleicht vermag ein mit schärferem Blick, mit feinerem Spürsinn Begabter an Hand unserer lückenhaften Andeutungen den rechten Weg zu finden.

Marc-André Souchay (geb. 1906) studierte Musik und Musikwissenschaft (Promotion 1927), war 1941–1945 Dramaturg des Württembergischen Staatstheaters Stuttgart und lehrte seit 1953 an der Musikhochschule Hannover. Er komponierte mehrere Opern.

Ernst Bücken, Die Musik des 19. Jahrhunderts bis zur Moderne, Potsdam 1929 (Handbuch der Musikwissenschaft, ohne Bandzählung), S. 47.

In den Liederzyklen – die Müllerlieder von 1823 und die Winterreise von 1828 – leitete Schubert den Gedanken der auf feinster psychologischer Verarbeitung beruhenden Einheit, wie ihn bis dahin nur die großen instrumentalen Formen kannten, in die Liedform.

Er weitete die Kleinform nun auch in der Außendimension zur großen Form. Der andere Hauptakzent der Zyklen aber liegt auf dem, was sie als Spiegelungen von ihres Schöpfers Persönlichkeit bedeuten. Die Aussage, daß sie uns den ganzen Schubert geben, verliert dann ihre banale Selbstverständlichkeit, wenn man auf Züge dieser Ganzheit schaut, die in den anderen Werken des Meisters nicht, oder kaum so scharf gefurcht hervortreten. Dazu sind vor allem die Züge einer höchsten Empfindsamkeit zu rechnen, die nicht selten in die Nähe des Pathologischen gerückt erscheinen. Durch seine Äußerung an Spaun über den »schauerlichen« Charakter der Winterreise, die ihn mehr angegriffen habe als je andere Lieder, öffnet Schubert selbst das Tor zu den Nachtseiten seines Schaffens. »Der Wegweiser«, »Der Leiermann«, »Im Dorfe«, aus den Liedern von 1828 »Die Stadt«, »Der Doppelgänger« stoßen bis zur letzten Grenze des Phantastischen und Visionären vor, in dem sich der Seher Schubert nicht weniger zu Hause zeigt als die Novalis, E. T. A. Hoffmann oder J. Kerner.

Aber jetzt steht nicht mehr – wie in den Frühwerken – die Harmonik als Ausdrucksmittel des Außerordentlichen, des Eruptiven an erster Stelle. Die Nachwirkungen des volkstümlichen, leichten Liedstils der Müllerlieder reichen bis tief in die Region der Schmerzen und Visionen der Gesänge der letzten Jahre hinein. Aber die oft so schlichte Melodik des letzten Schubert ist in keiner Weise mit der realen vom Berliner Liede abstammenden Schlichtheit des Jünglings zu vergleichen. Die wundervoll durchsichtige, klare Einfachheit ist – man fällt hier geradezu über Schellings bekannten Ausspruch – symbolische Darstellung des Unendlichen geworden. Einer Ferne, die sich dem späten Schubert hinter jedem nur immer dazu dienlichen Worte und Begriffe öffnet.

In dem Liede »Im Dorfe« wird die Grundidee, der Gegensatz von sinnenfroher Herdensattheit und Todessehnsucht des Einsamen, nicht »geschildert«, vielmehr durch symbolische Motive angedeutet, und im Gegensatz zu den zumeist recht wirklichkeitsfroh klappernden Grundmotiven der Müllerlieder durchhallt das Schrittmotiv (»Gute Nacht«), das geistige Urmotiv des Zyklus, die Gesänge der Winterreise nur wie ein Hauch. Die Verbindungsfäden liegen jetzt ganz im Inneren, im Psychologischen.

ERNST BÜCKEN (1884–1949) studierte Musikwissenschaft (Promotion 1912, Habilitation 1920) und war 1925–1945 Professor an der Universität Köln. Er verfaßte zahlreiche Werke zur Musikgeschichte des 19. Jahrhunderts und gab ein zehnbändiges Handbuch der Musikwissenschaft heraus.

RUDOLF STÖCKL, Die musikalische Gestaltung von Sprachform und Gehalt in Schuberts »Winterreise«, maschr. phil.
Diss. Erlangen 1949, S. 114 ff.

Im folgenden soll nun versucht werden, das Gefühl der musikalischen Einheitlichkeit der »Winterreise« aus ihren rhythmischen Merkmalen zu erklären. Dabei werden wohl sich etwa
ergebende gemeinsame melodische und harmonische Züge einzelner Lieder mit berücksichtigt werden, Mittelpunkt der Betrachtungen soll jedoch immer die Rhythmik bleiben. Von ihr
ausgehend werden zunächst gleichartig oder ähnlich struktu-
rierte Lieder zu erfassen sein, die dabei sich bildenden Gruppen
sollen dann einander gegenübergestellt bzw. auf andere Art zueinander in Beziehung gesetzt werden. [. . .]

1. Die Schrittlieder
Der Komposition zugrunde liegt die Vorstellung des »Gehens«,
die in den meisten Fällen unmittelbar von der Textvorlage ausgeht. Es lassen sich drei Gruppen unterscheiden:
    a. Ein etwas verzögertes, gleichmäßig langsames Gehen, das
für den Bereich dieses Zyklus als »normale Gangart« anzuspre-
chen ist. Folgenden Liedern dient es als bestimmender Bewe-
gungsimpuls:

»Gute Nacht«	1
»Rast«	10
»Die Krähe«	15
»Der Wegweiser«	20

Sämtliche Lieder stehen im Zweivierteltakt, die durchgehen-
de, in sich wenig differenzierte Viertelbewegung wird gleichmä-
ßig in Achtel untergegliedert. [. . .]
    b. Ein stärker verzögertes, beinahe schleppendes, ausgespro-
chen langsames Gehen. Die Vorstellung des Gehens geht bei
diesen Liedern nicht immer unmittelbar vom Text aus, doch ist
sie als gestaltende Kraft deutlich spürbar. Zu dieser Gruppe
gehören folgende Lieder:

»Gefrorne Tränen«	3
»Auf dem Flusse«	7
»Einsamkeit«	12
»Das Wirtshaus«	21

[. . .]
    c. Ein gehetztes, getriebenes Gehen. Mit einer Ausnahme (18)
geht hier die Bewegungsvorstellung wieder unmittelbar vom
Text aus. Sie ist in folgenden Liedern wirksam:

Der »Rückblick« steht im Dreivierteltakt; seine vorwärts-
drängende Bewegung berechtigt uns trotzdem, dieses Lied den
Schrittliedern zuzuordnen. Der ungerade Takt veranschaulicht
ja gerade das Gehetzte, Getriebene, Fliehende dieses »Gehens«:
es »brennt unter beiden Sohlen«.[...]

Die Taktvorzeichnungen der übrigen Lieder dieser Gruppe
ist Vier- bzw. Zweiviertel; die Akzente weisen meist unterschiedliche Tiefen auf und sind teilweise stark aufschwunghaft.
[...]

Neben der gleichartigen Bewegungsvorstellung weisen aber
diese Schrittlieder, die ihrer Zahl nach gerade die Hälfte des
Zyklus ausmachen, auch noch wesentliche gemeinsame Züge in
der Melodik auf. Es herrschen hier kleine Intervalle vor, tonlei-
terartige Melodisierungen sind häufig, Sekundschritten kommt
eine besondere Bedeutung zu. [...]

Keine Grund- oder Leitmotive, aber eine charakteristische
Tendenz zur diatonischen Melodik findet sich durchgehend in
diesen zwölf Liedern und nur in diesen zwölf Liedern des Zyklus.

Das als Charakteristikum der »Winterreise« erkannte »starre
Festhalten« an einer Tonhöhe äußert sich in den Schrittliedern
vorzüglich in einem wiederholten Anschlagen eines und desselben Tones in der Klavierbegleitung. [...]

2. Lieder mit in sich ruhender, kreisender Bewegung

Sie treten zu den Schrittliedern vor allem dadurch in Gegensatz,
daß ihrer rhythmischen Grundbewegung eine gleichbleibende
Richtung fehlt. War die Bewegung der Schrittlieder auch eigentlich ziellos, so war sie doch sehr bestimmt nach vorwärts gerichtet, also nicht richtungslos. Die Lieder dieser zweiten
Gruppe dagegen sind mehr in sich zentriert, bleiben in einer
gewissen Schwebe und sind so recht »romantisch«. Zudem ist
ihre Bewegung relativ gemäßigt, zwischen Schrittliedern wirken
sie wie Ruhe-»Punkte«. Ihr Rhythmus ist nicht immer unmittelbar durch vom Text ausgehende Vorstellungen bestimmt
oder ist es nur negativ in der Vorstellung des »Nicht-Gehens«.
Folgende Lieder sind dieser Gruppe zuzuzählen:

Sämtliche Lieder stehen im Dreiertakt.

Auch die Melodik dieser Lieder ist der der Schrittlieder entgegengesetzt: sie ist im Wesentlichen akkordisch, besteht aus Folgen von Dreiklangstönen und im weiteren Verlauf aus Dreiklangfolgen meist im Rahmen der einfachen Kadenz. [...]

Das starre Festhalten an bestimmten Tonhöhen äußert sich in den Liedern dieser Gruppe häufig in orgelpunktartigen Bildungen. [...]

3. Lieder mit anderen rhythmischen Bewegungen

Von den Liedern dieser letzten Gruppe stehen vier im Sechsachteltakt, eines im Zwölfachteltakt. Hinsichtlich der ihrer Bewegung zugrundeliegenden Vorstellung schließen sie sich eng an die zweite Gruppe an: keine vorwärtsgerichtete Bewegung, sondern mehr ein Verharren.

Mit Ausnahme der »Wetterfahne« gehören alle Lieder dieser Gruppe dem zweiten Kreis des Zyklus an. [...]

Hinsichtlich ihrer Melodik verhalten sich diese letzten fünf Lieder unterschiedlich. »Die Post« und »Im Dorfe« lehnen sich mehr an die zweite (man beachte auch die Ähnlichkeit dieser beiden Themen untereinander!), die übrigen Lieder mehr an die erste Gruppe an. »Die Post«, »Im Dorfe« und »Täuschung« zeigen das wiederholte Anschlagen eines Tones wie die Lieder der ersten Gruppe, den andern Liedern fehlt dieses Merkmal. [...]

Damit sind die Untersuchungen über die rhythmischen Bewegungskräfte der »Winterreise« abgeschlossen. Es ergab sich die interessante Feststellung, daß bestimmte rhythmische Charakterzüge wenn auch nicht durchwegs, so doch häufig gewisse melodische Merkmale im Gefolge haben. Diese Tatsache hat jedoch für unsere Aufgabe, den zyklischen Charakter der »Winterreise« aus ihrer Rhythmik zu deuten, nur sekundäre Bedeutung. Dagegen sollen uns die Ergebnisse der durchgeführten Überlegungen ermöglichen, die Frage zu beantworten: Läßt sich das vorhandene Gefühl der musikalischen Einheitlichkeit des Zyklus aus seinen rhythmischen Merkmalen erklären?

Das erste Lied ist ein Schrittlied, dem ein Lied der dritten Gruppe folgt. Zwei Schrittlieder schließen sich an: eines in verzögerter, eines in getriebener Gehbewegung; sie bilden eine Gegensatzgruppe. Es folgen zwei Lieder mit in sich ruhender, kreisender Bewegung, wieder eine Gegensatzgruppe von Liedern mit verzögerter und getriebener Bewegung, ein Lied der zweiten Gruppe und als Abschluß wieder ein Schrittlied. Setzt man Lied 2 und 9 in eine Beziehung – etwa als weiteres Gegensatzpaar »Ziemlich schnell, unruhig – langsam« –, so ergibt sich innerhalb dieses ersten Kreises völlige Symmetrie.

Der zweite Kreis wird eröffnet mit einem Lied von stark differenzierten rhythmischen Bewegungen im Sechsachteltakt; es folgt ein verzögertes Schrittlied, ein Lied im zweizeitigen Takt »Etwas geschwind«, ein Lied mit in sich ruhender, kreisender Bewegung, ein normales Schrittlied und von hier ab die gleiche Folge rückwärts, zum Teil mit geänderten Tempovorzeichnungen: das Lied im zweizeitigen Dreivierteltakt ist jetzt »etwas langsam«, das Schrittlied in getriebener Bewegung. Das Lied, das den Kreis schließt, weist die gleiche Bewegung auf wie jenes, das ihn eröffnet hatte.

Beide Kreise haben eine »Achse«: der erste mit seiner nach vorne gerichteten Schrittbewegung in zwei Liedern von in sich ruhender Bewegung; der zweite mit seiner mehr verharrenden Tendenz in einem normalen Schrittlied.

Nun zum dritten »Kreis«: am Anfang steht ein normales Schrittlied wie zu Beginn des Zyklus; ihm folgt eine Gegensatzgruppe von verzögertem und getriebenem Schrittlied. Dann die »Achse«: zwei Lieder mit in sich ruhender, kreisender Bewegung – das ist das Ende. Der letzte Kreis schließt sich nicht mehr. Die im textlichen Vorwurf offengebliebene Frage beantwortet Schubert auch in seiner Vertonung nicht; die großangelegte Architektonik des Zyklus gelangt nicht zur Vollendung.

Aber auch dieser formale Torso der »Winterreise« kann die Frage nach ihrer musikalischen Einheitlichkeit beantworten. Sie liegt im Zusammenhang der rhythmischen Struktur der einzelnen Lieder. Damit aber erweist auch sie sich als vom Text her konzipiert, da ja von ihm auch der Anstoß zur rhythmischen Gestaltung der einzelnen Lieder ausgegangen war. Wie die formale, deklamatorische und inhaltliche Gestaltung der einzelnen Lieder, so ist auch die musikalische Einheit des ganzen Zyklus aus Sprachform und Gehalt der ihm zugrundeliegenden Dichtung herausgewachsen.

RUDOLF STÖCKL (geb. 1920) studierte Musikwissenschaft, Germanistik und Geschichte an der Universität Erlangen (Promotion 1949). Er ist als Redakteur und Musikkritiker tätig.

HARRY GOLDSCHMIDT, Schuberts »Winterreise«, in: Harry Goldschmidt, Um die Sache der Musik, Leipzig 1967, 2/1976, S. 120ff.

Schon in der Schönen Müllerin hatte er den musikalischen Roman geschaffen. In der Winterreise ging er noch einen Schritt weiter, indem er die zyklische Einheit der Teile über das Novellistische hinaus vor allem musikalisch verankerte. Das unentrinnbare Gefühl dieser Einheit stellt sich schon beim ersten Hören ein. Zunächst ist man geneigt, sie der trüben Grundstimmung, der Reihenfolge der Gedichte, der Stellung der Lieder im Gesamtablauf zuzuschreiben. Dringt man jedoch in ihre musikalische Gestaltungsweise etwas näher ein, so entdeckt man mit zunehmendem Staunen, daß der gesamte Zyklus durch einige »Grundmotive« zusammengehalten wird. Es sind nicht mehr als ihrer drei. In immer neu variierter Gestalt kehren sie von Lied zu Lied wieder. Wie ein Motto werden sie dem einsamen Wanderer in den beiden Einleitungstakten des ersten Liedes mit auf den Weg gegeben:

Jedes der drei Motive weist seine eigene Grundgestalt auf: Motiv x, meist als gleichmäßiger Achtelgang mit Ton- bzw. Akkordwiederholung, Motiv y, die abfallende Gesangslinie, Motiv z, die mit Akkorddissonanz zusammenfallende Wechselnote. Jedes der drei Motive hat seine eigene »Bedeutung«: Das starre regelmäßige Bewegungsmotiv hält den einförmigen Gang durch Nacht und Winter

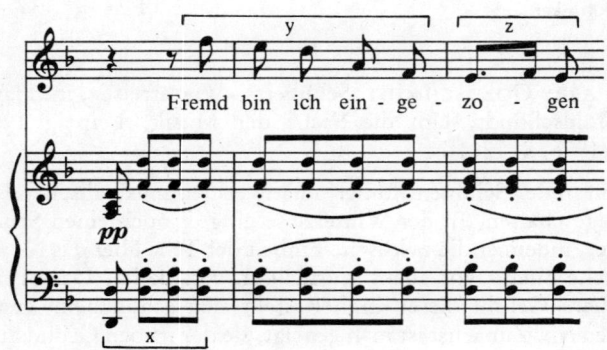

Fremd bin ich ein - ge - zo - gen

fest, die fallende Gesangslinie die »Mattigkeit«, mit der sich der Hinausgetriebene durch die Einöde schleppt; Motiv z ist das verschwiegenste der drei, das »Motiv der Motive«: der Schmerz, die »Wunde«. – In sämtlichen 24 Liedern taucht das eine oder andere dieser drei Motive, meist alle drei gemeinsam, in immer neuer Verwandlung auf. So wird jedem Lied zu seiner eigenen, unverwechselbaren und doch verwandten Gestalt verholfen. Die innere Identität bleibt musikalisch gewahrt; ein einziger gedanklicher Kern hält alle Lieder zusammen. [...]

HARRY GOLDSCHMIDT, s. S. 95.

Johannes Brahms, Konzert für Klavier und Orchester Nr. 1 d-moll op. 15

ANONYMUS: Correspondenz, in: Neue Zeitschrift für Musik (1859)

ANONYMUS: Vierzehntes Abonnementconcert im Saale des Gewandhauses (1859)

CARL G. P. GRÄDENER: Johannes Brahms' Clavier-Concert in Hamburg (1859)

PHILIPP SPITTA: Johannes Brahms (1892)

MAX KALBECK: Johannes Brahms (1904)

GUSTAV JENNER: Zur Entstehung des d-Moll Klavierkonzertes op. 15 (1912)

HENRY COPE COLLES: Johannes Brahms' Werke (1913)

WILIBALD NAGEL: Johannes Brahms (1923)

ALFRED VON EHRMANN: Johannes Brahms. Weg, Werk und Welt (1933)

RUDOLF GERBER: Johannes Brahms (1938)

HANS GAL: Johannes Brahms. Werk und Persönlichkeit (1961)

WALTHER SIEGMUND-SCHULTZE: Johannes Brahms. Eine Biographie (1966)

Einleitung

Zu den Kompositionen, die sich erst nach anfänglichen Schwierigkeiten mit der Publikumsgunst einen Rang im Kanon der »Meisterwerke« erobern konnten, gehört Brahms' erstes Klavierkonzert. Die Uraufführung am 22. Januar 1859 in Hannover war ein Erfolg, wenn auch – schon durch den etwas peripheren Ort – kein spektakulärer. Umso spektakulärer gestaltete sich der »Durchfall« bei der Erstaufführung am 27. Januar im Leipziger Gewandhaus. »Zum Schluß versuchten drei Hände, langsam in einander zu fallen, worauf aber von allen Seiten ein ganz klares Zischen solche Demonstrationen verbot« berichtet Brahms an Joseph Joachim. Der anonyme Kritiker der »Signale« macht sich zum Sprecher dieses Publikums, das Eleganz der Erfindung, Überschaubarkeit der Entwicklung, pianistische Brillanz vermißte, sich eben in allen Erwartungen an ein effektvolles Virtuosenkonzert enttäuscht sah. Der ungenannte Berichterstatter der »Neuen Zeitschrift für Musik« gesteht durchaus in diesem Sinne »Mängel der äußeren Erscheinung« zu, richtet die Aufmerksamkeit aber auf andere, hier nicht erwartete und deshalb übersehene Qualitäten. Der angekündigte, aber aus unbekannten Gründen ausgebliebene Protest gegen die »wenig achtbare Art und Weise« der Beurteilung wird dann einige Monate später von Grädener nachgeholt. Er bringt den in der Folge oft paraphrasierten Topos von der »Symphonie mit obligatem Piano«, vom »Symphonie-Concert« ins Spiel, setzt dann der »subjektiven Meinung« eine intensive musikalische Analyse entgegen, die er freilich mangels erforderlicher Anschaulichkeit bald abbrechen muß.

Der Musikhistoriker Spitta begegnet der These von der »Sinfonie mit Klavier« mit gattungsgeschichtlichen Argumenten, muß gleichwohl konzedieren, daß wenn nicht die formalen, so doch die ästhetischen Ansprüche der Sinfonie hier von Brahms auf das Solokonzert übertragen wurden.

Mit der ersten großen autorisierten Brahms-Biographie seines Parteigängers Max Kalbeck tritt die Entstehungsgeschichte des Werkes in seine Rezeptionsgeschichte ein, so nachdrücklich, daß keiner der folgenden Autoren mehr von ihr absehen konnte.

Hier sind alle Motive exponiert, die in der nachfolgenden Literatur immer wieder zitiert, kombiniert und variiert werden: Entwurf als Sinfonie, Schwierigkeiten mit der Instrumentierung, Umarbeitung für zwei Klaviere, erneute mühsame Uminstrumentierung als Konzert, nachkomponiertes Finale, mit dem der Komponist (und dadurch legitimiert auch mancher Autor) unzufrieden bleibt. Daneben äußere Umstände: der Selbstmordversuch Schumanns, Brahms hört zum ersten Mal Beethovens 9. Sinfonie (sollte sie der fünfundzwanzigjährige Musiker nicht schon von Partitur und Klavier her gut kennen?), der langsame Satz als »Porträt Claras«, der Text »Benedictus qui venit in nomine Domini«. Der Brahms-Schüler Jenner hat bald nachgewiesen, daß Kalbeck die Genesis nicht ganz korrekt dargestellt hat: Die Sinfonie war nicht der Ausgangspunkt, sondern ein Zwischenstadium der Komposition zwischen Sonate und Konzert, auch muß das Werk schon in wesentlichen Teilen vor der Kölner Aufführung von Beethovens Neunter Sinfonie fertig gewesen sein. Nicht alle Autoren haben sich gründlich mit diesen Zusammenhängen auseinandergesetzt, jeder hat seine eigene Kurzfassung.

Wenn auch Henry Cope Colles der einzige Autor ist, der

noch vierzig Jahre nach der Leipziger Aufführung auch als
»überzeugter Brahmsianer« »dieses Opus kopfschüttelnd betrachtet«, so teilt sich auch in den anderen Texten immer wieder
leises Unbehagen mit, das sich vor allem auf die Instrumentation des ersten Satzes und die Qualität des Finale bezieht. Das
Motto zum zweiten Satz hat wunderliche Spekulationen ent-
facht: Brahms oder Clara als »Gesandte« des in Endenich
abwesenden »Dominus« Schumann, die Beschwörung einer le-
gendenhaften oder liturgischen Situation, die Herkunft aus einem verschollenen Messensatz. Gerber bringt als einziger die
Eintragung Brahms' im Faksimile[1]. Es zeigt zwischen den leeren Notenzeilen des Soloklaviers die Worte so angeordnet, als
sollten sie der Unisono-Melodie der 1. und 2. Geigen unterlegt
werden:

Weder von »Überschrift« noch von »Streichung« kann die Rede
sein, Brahms hat den Text, da er ja nicht zu den Aufführungsan-
weisungen gehört, eingeklammert. In einem anderen Fall hat
der Komponist die »Textierung« einer Instrumentalmelodie mit
in die Druckausgabe übernehmen lassen: Das dem Intermezzo
Es-Dur op. 117 Nr. 1 vorangestellte Motto »Schlaf sanft, mein
Kind, schlaf sanft und schön! Mich dauert's sehr, dich weinen
sehn.« läßt sich den ersten vier Takten des Klavierparts unter-
legen.

Exemplarisch für eine große Zahl von Texten, die Genesis
und Problematik mit immer wieder neuen Varianten paraphra-
sieren, mögen die Texte von Nagel und Gerber stehen. Ihnen
könnte eine stattliche Reihe ähnlicher angefügt werden, in denen die Rezeptionsgeschichte des Werks sozusagen auf der Stel-

---

[1] Die Deutsche Staatsbibliothek lehnte mit Schreiben vom 20. 2. 1980 die
Lieferung einer Fotokopie mit der Begründung ab, das Autograph befinde sich
in »wissenschaftlicher Bearbeitung«.

le tritt. Geiringer nennt einige dieser Deutungsversuche »ziemlich abenteuerlich« und fügt selbst einen weiteren zum zweiten Satz hinzu. Bei Ehrmann begegnen wir einem jener hermeneutischen Szenarios, in denen Themen und Instrumente als »Dramatis personae« agieren. Gal sieht den schwierigen Entstehungsprozeß nicht nur auf die Problematik des Klavierkonzerts bezogen, sondern als Schauplatz der Brahmschen Auseinandersetzung zwischen Romantik und »neuer Klassik«. Einen neuen Aspekt der Beziehung zu Robert Schumann führt schließlich Siegmund-Schultze ein, indem er auf die thematische Verwandtschaft zwischen den ersten Sätzen des Brahmschen Klavierkonzerts und des neu aufgefundenen Violinkonzerts von Schumann verweist.

Eine sorgfältige Analyse bietet Carl Dahlhaus, Johannes Brahms. Klavierkonzert d-moll op. 15, München 1965 (Meisterwerke der Musik, Heft 3).

ANONYMUS, Correspondenz, in: Neue Zeitschrift für Musik, Bd. 50, 4. Februar 1859, S. 74.

Leipzig. 14. Abonnementconcert. 27. Januar. Sowol wegen der Hoffnungen, welche einer Kunsterscheinung in seltenster Weise schon vor ihrem ersten Auftreten durch das begeisterte Einführungswort eines gefeierten Meisters entgegengebracht wurde, als auch wegen der Seltenheit der späteren Kundgebungen des in ziemlicher Abgeschiedenheit lebenden Künstlers mußte das Auftreten von Johannes Brahms mit einem neuen Clavierconcert an diesem Abend unsere Aufmerksamkeit erregen. Trotz der zugestandenen Mängel der äußeren Erscheinung halten wir dieses Werk seinem inneren dichterischen Gehalte nach für ein unverkennbares Zeugniß einer bedeutenden Schöpferkraft von echt poetischer Ursprünglichkeit und Originalität. Dem abfälligen Urtheile einer gewissen Seite des Publicums und der Kritik gegenüber betrachten wir es für unsere Pflicht für diese achthenswerthen Seiten des genannten Werkes einzustehen und gegen die wenig achtbare Art und Weise seiner Beurtheilung zu protestiren. Wir haben uns die Behandlung dieses Themas bei der Redaction für die nächsten Tage vorbehalten. [Entgegen der Ankündigung wurde das Thema in der Zeitschrift nicht noch einmal behandelt.]

ANONYMUS, Vierzehntes Abonnementconcert in Leipzig im Saale des Gewandhauses. Donnerstag den 27. Januar 1859, in: Signale für die musikalische Welt vom 3. Februar 1859.

Es ist traurig, aber wahr, daß die im Verlaufe der diesjährigen Saison im Gewandhause vorgeführten neuen Compositionen wenig oder gar kein Glück gemacht haben; überhaupt erinnern wir uns nicht, je so viele und totale Componisten-Niederlagen erlebt zu haben, wie in dem bisherigen Abschnitt unsrer heurigen Concerte. Der Fiasco steht in schönster Blüthe und es wird bald dahin gekommen sein, daß ein Succeß in die Kategorie der »weißen Sperlinge« oder sonstiger Naturmerkwürdigkeiten gehören wird. Das Schlimmste dabei ist, daß die Stimme der Kritik der Stimme des Volkes nicht hat widersprechen können, und daß die Kritik leider keine Veranlassung gehabt hat, dem Durchgefallenen beizuspringen und für ihn dem Publicum gegenüber als Champion aufzutreten. Das gegenwärtige vierzehnte Gewandhausconcert war nun wieder ein solches, in dem eine neue Composition zu Grabe getragen wurde – das Concert des Herrn Johannes Brahms. Es ist aber in Wahrheit dieses Stück gar nicht danach angetan, daß es irgend eine Befriedigung und einen Genuß gewähren könnte: nimmt man den Ernst des Strebens und die Tüchtigkeit der musikalischen Gesinnung hinweg – und diese sollten doch bei Keinem eigentlich noch als Verdienste hervorgehoben zu werden brauchen –, so bleibt eine Öde und Dürre, die wahrhaft trostlos ist. Die Erfindung hat auch an keiner einzigen Stelle etwas Fesselndes und Wohlthuendes; die Gedanken schleichen entweder matt und siechhaft dahin, oder sie bäumen sich in fieberkranker Aufgeregtheit in die Höhe, um desto erschöpfter zusammenzubrechen; ungesund mit einem Worte ist das ganze Empfinden und Erfinden in dem Stücke. Geben nun diese blassen und schemenhaften, nur hin und wieder von hectischer Röthe angehauchten Gedanken an sich schon einen traurigen Anblick, so wird die Sache noch trübseliger durch die Art und Weise, wie sie verarbeitet und verwendet werden. Theils werden sie mit Gewalt ausgerenkt, daß ihnen die armen Glieder knacken, theils wird ihnen die Brust zusammengeschnürt, daß sie nur mit Mühe athmen können; hier müssen sie die verwunderlichsten Capriolen machen und die ausgelassensten Streiche treiben, dort wieder müssen sie wie arme Sünder einhergehen und die kläglichsten Mienen annehmen. Und alles dies geschieht unvermittelt neben und durcheinander; von einer organischen Entwicklung und einem logischen Fortspinnen ist gar selten die Rede: wie die Infusorien in einem unter dem Mikroskop besehenen Wassertropfen verschlingen die Gedanken einer den andern, kaum geboren, vergehen sie auch schon wieder. Und dieses Würgen und Wühlen, dieses Zerren und Ziehen, dieses Zusammenflicken und wieder Auseinanderreißen von Phrasen und Floskeln muß man über Dreiviertelstunden lang ertragen! Diese ungegohrne Masse muß man in sich aufnehmen und muß dabei noch ein Dessert von den schreiensten Dissonanzen und mißlautensten Klängen überhaupt verschlucken! Mit vollstem Bewußtsein hat überdies Herr Brahms die Prinzipalstimme in seinem Concert so uninteressant wie möglich gemacht; da ist nichts von einer effectvollen Behandlung des Pianoforte, von Neuheit und Feinheit in Passagen, und wo irgend einmal etwas auftaucht, was den Anlauf zu Brillanz und Flottheit nimmt, da wird es gleich wieder von einer dichten orchestralen Begleitungskruste niedergehalten und zusammengequetscht. Zu bemerken ist endlich noch, daß als technischer Clavierspieler Herr Brahms nicht auf der Höhe derjenigen Anforderungen steht, die man heutzutage an einen Concertspieler zu machen berechtigt ist.

CARL G. P. GRÄDENER, Johannes Brahms' Clavier-Concert in Hamburg (Philharmonisches Concert am 24. März d. J.). Mit besonderer Rücksichtnahme auf die in den »Leipziger Signalen« vom 3. Februar d. J. erschienene Besprechung desselben Concerts, in: Neue Berliner Musikzeitung 1859, Nr. 26, vom 29. Juni 1859.

Wenn einer aus der Menge, Publikum genannt, oder auch die Gesammtheit selbst dieser Menge ein Werk das er zum ersten Mal hört, mit Lob oder Tadel überschüttet, nicht etwa um dies Werk (seine Schönheit oder deren Gegentheil) zum Maassstabe der Beurtheilung zu machen, sondern lediglich um seine subjektive Meinung, sein persönliches Verhalten, seine Stimmung gegenüber jenem Werke kund zu thun – wer kann's ihm wehren? Er hat das Recht dazu, wie das Werk ihm gegenüber nicht weniger in seinem vollkommenen Rechte oder – Unrecht bleibt. – Wenn dagegen Einer – nicht minder dilettantisch sich gebahrend, wie die obige Menge, nichts Positives hinstellend, als seine kleine persönliche, noch dazu höchst ärgerliche Stimmung, alle

Begründung seines Urtheils und aller Beweiskraft baar, ja was noch mehr, mit Schmähungen um sich werfend, die nur Damen der Halle anstehen – wenn dieser sich nicht entblödet, vor dem lesenden Publikum den Kothurn der Kritik anzuziehen und so sein Urtheil maassgebend machen zu wollen (» – dass die Stimme der Kritik der Stimme des Volkes leider nicht hat widersprechen können, und dass die Kritik leider nicht Veranlassung gehabt hat« u. s. w. Sign. vom 3. Febr. d. J. 14. Ab. – Concert): so lohnte es sich wahrlich nicht der Mühe, von solchen bornirten und durch Gott weiss! welche Gereiztheit dictirten Schmähungen, irgendwie Notiz zu nehmen, wenn nicht – und leider! – das Publikum zu oft davon Notiz nähme und sich mehr oder minder davon beeinflussen liesse.

Aber auch ohne dieses Motiv würden wir uns nicht enthalten über ein Werk uns auszusprechen, welches mehr, als so manches andere der Gegenwart entsprossene Aller Aufmerksamkeit auf sich zu ziehen verdient; und wenn es auch (– ist es anders möglich, so lange es eine historische Entwicklung der Geister giebt, und ist es selbst bei Beethoven anders gewesen oder Mozart? –) wenn es auch seine nächste Abkunft – die Beethovensche – nirgend verleugnen kann noch will, dennoch wieder so selbständig und in einer Grösse dasteht, dass wir dreist zu behaupten wagen: Wer dieses Werk (vielleicht sogar nach einmaligem Hören) und eingeschlossen dessen Spieler mit Schmutz bewirft, der würde sich nicht scheuen, mit demselben Amtseifer den ganzen spätern Beethoven desgleichen zu bewerfen, stünde nicht dessen Name bereits sogar im Volke zu hoch und fest, als dass er's wagen sollte. »Wagen« sagen wir. Denn eine Kritik z. B. wie die angeführte ist nicht beschränkt allein und äusserst wohlfeil, sie ist stets feig und achselträgerisch.

Schlüge dem Schreiber obigen Aufsatzes nur eine Spur musikalischer Ader: er hätte nicht sich mit der grossen Masse von dem bescheidenen Namen »Clavier-Concert« täuschen lassen (– »mit vollstem Bewusstsein hat überdies Herr Brahms die Principalstimme in seinem Concert so uninteressant wie möglich gemacht« –) sondern – wohl wissend, daß seit Beethoven jedes ächte Concert eine Symphonie mit obligatem Piano, ein Symphonie-Concert – hätte er auch in diesem Werke ein solches und eben nur ein solches, also mehr als blosses Virtuosen-Concert erkannt. Er hätte nicht von schreienden (! was schreit und wem schreit's?) Dissonanzen geredet, wie sie uns Beethoven (und wie schön!) als nothwendige und aus der Natur der

121

Sache hervorgehende Ingredienzen aller Orten im reichlichsten Maasse bringt. (Der Himmel bewahre uns vor all' dem saft- und kraftlosen – exempla sunt odiosa! – Virtuosen – oder Salon-Gesäusel!). Er hätte endlich, was die Hauptsache, statt organische Entwicklung, logisches Fortspinnen, ja gesunde Gedanken überhaupt zu vermissen – Dieses Alles zusammen genommen mit Macht auf sich einwirken gefühlt, und nicht seine Schwächlichkeit, seine – wir sagen es noch einmal – Beschränktheit mit der des Werkes oder des Componisten verwechselt. – Und wo könnte denn da – um auf die Logik des »Kritikers« hinzuweisen – von Tüchtigkeit der musikalischen Gesinnung, vom Ernst des Strebens die Rede sein, wenn Alles, was dieses Streben, jene Gesinnung hervorgebracht – untüchtig, siechhaft, hectisch, ungesund?

Doch zur Sache! Mit einem gigantischen (der neunten Beethovens würdigen) Motive auf D-b [Vgl. Notenbeispiel 1, S. 146] bald auf Cis-b in canonischer Führung wiederholt und durch Instrumentation sowohl, als harmonische Unterlage stets gesteigert – beginnt das Orchester allein orgelpunktisch den ersten Satz. Das Motiv dient gleich darauf (Violoncell) einer in Geige und Clarinette sehr schön geführten Cantilene zum Gefährten, [Vgl. Notenbeispiel 2, S. 147], welche sich gipfelnd und wieder beruhigend zu einer getragenen Seitenmelodie führt, die wieder ihrerseits dem plötzlich und siegreich hereinbrechenden Hauptmotiv Platz macht, um in dessen Bereich unter- oder vielmehr aufzugehen.

Haben wir schon hier – mit Ausnahme des erst im Pianoforte erscheinenden Mittelsatzes – im engern Rahmen zusammengedrängt, ein Bild alles dessen, was sich später vor uns entrollen soll, (– oder ist etwa diese Weise der Concentration des Ganzen in der Concerteinteilung nach Art der Opernouvertüre ein Neues, Unerhörtes, noch nicht Dagewesenes? – so führt nicht minder organisch nun das Pianoforte, alternirend aber engverschwistert mit dem Orchester, uns in aller Breite detaillirt des Tonstücks ganzen Inhalt vor – zweimal sogar, und in vollkommen architectonischer Gliederung. – Mit neuer Melodie (gleichwie schon Mozart dies in seinem C-moll-Concert gethan) gangartig beginnend, führt uns der Componist zuerst durch die gesammte Reihe der schon in der Einleitung gehörten Vorstellungen, bis im Piu moderato, F-dur, sich klar und ruhig der noch neue Mittelsatz entfaltet. Das schöne, aus ihm hervorquellende Motiv [Vgl. Notenbeispiel 3, S. 148] (besonders charakteristisch

durch die Klangfarbe des Horns vertreten [T. 182 ff.]) spielt in
ihm und der nun folgenden Durchführung eine Hauptrolle, und
leitet uns in wieder schnellerem Tempo auf den ersten und
Hauptsatz zurück, der nun seinerseits den Seiten- (nicht Mittel)
Satz – gleich darauf in gesteigerter und eng und enger führender
Bewegung – wachruft, bis er selbst sich wieder an die Spitze des
ganzen Organismus stellt, um – nachdem auch nach dieser Seite
hin (wir können unmöglich – und was hilft es ohne Orchester
oder Partitur? – in alle Details eingehen –) dem grossen Bau in
architectonischer Hinsicht sein volles Recht geschehen – sie-
gend und immer siegender sein volles Recht zu behaupten.

   – Und das Alles hörten Sie nicht, Mann mit der fertigen Zunge und der hinkenden kritischen Feder? – Alles für Sie nur
Oede und Dürre, und Infusorien und ungegohrene Masse?! –
Was hülfe es, Ihnen auseinander zu setzen, in welch inniger,
plastischer Ruhe das Andante einherschreitet, uns gleichsam zu
versenken in's Innere des Gemüths, um Frieden zu suchen vor
dem Weltgetümmel?! Mit welch sprudelnder Keckheit die Seele
sich wieder losreisst im letzten Satz aus dieser Versenkung, um
zur Versöhnung zu bringen Beides, die Erregtheit der Leidenschaft, und die Ergebung der Zurückgezogenheit?! Wie schön
es spielt und musikalisch, das Finale-Motiv [Vgl. Notenbeispiel
4, S. 149] bald ganz und bald verkürzt, bald hüpfend, bald getragen, fugirend bald, und bald in freier Führung? Was hülfe es,
wenn wir nachwiesen, wie die Instrumentation nicht reich allein
und mannigfaltig und stets mit fester Hand entworfen, nein
auch vom schönsten Wohl – oft vollsten Orgelklang?! Sie würden's nicht verstehen; – denn Sie haben nichts davon gehört.
Und das Letztere etwa als ein Beweis für Sie geltend machen zu
wollen, wäre unlogisch. Denn von Zweien, deren Einer etwas
hört, der Andere nicht und daraus die Nichtexistenz des Gehörten folgert, ist Letzterer jedenfalls im Unrecht, da negative
Beweise erst erfunden werden sollen.

   Genug des Componisten und nur Eins noch über den Spieler.
Hätten Sie gesagt, Brahms' Spiel ermangele dessen, was wir
brillant (Sie sagen: flott) zu nennen pflegen, und was doch auch
eine Seite des Vortrags ist, und eine berechtigte – ermangle
dessen, weil die Keuschheit seines Spiels ihn vor allen Mitteln
zurückbeben lasse, die über das Nothwendige hinausgehen,
und weil er – aus Furcht zu viel zu thun, zu wenig thue –
vielleicht wir würden Ihnen Recht geben. Ihm aber die Technik
des heutigen Klavierspiels absprechen, heißt mehr als taub sein.

Schon ein Clavier-Concert der Schwierigkeit, wie das seine, mit Ruhe, Sicherheit und makellos zu spielen, heißt: spielen können. Aber mehr noch: haben Sie noch nie durch's Ohr erfahren, was »ein schöner Anschlag« heißt? Wir würden Ihnen rathen, unterweilen Brahms zu hören ...

Hamburg, April 1859.   Carl G. P. Grädener.

CARL G. P. GRÄDENER (1812–1883), zunächst Cellist, dann Dirigent in Kiel und Hamburg, 1862–1865 Lehrer am Konservatorium in Wien, dann wieder in Hamburg, trat als Schriftsteller und mit zahlreichen Kompositionen hervor.

PHILIPP SPITTA, Johannes Brahms, in: Philipp Spitta, Zur Musik, Berlin 1892, S. 424 f.

Man hat Brahms' Clavierconcerte wohl Sinfonien mit Clavier genannt; dies sind sie nicht. Grade dasjenige, was die Eigenthümlichkeit der Concertform ausmacht, und was Mendelssohn und Schumann, zum Theil auch Weber, geringschätziger behandelten, hat er streng respectirt. Die Form der Sinfonie erscheint in ihr mit der des älteren italienischen Kammerconcerts gemischt. Wie das neuere Concert aus Mozart's Händen hervorging, ist ein Muster rein musikalischer Vernunftmäßigkeit, prägt zugleich die Idee des Concertirens aus und zeigt endlich ein so dehnbares Gefüge, daß es beim freien Spiel des Soloinstruments, das, um seinen Zweck zu erfüllen, immer einen improvisatorischen Zug haben muß, allezeit willig nachgibt. Brahms ist ein viel zu scharfsichtiger Künstler, als daß ihm entgehen konnte, wie hoch die Mozart-Beethoven'sche Concertform die phantasieartigen Gebilde seiner nächsten Vorgänger überragt. Aber in einem andern Punkte weicht er von den Wiener Meistern ab. Ihre Concerte halten sammt und sonders die Grundstimmung eines heiter glänzenden Spiels fest. Der Ernst hat nur soweit Zutritt, als er der Freude zur Schattierung dient. Auch die Romantiker haben das Concert nicht anders aufgefaßt. Brahms ist der erste, welcher nicht die Form, aber die Stimmung der Sinfonie auf das Concert überträgt. In diese muß der Solospieler eingehen, und damit ist von selbst gegeben, daß er sein eignes Ich zurückzudrängen hat. Mir scheint, daß es ein Mittel war, die Form zu vertiefen und nachhaltig zu bereichern, und ich gestehe gern, daß ich das D-moll-Concert (Op. 15) für eins der bewunderungswürdigsten Stücke seines Schöpfers halte, um so mehr, als dieser kühne Wurf ihm schon in seinen

Jugendjahren gelang. Der Eindruck einer düstern Majestät geht von ihm aus, die sich zu feierlicher Erhabenheit klärt und erst im letzten Satze der Menschheit freundlicher zulächelt.

PHILIPP SPITTA, s. S. 17.

MAX KALBECK, Johannes Brahms, 1. Bd., Wien und Leipzig 1904, S. 172 ff. und 301 ff.

In seiner inneren Bedrängnis half sich Brahms dadurch, daß er an das Klavier band, was im Orchester, zu dem es hindrängte, noch nicht haften wollte. So entstanden die Anfänge seines d-moll-Konzerts.

Außer dem Requiem hat ihn kein zweites Werk so lange beschäftigt, ihm soviel zu schaffen gemacht wie dieses titanische Schmerzenskind seines Geistes, das er jahrelang mit sich herumschleppte, ehe er es auf eigene Füße stellte.

Wie wir in dem H-dur-Trio ein bestimmendes, der Entwicklung des Komponisten vorausgeeiltes Hauptwerk der Brahmsschen Kammermusik erkannt haben, so sprechen wir auch dem d-moll-Konzert grundlegende kritische Bedeutung für seine symphonischen Kompositionen zu. Es ist eigentlich seine erste Symphonie und anfangs auch als solche gedacht. Sie verschleierte sich nur zur Sonate für zwei Klaviere, um sich schließlich als Klavierkonzert zu entpuppen. Das Konzert aber wurde eine Symphonie mit obligatem Klavier und inaugurierte als solche zugleich das erste Werk einer neuen Gattung. Der Unsicherheit und Hilflosigkeit des jungen Komponisten allein ist es zuzuschreiben, daß er sich nicht völlig klar wurde über den zwingenden orchestralen Charakter der Tonbilder, die chaotisch seine Phantasie durchwogten, und daß er aus der Not des Surrogatorchesters eine Tugend machte. Am 9. April schreibt Grimm an Joachim: »Kreisler (Brahms) ist der wunderlichste Mensch. Kaum entzückte er uns durch sein Trio, so hat er schon wieder drei Sätze einer Sonate für zwei Klaviere fertig, die mir noch himmelhöher vorkommen.«

Dietrich [...] sah nach seiner Rückkehr in Düsseldorf dieselbe Sonate für zwei Klaviere in sehr sorgfältiger Schrift; das Hauptthema blieb ihm unvergeßlich, und er erkannte später in ihm den Anfang des d-moll-Konzertes wieder. Und noch eine andere sehr merkwürdige Wahrnehmung machte Dietrich: der zweite Satz der Sonate war ein langsames Scherzo im Sarabandentempo mit einer Melodie, welche dann erst im »Deutschen Requiem« als Thema des Totenmarsches wieder auftauchte! Der grandiose Anfang des d-moll-Konzertes mit seinen, von den Pauken festgehaltenen wirbelnden Orgelpunkten, mit seinen zum furchtbaren Sprunge ausholenden ersten Gedanken, dem sich die ruckweise einsetzenden Triller gleich einem das ganze Orchester durchschauernden mächtigen Schüttelfrost angliedern, ist aus der Vorstellung von Schumanns Selbstmordversuch (Sturz in den Rhein) hervorgegangen. In der, von Joachim aufbewahrten Originalpartitur trägt das Adagio die Überschrift: »Benedictus qui venit in nomine Domini.« Erinnern wir uns daran, daß Brahms in seinem aus Leipzig an Schumann gerichteten Briefe den Meister mit »Mynheer Domine« anredete, so können wir den Ideenkreis des neuen Werkes mit einiger Sicherheit durchlaufen und dürfen uns einbilden, die Voraussetzungen, unter denen es entstand, alle in Händen zu haben. Das Allegro der viersätzig geplanten großen Symphonie sollte ein Seelenbild der von Brahms schaudernd miterlebten Katastrophe sein.

Im Scherzo, das, weitab von seiner eigentlichen Natur, in Beethovenschem Sinne (3. Satz der c-moll-Symphonie) einen pathetischen Ton anschlägt, glauben wir das Geleite zu erkennen, das dem vom Wahnsinn umnachteten Davidsbündler (Marche macabre contre les Philistins) nach Endenich in das Haus der Schrecken und des Todes gegeben wird.

Das Adagio aber scheint dem frommen Werke des jungen Freundes den weihevollsten Segen zu geben, der im Namen des teuern Herrn »in nomine domini« zu der verlassenen Domina und den ihres Vaters beraubten Kindern zurückkehrt, um ihnen in ihrem grenzenlosen Unglück beizustehen. Das ist auch ein Programm, wenn auch keines im abstrakten Geiste der symphonischen Dichtungen, sondern ein musikalisches, aus der Musik entwickeltes, und Beethovens letztes Orchesterwerk hat bei seinem Entwurfe mitgeholfen. Den instrumentalen Ansprüchen eines Finalsatzes aber, wie die gewaltig intentionierte Symphonie ihn erforderte, fand sich der Neuling noch nicht gewachsen.

Am Finale, das vermutlich die Apotheose des zur Unsterblichkeit eingehenden Künstlergeistes bringen sollte, scheiterte die Symphonie.

Brahms ließ die unausführbaren Skizzen liegen, beseitigte das

Scherzo, wendete die Stellen, bei denen der symphonische Charakter des Werkes zurücktrat, in eine Prinzipalstimme um, stattete diese mit neuen Erfindungen klaviermäßig aus und komponierte das Konzert-Rondo hinzu, welches jetzt das Werk abschließt. [...]

Die Genesis des Werkes erklärt die Ungleichheit seiner Teile und das schwankende Wesen seines Grundcharakters.

So reich das Finale mit interessanten Partien ausgestattet ist, und so prächtig es bis zur Kadenz (quasi fantasia) gesteigert wird, um dann in ein heiteres Dur überzugehen, das Gleichgewicht vermag es dem furchtbaren Ernst des ersten, weitausholenden Satzes nicht zu halten. Grade aber dieses bis zum trotzigen Übermut gesteigerte, galgenhumoristische Rondo ist der konzertmäßigste Satz des ganzen Werkes; er würde in anderer Umgebung, losgelöst von dem Kolosse des Allegros, noch weit besser zur Geltung kommen als hier, wo er nach der heiligen Szene des Adagios allzu unvermittelt, weltlich und siegesgewiß losstürmt, scheinbar ohne sich um die Dämonen weiter zu kümmern, die der Komponist des ersten Satzes aus dem Abgrund heraufbeschworen hat.

Bis in den Dezember hinein hielt ihn das Werk unausgesetzt in Schach, und die einzelnen Sätze wanderten immer wieder zwischen Joachim und Brahms hin und her. Grimm hatte dabei eine beratende Stimme. Brahms, der den ersten Satz vereinfacht und erleichtert hatte, bat Joachim, ihm jedes kleinste seiner Bedenken mitzuteilen. Es ist ihm sehr lieb, zu hören, daß die Freunde mit dem Adagio einverstanden seien, und er würde das Rondo, das darüber gar nicht in Betracht komme, gleich mitschicken, wenn er es nicht doch noch länger bedenken müßte. Joachim hat ihm darin eine Stelle à la Kalkbrenner aufgemutzt, und er hat eine Viertelstunde laut gelacht. Daß Joachim meinte, er könne so etwas übelnehmen, hat ihn noch besonders amüsiert. Am 22. April kommt das Rondo zum zweitenmal und bittet um recht strenges Urteil. Er hat geändert und hoffentlich auch verbessert. »Der Schluß war zu flüchtig und gab nicht, was ich wollte.« Nun legt er die ersten zwei Sätze noch einmal bei, damit Joachim ihm vielleicht noch einiges sage, was er verbessern könne. Auch Hiller wurde von Brahms zu Rate gezogen. Mit der Instrumentierung hatte, wie gesagt, der Komponist des d-moll-Konzerts seine liebe Not, und er verdankt besonders in dieser Beziehung Joachim manchen nützlichen Wink. [...]

Im Juni erbittet er sich das ganze Konzert zurück; er glaubte

so weit zu sein, um es Frau Schumann zum Üben geben zu
können. Es bestand also die Absicht, seine Freundin das Werk
zuerst öffentlich vortragen zu lassen. Daß er ihr damit viel zu-
mutete, verhehlte sich Brahms nicht. Der schwierigen Technik
war ja die Meisterin des Klaviers gewachsen, aber an die nach
einer männlichen Kraft verlangende Anstrengung konnte sie
sich doch nur allmählich gewöhnen. Als Brahms sein Werk
dann wieder vor Augen bekommt, genügt es ihm erst recht
nicht. Am 22. Dezember sendet er wieder einen neuen »Probe-
druck«, einen epreuve d'artiste, an Joachim. Fast ein halbes Jahr
hat er daran gearbeitet. Resigniert begleitete er die Sendung mit
den Worten: »Ich habe kein Urteil und auch keine Gewalt mehr
über das Stück. Es wird nie was Gescheutes daraus.« Joachim
war nicht so pessimistisch wie sein verzweifelter Freund; er
behielt das Konzert noch einmal zu genauem Studium bei sich
und ermunterte Brahms, die Geduld nicht zu verlieren. Im Januar 1858 verlangte es Brahms zurück: »Ich möchte mich gern
wieder einmal darüber ärgern«, und noch kurz vor der ersten
Aufführung, die am 22. Januar 1859 in Hannover stattfand (die
im Leipziger Gewandhause vom 27. Januar 1859 war die zweite), hatte er an dem »unglückseligen ersten Satz, der nicht geboren werden kann«, zu ändern und zu bessern.

Ohne Kenntnis von der Entstehungs- und Entwicklungsge-
schichte des Werkes fühlte sich mancher seiner Beurteiler versucht, es für einen herausfordernden Bruch mit der Tradition,
für eine in bewußter Absicht durchgesetzte, gewaltsame Neue-
rung zu halten. Daß dem nicht so ist, glauben wir nach dem
Vorangeschickten kaum noch tiefer begründen zu müssen. Die
Geschichte hat den Beweis für uns erbracht. Es erging Brahms
ähnlich wie Beethoven bei seiner neunten Symphonie; das
Schicksal dieses Werkes, das an seinem Konzert im Stillen mit-
gearbeitet hat, wurde verhängnisvoll auch für ihn, und er schuf
etwas ganz anderes, als er zu schaffen beabsichtigt hatte.

Der heitere Tag, an welchem er mit der Zufriedenheit des
Schöpfers sein Werk hätte betrachten und sich sagen können,
daß es sehr gut war, erschien auch ihm nicht, und er teilte das
stolze Ungenügen Beethovens, dem bekanntlich das Finale der
Neunten keineswegs so wohl gefiel wie seinen nachgeborenen
Bewunderern. [...]

Das Adagio, welches, wie der erste Satz im Sechsvierteltakte
geht, wäre durch die ehemalige Überschrift: Benedictus qui venit in nomine Domini« hinlänglich charakterisiert, wenn nicht

128

das Bibelwort bei Unkundigen den Schein erweckte, es handle sich dabei um eine kirchliche oder religiöse Zeremonie. Brahms tat gut, die Überschrift, welche sich mit den ersten fünf Takten des friedlichen Gesanges der Violinen deckt, zu streichen. Aber sie war bereits bekannt geworden und hatte sich herumgesprochen, ohne daß jemand ihren verborgenen Sinn geahnt hätte. Angekündigt und getragen von den Seraphsklängen, kommt die Solostimme und singt den Verlassenen ihr inniges Trostlied; die harmonischen Stimmen der Begleitung wiederholen bruchstückweise das »Benedictus«. Welche begütigende, überredende, sanfte Gewalt liegt in dieser Botschaft und in den sich anschließenden Wechselreden zwischen dem Soloinstrument und dem Tutti des Orchesters, von welchem sich einzelne Gruppen bedeutend ablösen!

Man denkt an einen Parakleten [Tröster], der jedem Rede und Antwort steht, jeden nach seiner Art beschwichtigt. Wenn sie dann alle in das Benediktus einstimmen, hat der Gesendete, der im Namen des abwesenden fernen Herrn gekommen ist, seine heilige Mission vollendet, und er begleitet das Lied mit feierlichen Arpeggien. Über das Finale und seine konzertmäßige Bedeutung ist schon gesprochen worden. Joachim, der stille kritische Mitarbeiter des Werkes, fand so viel an dem Rondo, wie es Anfang 1857 vorlag, auszusetzen, daß es ihm fast lieber gewesen wäre, wenn Brahms einen neuen Schlußsatz komponiert hätte. Brahms aber hielt an dem Rondo fest und brachte es durch unermüdliches Überarbeiten dahin, daß Joachim und Klara mit ihm zufrieden waren.

Max Kalbeck (1850–1921), Studium der Philosophie, Rechtswissenschaften und Musik, Musikkritiker in Breslau, auf Empfehlung Eduard Hanslicks ab 1880 bei verschiedenen Wiener Zeitungen. Persönlicher Freund von Johannes Brahms.

Gustav Jenner, Zur Entstehung des d-Moll Klavierkonzertes op. 15 von Johannes Brahms, in: Die Musik XII/1, Bd. XLV, 1912/13, S. 32ff.

Am 27. Februar 1854 versuchte Robert Schumann in Düsseldorf durch einen Sturz in den Rhein sich das Leben zu nehmen. Er wurde gerettet und am 4. März in eine Heilanstalt nach Endenich überführt. Die Nachricht von dieser Katastrophe traf die drei Freunde in Hannover, Brahms, Joachim und Grimm, völlig unerwartet. Brahms fuhr sofort nach Düsseldorf, um Frau Schumann beizustehen; ihm folgte am 8. März Grimm, um ebenfalls in Frau Schumanns Nähe zu bleiben, während Joachim in Hannover durch seine Berufsgeschäfte festgehalten wurde und nur hin und wieder zu Besuch kommen konnte.

Am 9. April schreibt nun Grimm aus Düsseldorf an Joachim: »Kreisler (Brahms) ist der wunderlichste Mensch. Kaum entzückte er uns durch sein Trio (H-dur Trio), so hat er schon wieder drei Sätze einer Sonate für zwei Klaviere fertig, die mir noch himmelhöher vorkommen.«

Am 24. Mai trägt Frau Schumann in ihr Tagebuch ein: »Ich probierte mit Brahms bei Klems drei Sätze einer Sonate von ihm für zwei Klaviere. Diese kam mir wieder ganz gewaltig vor, ganz originell, großartig und klarer als Früheres. Wir spielten sie zweimal, und Sonntag will ich sie ihm mit Dietrich vorspielen, damit er von weitem den Zusammenklang der Instrumente beurteilen kann.«

Und ein paar Tage später, am 28. Mai: »Heute spielte ich Brahms' Sonate mit Dietrich diesem vor und dann mit Brahms dieselbe noch einmal. Mit höchstem Interesse und Freude habe ich sie wieder gespielt. – Das ist ein prächtiges Werk!«

Dieses Werk ist uns unbekannt. Wir wissen nur durch das Zeugnis Albert Dietrichs, daß aus ihm das spätere d-moll Konzert hervorgegangen ist. Aus einer persönlichen Mitteilung Joachims an Kalbeck wissen wir ferner, daß das erste Thema des ersten Satzes dieser Sonate, das mit dem analogen Thema des d-moll Konzertes identisch war, angeregt worden ist durch Schumanns Sturz in den Rhein. In der Tat liegt es nahe, daß ein so furchtbares, ein mit solch erschütternder Wucht einstürzendes Ereignis auf Brahms' Gemüt nicht ohne Nachwirkung bleiben konnte, die zu künstlerischer Gestaltung drängte [. . .].

Wenn Kalbeck in seiner Brahms-Biographie 1, Seite 164 ff., die Anfänge des d-moll Konzertes daran anknüpft, daß Brahms in jenen Tagen zum ersten Male Beethovens Neunte Symphonie hörte, so vermag ich gegen seine Ausführungen schwere Bedenken nicht zu unterdrücken, weil sie mit den Tatsachen wohl kaum zu vereinen sind.

Nach Frau Schumanns Tagebuch fuhren Brahms und Grimm am 28. März nach Köln zur Aufführung der Neunten Symphonie, »die ersterer noch nie gehört«.

Am 1. April ist Brahms wieder in Düsseldorf und berichtet

seinem Freunde Joachim: »Dieser Tage ward in einem Kölner Konzert die neunte Symphonie gemacht, ich fuhr mit Grimm hinüber; ich hörte sie das erstemal«, und erzählt in diesem Briefe dann weiter, daß er am folgenden Tage in Bonn und Endenich war und anschließend »bei schönstem Frühlingswetter« mit Grimm einen Ausflug nach dem Godesberg, Drachenfels, Mehlemer Aue und Königswinter machte. Aus innerlichen und äußerlichen Gründen scheint es mir nun nahezu unmöglich zu sein, anzunehmen, daß Brahms jene drei Sätze in der außerordentlich kurzen Zeit zwischen dem 28. März und dem 9. April fertigstellen konnte, ganz besonders dann, wenn dieses Werk »eigentlich seine erste Symphonie und anfangs auch als solche gedacht« ist.

»Sie verschleierte sich nur zur Sonate für zwei Klaviere, um sich schließlich als Klavierkonzert zu entpuppen«, sagt Kalbeck. Oder soll vielleicht der ganze Passus über die Neunte Symphonie bei Kalbeck nur im entmutigenden Sinne Brahms' »innere Bedrängnis« illustrieren, wie er nämlich die Verpflichtung zum Schreiben einer Symphonie fühlte, durch die Wucht des Beethovenschen Werkes niedergedrückt aber zu der Einsicht kam, dieser Aufgabe nicht gewachsen zu sein, und jetzt von seiner schon vorher konzipierten Symphonie abließ, um sich mit einer Sonate für zwei Klaviere zu begnügen?

Auch dieses scheint mir bei der Kürze der Zeit noch unmöglich zu sein, und ich würde es auch sonst nur glauben, wenn mir die zwingendsten Beweise dafür gegeben würden.

Bei solcher Sachlage muß man doch unwillig fragen: Woher weiß denn Kalbeck, daß bei Brahms anfangs die Absicht einer Symphonie vorlag? Einen beweiskräftigen Beleg für diese Behauptung habe ich bisher in seinem Buche nicht finden können. Oder welcher Umstand zwingt ihn, es anzunehmen? Etwa die Struktur des d-moll Konzertes? Um dieses handelt es sich vorläufig ja gar nicht; sondern es handelt sich um die Sonate für zwei Klaviere, die nicht vorhanden ist. In jedem Falle läßt die Sachlage es aber als höchst unwahrscheinlich erscheinen, daß bei der Konzeption dieses Werkes die Kölner Aufführung der »Neunten« irgendwelche Rolle gespielt habe, und aus dem späteren d-moll Konzert ist vollends kein Anhaltspunkt für eine solche Annahme zu gewinnen.

Wenden wir uns nun wieder jener Sonate zu, die Kalbeck in seiner Darstellung ganz aus dem Auge zu verlieren scheint. Wenn wir sie auch nicht kennen, so wissen wir dennoch einiges über das Werk, was uns berechtigt, in bezug auf seinen Ideengang Schlußfolgerungen zu ziehen.

Nach Albert Dietrichs Zeugnis scheint es, als seien diese
drei Sätze ein Allegro, ein Scherzo und ein Adagio gewesen,
denen also zum Abschlusse der Sonate ein Finale gefehlt hat.
Wiederum durch Dietrich kennen wir wenigstens den Charakter des »Scherzo«: ist doch aus ihm jener wunderbare zweite
Satz des »Deutschen Requiem« hervorgegangen »Denn alles
Fleisch, es ist wie Gras; das Gras ist verdorret und die Blume
abgefallen«.

Erinnern wir uns der Bezeugung Joachims für das Motiv des
ersten Satzes, so wirft dieser Text ein helles Licht auf den Ideengang des Werkes, und es liegt nahe, analog dem Ideengang im
zweiten Satze des Requiems anzunehmen, daß ein Sicherheben
des Geistes aus dem Staube, aus irdischem Leide zu seliger
Wonne und Freiheit etwa die Idee des unausgeführt gebliebenen
Finale gewesen wäre. Ein Übergang hierzu müßte im Adagio,
als dem dritten Satze, zu suchen sein; und da stimmt es denn
vortrefflich, wenn wir in der Originalpartitur des d-moll Konzertes, die Joachim besaß, als Überschrift über diesem Satze –
seine Zusammengehörigkeit mit dem Adagio der Sonate für
zwei Klaviere vorausgesetzt – lesen: »Benedictus, qui venit in
nomine Domini«. Das ist ein liturgischer Text aus der katholischen Messe und erklingt hier, wenn nach der Verwandlung der
Gott tröstend in die Herzen der vor ihm im Staube liegenden
Menschheit einzieht. Muß man nun bei so klar erkennbarer,
großartiger Intention nicht notwendig annehmen, daß Brahms
bei der Konzeption dieses Werkes an eine Symphonie oder
doch mindestens an Orchester gedacht hat? Das könnte nur
eingeräumt werden, wenn wir voraussetzen dürften, daß jene
Intention schon bei der Konzeption des Werkes klar ausgeprägt
vorhanden gewesen wäre. So arbeitet aber ein echter Künstler
nicht: Ideen wachsen und reifen während und mit der Arbeit, ja
ändern sich wohl zuweilen von Grund aus, nicht immer zu
Nutzen des Werkes.

Daher möchte ich auch in unserem Falle lieber ein solches
Wachsen und Reifen der Ideen annehmen, die Brahms schließlich über seine beiden Klaviere zum Orchester hingeführt hat,
um so mehr, weil die vorliegenden Dokumente einen solchen
Werdegang klar erkennen lassen.

Das Finale der Sonate blieb unausgeführt, wenigstens hören
wir nicht davon, was bei dem Reifezustand des Werkes nicht

zuungunsten meiner Annahme spricht. Dagegen zeigt sich im Laufe des Sommers 1854, daß Brahms mit seiner Sonate nicht zufrieden ist. Am 19. Juni schreibt er an Joachim:

»Meine d-moll Sonate möchte ich gerne lange liegen lassen können. Ich habe die drei ersten Sätze oft mit Frau Schumann gespielt. (Verbessert.) Eigentlich genügen mir nicht einmal zwei Klaviere.«

Und nun sehen wir ihn zum Orchester hingedrängt werden, da doch nur ein Orchester solch großartigen Intentionen wahrhaft entsprechen konnte. Er versucht, seine Sonate – mindestens den ersten Satz – zu einer Symphonie umzuarbeiten. Am 27. Juli schreibt er an Joachim:

»Was meine Partitur betrifft, so hast Du Dir wohl gedacht, und ich auch Frau Schumann sehr gebeten, Dir zu sagen, daß ich das Gute, was sich darin vorfinden sollte, Grimm verdanke, der mir mit bestem Rat zur Seite stand. Das Mangelhafte und Schlechte, das wohl nicht so tief versteckt ist, hat Grimm entweder übersehen oder mein Eigensinn stehen lassen. Noch will ich Dir schreiben, daß ich zu Anfang hauptsächlich nur das tiefe D hören lassen wollte, und deshalb das f-b in Clarinette und Fagott so schwach habe. Ich habe mich eigentlich darüber immer gefreut, daß alles so gedrängt und kurz ist, weiß jedoch nicht, ob es, besonders für Orchester, recht ist? Beim Schluß kommt es mir bisweilen vor, als sei es gerade aus, bisweilen als sollte jetzt erst die Coda anfangen! Ermunterst Du mich zu den anderen Sätzen? Ich komme mir dummdreist vor. Von Herzen Dein Johannes.«

Aus dem tiefen D und dem f-b von Klarinette und Fagott geht hervor, daß es sich um die Umarbeitung der Sonate für zwei Klaviere handelt; daß diese Umarbeitung aber eine Symphonie und nicht etwa ein Klavierkonzert bezweckte, das geht aus Joachims Antwort hervor. Er schreibt am 5. September: »Für Deinen ersten Symphoniesatz herzlichen Freundesdank«, und er faßt, ohne noch näher auf das Werk einzugehen, sein Urteil zusammen: »Im Ganzen das Urteil: Ich werde über die nachfolgenden Sätze jubeln!« Brahms antwortet ihm am 12. September:

»Meinen Sinfoniesatz hast Du wie gewöhnlich durch ein schöngefärbtes Glas gesehen; ich will ihn durchaus ändern und bessern; in der Komposition fehlt sogar sehr viel; von der Instrumentation verstehe ich nicht einmal so viel, als im Satz zu sehen ist, das Beste verdanke ich Grimm.«

Bei dieser Umarbeitung nun sehen wir Brahms in eine Bedrängnis kommen, insofern er selbst bekennt, daß er mit dem Orchester nicht vertraut ist. [...]

Und wenn er nun daran ging, seine Sonate für zwei Klaviere für Orchester umzuarbeiten, so scheint es in der Tat, daß er das Handwerk der Instrumentation, das dazu nötig ist, damals nur sehr mangelhaft beherrschte. Freilich muß man bei Brahms hier immer vorsichtig sein; denn er liebte es zu sagen: »Ich verstehe nichts davon«, wenn er andere zu möglichst scharfem und unbefangenem Urteile veranlassen wollte. Immerhin zeigt er sich unsicher.

Er fragt Grimm und Joachim, welch letzterer oberste Autorität bleibt, um Rat, ja er wendet sich sogar an seinen alten Lehrer Marxsen in Hamburg, als er gerade dort ist, dessen Hörner am Anfange des Satzes Joachim aber zugunsten der Klarinette und Fagotte »entschieden verwirft«, wie Grimm an Brahms schreibt. Aber andere Schwierigkeiten viel tiefer gehender Art mußten bei dieser Umarbeitung entgegentreten. Brahms arbeitete das Werk um, weil ihm zwei Klaviere nicht genügten. Andererseits aber hatte er doch bei der Gestaltung das Klavier zugrunde gelegt. Da mußte sich doch bei einem so scharf urteilenden Künstler, wie Brahms, bald das Gefühl bilden, daß es unmöglich sei, diese Diskrepanz zu entfernen, Klaviermäßiges für Orchester umzuarbeiten; und daß er dieses erkannt hat, ist ein glänzender Beweis für seine großartige Begabung und Befähigung, die auf den späteren großen Symphoniker hinweist. An jener Diskrepanz mußte dieser Versuch scheitern, aus der Sonate eine Symphonie zu machen, und er ist gescheitert. Soweit ich sehen kann, ist diese Umarbeitung auch nicht über den ersten Satz hinausgekommen, so daß Joachim über keine nachfolgenden Sätze zu jubeln hatte. Freilich sagt Kalbeck:

»Den instrumentalen Ansprüchen eines Finalsatzes aber, wie die gewaltig intentionierte Symphonie ihn erforderte, fand sich der Neuling noch nicht gewachsen. – Am Finale, das vermutlich die Apotheose des zur Unsterblichkeit eingehenden Künstlergeistes bringen sollte, scheiterte die Symphonie.«

Weiter spricht er von »unausführbaren Skizzen«, die Brahms liegen ließ, und fährt fort:

»Eine Erinnerung an das unausgeführte Finale der verunglückten Symphonie aber tauchte nach 23 Jahren wieder auf – im Schlußsatz der c-moll Symphonie op. 68.«

Hiernach scheint es, als ob mir unbekannte Skizzen für ein

Finale vorliegen, die an die spätere c-moll Symphonie anklingen, und die kennen zu lernen sehr interessant wäre.

Vielleicht könnte in ihnen ja auch der Beweis dafür gefunden werden, daß Brahms anfänglich doch an eine Symphonie gedacht hat. Allerdings müßte dann aufgezeigt werden, daß jene Skizzen in eine Zeit vor der Konzeption der Sonate für zwei Klaviere fallen. Von neuem sehen wir nun Brahms sein Werk umarbeiten, und die Form, die es schließlich empfängt, ist ein Klavierkonzert. Mit einer gewissen Notwendigkeit mußte diese Form entstehen, wo eben jener Zwiespalt, von dem ich oben sprach, vorhanden war und ohne völlige Zerstörung des Ganzen nicht beseitigt werden konnte. Dennoch konnte auch diese Lösung nur eine Notlösung sein, da jetzt ein neuer schwerwiegender Zwiespalt eintrat: der zwischen dem Wesen des Konzertes und der ursprünglich vorhandenen Intention.

Gewiß schweren Herzens hat Brahms diese ursprüngliche Intention fallen lassen, ohne diesen neuen Zwiespalt völlig aufheben zu können. Er entfernte das Scherzo und schrieb als Abschluß ein konzertmäßiges Rondo. Aber mehrere Jahre gehen über dieser Arbeit hin, immer ändert er wieder, und nie ist er zufrieden, besonders nicht mit dem Schlußsatze, bis er endlich das Werk geendigt fortlegt, selbst jetzt noch unbefriedigt.

Gustav Jenner (1865–1920) war der einzige Schüler Brahms' und seit 1895 als akademischer Musikdirektor an der Universität Marburg tätig.

Henry Cope Colles, Johannes Brahms' Werke. Autorisierte Bearbeitung von A. W. Sturm, Bonn 1913, S. 67ff.

Wir haben schon gesehen, daß das erste Klavierkonzert zu Brahms' frühesten Instrumentierungsexperimenten gehört. Es war ein Versuch, seine künstlerischen Überzeugungen durch Mittel zum Ausdruck zu bringen, die seiner Natur wenig lagen, und das noch zu einer Zeit, wo dieser Ausdruck wegen des traurigen Endes von Schumann besonders starke Hemmungen zu überwinden hatte. Bekanntlich wurde das Werk bei der Aufführung in Leipzig schroff abgelehnt. Das ist durchaus nicht kurzsichtiger Kritik zuzuschreiben, sondern der Tatsache, daß die Zuhörer wirklich keine Schönheit darin zu entdecken vermochten. Auch heutzutage kann es einem überzeugten Brahmsianer nicht verübelt werden, wenn er dieses Opus kopfschüttelnd betrachtet. Der ganze erste Satz ist ein Kampf. Das erste

Thema mit dem gequälten Arpeggio über dem Sextakkord und dem Triller auf As herrscht vor [Vgl. Notenbeispiel 1, S. 146]. Trotz der ausgesprochenen Eigenart des Satzes hält sich Brahms genau an klassische Überlieferung und beginnt mit einem Orchesterritornell, welches das Hauptthema und zwei ruhigere Seitenthemen einführt. Das Klavier verarbeitet ganz andres Material, Achtelpaare, die allmählich an Intensität zunehmen, bis ein Arpeggio über dem Dominantakkord in einer Trillerkette auf der Abwärtstonleiter – ein charakteristisches Merkmal des ersten Themas – kulminiert. Nachdem die andern Themen von Klavier und Orchester bearbeitet sind, wird das eigentliche zweite Thema vom Klavier allein in F-Dur vorgetragen. Auch der überzeugteste Gegner dieses Werkes muß die Schönheit dieser Melodie rückhaltlos anerkennen. Die zweite Hälfte davon war schon im Ritornell erklungen, wird aber hier weiter ausgesponnen, nachdem die vornehme erste Phrase vom Orchester wiederholt worden ist [Vgl. Notenbeispiel 3, S. 148]. Die Durchführung beginnt mit jagenden Abwärtspassagen in doppelten Oktaven. Das Arpeggio des ersten Themas wird erweitert und verarbeitet, während das Klavier Oktavengänge und gebrochene Akkorde bringt, die ebenso schwierig wie wirkungslos sind. Gerade der dünne Klang in Verbindung mit der Kompliziertheit der Durchführung erschwert das Verständnis dieses Teiles ungemein. Es ist Kampf, der mit Erschlaffung endet. Dann aber kommt die grandiose Rückkehr, wo das erste Thema ff über dem Baßton D eintritt, und zwar nicht auf B, [...] sondern auf E, dem Akkord der Supertonika. Das zweite Thema (D-Dur) wird wieder vom Klavier allein vorgetragen.

Der langsame Satz ist einfach im Bau und von schöner Thematik. Streicher und Fagotte beginnen ruhig mit einer Passage, die nochmals die Abwärtsbewegung verwendet, worauf das später vom Klavier gespielte Hauptthema gegründet ist [Vgl. Notenbeispiel 5, S. 150]. Es steht wieder im ⁶⁄₄-Takt, aber der Gefühlsinhalt ist ein ganz andrer als der des ersten Satzes: der Kampf ist vorüber, beschauliche Ruhe folgt. Die Klarinetten in Terzen stellen ein zweites Thema auf, worauf das Orchester mit mehr Tatkraft eingeht, während dem Klavier zum erstenmal die Begleitung zufällt. Dann findet sich das erste Thema wieder ein, und in seiner Durchführung sind die fegenden Klavierarpeggien auffällig, die denen im langsamen Satz vom A-Dur-Klavier-quintett op. 26 [...] ähneln. Vor der kurzen Coda [...] bringt das Klavier eine Kadenz.

Der dritte und letzte Satz ist ein Rondo mit einem Thema, in dem ein D-Dur-Aufwärtsarpeggio über einem geschäftigen Sechzehntel-Baß die Grundlage bildet. Es wirkt viel unmittelbarer als der erste Satz; das Thema zeigt einen erfreulichen Schwung, wenn auch spätere Durchführungen die reinste Klarheit vermissen lassen.

HENRY COPE COLLES (1879–1943), nach Studien in Musikgeschichte, Kontrapunkt und Orgelspiel seit 1905 Musikredakteur der Londoner »Times«, ab 1911 deren Chefkritiker. Autor mehrerer musikgeschichtlicher Werke, u. a. einer Monographie über Brahms' Kammermusik, und Herausgeber der 3. und 4. Auflage von »Grove's Dictionary of Music and Musicians« (1927 und 1940).

WILIBALD NAGEL, Johannes Brahms, Stuttgart 1923, S. 62f.

Wenn irgendein Werk beweisen kann, wie grundverschieden Brahms' innere Welt von der Liszts ist, so dies Klavierkonzert, in dem auch nicht eine einzige rein technisch belangreiche Tongruppe erscheint; zwischen allen Satzbildungen herrscht vielmehr ein engster motivisch-thematischer Zusammenhang, so daß an keiner Stelle von bloßem Floskel-, Arabesken- oder Zieratwesen gesprochen werden kann. Solist und Orchester stehen sich nicht gegenüber im Sinne des Virtuosenkonzertes, der Solist ist der primus inter pares des gesamten Tonkörpers. Jedes bloße Tonspiel ist von einem solchen Konzerte natürlich ausgeschlossen. Sein geistiger Gehalt führt in ganz andere Sphären und enthüllt in seinem ersten Satze furchtbare Seelenkämpfe, eine geradezu erschreckende Dämonie wildester Leidenschaft. In Brahms' eigenem Leben lagen die Vorbedingungen für solch elementare Eruption einer bis in die letzten Tiefen ausgepeitschten Phantasie an sich nicht. Seine eigene Stellung zur Welt hätte ihn, ehrlich und selbstkritisch wie er war, gar nicht zu ihr gelangen lassen können. Da mag also wohl Schumanns tragisches Geschick entscheidend geworden sein und sich das Bild des einen zum Allgemeinbilde künstlerischer Seelennot und Verzweiflung erweitert haben. Aber auch die innere Verbindung des Werkes mit der neunten Symphonie Beethovens liegt klar zutage. Die formale Anlage ist eine besondere und weicht von jeder schematischen Gestaltung des Sonatensatzes in durchaus charakteristischer Weise ab. In denkbar stärkstem Gegensatze steht zum ersten der zweite Satz, eines der herrlichsten, hymnisch großen und frommen Gebilde, die je

Herz und Kopf eines Tondichters entströmten. Unwillkürlich denkt man an Goethes, Brahms selbst noch erwartendes erhabenes Gebet für den unter Werthers Qualen leidenden Jüngling:

»Ist auf deinem Psalter, Vater der Liebe, ein Ton seinem Ohre vernehmlich, so erquicke sein Herz.«

Es ist ein bekanntes Wort, daß der dritte, der Rondosatz, aus dem Rahmen des Ganzen herausfalle in seinem straffen, männlichen Gange.

Aber auch hier gilt doch wohl, was man so oft bei Beethoven trifft: das Leben geht über alles Leid und Elend des einzelnen hinweg und weiter. Und wenn etwas wie Kampfstimmung auch in diesem Finale lebt: was ist denn das Leben, wenn nicht Kampf, in dem die Kraft sich bewähren kann und soll? Das ist am Ende ja der einzige Trost bei dem Gedanken, in diese schlechteste aller Welten gesetzt zu sein [...].

WILIBALD NAGEL (1863–1929) studierte Germanistik und Musik und habilitierte sich in Zürich. Ab 1898 lehrte er Musikwissenschaft an der Technischen Hochschule Darmstadt, 1913–1921 war er Redakteur in Stuttgart und lehrte an der dortigen Musikhochschule. Er schrieb zahlreiche Beiträge zur Musikgeschichte des 18. und 19. Jahrhunderts.

ALFRED VON EHRMANN, Johannes Brahms. Weg, Werk und Welt, Leipzig 1933, S. 94 ff.

»Siehgst, dös is a Symphoniethema«, sagte Anton Bruckner zu einem seiner Schüler, als sie im Parterre des Wiener Musikvereinssaales standen und das Klavierkonzert des geschworenen Gegners begann. Der Ausspruch war Anerkennung und Kritik zugleich. Und heute noch und immer fühlen wir uns weit über den Anlaß einer Konzerteinleitung hinaus tragisch angeweht, wenn harte Schlägel auf die D-Pauke niedersausen und überm an- und abschwellenden Donnerrollen das erste Motiv

heftig aufbegehrt. Wir erschauern mit den »Schüttelfrösten« (Joachim) der Kettentriller,

trauen kaum dem Trost der F-dur-Kantilene

bei den Geigen, deren Stimme ja auch gleich wieder (con sordi-
no) wie in Tränen erstickt, geben uns ein Weilchen der sanften
Trauer der Klarinettensexten in einem kurzen b-moll-Teile hin
und geraten noch einmal in das Schmerz- und Zorngewitter des
Anfangs, bis unerwartet orchesterfremde Klänge uns daran
erinnern, daß wir es ja mit einem Klavierkonzert zu tun haben.
Das Soloinstrument beginnt recht bescheiden mit Achteln, die
still hinfließen möchten, aber durch ein Viertel mit Punkt immer wieder fatal gehemmt werden, bis sie diese Stauwehren in
einem immer mächtigeren Crescendomotiv stürzend, dem Orchester herrisch Trotz bieten. Dieses tritt ihm nicht minder
heftig entgegen (und die Triller der Geigen, wenn sie nicht mit
äußerster Wut angepackt und durchgehalten werden, klingen
im Saale draußen den Klaviertrillern gegenüber merkwürdig
schwächlich). In der Folge lernen Klavier und Orchester sich
vertragen, indem sie sich gegeneinander behaupten. Themen,
die eigens für die Klaviatur erfunden schienen, passen sich mit
kleinen Veränderungen hier den Streichern, dort den Bläsern an
– und umgekehrt. Ein anmutig spielendes Motiv

marcato ma dolce

versucht es bei mehreren Klanggruppen, bis es beim d-Horn
knapp vor dem Schluß-Animato seinen letzten und poetisch-
sten Ausdruck findet. Die Pauke genießt dann den rhythmischen Witz der Stelle für sich allein nach, begleitet vom leise

fortgröhlenden tiefen Horn und von den Arpeggien des eigentlichen Soloinstruments – eine Stelle von zauberhafter Wirkung, ein Instrumentationswitz des jungen Komponisten, der schon im ersten Werk seine eigene Orchestersprache spricht.

Für den Ideengehalt dieses ersten Satzes, des bedeutendsten im Werke und vielleicht des merkwürdigsten im Brahmschen Schaffen überhaupt, sind obige Andeutungen natürlich weitaus zu wenig; für den zur Verfügung stehenden Raum sind sie wieder zu viel, so daß Mittel- und Schlußsatz sich leider kurz abtun lassen müssen. Beim Adagio sei vor allem die Legende wiedergegeben, die der Autor in seinem Manuskript dem Satze voranschrieb, aber wohlweislich wieder wegstrich: »Benedictus qui venit in nomine Domini.«

Könnten Geigenchöre Texte singen, so würden die lateinischen Silben sich recht gut ihrem Melodiengange:

anpassen. Dominus hieß Robert Schumann im eingeweihten Kreise. Der junge Kreisler, der »in seinem Namen kam«, bekennt sich in manchen Tönen dieses Adagios, z. B. in den elf Solotakten vor Eintritt des wehmütigen Zwiegesangs bei den Klarinetten (später Oboen) als von Schumann gesegnet. Religiosocharakter hat das ganze Stück, aber dem ernsthaft schreitenden Orgelsatz des Orchesters respondiert mit den Kadenzen des beweglicheren Tasteninstrumentes die Stimme eines nicht unfrommen Weltkindes.

Weltlust lebt im Rondo, wenn auch bezähmt vom non troppo des Allegro und meist gedämpft durch die Molltonart. Herzhaft beginnt das Klavier [Vgl. Notenbeispiel 4, S. 149], spielt dem Orchester das Thema vor, dessen drei erste Takte schon reichlich Material für alle folgenden Weiterbildungen enthalten, und akkompagniert gut gelaunt mit zimbelartigem Sechzehntelgeklopf, wenn das Orchester selber zum Tanze aufspielen will. Auch der zweite Gedanke, Tatkraft und frohen Ernst atmend, in F-dur, gehört zuerst dem Klavier und wird in Sechzehnteln begleitet (Buchstabe A). Im B-dur-Teile dagegen läßt sich das Klavier die melodische Phrase vorgeigen und kommt mit rhythmischen Veränderungen nach. Hier ist der Klaviersatz wieder Schumannisch. Brahmsisch aber geht es weiter, durch ein Gestrüpp von Doppel-b, fes und asas zu einem kurzen fugato, in b-moll bei den Sekundgeigen beginnend. Ein Meno mosso läßt die Sechsten des Taktes 3 vom ersten Thema sich schwärmerisch ausleben – von nun an sind wir in D-dur – und über piu animato, Kadenz, molto accellerato und eine lange Trillerbrücke geht's zum Ziele [. . .].

Alfred von Ehrmann (1865–1939) lebte als Orchestermusiker und Musikschriftsteller in Wien und verfaßte u. a. ein Brahms-Werkverzeichnis.

Rudolf Gerber, Johannes Brahms, Potsdam 1938, S. 43 f.

Daß es kein Virtuosenkonzert ist, haben die Zeitgenossen sogleich erkannt, der geschilderte Werdegang zeugt außerdem schon dafür, daß es zutiefst von sinfonischem Geist erfüllt ist, dem sich auch das nachträglich eingegliederte Soloinstrument anpassen mußte. Das Hauptthema des 1. Satzes ist dem der f-moll-Sonate geistesverwandt, nur ist es noch dämonischer und in einem auf Bruckners Sinfoniethemen vorausdeutenden Sinne rhapsodisch-zerrissen. Eine derartige dramatische Gestik findet sich bei dem reifen Brahms nicht mehr. Den jungen Brahms erkennt man auch an der schon früher erwähnten Beethovenschen Sekundtransposition bei der Wiederholung des Themas, wie sie übrigens auch im 1. Satz des c-moll-Quartetts op. 60 zutage tritt. Dann aber vor allem an den außerordentlichen Empfindungsgegensätzen, die den Satz durchziehen. Ob das aus der Beethovenschen Florestan-Leonorestimmung heraus geschaffene Adagio schon zu den ersten Entwürfen des Jahres 1854 gehörte, erscheint fraglich, da Brahms am 30. 12. 1856 an Clara schreibt, daß er an einem Porträt von ihr male, das »dann Adagio werden soll«.

Ein Konzertrondo, dessen Thema durch Bach inspiriert erscheint, mit starker thematischer Gebundenheit der Episoden, von denen die in B-dur, die sich sogar zu einem Fugato weitet,

schumannisches Espressivo verrät, bildet den Beschluß des
hochbedeutenden Werkes.

RUDOLF GERBER (1899–1957) studierte Musikwissenschaft (Promotion 1922)
und lehrte 1928–1943 an der Universität Gießen, seit 1943 in Göttingen. Zahlreiche Veröffentlichungen, u. a. über Gluck und Bach.

HANS GAL, Johannes Brahms. Werk und Persönlichkeit,
Frankfurt 1961, S. 76 ff.

Das Eröffnungsthema des d-Moll-Konzerts, ein Einfall von urkräftiger Großartigkeit, ist ein Schulbeispiel einer Erfindung im
abstrakten Raum: das Orchester hat nicht die Mittel, das zu
verwirklichen, was dem Komponisten hier vorgeschwebt hat.
Unbefriedigt vom Klavierklang, versucht er, daraus eine Symphonie zu machen (s. seinen Brief an Joachim). Die schließliche
Idee eines Klavierkonzerts entspringt der Erkenntnis, daß beides, der Klavier- und der Orchesterklang, zusammenwirken
müssen, um das ihm Vorschwebende zu erzielen. Bis zu einem
gewissen Grade ist ihm das schließlich gelungen, aber keineswegs bedingungslos: Der Klang jenes großartigen Anfangs ist
unbefriedigend geblieben. Den mittleren Saiten der Violinen
und Celli fehlt es an der nötigen Kraft, die Harmonie von Klarinetten und Fagott klingt stumpf und der begleitende Paukenwirbel ruiniert den Klang vollends, wenn er nicht so diskret
gehalten wird, daß der drohende Hintergrundsdonner, der dem
Komponisten vorgeschwebt haben mag, wirkungslos wird.
Und das ist auch nicht verbesserungsfähig: das Orchester hat
keine Instrumente, die den wiehernden, furchterregenden Trillern des Themas mit der nötigen Kraft gerecht werden könnten,
denn Blechinstrumente wären zu roh dafür. Man muß den Willen für die Tat nehmen und das Beste tun, die gemeinte Wirkung zu erzielen, was mit einem genügend reich besetzten
Streichorchester annähernd möglich ist. [...]
Der affektgeladene Charakter des Stücks macht es ihm
unendlich schwer, das Material in die Form zu zwingen. Die
klassische Mozartsche Formanlage, in der das Soloinstrument
seine eigenen thematischen Gebilde den vom Orchester zuerst
eingeführten gegenüberstellt, hat hier eine riesenhafte Breite der
Struktur zur Folge, in der die Seitensatzepisoden des Klaviers
beinahe wie unabhängige Zwischenspiele wirken. Es hat
Brahms ungeheure Arbeit gekostet, mit diesen Problemen fertig

zu werden, und er hat das Werk durch vier Jahre ausgetragen. Die Aufgabe, dem leidenschaftgepeitschten ersten Satz in den folgenden Sätzen etwas Entsprechendes gegenüberzustellen, läßt ihn manchmal verzweifeln; aber im Ende ist es gelungen, wenn auch nicht ohne gewisse Fraglichkeiten, die diesem großen und trotzdem problematischen Werk nun einmal zugehören. Eine Art Sarabandenrhythmus, den er für die ursprüngliche Sonate für zwei Klaviere als langsamen Satz skizziert hatte, ist später in den zweiten Satz des Deutschen Requiems übergegangen. Für das Konzert schrieb er ein ruhiges, verträumtes Adagio, dessen Anfang in seinem Manuskript die Worte trägt »Benedictus qui venit in nomine Domini«. Darin liegt wohl mehr als die Worte selbst sagen: die jungen Musiker hatten Schumann den Ehrentitel »Dominus« gegeben. Zu dem kräftig-robusten Finalrondo aber findet man nicht so leicht den gefühlsmäßigen Übergang. Der Komponist ist hier einem Problem ausgewichen, das für ihn damals noch unlösbar war; er hat es erst viele Jahre später in seiner Ersten Symphonie gelöst. Hier macht er von dem Recht des Konzerts Gebrauch, dem Solisten einen brillanten Abgang zu geben. Seine Brillanz ist freilich nicht von der leichten, entspannten Art, sondern von der knorrigen, manchmal unwirschen, die für den jungen Brahms so charakteristisch ist. Immerhin: daß der Titanenkampf, den der erste Satz entfesselt hat, schließlich zu nichts anderem führt als zu einem »Hol's der Teufel! Nun wollen wir leben«, geht irgendwie an dem Grundprinzip vorbei, das der Beethovensche Formgedanke nun einmal in die Musik gebracht hat. Es spricht für die gesunde Urwüchsigkeit dieses Finales, daß dem Hörer das ästhetische Fragezeichen kaum zum Bewußtsein kommt. Daß aber das Werk zunächst kein Erfolg war, darf einen nicht wundern; es enthält mehr an Unerwartetem, ja Befremdendem, als ein unvorbereitetes Publikum von einem Komponisten anzunehmen gesonnen war, der überdies, nach objektiven Urteilen zu schließen, keineswegs ein idealer Interpret seines Werks war. [...]

Es war notwendig, dieses Werk mit einiger Ausführlichkeit zu behandeln, weil ihm eine Schlüsselstellung im Schaffen und in der inneren Entwicklung des Komponisten zukommt. Die überraschende, in ästhetischer Hinsicht nicht völlig überzeugende Wendung des Finales zu einer anders eingestellten Ausdrucksweise ist von symptomatischer Bedeutung: sie bezeichnet den Durchbruch von der emotionsgeladenen, ausdrucksbelasteten Welt des ersten Satzes und der, wenn auch ruhigeren, so doch nicht minder emotionellen des Adagios zur Objektivität, zur kräftigen, freien, vom seelischen Druck befreiten Gestaltung, vom Sturm und Drang des Romantikers zum Ideal einer neuen Klassik, die durch das romantische Erlebnis hindurchgegangen ist. Nicht nur zwei Stile, zwei künstlerische Weltanschauungen stehen hier einander gegenüber. Mit dem Problem zwischen den beiden eine Brücke zu finden, hat Brahms die Hälfte seines schöpferischen Daseins zugebracht. Dieser Umstand erklärt, was im vorigen Kapitel gestreift wurde: die außerordentliche zeitliche Ausdehnung seines Bildungsprozesses, der tatsächlich bis zur Mitte seiner Vierzig gedauert hat. [...]

HANS GAL (geb. 1890) studierte Musikwissenschaft in Wien (Promotion 1913) und war dort Lektor für Musiktheorie an der Universität, 1929–1933 Direktor der Musikhochschule Mainz, 1933–1938 Dirigent in Wien. 1938 Emigration nach England, seit 1945 Dozent für Komposition an der Universität Edinburgh. Komponierte Opern, Orchesterwerke, Kammermusik u. a.

WALTHER SIEGMUND-SCHULTZE, Johannes Brahms. Eine Biographie, Leipzig 1966, S. 194 ff.

Daß das Werk zu den interessantesten des Meisters gehört, darüber besteht kein Zweifel mehr. Außerordentlich beginnt der erste Satz, mit einem Thema, das eine gewaltige Zusammenfassung der Traditionen Bachs, Mozarts (c-Moll-Konzert), Beethovens und Schumanns zu sein scheint; es war natürlich, daß solch ein Zusammenklang eigene Probleme aufwarf.

Eine besondere Beziehung zum verehrten Schumann tritt hinzu: Robert Schumann hatte am 1. Oktober 1853 sein Violinkonzert beendet; am Tage vorher war Brahms eingetroffen. In Schumanns Tagebuch steht: »Das Konzert für Violine beendigt, Brahms zum Besuch (ein Genius). Abends Einweihung des Flügels im Verein.«

In jenen Tagen wurde viel im Hause Schumanns musiziert; nicht auch das eben vollendete Violinkonzert? Bekanntlich haben Clara und Joachim das Werk gänzlich vernachlässigt; erst 1937 wurde es der Öffentlichkeit zugänglich gemacht. Daß der junge empfängliche Brahms aber von seinem Charakter (Schumann schreibt selbst darüber: »ein Abbild von einem gewissen Ernst, hinter dem oft eine fröhliche Stimmung hervorsieht«) etwas mitbekommen hat, ist sehr anzunehmen. Man sehe den

Anfang des in gleicher Tonart (»In kräftigem, nicht zu schnellem Tempo«) stehenden Violinkonzerts:

In kräftigem, nicht zu schnellem Tempo

Brahms' Beginn bedeutet demgegenüber eine ungeheure Steigerung, aber es ist eben das Schicksal und das Erbe Schumanns, das die Konzeption und den Charakter dieses Satzes formte, was insbesondere in dem zarten, schwärmerischen Seitengedanken sichtbar wird. Eine vollkommene Lösung erreicht Brahms erst im eigentlichen zweiten Thema F-Dur, das in seinem kräftigen Volksliedton und satten Klang ganz sein Eigentum ist: [Vgl. Notenbeispiel 3, S. 148]

Aber unerbittlich ist die tragische Aufgipfelung des motivisch-thematischen Materials in der gewaltigen Coda, die den Stürmer und Dränger höchsten Formats offenbart. Der zweite Satz scheint mehr eine versteckte Huldigung an Clara zu sein, die sich in ihrem Tagebuch begeistert darüber äußert. Das »Weihevolle«, gar »Kindliche« ist höchstens am Anfang und Schluß zu hören; sonst ist gerade dieser Satz ein Musterbeispiel für den Reichtum der Brahmsschen Variationskunst, die gewaltige Anreicherung der Anfangsgedanken, ihre stimmungsmäßige Erhebung und Vertiefung nach der dramatischen und lyrischen Seite hin. Die klangliche Koloristik führte Brahms in diesem Satz, an seine Klaviersonaten anknüpfend, auf den Gipfelpunkt seiner Möglichkeiten. Das Schlußrondo knüpft deutlich an den besten Schumann-Ton ritterlichen Gepräges an, aber auch hier weder den innigen Volkston (2. Thema) noch virtuoses Spielwerk und kontrapunktische Finessen verschmähend; auch Ungarismen klingen ständig mit. Insgesamt werden Schumanns Absichten, die dieser nicht mehr voll verwirklichen konnte, mit diesem Konzert zur überzeugenden Aussage geführt; wie ein gewaltiger Block steht es selbst in Brahms' Schaffen in jener Zeit da.

WALTHER SIEGMUND-SCHULTZE (geb. 1916) studierte Musikwissenschaft in Breslau (Promotion 1940). 1951 habilitierte er sich mit »Untersuchungen zum Brahms-Stil und zum Brahms-Bild«. Zahlreiche Veröffentlichungen, u. a. »Ziele und Aufgaben sozialistischer Musikerziehung« (Leipzig 1967).

Poco più moderato

4   Rondo
Allegro non troppo

Adagio

Richard Wagner, »Tristan und Isolde«

Theaterzettel der Tristan-Parodie von Ferdinand Fränkl (1865)

ANONYMUS in der Tageszeitung »Der Vetter« (1865)

W. BOHN: Richard Wagner im Spiegel der Wiener Presse (o.J.)

R. PARK: Das Bild von Richard Wagners Tristan und Isolde in der deutschen Literatur (1935)

EDUARD HANSLICK: Aus dem Konzertsaal (1886)

FRIEDRICH NIETZSCHE: Unzeitgemäße Betrachtungen IV. Richard Wagner in Bayreuth (1876)

HANS VON WOLZOGEN: Thematischer Leitfaden durch die Musik zu Richard Wagners Tristan und Isolde (1880)

HENRI LICHTENBERGER: Richard Wagner – der Dichter und Denker (1898)

GUIDO ADLER: Richard Wagner. Vorlesungen (1904)

WOLFGANG GOLTHER: Zur Entstehung von Richard Wagners Tristan (1905/6)

SIEGFRIED MELCHINGER: Eine Handlung. Versuch über »Tristan und Isolde« (1962)

THOMAS MANN: Leiden und Größe Richard Wagners (1933)

PAUL ARTHUR LOOS: Richard Wagner. Vollendung und Tragik der deutschen Romantik (1952)

FRANZ EGERMANN: Aischyleische Motive in Wagners Dichtung von Tristan und Isolde (1965)

GIULIO COGNI: Indische Grundzüge der Tristan-Erotik (1969)

EJNAR FORCHHAMMER: Einiges über Tristan und Isolde (1907/1908)

DIETER SCHNEBEL: Aktualität Wagners (1972)

THOMAS MANN: Zwei Briefe (1927 u. 1949)

OTTO JULIUS HARTMANN: Die Esoterik im Werk Richard Wagners (1960)

PETER DETTMERING: Dichtung und Psychoanalyse (1969)

MARTIN GECK: Bach und Tristan (1969)

ROMAIN ROLLAND: Musiker von heute (1908)

FREDERICK GOLDBECK: Tristan oder der Koloß auf »halbtönernen« Füßen (1951)

HANS-HEINZ STUCKENSCHMIDT: Wagner und die atonale Musik (1963)

Im Oktober 1854 kam Wagner die erste Idee zum Tristan, die Partitur wurde am 6. August 1859 vollendet, zur Uraufführung – unter der Leitung Hans von Bülows – gelangte das Werk erst am 10. Juni 1865, bedingt durch mancherlei Schwierigkeiten. Nach einer öffentlichen Generalprobe am 11. Mai 1865 mußte die Uraufführung wegen Erkrankung von Malwine Schnorr, Sängerin der Isolde, verschoben werden. Die gespannte Atmosphäre in diesen Wochen war wohl nicht zuletzt darauf zurückzuführen, daß Bülow das Münchener Publikum als »Schweinehunde« apostrophierte[1]. So kam es zu dem einzigartigen Faktum, daß die Rezeptionsgeschichte des Tristan, in Gestalt einer Parodie, bereits vor seiner eigentlichen Veröffentlichung einsetzt. Nahezu singulär ist auch die Papiermenge, die angehäuft wurde anläßlich dieses Werkes; Dutzende von Dissertationen, Hunderte von Deutungen, Tausende von Marginalien, Polemiken, Ergießungen, Literatur über Literatur über Literatur. Die hier wiedergegebenen Kritiken der Zeitgenossen Wagners mögen beiläufig der puren Belustigung dienen, doch deutet das ungewöhnliche Maß an Witz, den der Tristan freisetzte, auch – im Sinne Freuds – an, wieviel von diesem Werk im Vorbewußten jener Autoren vorhanden war. Als wichtigstes Kriterium der weiteren Textauswahl war die Absicht wirksam, möglichst getreu die Vielfalt der Tristan-Deutungen abzubilden. Daher muß die Musik zugunsten der Handlung in den Hintergrund treten (es fehlen etwa Formanalysen wie die von Alfred Lorenz), und ebenso sind die in der Tristan-Diskussion des 19. und frühen 20. Jahrhunderts strittigen Details eher pauschal wiedergegeben. Aus Gründen besserer Übersichtlichkeit wurde in diesem Kapitel die chronologische Ordnung durch eine thematische ersetzt.

Den Kritiken der ersten Jahre ist ein tiefgehendes Befremden des zeitgenössischen Publikums zu entnehmen. Hervorzuheben wäre die Äußerung Hanslicks, der das Fehlen geschlossener Perioden moniert, ein Mahner am unaufhaltsamen Weg in die Atonalität. Nietzsches Text enthält einen Hinweis auf Wagners

---

[1] Vgl. Hans-Josef Irmen, Richard Wagner und die öffentliche Meinung in München bis zur Uraufführung des Tristan, in: Richard Wagner. Werk und Wirkung, hrsg. von Carl Dahlhaus, Regensburg 1971 (Studien zur Musikgeschichte des 19. Jahrhunderts, Bd. 26).

Verhältnis zum Publikum und Gedanken, die später – etwa bei Thomas Mann – ausgeführt werden. Er leitet über zu einem zweiten Bereich, der mit Entstehung – Einflüsse – Parallelen zu bezeichnen wäre. Wolzogen entwickelt den Tristan Wagners aus dem keltischen Mythos und der Dichtung von Gottfried von Straßburg. Lichtenberger beschreibt den Einfluß, den Schopenhauers Philosophie, namentlich dessen Metaphysik der Geschlechtsliebe auf Wagner während der Entstehung des Tristan hatte; Adlers Äußerung wäre als kritische Ergänzung dazu aufzufassen. Golther zieht eine Verbindungslinie zur Vita Wagners, zu seiner Beziehung zu Mathilde Wesendonk; Melchinger, als Erweiterung dessen, deutet auf Calderón, bei dem »Liebe« und »Ehre« eine ähnlich zentrale Stellung einnehmen wie im Wagnerschen Tristan. All diese Einflüsse hat Wagner selbst in Briefen benannt[2]. Thomas Mann akzentuiert die romantische Nacht- und Todessehnsucht des Werkes und spricht von einem »erotischen Mythos«, der keinerlei religiöse Bindungen kenne; Loos hingegen beharrt auf dem Christentum des Tristan. Egermann erblickt Parallelen zum Tristan in der griechischen Antike, Cogni im Hinduismus. Dieser Text führt zu einem dritten Bereich: Eros und Sexualität. Forchhammers Urteil, Wagners Tristan sei »keusch«, dürfte ebenso wenig unberührt von der wilhelminischen Sexualmoral sein wie Schnebels Äußerung kaum loszulösen ist von der allgemeinen Sexualisierung unserer Tage. Des weiteren zählen die Texte von Hartmann, eine symbolische Interpretation mit Analogien zum Märchen und die strikt psychoanalytische Deutung Dettmerings hier hinzu sowie schließlich die der von Geck, der – einen Gedanken Blochs näher ausführend – im Medium der Liebe Wagner mit Bachs Passionen verknüpft. An den versammelten Texten mag die gesamte Universalität der Wagnerschen Fassung des Tristan-Stoffes sichtbar werden, die letztlich vom Kampf des Eros mit dem Todestrieb, von der elementaren Wahl des Bewußtseins zwi-

---

[2] Zu erwähnen sind der nicht abgesandte Brief an Schopenhauer vom 12. 12. 1858 (zit. nach: Bayreuther Blätter IV, 1886, S. 101); der Brief an Mathilde Wesendonk vom 3. 3. 1860 (Richard Wagner an Mathilde Wesendonk. Tagebuchblätter und Briefe 1853–1871, Berlin 3/1908) sowie Wagners Ausführungen über Calderón (Briefwechsel zwischen Wagner und Liszt. 2. Bd. von 1854–1861, Leipzig 1887, S. 187ff.). Vgl. auch: Richard Wagner über Tristan und Isolde. Aussprüche des Meisters über sein Werk. Aus seinen Briefen und Schriften zusammengestellt und mit erläuternden Anmerkungen versehen von Edwin Lindner, Leipzig 1912.

schen Ablehnung und Akzeptierung menschlicher Existenz handelt.

Weitere Texte untersuchen die Musik im engeren Sinne. Der Ausschnitt von Rolland, eine Kritik aus Bewunderung, artikuliert die Empfindung, daß die Musik des Tristan brüchig sei und das Werk, eigentlich eine Sinfonie, nicht auf die Bühne gehöre. Goldbecks etwa gleichzeitig mit Adornos Wagner-Buch erschienener Aufsatz weist auf die tautologischen Wiederholungen der Musik hin, aus deren Form die Filmmusik, aus deren Material hingegen die Neue Musik entstanden sei. Stuckenschmidt charakterisiert kurz die kompositorische Tristan-Rezeption im 20. Jahrhundert, dessen musikalische Entwicklung in der Tat kaum denkbar gewesen wäre durch den berühmt gewordenen ersten Akkord von Wagners Tristan, der sich allerdings bereits in dem 1850 entstandenen Lied »Ich möchte hingehen« von Franz Liszt nach dem Gedicht von Georg Herwegh findet (in: Liszt Society Publications, Bd. 6, Selected Songs).

Fg. Kl.

Als Einführungen in das Werk seien genannt: Carl Dahlhaus, Richard Wagners Musikdramen, Velber 1971; Kurt Overhoff, Die Musikdramen Richard Wagners. Eine thematisch-musikalische Interpretation, Salzburg 1967.

ANONYMUS, in der Tageszeitung »Der Vetter« vom 9. Juni 1865.
Zit. nach Hans-Josef Irmen, Richard Wagner und die öffentliche Meinung in München bis zur Uraufführung des Tristan, in: Richard Wagner. Werk und Wirkung, hrsg. von Carl Dahlhaus, Regensburg 1971 (Studien zur Musikgeschichte des 19. Jahrhunderts, Bd. 26), S. 138.

Nehmen Sie an, Sie rücken einen schweren Kasten von der Mauer weg, während gleichzeitig drei Köchinnen mit schartigen Messern auf glatten Tellern kratzen, und einem Pintsch auf den Schweif getreten wird; unter einem stürzt eine Ampel vom Plafond, und der Mistbauer scheppert mit seinem Instrumente, der Schlosser im Hause bessert einen Kessel aus, und drei Schweine werden im Zimmer abgestochen; hierzu ein Paperl, der aus Leibeskräften schreit, ein Wagen mit Eisenstangen, die unter Gepolter abgeladen werden, ein von der Stellage fallendes Kaffeegeschirr, ein Dutzend Fensterscheiben, die eingeworfen werden, und ein halbes Hundert Lokomotivpfiffe, und sie haben die schönste Nummer gehört.

W. Bohn, Richard Wagner im Spiegel der Wiener Presse, Würzburg o. J., S. 67 und 69.

Über die Musik zum »Tristan« sagt Schelle [in der Wiener »Presse« vom 13. Juni 1865] an anderer Stelle: »Die Musik selbst gewährt den Eindruck einer wüsten Orgie zur Feier des Sinnengenusses; sie wirkt durch den Stimulus der Chromatik, in der sie sich vorzugsweise bewegt, durch die Aufregung, in der uns die endlosen Ketten von Modulationen, Trugschlüssen, Vorhalten und dissonierenden Tonverhältnissen fortwährend hält, prickelnd auf das Nervensystem, und hält dieser Stimulus nicht mehr her, dann greift der Meister zu materiellen Lärmeffekten, um die abgestumpften Sinne zu neuen, homogenen Eindrücken aufzurütteln. Die Phantasie, welche dieses Werk hervorbrachte, hat bereits die Empfänglichkeit für ideale Eindrücke verloren; sie ist krank und dem Dämon des Unorganischen verfallen; in diesem Zustand kann sie nur Krankhaftes schaffen.« So kommt Schelle zu dem Schlußergebnis: »Das Gedicht ist in jeder Beziehung eine Abnormität, die Musik mit Ausnahme einiger Partien das raffinierte Gebräu einer krankhaften, abgelebten Phantasie.«

[...] Sehr bezeichnend sind die Worte [Ludwig Speidels im Wiener »Fremdenblatt« vom 13. Juni 1865], welche der Verfasser an den Anfang seines Berichts stellt: »So wäre es vollbracht! Der Leidenskelch wäre geleert, der ›unselige Trank‹, der Tristan und Isolden so grimmige Schmerzen bereitet hat, mußte auch von dem Publikum [...] gekostet werden in langen, langen Zügen [...] Von 6.^{00} Uhr abends bis 11.^{00} Uhr nachts mußten wir aus dem Taumelbecher saugen, bis Tristan der Atem völlig ausging, Isolde sich auf seiner Leiche ›ins Wonnemeer unbewußt

auflöste‹ und das Publikum aufatmend, schweißtriefend, in glü-
hender Qual aus dem Hause floh, um in gesünderem, erfri-
schenderem Naß den bitteren Nachgeschmack hinunterzu-
schwemmen.« Sowohl Sänger wie Publikum seien am Schluß
der einzelnen Akte einer Ohnmacht nahe gewesen. Wenn das
Wagners »Zukunftsmusik« sei, so könnte man nur von einem
»Chaos« sprechen. In seinem ganzen Leben habe er noch nie
»einen so furchtbaren Lärm« gehört. Wie lächerlich die Wirkung auf das Publikum war, will der Verfasser zum Beispiel
folgendermaßen beweisen: »An der Stelle, wo gesungen wird:
›Isolde, die ist *Euer*, mir lacht das Abenteuer‹, fragten einige,
die kein Textbuch zur Hand hatten: »Was ißt sie, *Eier*?«

R. Park, Das Bild von Richard Wagners Tristan und Isolde
in der deutschen Literatur, Jena 1935, S. 33–41.

Die Deutsche Musiker-Zeitung schrieb 1860 aus Karlsruhe über
das Vorspiel zu Tristan: »In der Tat eine grauenvolle Musik.
Der Eindruck läßt sich schwer beschreiben, den dieses chaoti-
sche Tongewirr von herzzerreißenden Akkorden, dieses Meer
von sich dahinwälzenden Dissonanzen ohne einen gesunden
melodischen Faden, der das verletzte Ohr einigermaßen wieder
versöhnen könnte, dieser Rattenkönig unaufgelöster, sich selbst
mordender Tonfolgen auf den verblüfften Zuhörer gemacht haben. So ungefähr mag die Musik lauten, womit in der ewigen
Verdammnis musikalische Bösewichte zur Strafe gepeinigt werden. Wer aber hier schon die Hölle durchmacht, der mag dort
frei ausgehen oder ist wenigstens auf die seiner wartenden Qualen gehörig vorbereitet. Mich ergriff ein heimliches Grausen, als
die dumpfen Schauertöne des Vorspiels meinen armen Kopf wie
einen Schraubstock einklemmten und folterten: es war mir zumute, wie wenn jemand mich an den Haaren eine Leiter hinauf-
und hinunterzöge.«

[. . .] Liszts eigene Worte an Wagner bezeugen seine Freude:
»Eine himmlische Weihnachtsbescherung sendet mir Härtel.
Die ganze Kinderwelt kann sich nicht bei allen Tannenbäumen
mit goldenen Früchten und glänzenden Geschenken behängt,
so freuen als ich Einzelner mit Deinem einzigen Tristan. – Weg
mit allen Sorgen und Plackereien der Alltagswelt! Da kann man
wieder weinen und auflodern. Welch' wonniglicher Zauber,

welch' ungeahnte Fülle der Schönheit in diesem flammenden Liebestrunk! Wie mag Dir dabei zumute gewesen sein, als Du dieses wunderbare Werk geschaffen und gestaltet? Was darf ich Dir anderes darüber sagen, als, daß ich es im Herzen des Herzens mitempfinde?«

[...] In München herrschte zur Zeit der Aufführung keine einheitliche Stimmung über das Kunstwerk. Der Münchener Volksbote schrieb am 23. Mai 1865: »Nächsten Freitag soll der ›Ehebruch unter Pauken und Trompeten‹ mit vollständiger Zukunftsmusik über das Hof- und Nationaltheater ziehen. Viele sind freilich so frei zu sagen, es sei weder höflich noch national, den Bruch des 6. Gebotes mit Glanz und Glorie zu verherrlichen.«

[...] Die Begeisterung des Königs [Ludwig II.] war grenzenlos. Man kennt seinen Brief an Wagner vom 12. Juni aus Schloß Berg: »Erhabener, göttlicher Freund! Kaum kann ich den morgenden Tag erwarten, so sehn ich mich nach der zweiten Vorstellung schon jetzt. Sie schreiben Pfistermeister, Sie hofften, daß meine Liebe zu ihrem Werk durch die in der Tat etwas mangelhafte Auffassung der Rolle des Kurwenal von seitens Mitterwurzers nicht nachlassen möge! Geliebter! Wie konnten Sie nur diesen Gedanken in sich aufkommen lassen? Ich bin begeistert, ergriffen. Entbrenne in Sehnsucht nach wiederholter Aufführung.«

[...] 1874 schreibt die Berliner Zeitung über eine angekündigte Aufführung in München: »Im Münchener Hoftheater wird auf allerhöchsten Befehl Richard Wagners Tristan und Isolde ohrenzerreißenden Andenkens wieder zur Aufführung kommen. Der Tenorist, Herr Nachbaur soll keineswegs aus Angst vor der Cholera, sondern vor dieser Aufführung von München geflohen sein.«

[...] Louis Ehlert brachte einen langen Bericht in der Deutschen Rundschau, in welchem er von »diesem fieberglühenden Stück, in welchem jeder Blutstropfen bis zur Siedehitze destilliert wird, diese Tragödie der Elexierliebe« spricht. »Tristan ist die in Musik gesetzte Blöße, die bacchantisch einherschreitende Naturgewalt, welche mit aller Convenienz gebrochen hat. Ja, man darf es aussprechen: diese Partitur ist mehr als nackt! ...

Tristan ist eine psychologische Folterkammer, eine Wolfsschlucht der Liebe, in der die Schauder sich etappenmäßig ablösen ... aber es ist genial bis in die Fingerspitzen, und wenn Isolde im zweiten Akt ihren Geliebten erwartet, wenn das Orchester in tausend Pulsen kocht und jeder Liebesnerv zu klingendem Ton wird, so bin ich nicht mehr der Mensch, der ich das ganze Jahr über bin, ein moralisch und künstlerisch definierbares Subjekt, ich bin Wagnerianer.«

[...] So schrieb die Berliner Montagszeitung vom 4. Dezember 1876 über eine Berliner Aufführung: »Außer dem konzessionierten Ausschank von Spirituosen (Akt I, Szene 2) haben wir auch diesmal in dem Drama keine weitere Handlung bemerkt.«

Eduard Hanslick, Aus dem Konzertsaal, Wien ²/1886, S. 251.

Über die in einer Wohltätigkeitsakademie aufgeführte Instrumental-Einleitung zu R. Wagners »Tristan und Isolde« wollen wir nach einmaligem Anhören und ohne Kenntnis des Ganzen nicht urteilen. Günstig war der Eindruck durchaus nicht, welchen diese ruhelos wogende, unterschiedslose Tonmasse mit ihrer unaufhörlichen Wiederholung desselben Motivchens machte. Das Ohr findet nirgends einen Ruhepunkt oder Abschluß, was ungefähr dieselbe peinliche Empfindung erregt, als müßten wir eine lange Reihe von Vordersätzen vorlesen hören, deren Nachsätze wegbleiben. Unwillkürlich fielen uns jene französischen Gerichtsurteile ein, die einem kurzen Schlußsatz seitenlange »considéré que« vorausschicken. Das Publikum blieb mehrere Sekunden nach dem Schlußakkord vollkommen still, dann wurde (vielleicht in Folge einer raschen Abstimmung) applaudiert.

Eduard Hanslick (1825–1904), deutscher Musikforscher und Musikkritiker. Er wurde in der zweiten Hälfte des 19. Jahrhunderts, vor allem mit seinem Buch »Vom Musikalisch-Schönen« (1854), einer der führenden Formalästhetiker; sein Satz: »Der Inhalt der Musik sind tönend bewegte Formen« wurde weithin geläufig. Diese Position war der Inhaltsästhetik der sogenannten Neudeutschen Schule, besonders Liszt und Wagner, entgegengesetzt, derzufolge Musik Ausdruck und bestimmte Bedeutungen vermittele. Hanslicks Ideal war die Sinfonik der Wiener Klassik und so lag nahe, daß er sich für deren Fortentwicklung, für die Musik von Johannes Brahms einsetzte, Wagner hingegen – als einflußreicher Musikkritiker vor allem der Wiener »Neuen Freien Presse« – heftig bekämpfte.

Friedrich Nietzsche, Unzeitgemäße Betrachtungen IV. Richard Wagner in Bayreuth (1876).
Zit. nach: Sämtliche Werke in 12 Bänden, Bd. 2, Stuttgart 1964, S. 355–357.

Jetzt gab es nichts mehr, was ihn [Wagner] zu einer solchen Rücksicht [auf das Verstehen des Publikums] hätte bestimmen können, er wollte jetzt nur noch eins: sich mit sich verständigen, über das Wesen der Welt in Vorgängen denken, in Tönen philosophieren; der Rest des *Absichtlichen* in ihm geht jetzt auf die letzten *Einsichten* aus. Wer würdig ist zu wissen, was damals in ihm vorging, worüber er in dem heiligsten Dunkel seiner Seele mit sich Zwiesprache pflog – es sind nicht viele dessen würdig: der Höhere schaue und erlebe Tristan und Isolde, das eigentliche opus metaphysicum aller Kunst, ein Werk, auf dem der gebrochene Blick des Sterbenden liegt, mit seiner unersättlichen süßesten Sehnsucht nach den Geheimnissen der Nacht und des Todes, fernweg von dem Leben, welches als das Böse, Trügerische, Trennende in einer grausenhaften, gespenstischen Morgenhelle und Schärfe leuchtete: dabei ein Drama von der herbsten Strenge der Form, überwältigend in seiner schlichten Größe, und gerade nur so dem Geheimnis gemäß, von dem es redet, dem Tod-sein bei lebendigem Leibe, dem Eins-sein in der Zweiheit. Und doch ist noch etwas wunderbarer als dies Werk: der Künstler selber, der nach ihm in einer kurzen Spanne Zeit ein Weltbild der verschiedensten Färbung, die Meistersinger von Nürnberg, schaffen konnte, ja der in beiden Werken gleichsam nur ausruhte und sich erquickte, um den vor ihnen entworfenen begonnenen vierteiligen Riesenbau mit gemessener Eile zu Ende zu türmen, sein Sinnen und Dichten durch zwanzig Jahre hindurch, sein Bayreuther Kunstwerk, den Ring des Nibelungen! Wer sich über die Nachbarschaft des Tristan und der Meistersinger befremdet fühlen kann, hat das Leben und Wesen aller wahrhaft großen Deutschen in einem wichtigen Punkt nicht verstanden: er weiß nicht, auf welchem Grunde allein jene eigentlich und einzig *deutsche Heiterkeit* Luthers, Beethovens und Wagners erwachsen kann, die von anderen Völkern gar nicht verstanden wird und den jetzigen Deutschen selber abhanden gekommen scheint – jene goldhelle durchgegorene Mischung von Einfalt, Tiefblick der Liebe, betrachtendem Sinne und Schalkhaftigkeit, wie sie Wagner als den köstlichsten Trank allen denen eingeschänkt hat, welche tief am Leben gelit-

ten haben und sich ihm gleichsam mit dem Lächeln der Gene-
senden wieder zukehren.

FRIEDRICH NIETZSCHE (1844–1900), einer der bedeutendsten Philosophen der
Neuzeit. Beeinflußt durch den Vater, entwickelte Nietzsche ein reges musikalisches Interesse, das sich zeitlebens auch in eigenen Kompositionen äußerte.
Nietzsches Erstlingswerk, »Die Geburt der Tragödie aus dem Geiste der Musik«
(1872), eine Darstellung der Entwicklung der antiken Tragödie aus den Riten des
Dionysoskultes, enthält eine Fülle impliziter Hinweise auf die Musik Wagners.
Dieser, seit 1868 mit Nietzsche bekannt, war von dem Buch begeistert. Nietzsches Wagner-Enthusiasmus sollte sich freilich bald verflüchtigen, vielleicht ob
des Lachanfalls, den Wagner angesichts Nietzsches Komposition »Sylvesterklän-
ge« ereilte. (Später riet Wagner Nietzsche, er solle eine Oper schreiben oder
heiraten.) Vor allem »Nietzsche contra Wagner« und »Der Fall Wagner« (beide
erschienen 1888) stellen eine herbe Kritik der Musik Wagners dar, Nietzsche
nennt sie »neurotisch«.

HANS VON WOLZOGEN, Thematischer Leitfaden durch die
Musik zu Richard Wagners Tristan und Isolde nebst einem
Vorwort über den Sagenstoff des Wagner'schen Dramas,
Leipzig o. J. (1880), S. 3–5.

Mit den Namen Tristan und Isolde ist durch das ganze Mittelal-
ter und weit in die neuere Zeit die Vorstellung von höchstem
Liebesglück und tiefstem Liebesleid, sowie aller erdenklichen
romantischen Liebesabenteuer, im Geiste der europäischen
Kulturvölker verknüpft gewesen. Nach dem Wiedererwachen
der Teilnahme für die alte Sagenwelt und Literatur in Deutschland, hat Richard Wagners Neubelebung des unsterblichen
Stoffes seit etwa zwanzig Jahren diese typischen Gestalten des
uralten Mythos der Liebe uns wiederum nahegeführt und zu
eigen gegeben. Das für die alten Gestaltungen der Liebessage
von Tristan und Isolde charakteristische Moment ist der Liebeszauber, der in Form eines Trankes die Liebenden mit unwiderstehlich dämonischer Gewalt aneinanderkettet. Diese my-
thisch-romantische Vorstellung findet man, in Verbindung mit
mehr oder weniger anderen Zügen der späteren deutschen Tri-
standichtungen, bei den verschiedensten indogermanischen
Völkern. Im Morgenland bewahrten die sagenreichen Perser die
merkwürdigsten Erinnerungen daran; im Abendland hat das
Bardentum der britischen Kelten die reichste Ausgestaltung des
schlichten Mythos von dem im Liebeszauber gefesselten Paare,
bereits mit der keltischen Artussage, ja auch mit der Sage vom

heiligen Grale verbunden, an Franzosen und Deutsche überliefert. [...] Wir haben es bei Tristan wie bei Siegfried mit einer heroisch-ritterlichen Umgestaltung eines schlichten Naturmythos zu tun. Die Liebe der Helden ist ein mythisches Bild für das Naturverhältnis von Sonne und Erde. Die einfachste Form dafür bietet uns das Eddalied Skirnisför dar. Skirnir, der stürmische Frühlingsheld, wirbt für seinen Herrn Freyr, den Sonnengott, die eisige Wintererde: Gerda »mit den weißen Armen«. Gerda und Skirnir-Freyr erscheinen als heftige Gegner, schwer ist der Kampf, der Verwandte der Gerda (Winterriese Beli) fällt unter Skirnirs Waffe, ein Zaubertrank wird von Gerda dem Werber gereicht, ein Zauber sänftigt auch *ihren* Haß, aber das Schwert des Freyr bleibt in Gerdas Hand: sie feiern ihr Liebesfest im »Blütenhain«; doch die Liebe ist des Gottes Tod, waffenlos fällt er im Kampfe der Götterdämmerung. Die Doppelung der Person bezieht sich allerdings hier auf den Helden, anstatt auf die Geliebte; wo aber dieses letztere sich findet, wie in der Siegfried-Sage (Brünnhilde-Gutrune) und in der Geschichte von den beiden Isolden, da hat man in den beiden Gestalten der Jungfrau, nach den nun einmal gewonnenen mythischen Schlüssen für die Sage die geliebte Erde in ihrer zweifachen Bedeutung als Frühlingserde und als herbstliche Erde zu fassen. Ist doch auch Gerda eine eisige Wintermaid, ehe sie der Zauber befreit, ganz wie Isolde vor dem Tranke, dessen mythische Bedeutung die des ersten fruchtbaren Gewitterregens sein soll. Aus Winterbanden befreit der stürmisch werbende Lichtgott im Frühling die Erde; aber wenn er, nach Erreichung des höchsten Gipfels seiner Macht und Seligkeit, mit der Sonnenwende sich ihr in ihrem Herbstgewande wieder nähert, verfällt er selbst den winterlichen Gewalten, die er einst besiegt hatte; er freit die Erde nun nicht mehr für sich, sondern für den Winter; die Liebe wird ihm zum Tode. Mit obiger Deutung stimmen die Namen der Helden: die Licht- und Frühlingsgewalten (Balder, Skirnir, Fricco-Freyr) heißen vielfach nach dem Kühnen, Stürmischen ihres Wesens. Auch den Namen Tristans erklärt man aus dem Keltischen als Drystan, den Stürmischen (vgl. deutsch: thürstig = kühn, wild; griechisch: thrasys, mutig). Im Sanskrit heißt drishtan, keck, frech. Wir erkennen hiernach in Tristans Namen wie in seiner Sage ein altindogermanisches Gut. – Isoldes Name dagegen erscheint uns sogar speziell deutscher Herkunft. Deutlich enthält er die beiden Namen der

deutschen Wintergöttin: Isa (daher Isenaha, Eisenach) und
Holda (daher Holdaberg, Venusberg bei Eisenach), das heißt
die Eisige und die Verhüllte. Isas Schiff zog man im Frühjahr,
wenn der Winterbann durch den Frühlingszauber gebrochen
war, wenn die Gewässer wieder offen strömten, freudig zur
Lenzesfeier durch deutsches Land (Isoldens Schiffahrt nach
Cornwall, erster Akt bei Wagner!). »Frau Holda zieht aus dem
Berg hervor«, wenn der Mai »mit tausend holden Klängern« sie
wieder ans Licht ruft; im Todesbann des Winters aber ist der
»Tannhäuser« ihr gesellt (Liebesnacht im »Blütenhain«, zweiter
Akt bei Wagner!).

Wie durch den Fluch des Liebeszaubers auch der altkeltische
Drystan, der Stürmische, Wilde, Kühne zum Tristan, dem Helden der Trauer, dem Träger der Tragik, wie auch ihm der Lie-
bestrank zum Todestranke wird, eben dieser seit Urzeiten vor-
gezeichnete dunkle Schluß des Mythos erscheint uns nun in
Wagners Drama wiedergedichtet.

HANS VON WOLZOGEN (1848–1938), deutscher Schriftsteller. Nach einem Philo-
logiestudium (1868–1871) lebte er als freischaffender Autor, bis Wagner, mit
dem er sich angefreundet hatte, ihn 1877 mit der Redaktion der »Bayreuther
Blätter« beauftragte. Wolzogen verfaßte zahlreiche Bücher über Wagner, er war
einer seiner eifrigsten Apologeten.

HENRI LICHTENBERGER, Richard Wagner – der Dichter und
Denker. Ein Handbuch seines Lebens und Schaffens (deut-
sche Übersetzung von: Richard Wagner – poète et penseur,
Paris 1898), Dresden 1904, S. 377–380.

Wagner hat in seinem Brief-Fragment an Schopenhauer [vgl.
Einleitung Fußnote 2] das Prinzip aufgestellt, daß der Mensch
durch die Liebe nicht allein zur Verzichtleistung auf seinen individuellen Willen, sondern auch zur Vernichtung des Lebens-
willens im allgemeinen kommen kann. Wir müssen uns, um die
Tragweite dieser Stelle zu ermessen, die Theorien Schopenhauers über die Verneinung des Willens selbst ansehen. Nach dem
großen Pessimisten gibt es zwei Wege, die zur Aufhebung des
Willens führen. Entweder kann das Individuum durch willenlo-
se Betrachtung der Welt zu der Anschauung kommen, daß alle
Wesen identisch sind, und sich somit zum bewußten Mitleid
erheben; oder es kann infolge großer leiblicher oder morali-
scher Trübsal, die seinen Lebenswillen bricht, und es durch
Leiden heiligt, plötzlich zur absoluten Entsagung geführt wer-

den und den Tod freudig empfangen. Hingegen ist der Selbst-mord weit entfernt, eine Verneinung des Lebens zu sein, ein Zeichen starker Bejahung des Lebens. Der Selbstmörder *will* das Leben und ist bloß mit den Bedingungen unzufrieden, unter denen es ihm geworden; er möchte, daß sein Willen sich ohne Hindernis bejahen könnte. Er ist von der inneren Gewißheit erfüllt, daß der Willen unsterblich ist und sich ununterbrochen in neuen Objektivationen wiedergebiert; und darum tötet er sich, indem er auf seinen individuellen Willen verzichtet, dafür aber den Allgemeinwillen zum Leben mit der größten Energie bejaht. Wenn wir nun den philosophischen Gedanken des »Tri-stan« mit Hilfe der Schopenhauerischen Formeln ausdrücken, wozu uns die erwähnte Briefstelle wohl berechtigt, so können wir die moralische Entwicklung, die im Verlauf des Stückes vor sich geht, folgendermaßen definieren: Tristan und Isolde ver-neinen zuerst den *individuellen* Willen, indem sie sich zum Selbstmord entschließen, dann, als der Tod nicht eintritt, kom-men sie infolge der Leiden, die sie erdulden, zur Verwünschung – nicht allein des individuellen Lebens, das ihnen geworden ist, sondern des Lebens in seiner Gesamtheit und zur Verneinung des Willens selbst. Die Trübsal der Liebe läutert ihre Seelen und führt sie zur höchsten Entsagung.

So sind also Tristan und Isolde am Schluß des ersten Aktes Empörer: Isolde ruft den Tod herbei, weil sie das schmachvolle Geschick, das ihrer wartet, nicht tragen will (dieses Gefühl kommt zum Ausdruck in Stellen wie: »Da Morolt lebte, wer hätt' es gewagt, uns je solche Schmach zu bieten«. – »Ich ja war's, die heimlich selbst die Schmach sich schuf!« – »Was träumte mir von Isoldens Schmach?«), und Tristan will sterben, um seiner Ehre treu zu bleiben (dieses Gefühl drückt er mit der größten Energie in seinem Schwure aus, als er den Todesbecher trinkt, den Isolde ihm reicht: »Tristans Ehre – höchste Treu; Tristans Elend – kühnster Trotz,« usw.). Beide lehnen sich ge-gen ihr Schicksal auf; beide hängen noch am Leben und nehmen zum Tode nur deshalb ihre Zuflucht, weil sie das *individuelle* Leben verabscheuen, zu dem sie ihr Los bestimmt hat. Der zweite und dritte Akt zeigt, wie sie aus *Empörung* zu *Entsagen-den* werden. Schon in der ersten Szene des zweiten Aktes er-klärt Isolde der Brangäne, welche Veränderung in ihrer Seele vor sich gegangen ist »Des Todes Werk, nahm ich's vermessen zur Hand, Frau Minne hat meiner Macht es entwandt, die Tod-geweihte nahm sie in Pfand, faßte das Werk in ihre Hand; wie sie es wendet, wie sie endet, was sie mir kühret, wo sie mich führet, ihr ward ich zu eigen: – nun laß' mich Gehorsam zeigen!«. Die beiden Liebenden kämpfen nicht mehr, sie geben sich der sie beherrschenden Leidenschaft ohne Widerstand hin. Und die Liebe offenbart ihnen, daß ihr wahres Reich nicht das *Leben*, der *Tag* ist, – oder um die Schopenhauerischen Formeln anzuwenden, die Welt der Phänomene, der sinnlichen Erscheinungen, die Welt der Individuation, wo der Willen in unzählige Wesen zersplittert erscheint, – sondern der *Tod*, die *Nacht*, – oder philosophisch geredet, das Reich des Absoluten, Unbewußten, Ur-Einen ist. Im gleißenden, täuschenden Tageslichte ist das höchste Gesetz nicht die Liebe: solange der Mensch danach trachtet, im hellen Sonnenschein zu leben, hängt er sich nur an trügerische Wahngüter, wie Macht, Ruhm, Ehre und Freundschaft. Er muß das heilige Urgesetz der Liebe, das er in seinem Busen trägt, den leeren Konventionen des Tages opfern. Aber für Tristan und Isolde hat der Tag seinen Zauber verloren.

HENRI LICHTENBERGER (1864–1941), französischer Schriftsteller, Lehrer für Musikgeschichte am Konservatorium Nancy und seit 1905 Professor für Germanistik an der Pariser Sorbonne. Lichtenberger schrieb mehrere, in Frankreich weit verbreitete Bücher über Wagner.

GUIDO ADLER, Richard Wagner. Vorlesungen gehalten an der Universität zu Wien, Leipzig 1904, S. 267–271.

Bedeutet nun dieser Tod [von Tristan und Isolde] das Scheiden, oder ermöglicht er die Vereinigung für immer? Dieses urewige Rätsel kann weder begrifflich noch in künstlerischer Erschauung gelöst werden. Die Kunst vermag den Schleier der Zukunft ebensowenig zu lüften, wie das gedankliche Forschen und Suchen nach Erfassung desjenigen, was nach dem Tode ist, allein sie ermöglicht wenigstens eine künstlerische Aussprache dessen, was wir ahnen, erstreben, ersehen können. Es wird behauptet, daß der Vorstellung Wagners die völlige Auflösung des Seins im Sinne des indischen Nirwana vorgeschwebt habe, wie dies auch von Schopenhauer in seiner Auffassung des Todes herübergenommen wurde. Die Schlußworte Isoldens »in Düften verhauchend, in des Wonnemeeres wogendem Schwall, in der Duftwellen tönendem Schall, in des Weltatems wehendem All, ertrinken, versinken, unbewußt, höchste Lust!« – diese Worte würden der Vorstellung des Nirwana, des Verwehens entsprechen. Wagner selbst scheint dieses Rätsel offengehalten zu haben, indem er am Schlusse seiner Erklärung des Tristan-vorspiels sagt: »Nennen wir es Tod? Oder ist es die mächtige Wunderwelt, aus der ein Efeu und eine Rebe zu inniger Um-schlingung auf Tristans und Isoldens Grabe emporwuchsen, wie die Sage uns meldet?« (noch heute wird im Marienkloster zu Tintaioel in Cornwall das Grab der beiden gezeigt, auf dem eine Rebe und ein Rosenstock in untrennbarer Verschlingung emporgewachsen sind).

Mich will es dünken, daß es nicht so sehr darauf ankomme, ob hier mit der Vorstellung des Todes das gänzliche Aufhören, die vollständige Verwehung verbunden sei, als vielmehr darauf, daß in der völligen Hingebung Tristans und Isoldens an ihre Liebe nicht die Verneinung des Willens zum Leben an sich liege oder inbegriffen sein könne. Dieser Schopenhauersche Gedanke liegt den beiden Liebenden fern. Sie bejahen das Leben in der Liebe und verneinen es in dem von ihnen gewollten Tode. Es wäre also eine Nebeneinanderstellung von Affirmation und Ne-gation möglich. In Analogie hierzu könnte die Doppelauffas-sung des Nirwana angeführt werden, wonach beides möglich und richtig ist, indem das Nirwana nach der jetzigen Ansicht der Indologen bald das Auslöschen, bald den Zustand der Selig-keit bedeutet. [...]

Als wirklicher Repräsentant der Verneinung des Willens zum Leben, als ein Held im Schopenhauerschen Sinne könnte im »Tristan«-Drama eigentlich nur König Marke angesehen wer-den. Er unterwirft sich dem Verlangen nach Überwindung des animalischen Willens, er entsagt dem individuellen Willen in Mitleid und erhält jenen Charakter, der nach Schopenhauer den Handlungen eines Heiligen eigen ist. In ihm liegt der Ansatz zu dem Helden der Entsagung und des Mitleids in Wagners letz-tem Drama [Parsifal]; in »Tristan« spielt Marke keine hervorra-gende Rolle. Das Verhältnis von Marke und Tristan hat Wagner musikalisch sinnig gedeutet, indem König Markes Motiv die Umkehrung des Anfangs des heroischen »Tristan«-Motives ist.

GUIDO ADLER (1855–1941), österreichischer Musikforscher. Adler studierte zu-nächst am Wiener Konservatorium (u. a. bei Bruckner) und promovierte danach zum Dr. jur. und Dr. phil. 1885 wurde er Professor für Musikwissenschaft in Prag, 1898 wurde er als Nachfolger Eduard Hanslicks nach Wien berufen. Er stand in engem Kontakt zum zeitgenössischen Wiener Musikleben (zu seinen Freunden zählte Gustav Mahler, zu seinen Schülern Anton Webern). Neben Büchern über Wagner und Mahler schrieb er die Abhandlungen »Der Stil in der Musik« (1911) und »Methoden der Musikgeschichte« (1919).

WOLFGANG GOLTHER, Zur Entstehung von Richard Wagners Tristan, in: Die Musik, V. Jg. (1905/06), Bd. 20, Heft 19, S. 9–11.

Aber nicht nur Schopenhauers Weltanschauung gab den todesernsten Grundton, vielmehr »der schönste aller Träume«, »das eigentliche Glück der Liebe«, das dem nach Liebe verlangenden Künstler bisher noch gar nicht, oder nur aus unnahbarer Ferne aufgeleuchtet war. Von diesem so lange unerfüllt gebliebenen Sehnen sprechen mannigfache Äußerungen in den Briefen aus Zürich.

»Gib mir ein Herz, einen Geist, ein weibliches Gemüt, in das ich mich ganz untertauchen könnte, das mich ganz faßte – wie wenig würde ich dann nötig haben von dieser Welt«, schreibt er im April 1854 an Liszt. Und diese Frau, die er ersehnte, war bereits in des Meisters Leben getreten: *Mathilde Wesendonk*. Schon am 26. Februar 1852, kurz nach der ersten Bekanntschaft mit Wesendonks, schrieb Wagner an Uhlig: »Einige neue Bekanntschaften haben sich mir aufgedrungen – ich bin verwundert, soviel Lebhaftigkeit und Selbstreiz unter ihnen anzutreffen.« Am 20. März 1852 »schilt mich nicht eitel, wenn ich Dir auch gestehe, daß die wunderbaren Wirkungen, die ich um mich verbreite, mir ab und zu ein wohliges Bewußtsein meines Daseins wiedergaben. Ein feuchtglänzendes Frauenauge durchdringt mich oft wieder mit neuer Hoffnung«.

In der »Walküre«, die im Juni 1852 gedichtet wurde, spricht der wehwaltende Siegmund die Worte: »Ihres Auges Strahl streifte mich da, Wärme gewann ich und Tag!«. Und über die im Sommer 1854 aufgezeichneten Skizzen zur Musik des ersten Aufzugs der »Walküre« schrieb Wagner: »Gesegnet sei Mathilde!« Im Rückblick auf die Jahre 1852 bis 58 schrieb Wagner am 20. August 1858 an seine Schwester Kläre: »Was mich seit 6 Jahren erhalten, getröstet und namentlich auch gestärkt hat, an Minnas Seite trotz der enormen Differenzen unseres Charakters und Wesens, auszuhalten, ist die Liebe jener jungen Frau, die mir anfangs und lange zagend, zweifelnd, zögernd und schüchtern, dann aber immer bestimmter und sicherer sich näherte. Da zwischen uns nie von einer Vereinigung die Rede sein konnte, gewann unsere tiefe Neigung den traurig wehmütigen Charakter, der alles Gemeine und Niedere fernhält und nur in dem Wohlergehen des anderen den Quell der Freude erkennt. Sie hat seit der Zeit unserer ersten Bekanntschaft die unermüdlichste und feinfühlendste Sorge für mich getragen.«

Dichtung und Vertonung des Ringes bis zur Mitte des Siegfried geschah, bevor der Meister das Asyl auf dem Grünen Hügel bezogen hatte. Als er aber im April 1857 sich dort niederließ, da kamen Parzival und Tristan in wundersame Bewegung, zunächst dadurch, daß sich die bisher vereinigten Stoffe voneinander loslösten. Am sonnigen Karfreitagmorgen blickte der Meister vom Asyl über das bereits ergrünte Gärtchen hinaus in die weihevolle Stille. Plötzlich fiel ihm ein, daß heute Karfreitag sei, und er entsann sich, wie bedeutungsvoll diese Mahnung ihm schon einmal in Wolframs Parzival aufgefallen war. In der Ergriffenheit dieser Stimmung entwarf er vom Karfreitagszauber aus mit wenigen Zügen ein Parzival-Drama in drei Akten. Bald danach war auch die Zeit für den Tristan gekommen. Am 4. Juli 1857 heißt es in einem Brief an Frau Ritter über Tristan: »Noch schlummert das Gedicht in mir: ich gehe mit Nächstem daran, es zum Leben zu rufen.« Nach Vollendung des zweiten Aufzuges Siegfried im August 1857 begann die Tristan-Dichtung. Vom 20. August 1857 ist der neue, mit der uns bekannten Tristanfassung völlig übereinstimmende Prosaentwurf datiert. Die Dichtung war am 18. September 1857 so ziemlich übereinstimmend mit der gedruckten Fassung vollendet. Die mit Bleistift geschriebenen, von Frau Wesendonk sorgsam mit Tinte nachgezogenen *Kompositionsskizzen* tragen die Daten für Akt I 1. Oktober bis Sylvester 1857; für II 4. Mai 1858 bis 1. Juli 1858; für III 9. April bis 16. Juli 1859 in Luzern.

[...] Zu den Skizzen des ersten Tristan-Aufzuges schrieb Wagner am Sylvester 1857 an Frau Wesendonk die Widmung: »Hochbeglückt, schmerzentrückt, frei und rein, ewig Dein – was sie sich klagten und versagten, Tristan und Isolde, in keuscher Töne Golde, ihr Weinen und ihr Küßen leg' ich zu Deinen Füßen, daß sie den Engel loben, der mich so hoch erhoben!« Und als Frau Wesendonk im Dezember 1859 aus Venedig die gedruckte Dichtung erhielt, schrieb sie Isoldens Worte hinein: »Mir erkoren – mir verloren – Heil und Heer, kühn und feig – todgeweihtes Haupt! Todgeweihtes Herz!«

WOLFGANG GOLTHER (1863–1945), Professor der deutschen Philologie in Rostock. Golther näherte sich Wagner von literaturwissenschaftlicher Seite und schrieb u. a. »Die sagengeschichtlichen Grundlagen der Ringdichtung Richard Wagners« (1902) und »Tristan und Isolde in den Dichtungen des Mittelalters und der neueren Zeit« (1907). Zudem war er Herausgeber von Wagners »Gesammelten Schriften und Dichtungen« (Berlin 1914) und seiner Briefe an Mathilde und Otto Wesendonk.

Siegfried Melchinger, Eine Handlung. Versuch über »Tristan und Isolde«, in: Programmheft der Bayreuther Festspiele 1962.
Zit. nach: Hundert Jahre Tristan. 19 Essays, hrsg. von Wieland Wagner, Emsdetten 1965, S. 109–111.

Obwohl Wagner damals bedingungslos mit Calderón[1] übereinzustimmen glaubt, hat er doch bereits in der Aneignung dieser Welt zwei entscheidende Veränderungen vorgenommen. Einmal denkt er keinen Augenblick daran, sich dem katholischen Glauben in die Arme zu werfen; er bedarf einer anderen Erlösung als der durch Christus oder seiner Stellvertreter auf dieser Welt. Und zweitens setzt er, geborener Dramatiker, die Liebe mit der Ehre in die Polarität der Gleichberechtigung. Die Tragik des »Tristan« geht zwar aus der Haltung des Castiliers hervor, dem die Ehre höher steht als die Liebe, aber Wagner erklärt diese Haltung für Selbsttäuschung: die Liebe wird und muß sich rächen. Es ist eine müßige Frage, ob das »Sehnen«, das damals zum beherrschenden Wesenszug Wagners wurde, dem persönlichen Bedürfnis entsprang, die Leere, in die er geraten war, durch einen Menschen, durch Menschenwärme, durch einen Kontakt, wie ihn seine Frau ihm nicht mehr zu geben vermochte, auszufüllen, oder ob es die aus Calderón geborene Idee des neuen Werkes war, die ihn in die Ekstase des Sehnens trieb. Denkbar ist auch, daß der bloße Anblick des schönen, reichen, glücklichen Paares Otto und Mathilde Wesendonk, das er in Zürich kennengelernt hatte, das Bewußtsein der »furchtbaren Öde meines Herzens« in ihm wachrief, von dem er an Liszt schrieb (15. Januar 1854). In demselben Brief sagt er von der wahren Liebe, daß er sie nur »in der Sehnsucht, nie in der Erfahrung« kennengelernt habe. Jedenfalls treibt ihn nun diese Sehnsucht, sich »in einer eingebildeten Welt zu befriedigen«. Am Ende des Jahres finden wir in dem Schopenhauer-Brief an Liszt (16. Dezember 1854) die Sätze: »Da ich nun aber im Le-

---

[1] Calderón de la Barca (1600–1681), spanischer Dichter und Dramatiker, über den A. W. Schlegel in den Vorlesungen »Über dramatische Kunst und Literatur« sagt: »Die ergreifendsten Darstellungen des Dichters haben den Konflikt ›Ehre‹ mit dem tief menschlichen Mitgefühl zum Vorwurf; die ›Ehre‹ bestimmt die Handlung, welche von der Welt anerkannt, gerühmt wird; das verletzte Mitgefühl flüchtet sich in eine fast unausgesprochene, aber desto tiefer erfassende, erhabene Melancholie, in der wir das Wesen der Welt als furchtbar und nichtig erkennen.« Eichendorff schreibt: »Bei Calderón ist die Liebe unbedingt der Ehre untertan.« Zit. nach Melchinger, ebd.

ben nie das eigentliche Glück der Liebe genossen habe, so will ich diesem schönsten aller Träume noch ein Denkmal setzen, in dem von Anfang bis zum Ende diese Liebe sich einmal so recht sättigen soll. Ich habe im Kopf einen ›Tristan und Isolde‹ entworfen, die einfachste, aber vollblutigste musikalische Konzeption«. – So wird die Calderón-Welt in die Wagner-Welt transponiert. Ein Kunstwerk wird entworfen. Die Konzeption hat die Genauigkeit und Strenge des Plans, der dem hellen Bewußtsein und der Energie des Willens entspricht. Aber zugleich ist der Absprung in die Ekstase erfolgt. [...]

In der Ekstase sind die drei Begriffe der Ehre, der Liebe und des Todes durch das Grundmotiv der verdrängten oder zur Erfüllung drängenden Sehnsucht verbunden. »Nun war des Sehnens, des Verlangens, der Wonne und des Elendes der Liebe kein Ende: Welt, Macht, Ruhm, Ehre, Ritterlichkeit, Treue, Freundschaft – alles wie wesenloser Traum zerstoben: nur eines noch lebend: Sehnsucht! Sehnsucht, unstillbares, ewig neu sich gebärendes Verlangen, Dursten und Schmachten: einzige Erlösung: Tod, Sterben, Untergehen, Nicht-mehr-Erwachen!« (Pariser Erläuterung des Vorspiels). – Wagner-Tristan imaginiert seine Isolde. Er imaginiert sie als eine Calderón-Gestalt. Sie repräsentiert nicht nur idealisch die Liebe, sondern die Frau. In der Ekstase verallgemeinert Wagner sich selbst zu Tristan als der idealischen Verkörperung der Ehre und des Mannes.

Beide Wesen haben so, wie sie in Musik gesetzt sind, keinerlei »charakteristische« Züge, sie sind nicht Charaktere, sondern Idealtypen. Sie bedeuten das Weib und den Mann, zusammen den Menschen.

Siegfried Melchinger (geb. 1906), deutscher Theaterwissenschaftler und -kritiker. Melchinger war 1963–1971 Mitherausgeber der Zeitschrift »Theater heute« und verfaßte einige Bücher über das moderne Theater.

Thomas Mann, Leiden und Größe Richard Wagners, in: Die neue Rundschau 44, 1933.
Zit. nach: Leiden und Größe der Meister, Frankfurt 1974, S. 109–113.

Man findet in wagneroffiziellen Werken allen Ernstes die Behauptung, der »Tristan« sei unbeeinflußt von Schopenhauerscher Philosophie. Das zeugt von sonderbarer Uneinsichtigkeit. Die erzromantische Nachtverherrlichung dieses erhabenen, morbiden, verzehrenden und zaubervollen, in alle schlimmsten und hehrsten Mysterien der Romantik tief eingeweihten Werkes ist freilich nichts spezifisch Schopenhauerisches. Die sinnlich-übersinnlichen Intuitionen des »Tristan« kommen von weiter her: von dem inbrunstvollen Hektiker Novalis, der schreibt: »Verbindung, die auch für den Tod geschlossen ist, ist eine Hochzeit, die uns eine Genossin für die Nacht gibt. Im Tode ist die Liebe am süßesten; für den Liebenden ist der Tod eine Brautnacht, ein Geheimnis süßer Mysterien.« Und der in den »Hymnen an die Nacht« klagte: »Muß immer der Morgen wiederkommen? Endet nie des Irdischen Gewalt? Wird nie der Liebe geheimes Opfer ewig brennen?« Tristan und Isolde nennen sich »Nachtgeweihte« – das steht wörtlich bei Novalis: »Der Nacht Geweihte.« Und geistesgeschichtlich noch merkwürdiger, noch bezeichnender für die Herkunft, den Gefühls- und Gedankengrund des Tristanwerkes sind seine Beziehungen zu einem Büchlein von üblem Leumund, zu Friedrich von Schlegels »Lucinde«, worin es heißt: »Wir sind unsterblich wie die Liebe. Ich kann nicht mehr sagen, meine Liebe oder deine Liebe, beide sind sie gleich und vollkommen eines, soviel Liebe als Gegenliebe. Es ist Ehe, ewige Einheit und Verbindung unserer Geister, nicht bloß für das, was wir diese oder jene Welt nennen, sondern für eine wahre, unteilbare, namenlose, unendliche Welt, für unser ganzes, ewiges Sein und Leben.« – Hier ist das Gedankenbild des Todes- und Liebestrankes: »Darum würde ich auch, wenn es mir Zeit schiene, ebenso froh und ebenso leicht eine Tasse Kirschlorbeerwasser mit Dir ausleeren, wie das letzte Glas Champagner, was wir zusammen tranken mit den Worten von mir: ›So laß' uns den Rest unseres Lebens austrinken!‹« – Hier ist auch der Gedanke des Liebestodes: »Ich weiß, auch Du würdest mich nicht überleben wollen, Du würdest dem voreiligen Gemahle auch im Sarge folgen und aus Lust und Liebe in den flammenden Abgrund steigen, in den ein rasendes Gesetz die indischen Frauen zwingt und die zartesten Heiligtümer der Willkür durch grobe Absicht und Befehl entweiht und zerstört.« – Hier ist die Rede von dem »Enthusiasmus der Wollust«, was zugleich eine echt Wagnerische Formel ist. – Hier ist in Prosa ein erotisch-quietistischer Lob- und Preisgesang auf den Schlaf, das Paradies der Ruhe, die heilige Stille der Passivität, die im »Tristan« einlullendes Hornmotiv und Gesang der geteilten Violinen geworden ist. – Und es war nicht mehr und nicht weniger als ein literarhistorischer Fund, als ich schon als

junger Mensch in dem Liebesdialog zwischen Lucinde und Julius die ekstatische Replik anstrich: »Oh' ewige Sehnsucht! –
Doch endlich wird des Tages fruchtlos Sehnen, eitles Blenden
sinken und erlöschen, und eine große Liebesnacht sich ewig
ruhig fühlen« – und an den Rand schrieb: »Tristan«. Ich weiß
noch heute nicht, ob diese wörtliche Anlehnung, diese Wiederkehr des gleichen als unbewußte Reminiszenz je sonst bemerkt
worden ist, – sowenig ich weiß, ob philologisch bekannt ist, daß
Nietzsches Buchtitel »Die fröhliche Wissenschaft« aus Schlegels »Lucinde« stammt.

Durch seinen Nachtkultus, seine Verfluchung des Tages
kennzeichnet der »Tristan« sich als romantisches und mit allem
romantischen Denken und Empfinden tief verbundenes Werk,
das der Patenschaft Schopenhauers als solches nicht bedurft
hätte. Die Nacht ist Heimat und Reich aller Romantik, ihre
Entdeckung, immer hat sie sie als die Wahrheit ausgespielt gegen das eitle Wähnen des Tages, – das Reich der Sensibilität
gegen die Vernunft. Ich vergesse nicht, welchen Eindruck es mir
machte, als ich zuerst Linderhof, das Schloß Ludwigs, des kranken und schönheitssüchtigen Königs, besuchte und in den Größenverhältnissen der Innenräume eben diese Präponderanz der
Nacht ausgedrückt fand. Die Wohn- und Tagesräume des in
wundervoller Bergeinsamkeit gelegenen Lustschlößchen sind
klein und vergleichsweise unscheinbar, bloße Kabinette. Nur
einen Saal von verhältnismäßig ungeheuren Maßen gibt es darin, in Gold und Seide und weitläufig schwerer Pracht: das
Schlafzimmer mit seinem Prunkbett unterm Baldachin und
flankiert von goldenen Kandelabern, – der eigentliche Festsaal
des Königshauses, der Nacht geweiht. Dies betonte Dominieren der »schöneren Hälfte« des Tages, der Nacht, ist ur- und
erzromantisch; die Romantik ist darin verbunden mit allem
mütterlich-mondmythischen Kultus, der seit menschlichen
Frühwelten der Sonnenverehrung, der Religion des männlich-
väterlichen Lichts entgegensteht; und im allgemeinen Beziehungsbann dieser Welt steht Wagners »Tristan«. Wenn nun
aber die Wagner-Schriftsteller erklären, »Tristan und Isolde« sei
ein Liebesdrama, das als solches die höchste Bejahung des Willens zum Leben in sich schließe und darum nichts mit Schopenhauer zu tun habe; wenn sie darauf bestehen, die darin besungene Nacht sei die Nacht der Liebe, »wo Liebeswonne uns lacht«,
und solle dies Drama durchaus eine Philosophie enthalten, so
sei diese das genaue Gegenteil der Lehre von der Verneinung

172

des Willens, und darum eben sei das Werk unabhängig von Schopenhauers Metaphysik, – so herrscht da eine befremdende psychologische Unempfindlichkeit. Die Verneinung des Willens ist der moralisch-intellektuelle Bestandteil von Schopenhauers Philosophie, der essentiell wenig entscheidend ist. Er ist sekundär. Sein System ist eine Willensphilosophie von erotischem Grundcharakter, und eben sofern sie das ist, ist der »Tristan« erfüllt, durchtränkt von ihr. Die Fackel, deren Erlöschen zu Beginn des zweiten Aktes des Mysterienspiels im Orchester vom Todesmotiv akzentuiert wird; der verzückte Ausruf der Liebenden »selbst dann bin ich die Welt« mit dem Sehnsuchtsmotiv aus der Tiefe der psychologisch-metaphysisch untermalenden Musik, – das sollte nicht Schopenhauer sein? Wagner ist im »Tristan« nicht weniger Mythopoet als im »Ring«: auch in dem Liebesdrama handelt es sich um einen Weltentstehungsmythus. »Sehnsüchtig«, schrieb er 1860 aus Paris an Mathilde Wesendonk, »blicke ich oft nach dem Lande Nirwana. Doch Nirwana wird mir schnell wieder Tristan; Sie kennen die buddhistische Weltentstehungstheorie. Ein Hauch trübt die Himmelsklarheit« – und er schreibt die vier chromatisch aufsteigenden Töne hin, mit denen sein Opus metaphysicum beginnt und mit denen es aushaucht, das gis-a-ais-h –; »das schwillt an, verdichtet sich, und in undurchdringlicher Massenhaftigkeit steht endlich die ganze Welt wieder vor mir.« Es ist der symbolische Tongedanke, den man als »Sehnsuchtsmotiv« zu bezeichnen pflegt und der in der Kosmogonie des »Tristan« den Anfang aller Dinge bedeutet, wie im »Ring« das Es-Dur des Rheinmotivs. Es ist Schopenhauers »Wille«, repräsentiert durch das, was Schopenhauer den »Brennpunkt des Willens« nannte, das Liebesverlangen. Und diese mythische Gleichsetzung des süßleidig-weltschöpferischen Prinzips, das zuerst die Himmelsklarheit des Nichts trübte, mit dem sexuellen Begehren ist dermaßen Schopenhauerisch, daß die Ableugnung des Adepten zum wunderlichen Eigensinn wird. »Wie könnten wir sterben«, fragt Tristan in Wagners erstem Entwurf, der noch versifizierten Vorform der Dichtung, »was wäre an uns zu töten, was nicht Liebe wäre? Sind wir nicht ganz nur Liebe? Kann unsere Liebe je enden? Könnte ich die Liebe je nicht mehr lieben wollen? Wollt’ ich nun sterben, stürbe da die Liebe, die wir ja doch nur *sind*?« Die Stelle zeigt die unumwundene dichterische Gleichsetzung von Wille und Liebe. Diese steht einfach für den Willen zum Leben, der im Tod nicht enden kann, sondern frei wird aus den bedingenden Fesseln der Individuation. Es ist übrigens von großem Interesse, wie in dem Drama der Liebesmythus geistig festgehalten wird und vor jeder historisch-religiösen Trübung und Störung bewahrt bleibt. Wendungen wie »fahr' er zur Hölle oder zum Himmel«, die noch im Entwurf stehen, fallen bei der Ausführung weg. Das ist ohne Zweifel eine bewußte Entfärbung vom Historischen, aber sie bleibt auf das Geistig-Philosophische beschränkt und findet nur diesem zuliebe statt. Sie geht bewunderungswürdigerweise zusammen mit der intensivsten landschaftlich-rassemäßig-kulturellen Koloristik, einer stilistischen Spezialisierung von unglaubwürdiger Sicherheit des Fühlens und Könnens, – Wagners Mimikrykunst triumphiert nirgends geheimnisvoller als in der Stilgebung des »Tristan«, die sich nicht aufs Sprachliche beschränkt, sich nicht in Redewendungen aus dem Geist der höfischen Epik erschöpft, sondern auf irgendeine intuitiv-geniale Weise das Keltische, eine englisch-normannisch-französische Atmosphäre in den Wort-Ton-Komplex aufzunehmen und ihn damit zu durchdringen weiß, – mit einer Einfühlung, die zu erkennen gibt, wie sehr und eigentlich die Wagnerische Seele in einer vornationalstaatlichen europäischen Sphäre beheimatet ist. *Nur* im Gedanklich-Spekulativen herrscht die Enthistorisierung und freie Vermenschlichung, im Dienst des erotischen Mythus. Um seinetwillen werden Himmel und Hölle ausgeschlossen. Es gibt kein Christentum, das doch als historisch-atmosphärisch gegeben wäre. Es gibt überhaupt keine Religion. Es gibt keinen Gott, – niemand nennt ihn, ruft ihn an. Es gibt ausschließlich erotische Philosophie, atheistische Metaphysik, den kosmogonischen Mythus, in dem das Sehnsuchtsmotiv die Welt hervorruft.

THOMAS MANN (1875–1955), deutscher Schriftsteller. Mann war zeitlebens gefesselt von Musik, sie war für ihn dämonisch, mystisch, verführerisch, die wirklichkeitsfernste und zugleich leidenschaftlichste aller Künste. In seinen Äußerungen über Musik meinte er jedoch, ausdrücklich oder unausgesprochen, zumeist die Musik Wagners, bestenfalls noch die Tschaikowskys oder César Francks und nur weniges andere. Mann schrieb rund ein Dutzend Aufsätze über Wagner, dessen Verehrung für Schopenhauer er teilte. 1903 veröffentlichte Mann die Novelle »Tristan«, wo er der sublimierten erotischen Vereinigung zweier Kranker die Musik des zweiten Aktes von »Tristan und Isolde« unterlegte.

PAUL ARTHUR LOOS, Richard Wagner. Vollendung und Tragik der deutschen Romantik, München 1952, S. 162f.

Merkwürdig und zugleich doch wesensgemäß notwendig erscheint das Einmünden des romantischen Toderlebens in die
christliche Religiosität; beim Thema des Liebestodes und der
religiösen Liebe klang das Motiv schon an. Bei Wagner wird
diese Linie zum Christlichen – wenn man von Brentano und
Werner einmal absieht – mehr noch deutlich als bei den Roman-
tikern, weil sein Kunstwerk den Charakter des Erlösungsdra-
mas reiner und geschlossener aufweist, nicht zuletzt im Hinblick auf das »Himmelfahrtsmotiv«, dessen später noch gedacht
werden soll. In diesem Raum künstlerischer Tradition waltet
vornehmlich jener christlich-romantische Geist, der sich an
Calderón entzündet, und aus dem Geist solcher Übernahme
und Erkenntnis mag die Frage Friedrich Schlegels zu verstehen
sein: Ob nicht das Christentum eine Religion des Todes sei.
Alle absolute Empfindung, so hatte Novalis gesagt, sei religiös:
– Das gilt nun auch für die Sympathie mit dem Tode, bei den
meisten Künstlern fern von allem Dogmatischen, beim Romantiker mehr christlich gebunden. Auf seine frühe Nähe zum To-
desgedanken zurückblickend, sagt Wagner in der »Mitteilung
an meine Freunde«: »Wie lächerlich mußten mir die klugen
Albernen erscheinen, die in der Sehnsucht nach diesem Tode ein
›durch die Wissenschaft bereits überwundenes‹ und daher ver-
werfliches Moment ›christlicher Überspanntheit‹ finden zu
müssen glaubten.« Der polemische Ton gegen »aufklärerische«
und verstandesmäßige Tendenzen gehört zum Bilde, zu einer
wesensecht romantischen Weltanschauung, in der sich der
Drang zum Mystischen schon früh zu zeigen beginnt, ehe er im
Alter die entschlossene Wendung zur christlichen religio auch
im großen Abenteuer-Raum des Todes vollzieht.

PAUL ARTHUS LOOS (1907–1963). Nach dem Jura-Studium studierte er Philosophie und promovierte 1941 mit der Dissertation »Richard Wagner als Testa-
mentsvollstrecker der Romantik«. Nach dem 2. Weltkrieg war Loos als Publizist
tätig.

Franz Egermann, Aischyleische Motive in Richard Wagners Dichtung von Tristan und Isolde, in: Deutsches Jahrbuch der Musikwissenschaft für 1964, Leipzig 1965, S. 40–44.

Schon während Wagner noch Gymnasiast war, bekundete er ein nichtalltägliches Interesse für die griechische Antike, bezeichnenderweise speziell für die Mythologie und deren Heldengestalten. Er war damit sosehr aufgefallen, daß sein Lieblingslehrer von ihm erwartete, er würde klassischer Philologe werden. Und dieses Band zur griechischen Antike riß auch während seines späteren Lebens nicht ab, es ist vielmehr mit der Reife der Jahre nur noch enger geworden. [...] Und da, in dieser Kunst der Griechen, nahm für Wagner den ersten und beherrschenden Platz die überragende Gestalt des attischen Tragikers Aischylos ein. Aischylos war ihm das vollendete Vorbild. In ihm fand er die Verwirklichung und Bestätigung seiner eigenen Kunstauffassung.

[...] Das eine [aischyleische] Motiv ist das des Schweigens, das andere das der visionären Ekstase bzw. des Zustandes einer den Boden der Sinnengewißheit verlassenden übermächtigen Erregung von Geist und Gemüt. Damit soll natürlich nicht gesagt sein, daß ähnliches nicht auch später begegnet und daß Bühnenfiguren, die in besonderen Situationen kürzere oder längere Zeit schweigen oder manisch-erregt und verwirrt sind, nicht auch in anderen Dramen alter und neuer Zeit vorkämen. Doch Aischylos ist in der abendländischen Geistesgeschichte für uns der Erste, der diese Darstellungsmittel auf der Bühne zur Anwendung brachte, und er hat mit ihnen eine sehr charakteristische, in Antike und Neuzeit hoch bewunderte szenische Wirkung zu erzielen verstanden, die einen unauslöschlichen Eindruck hinterläßt. Man darf diesen Motiven also mit allem geschichtlichen Recht die Bezeichnung »Aischyleisch« geben. Viel beredet waren solche Szenen aus uns verlorenen Stücken. In den Phrygern oder Hektors Lösung war Achill in langem unbewegtem Schweigen gezeigt, in der Niobe, die bekannte Frauengestalt, von deren Namen das Drama den Titel hatte. Beide Stücke waren Wagner aus dem »Fragmente« überschriebenen Abschnitt der Übersetzung Droysens bekannt. Dieses Darstellungsmittel zeigt auch der Prometheus, der in diesem Zusammenhang besonders genannt sei, weil Wagner dieses Drama nachweislich ebenfalls bestens kannte und zudem über die Maßen schätzte (Gesammelte Schriften 10, 16). Vereinigt hat

Wagner die zwei in Rede stehenden Motive in der uns erhaltenen Orestie in der Gestalt der Kassandra sehen können, die zunächst auch stumm verharrt und nicht zum Reden zu bewegen ist, bis sie, ungemein wirkungsvoll, das Schweigen unerwartet bricht und in visionäre Ekstase gerät. Und den Zustand der aufs höchste gesteigerten, die Sinne verwirrenden Gemütserregung zeigt in derselben Trilogie der Schluß des zweiten Dramas, der Choephoren, an der Gestalt des Orestes.

Wir wenden uns dem Tristan zu. Die Motive, die wir hier im Auge haben, durchziehen, variiert und verschieden verteilt, das ganze Stück von Anfang an.

Gleich zu Beginn des ersten Aufzuges sehen wir Isolde in düsterem, brütendem Schweigen liegen, aus dem sie erst der – sie sehr tangierende – Gesang der Seeleute aufschreckt. Und schweigend steht auf dem Steuerbord des Schiffes mit verschränkten Armen Tristan, sinnend den Blick auf das Meer gerichtet, so sehr verloren und abwesend, daß er überrascht auffährt, als Kurwenal ihn beim Nahen Brangänes am Gewande faßt und aus seinen Gedanken reißt. Wiederum folgt langes Schweigen, als Tristan, nachdem er dem Rufe Isoldes schließlich Folge geleistet, nun vor ihr steht. Wir wissen, warum. Und als dann Isolde den Tristan zum Sühnetrunk auffordert und anschließend Brangäne auf das Drängen ihrer Herrin den Trank bereitet, da ist Tristan erneut in brütendes Schweigen versunken.

Im zweiten Aufzug ist das Motiv abermals an einen Markstein der Handlung verwendet. Tristan und Isolde haben eben in höchster Verzückung von der ewigen Nacht des Liebestodes gesungen, und sie sind in entrückter Weltentfremdung ganz dem Gedanken hingegeben an das Wonnereich der Nacht. Da werden sie durch das plötzliche Erscheinen von Marke und Melot hart und jäh in die grausame Wirklichkeit des »öden Tages« zurückgeworfen. An diesem entscheidenden Wendepunkt des Geschehens erstarrt Tristan zunächst wieder in Schweigen. Es läßt uns ahnen, wie schwerwiegend das ist, worüber er nun mit sich ins Reine kommen muß. Und dann hören wir es: »Der öde Tag – zum letzten Mal!« Bald nachher spricht er denn auch unumwunden aus, daß er jetzt »scheiden«, sterben will. Und so läßt er, als Melot ihn mit der Waffe angreift, sein eigenes Schwert sinken.

[...] Es [das zweite Motiv] ist, wie schon angedeutet, das Motiv, daß eine dramatische Figur, aus besonderen Gründen in einen Ausnahmezustand der Ekstase oder einer wie im Traum oder im Fieber entfesselten Phantasie versetzt, entweder seherisch-visionär sieht, was andere nicht sehen, oder aber die erregenden Vorgänge der eigenen Brust, das, was sie befürchtet, oder das, was sie ersehnt, in die Außenwelt projiziert und so sinnlich wahrzunehmen meint, was ihre Umwelt natürlich nicht wahrzunehmen vermag. Hier wollen wir den Blick erst noch zu Aischylos zurückwenden. Denn Aischylos hat von diesem Darstellungsmittel in der Orestie zweimal Gebrauch gemacht, einmal in der Kassandra-Szene des Agamemnon und dann wieder am Schluß der Choephoren.

Die Kassandra-Szene: Eben ist König Agamemnon als Bezwinger Troias nach Hause zurückgekehrt. Auf seinem Wagen befindet sich, angetan mit den priesterlichen Insignien, die Seherin Kassandra, die jenem als Kriegsbeute zugefallen war. Nachdem dann Agamemnon den unheilvollen Weg in den Palast angetreten, bleibt Kassandra unbeweglich weiter auf dem Wagen. Nach einiger Zeit erscheint abermals Klytaimnestra auf der Bühne, um Kassandra aufzufordern, vom Wagen zu steigen und sich in den Palast zu begeben. Doch diese verharrt weiterhin in ihrem Schweigen, unbewegt wie eine Statue. Weder das wiederholte Drängen Klytaimnestras noch auch der Zuspruch der alten Männer des Chores vermögen etwas daran zu ändern. So muß Klytaimnestra unverrichteter Dinge wieder abgehen. Da, plötzlich bricht Kassandra mit einem schrillen Ruf das beklemmende Schweigen. Und es folgt nun eine Szene, die einzigartig ist in der griechischen Tragödie.

Der Blick der ekstatischen Seherin dringt durch die Mauern des Palastes. Vor ihm entschleiert sich die Vergangenheit. Sie sieht, was hier einst geschehen ist. Sie sieht die Greuel, die in diesem Hause begangen worden sind. Sie sieht aber auch, was hinter den Mauern des Palastes eben geschieht, und was später noch geschehen wird. Vor ihr visionäres Auge tritt in den Einzelheiten das Schicksal, das heute dem Agamemnon von seinem tückischen Weibe bereitet wird. Und sie sieht auch ihren eigenen Tod, der ihr unmittelbar bevorsteht. Zugleich aber sieht sie auch den Rächer, der nach Jahren kommen wird, um das Strafgericht für die Ermordung des Vaters zu vollziehen. Die Umgebung, der Chor, ahnt danach zwar Böses, kann jedoch den dunklen Worten der »im Geist wirren, gottbesessenen« Seherin zunächst keinen befriedigenden Sinn abgewinnen, bis diese zu ruhigerer Sprache und direkter Aussage übergeht, um anschlie-

ßend den Weg in den Palast und damit in den eigenen Unter-
gang anzutreten.

Auch Wagner wurde von dieser Partie offenbar ganz besonders gepackt. Denn aus der oben erwähnten eindrucksvollen
Vorlesung der Orestie in Italien wird sowohl von Cosima Wagner wie vom Maler Joukowsky übereinstimmend gerade auf die
Kassandra-Szene Bezug genommen.

[. . .] Wir kehren zurück zum Tristan. Das »furchtbare Sehnen
und schmachtende Brennen« hat den Tristan noch einmal dem
»Tag« gegeben, Isolde, so hörten wir ihn sagen, rief ihn noch
einmal aus der »Nacht«. Von dieser mächtigen Sehnsucht nach
Isolde ganz und gar erfüllt, erfährt er nun von Kurwenal, daß
dieser sie als Ärztin für seine Wunden hat holen lassen, und daß
sie schon und schon eintreffen werde. Und da sieht Tristan auf
einmal als wirklich vor sich, was er will und mit jeder Faser
wünscht. Auch die Wortwiederholungen spiegeln seine große
Erregung: »Es naht, es naht, mit mutiger Hast! Sie weht, sie
weht, die Flagge am Mast. Das Schiff, das Schiff! Dort streicht
es am Riff! Siehst du es nicht?« Aber Kurwenal sieht natürlich
nichts, sowenig wie die Frauen in den Choephoren die Gestalten wahrnehmen können, die sich vor Orests Augen drängen.
Und so wiederholt Tristan heftig und ungeduldig seine Frage:
»Kurwenal, siehst du es nicht?« Bald danach sinkt Tristan ohn-
mächtig zurück. Als er aber nach einiger Zeit aus dem Zustand
der Erschöpfung wieder zu sich gekommen, sieht er erneut das
Schiff und er sieht Isolde im Glanz ihrer Schönheit durch des
Meeres Gefilde wandeln, ihm Trost und Ruhe zulächeln und
die letzte Labung zuführen: »Und Kurwenal, wie? Du sähst sie
nicht? Was so hell und licht ich sehe, das Schiff, das Schiff,
Isoldens Schiff – das Schiff – sähst du's noch nicht?« Und noch
ein letztes Mal kehrt das Motiv wieder am Schluß der Dichtung,
in Isoldens Liebestod. Auge und Ohr der entrückten Isolde
nehmen Dinge auf, die der Umwelt verschlossen bleiben. Mild
sieht sie den toten Tristan lächeln und sein Auge sich freundlich
öffnen: »Seht ihr's, Freunde, säh't ihr's nicht?«

GIULIO COGNI, Indische Grundzüge der Tristan-Erotik, in:
Programmheft der Bayreuther Festspiele 1969, S. 14–17.

Schon zur Zeit, da Wagner am Tristan arbeitete, las er alles, was
ihm in deutscher oder französischer Sprache über indische Kul-

tur erreichbar war. Die Wagner-Bibliothek enthält fast alle Werke, im Original oder in Übersetzung, die sich auf Indien beziehen und in seiner Zeit erschienen, d. h. die zwei großen indischen Epen, die heiligen Texte des Hinduismus (Veda, Upanishad, Bhagavadgita), die Dramen Kalisadas, die zugänglichen Werke des Buddhismus, z. B. die Jatakas, die Erzählungen und Legenden des Panchatantra, die Fabelsammlung Hitopadesha, die Fabeln des Somadeva in der Übersetzung des Indologen Hermann Brockhaus, Richard Wagners Schwager. Auch die Werke Leopold von Schroeders, Burnoufs, Köppens über den Buddhismus, denen er die Legende von Ananda und Sawitri entnahm, sind hier zu erwähnen, denn ihnen ist die Thematik seines indischen Musikdramas »Die Sieger« zu verdanken, das ihn ein Leben lang beschäftigte.

Die Metaphysik des Tristan ist das Ergebnis seiner immer tiefer greifenden Beschäftigung mit der indischen bzw. vedantischen Weltanschauung. Die Anregungen dazu waren ihm von Schopenhauer zugekommen, aber seine eigene innere Neigung ergänzte sie. Wer das Wesen der hinduistischen Weltsicht kennt, begreift diese Zusammenhänge klar. Die metaphysische Deutung der Liebe, die Wagner im Tristan bietet, hat im Licht der hinduistischen Lehre nichts Überraschendes noch Unerhörtes, nichts erotisch Egozentrisches und nichts extravagant Morbides. In diesem Licht erscheint das Werk auch keineswegs als klanggewordener Eros im Sinne der europäischen Dekadenz. Es ist vielmehr die – auch musikalische – Folge einer strengen, durchsichtigen Vision, die Liebe und Tod vereinend, nicht ins Grenzenlose strebt, sondern sich im darstellenden Mythos verwirklicht. Das Eine enthüllt sich dabei in der stetigen Verwandlung einer endlosen Farbenskala, in der wechselndes Welttheater vorüberzieht.

Das Motiv von der Einheit der Liebenden, wonach der eine zugleich auch zum anderen wird, gehört dem Universum an; auch die Minne der Minnesänger hatte davon gekündet. Daß Tristan und Isolde ein einziges Wesen bildeten, er in ihr und sie in ihm weste, beide in der Überwindung der Entfremdung, der Fremde, Erfüllung und höchste Lust fanden, war schon der Dichtung Gottfrieds von Straßburg vertraut. Ihn hatte die Vorstellung mit solcher Wonne erfüllt, daß er sich durch sie zum Septimunt, dem Weltall der sieben Welten erhoben fühlte.

[...] Dieser Begriff von der kosmischen Identität begegnet uns in Novalis' »Hymnen an die Nacht« oder in der lehrhaftinspirierten Philosophie Schellings nicht zum ersten Male. Ihre geradezu natürliche Heimat ist Indien und die Vedantische Lehre, in deren advaitischem (nicht-dualistischem) Charakter Wagner seine eigene Natur wiedererkannte, so daß er ihr das höchste, erotische Musikdrama der Menschheit entnehmen und in seinem künstlerischen Gefüge jede Spur äußerer Anlehnung tilgen konnte. Alle Worträtsel der Tristan-Erotik finden ihre einfache Lösung, wenn man Wagner als Hinduisten betrachtet. Selbst Markes (hochchristliches!) Verzeihen würde die Liebenden nicht ganz rechtfertigen, wenn der hinduistische Begriff nicht zu Hilfe käme, wonach nicht das Recht oder das Dasein der Einzelnen, sondern die Übereinstimmung Aller in Einem das letztgültige Kriterium ist. Gerade darin ist der tiefste Grund des Advaitismus zu sehen: die Erkenntnis, daß jeder Anspruch des Einzelnen oder der Gesellschaft eine Täuschung des Ich ist, während die Idee von der befreienden Wirkung des Eros aus den fesselnden Banden des Daseins in den erotischen Darstellungen der Tempel von Kajuraho oder Konarak wie auch in der tantrischen Tradition ihren Ausdruck findet. Wagner hatte keine direkte Kenntnis von den tantrischen Texten, aber er begriff intuitiv ihren Gehalt, den er von seiner allgemeinen Vertrautheit mit der Yoga- und Veda-Lehre ableitete.

Man kann soweit gehen, zu behaupten, daß das vom Körperlichen losgelöste volle Liebeserleben (in manchen Tristan-Legenden – Beroul – angedeutet, im Musikdrama von Bühnenrücksichten bedingt) einer alten Yoga-Lehre entspricht, während es bestimmt kein Zufall war, wenn Wieland Wagner auf der Bühne einen Menhir aufstellte, der das Linga-Symbol andeutet, Symbol höchster Verehrung in jedem Shiva-Tempel.

Es ist allgemein bekannt, daß sich Wagner in Schopenhauers Philosophie wiedererkannte. Sie war ihm, wie er selbst sagte, nicht etwas völlig Neues, doch fand er in ihr die endgültige Klärung seiner eigenen Gedankenwelt. Wie tief er den entfernten Ursprung von Schopenhauers Lehre über ihren buchstäblichen Sinn hinaus begriff, das geht aus seinem Brief an Schopenhauer hervor (Venedig, 12. Dezember 1858), in dem er im Gegensatz zum Philosophen die geschlechtliche Vereinigung als höchstes Mittel zur Befreiung von den Fesseln der Individualität (nicht nur der Art) bezeichnet.

Giulio Cogni (geb. 1908), italienischer Musikschriftsteller und Komponist. Er schrieb das Buch »Wagner e Beethoven« und übersetzte Opernlibretti, u. a. von Wagner, Händel und Britten ins Italienische.

EJNAR FORCHHAMMER, Einiges über Tristan und Isolde, angeregt durch Lilli Lehmanns: »Studie zu Tristan und Isolde«, in: Die Musik, VII. Jg. (1907/08), Bd. 28, Heft 20, S. 87.

Zunächst muß ich Lilli Lehmann vollkommen beistimmen, wenn sie die große Szene zwischen Tristan und Isolde »keusch« nennt. Sie ist wohl, trotz der ins Ungeheuerliche gesteigerten Leidenschaft, eine der keuschesten Liebesszenen, die die Phantasie eines Dichters je ersonnen hat, weil sie nicht allein ohne eine Spur von Frivolität, sondern sogar ohne Sinnlichkeit ist. Alles ist übersinnlich, vergeistigt und beseelt.

EJNAR FORCHHAMMER (1868–1928), dänischer Sänger. 1896–1916 war Forchhammer, vor allem als Wagner-Tenor, an den Opernhäusern von Dresden, Frankfurt am Main und Wiesbaden tätig, später wurde er Musikkritiker in Dänemark und München.

DIETER SCHNEBEL, Aktualität Wagners. Zweiter Akt – Musikalisches Triebleben (Ein Hörprotokoll), in: Denkbare Musik. Schriften 1952 bis 1972, hrsg. von Hans Rudolf Zeller, Köln 1972, S. 87–89.

Nach einem Zusammensinken der Musik [Partitur S. 402 ff.] beginnt noch einmal das Vorspiel mit jenen aus der Tiefe hervortreibenden Gebilden, deren Dynamik in der riesigen Steigerung zunehmend fahriger und zupackender Gebärden, wie alles wegwerfend sich austobt; immer gewaltigeres Pochen und Atmen in der Rhythmik; ein wilder Schrei der Vereinigung – gleichsam klopft dieser Musik das Herz bis zum Hals, und es geht ihr die Luft aus. Nochmals setzt sie piano an, freilich hier schon überhetzt fluktuierend; die Stimmen klingen atemlos, wie japsend. In der nun anhebenden letzten Steigerung tritt in der Musik zunehmend der Rhythmus hervor: sie wird zu einer Art von rasendem Beat [S. 426 ff.], vollführt periodische Zuckungen, ja kommt immer mehr ins Stoßen. Die Stimmen gewinnen die Töne wieder, allerdings losgelassener: das ist reines Lustgeschrei. Schließlich erfüllen sich die aufwallenden Steigerungen im Überschwang von zwei Höhepunkten – Klang gewordener Orgasmus.

[. . .] Darauf [S. 550 ff.] folgt das Lied postkoitaler Dankbarkeit (»Oh' sink hernieder, Nacht der Liebe«). Die Stimmen verströmen sinnlichen Wohllaut; in den begleitenden Klängen pocht beider Herzschlag, zugleich synkopisch versetzt und zu einem Rhythmus verbunden. Die Stimmen singen sich lange und ruhig aus, geraten ins Schwelgen – was dann von der ähnlichen, jedoch wie immateriell klingenden dritten Stimme überhöht wird; ein fernes und leuchtendes Echo, als ob die innere Musik der beiden Liebenden nun auch in äußere Weiten tönte; gleichzeitig beginnt die begleitende Musik zu fließen. Das verhallt, und es erscheint Melodik von kosendem Gestus, in der es leise zu drängen beginnt. Sie gerät alsbald in schlängelnde Bewegung, kommt gar ins Wogen, steigert sich weiter und mündet in einen stöhnenden Laut. Erneut setzt die Carezzando-Melodik ein, geht wieder in jenes Wiegen über.

DIETER SCHNEBEL (geb. 1930), namhafter deutscher Komponist und Musikpublizist. Er studierte Theologie, Philosophie und Musikwissenschaft und war nacheinander als Pfarrer, Religions- und Musiklehrer tätig. Heute ist Schnebel Professor für Experimentelle Musik und Musikwissenschaft an der Berliner Hochschule der Künste.

THOMAS MANN, Brief an einen Opern-Spielleiter vom 15. November 1927.
Zit. nach: Wagner und unsere Zeit. Aufsätze, Betrachtungen, Briefe, Frankfurt 1963, S. 53.

Es gab Zeiten, wo ich keine Aufführung des »Tristan« im Münchner Hoftheater versäumte, dieses höchsten und gefährlichsten unter Wagners Werken, das in seiner sinnlich-übersinnlichen Inbrunst, seiner wollüstigen Schlafsucht recht etwas für junge Menschen ist, für das Alter, wo das Erotische dominiert.

THOMAS MANN, Brief an Emil Preetorius vom 6. Dezember 1949.
Ebd. S. 168.

Der zweite Akt »Tristan«, finde ich jetzt mit seinem metaphysischen Wonneweben, ist mehr etwas für junge Leute, die mit ihrer Sexualität nicht wo ein und aus wissen. Aber als ich mir neulich den *ersten* in seiner realistischen Dramatik wieder einmal vorführte, war ich vollständig begeistert. Der Gesang der Isolde von dem »Kahn, der klein und schwach –«, die gespannte Szene zwischen den beiden, beginnend mit »begehrt, Herrin,

was ihr wünscht« und beherrscht von dem einleitenden Thema
»wüßtest – Du nicht, was ich – begehre«, – es schlägt an Aus-
druckskraft schlechthin *alles*. Und dabei ist die Sprache hier
noch durch die epische Vorlage in reinen stilistischen Grenzen
gehalten. Dennoch, den ganzen »Tristan« könnte ich nicht
mehr aushalten.

THOMAS MANN, S. S. 174.

OTTO JULIUS HARTMANN, Die Esoterik im Werk Richard
Wagners, Freiburg 1960, S. 144f.

Auch in Wagners »Tristan« sind es Liebes-Todeserschütterun-
gen, die Tristan und Isolde den Zugang zu den tieferen Schichten von Welt und Seele eröffnen. Der Schwerpunkt ihres Bewußtseins verlagert sich von den Höhen des Großhirns in die
Tiefe des Herzens. Sie beginnen in *dem* Bereich zu erwachen,
wo sie bisher lediglich träumten oder ganz schliefen. Sie werden
»nacht-sichtig«, »nacht-geweiht«. In der Liebesszene des zweiten Aktes ist allein Brangäne der Anwalt des »Tages« und des
gewöhnlichen Gehirnbewußtseins. So bleiben sie »Fackelträ-
ger« auch dann, als Isolde in trotzigem Todesmut die physische
Fackel löscht, um die Vereinigung mit Tristan herbeizuführen.

Wir wiesen schon darauf hin, daß in Märchen und Sagen fast
immer die »Burg« Wahrbild für den menschlichen Körper ist,
weil dieser, gleich einer Burg dem Menschenwesen Behausung
gibt. Der »Turm«, die »Zinne« sind Wahrbilder für das Haupt,
das Großhirn und das hier waltende Tagesbewußtsein. Als
»Dornröschen« das 15. Lebensjahr erreichte, also in die Pubertät kommt, steigt sie (zum Zeichen ihres intellektuellen Erwa-
chens) die steile Wendeltreppe zum Turmgemach empor und
sticht sich dort an der Spindel der Alten: Die mit der sexuellen
Reife eng verbundene intellektuelle Reife löscht ihr kindhaft-
mythisches Geistwissen aus und hebt sie in den klaren »Tag«
der stofflich-intellektuellen Erdenwelt. Dieses Erwachen bedeutet für die nacht-sichtigen Schichten ihrer Seele solange eine
tiefe Ohnmacht, gewissermaßen ein Sterben, bis sich ihr der
geistige Erwecker naht.

Deshalb steht auch Brangäne, als Verwalterin klaren Kopfbe-
wußtseins und wissend um die Verpflichtungen und Gefahren
des Erdendaseins (Melot, Marke), auf der Höhe der »Zinne«

und mahnt die »Schläfer« (Tristan, Isolde). Man ersieht aus solchen Hinweisen die Wichtigkeit entsprechender Kulissen und wie fehlerhaft es wäre, »Burg« und »Zinne« in der Inszenierung wegzulassen.

PETER DETTMERING, Dichtung und Psychoanalyse. Thomas Mann – Rainer Maria Rilke – Richard Wagner, München 1969, S. 194–201.

Die Regression Tristans

Das Drama von »Tristan und Isolde« setzt ein in dem Augenblick, in dem Tristan für König Marke – der bekanntlich Vaterstelle bei ihm vertritt – Isolde zur Braut gewonnen hat und heimführt: eine offenkundige Parallele zu Siegfrieds Brautwerbung für König Gunter. Daß auch in diesem Falle eine innige, voroffizielle Bindung zwischen Braut und Brautwerber bestanden hat, motiviert das Verhalten Isoldes, die sich von Tristan verraten fühlt und den Verrat an ihm zu rächen entschlossen ist. Um »Rache« ging es aber auch schon in der Vorgeschichte ihrer Beziehung; damals trieb ein Kahn an Irlands Küste, »darinnen krank ein siecher Mann elend im Sterben lag«. Es entspricht dem Text der Tristan-Sage, daß dieser elende Zustand durch eine Wunde hervorgerufen wurde, die Tristan im Zweikampf mit Morold davontrug, und daß Isolde diese Wunde heilte, weshalb sie im dritten Akt wiederholt als »Ärztin« apostrophiert wird. Zugleich klingt aber in Tristans Dahintreiben im Kahn auch das Motiv der Aussetzung an, so daß die Mutter-Sohn-Beziehung Isoldes und Tristans hier schon vorgezeichnet ist und durch König Marke nur auf das Niveau der Ödipus-Ebene gehoben wird. Es scheint jedoch in Tristan noch immer eine Erinnerung daran, daß Isolde nicht nur die heilende, sondern auch die tötende Mutter war, vorhanden zu sein; sie dürfte dazu beitragen, daß er sich ihrem Drängen so beharrlich verschließt und König Marke die Treue hält. Ihn dieser Treue zu entfremden, vermag wieder nur der »Trank«, dessen Bedeutung auch hier zwischen Vergessens-, Liebes- und sogar Todestrank in der Schwebe bleibt.

So stellt sich Isolde im ersten Akt als eine Rache- und Todesgöttin dar, die Tristan mit Gewalt seiner Vaterbindung zu entfremden und für sich zu gewinnen sucht, was Tristan als Bedrohung der eigenen Identität erlebt. Diese furchtbaren Züge Isoldes klingen zum Beispiel an in ihrer Beschwörung einer Muttergottheit, die einst über die Macht verfügte, »über Meer und Sturm zu gebieten«, jetzt aber die Einschränkung erfahren hat, daß sie »nur Balsamtränke noch braut«. Auch deuten Tristans verschlüsselte Worte an, daß er – im Gegensatz zum stets arglosen Siegfried – die Bedeutung des ihm von Isolde gereichten Trankes sehr wohl versteht: »Des Schweigens Herrin heißt mich schweigen: – Faß' ich, was sie verschwieg, verschweig' ich, was sie nicht faßt.« Solches »Verschweigen« kennzeichnet auch das Verhalten Lohengrins, der einst von Seiten Elsas – oder Ortruds – jenen Verlust seiner männlichen Integrität befürchtete, die durch seine Bindung an den »König Parzival« repräsentiert war. Entsprechend deutet auch Tristans Treue und Ehre auf jene gleichsam abhebbare, nicht fugenlos mit der Person verschmolzene Geschlechtsidentität, die auf die Beziehung zu einer väterlichen Idealfigur angewiesen bleibt. Um sie nicht durch heterosexuelle Aktivität aufs Spiel zu setzen, wird die »Hochzeit« vom Sohn als Vorrecht des Vaters respektiert und das der Mutter geltende Inzestverlangen verdrängt. Es ist das Negativ jenes ödipalen Agierens, das an früheren Protagonisten Wagners so sehr auffiel und letzten Endes immer zur Abkehr der Vater-Imago führte. Lohengrin und Tristan versuchen, an Stelle des Vaters die Mutter-Imago zu frustrieren, was zu so drohenden Gestalten wie Ortrud und der Isolde des ersten Tristan-Aktes führt; Isoldes Worte: »Da die Männer sich all' ihm vertragen, wer muß nun Tristan schlagen?« bezeichnet Otto Rank als »Urformel der weiblichen Rache«. [...]

In »Tristan und Isolde« treibt Wagner die Handlung an diesen kritischen Punkt durch das Mittel des Trankes voran, dessen psychologische Funktion es wiederum ist, »eine schon bestehende Leidenschaft freizumachen« (Thomas Mann), mit anderen Worten, die Inzestschranke aufzuheben. Damit versteht Tristan mit einem Schlage seine »Ehre« nicht mehr, die ihn um Markes willen auf dieser Schranke bestehen ließ, und bekennt sich zu seiner Liebe, die freilich – wie die Ankunft im Reich König Markes am Ende des ersten Aktes beweist – von vornherein im Gegensatz zur väterlichen Legitimität sich befindet. Nicht umsonst steht der zweite Tristan-Akt im Zeichen der Nacht als einer mütterlichen, nunmehr wohlwollenden Instanz, in deren Dunkel die Liebenden wie in einem Mutterleibe untertauchen: »Oh' sink' hernieder, Nacht der Liebe, gib Vergessen, daß ich lebe; nimm mich auf in deinem Schoß, löse von der Welt mich los!« Tristan dringt hier im Schutz der mütterlichen Nacht gleichsam von innen her in die Liebesbeziehung ein, im Sinne jenes Wagnerschen Entwurfes zur »Walküre«, der die Geschwister Siegmund und Sieglinde in der Liebesumarmung die Harmonie des Mutterleibes suchen ließ: ». . . die jetzt als zwei sich umschlingen, als eins umschloß sie dereinst einer Mutter liebender Leib.« Doch obwohl diese durch Mutterleibs- und Zwillingsmotiv doppelt abgesicherte narzistische Harmonie dem Blick des väterlichen Auges nicht zugänglich scheint, bricht wie ein Schock die väterlich determinierte Tageswelt in den mütterlichen Nachttraum ein, und Tristan beantwortet den Einbruch mit den Worten: »Der öde Tag, zum letzten Mal!« Aus einer psychologischen Verfassung heraus, die derjenigen Tannhäusers im Banne des Venusberges gleicht, erscheinen ihm die eindringenden Männer als »Tagesgespenster«, was den vollzogenen Wechsel des inneren Standortes – vom »Tag« zur »Nacht« – offenbar macht. Tristans Hybris entspricht derjenigen Tannhäusers, der »weltfremd und traumbefangen« den Rittern sein Preislied auf Frau Venus singt und dadurch den Zusammenstoß zweier unvereinbarer Welten provoziert. Daraus ergibt sich in beiden Fällen die Ächtung des Protagonisten in der männlichväterlichen Wertwelt und – wenn man diesen Ehrverlust als Objektverlust auffaßt – der Verlust jenes väterlichen Kern-Introjekts [Abwehrmechanismus, der zum zentralen Bestandteil einer Person wurde], dem J. O. Wisdom nicht nur Bedeutung für die männliche Identifizierung, sondern auch für Überwindung der sogenannten depressiven Position im Sinne Melanie Kleins [früh erworbene Hintergrund-Depression, die die folgenden Lebensphasen überschattet] zuerkennt. In diese depressive Position mit den ihr zugeordneten Gefahren von Melancholie und Suizid fällt Tristan mit dem Ende des zweiten Aktes zurück, nachdem er ihr in der Vorgeschichte des Dramas mit knapper Not entging.

Tristan ist in diesem Stadium gänzlich zu seiner Nacht- und Muttersehnsucht regrediert, dazu mit der Todeswunde behaftet, die ihm das Schwert Melots – einer bösen, verräterischen männlichen Imago – geschlagen hat. Sein Geist schweift zwischen zwei Bereichen hin und her, von denen der eine durch die Abwesenheit Isoldes, der andere durch die Abwesenheit jedweder Objektbeziehung bestimmt ist, was einer subjektiven Todeserfahrung gleichkommt. Auf diesen Zustand Tristans lassen sich die Worte des Analytikers Paul Parin anwenden, ohne die Sicherung einer dauernden libidinösen Besetzung schwebe das Ich »zwischen den tödlichsten Gefahren der Entbehrung (narcissistic scar) und der Vernichtung (mortification)«. Adorno hat von dem Augenblick, da Tristans Erwachen sich regt, als der »Grenze von Nichts und Etwas« gesprochen. Um diese Grenzerfahrung geht es in Tristans Worten, die er an den treuen Kurwenal richtet: »Wo ich erwacht' – weilt' ich nicht; doch, wo ich weilte, das kann ich dir nicht sagen. Die Sonne sah ich nicht, noch sah ich Land und Leute: doch, was ich sah, das kann ich dir nicht sagen. Ich war, wo ich von je gewesen, wohin auf je ich geh': im weiten Reich der Weltennacht.« Dasselbe Wissen um die Unvereinbarkeit von Sprache und Erfahrung sprach schon aus Tristans Antwort auf Markes Frage nach dem »unerforschlich tief geheimnisvollen Grund«, der ihn seine Treue habe vergessen lassen. Diese Vergeblichkeit der Kommunikation kennzeichnet – wie Hans Mayer gezeigt hat – den Stil des gesamten Tristan-Dramas – besonders aber den dritten Akt. Es liegt nahe, diese Unfähigkeit zur Kommunikation mit der in Tristan sich ereignenden Regression auf die Zwei-Personen-Ebene zu verknüpfen: auf ihr leisten die Worte nicht mehr, was sie eigentlich sagen sollen und verlieren ihre herkömmlich-festumschriebene Bedeutung.

Dem entspricht die Dissoziation des mütterlichen Liebesobjekts in eine der Ödipus-Ebene angehörende, beim Vater verbleibende Mutter-Imago und einen leeren, durch Abwesenheit bestimmten Hohl- oder Innenraum, in den Tristan Isolde sich nachzuziehen versucht: die im zweiten Akt noch von beiden Liebenden bewohnte »Nacht«. Tristan ist jetzt allein in diesem nächtlichen Mutterleibe enthalten – man könnte sagen gefangen – und Isolde draußen; soll ihre Verbindung bestehen bleiben, muß Tristan sie sich nachziehen, wie es seine Abschiedsworte zu Ende des zweiten Aktes besagen: »Wohin nun Tristan scheidet, willst du Isold', ihm folgen? Dem Land, das Tristan meint, der Sonne Licht nicht scheint: es ist das dunkel nächt'ge Land, daraus die Mutter mich entsandt, als, den im Tode sie empfangen, im Tod sie ließ an das Licht gelangen. Was, da sie mich gebar, ihr Liebeswerke war, das Wunderreich der Nacht, aus der ich einst erwacht: das bietet dir Tristan, dahin geht er voran.« Doch gehörten diese idealisierenden und gleichsam verführerischen Worte vom »Wunderreich der Nacht« und ihre »Liebeswerke« noch der Optik des zweiten Aktes an; im dritten Akt gilt Tristans Verlangen nur noch der Erlösung von der

Wunde, von der ihn Isolde als »Ärztin« befreien soll. Zugleich erscheint ihm Isolde als »Held«, also gewissermaßen als Idealbild seiner selbst – ein Zeichen, daß eine tiefgreifende Veränderung in Tristans Selbstgefühl eingetreten ist: »Die mir die Wunde auf ewig schließe – sie naht wie ein Held, sie naht mir zum Heil!« Die von einer väterlichen Imago geschlagene Wunde erweist hier ihre Doppelbedeutung als Ausdruck der »Kastration« – gleichbedeutend mit dem erwähnten Verlust des väterlichen Kern-Introjekts – und eines Mangelzustandes, welcher der Zwei-Personen-Beziehung angehört. Die Wunde beraubt Tristan nicht nur seiner Männlichkeit, was einem Defekt auf der genitalen Ebene entspricht; sie symbolisiert auch seine Grundstörung im Sinne von Balint, die es fraglich macht, ob die »Ärztin« überhaupt noch die erwartete Hilfe zu bringen vermag, denn sie wird von Tristan zugleich als verwundend und vergiftend erlebt: »Die Wunde, die sie heilend schloß, riß mit dem Schwert sie wieder los; das Schwert dann aber – ließ sie sinken; den Gifttrank gab sie mir zu trinken: wie ich da hoffte ganz zu genesen, da ward' der sehrendste Zauber erlesen: daß nie ich sollte sterben, mich ew'ger Qual vererben! Der Trank! Der Trank! Der furchtbare Trank!« Damit ist Tristan an einen Punkt gekommen, an dem er den bisherigen Bedeutungen des Trankes eine weitere hinzufügt und ihn zusammen mit seinem Leben – das immerwieder »Vatersnot und Mutterweh«, also den Kampf der elterlichen Introjekte für ihn bereithalten wird – verflucht: »Den furchtbaren Trank, der der Qual mich vertraut, ich selbst – ich selbst, ich hab' ihn gebraut! Aus Vatersnot und Mutterweh, aus Liebestränen eh' und je – aus Lachen und Weinen, Wonnen und Wunden hab' ich des Trankes Gifte gefunden! Den ich gebraut, der mir geflossen, den wonneschlürfend je ich genossen – verflucht sei, furchtbarer Trank! Verflucht, wer dich gebraut!« Im Sinne dieses Fluches ist es nur konsequent, daß Wagner Tristans Tod als Kompromiß zwischen Liebeserlösung und Suizid darstellt; Tristan reißt sich die Wunde auf und taumelt Isolde entgegen, um in ihren Armen zu sterben. »Das eine Objekt« (Freud) hat seine Libido so weitgehend aufgesaugt, daß Isoldes plötzliche Ankunft Tristan mit heftigen Gefühlen überflutet, deren er nicht Herr zu werden vermag: was mit der heilend-verwundenden Doppelnatur des Objekts und der ihr in Tristan entsprechenden Spannung unmittelbar zusammenhängt.

PETER DETTMERING (geb. 1930), Promotion 1961 als Abschluß eines Medizin-studiums. 1962–1968 wissenschaftlicher Assistent an der Universitätsnervenkli-nik in Tübingen, dann Ausbildung zum psychiatrischen Facharzt.

MARTIN GECK, Bach und Tristan – Musik aus dem Geist der Utopie, in: Bach-Interpretationen, hrsg. von M. Geck, Göttingen 1969, S. 192 f.

Bach und Tristan – Kunst wird als Religion verstanden, ja als ein Stück Mystik: Sie weist auf das Ding an sich hin und ist in ihrer Absolutheit doch nur in Negation zu fassen: unverstän-dig, unverstehbar, unbewußt, unendlich. Entscheidend ist nicht die individuelle Gestalt des Einzelkunstwerks und die Autono-mie der Tonsprache, sondern die Hinweis-Funktion, die Trans-zendenz der musikalischen Vorgänge. Bloß »Handlung« nennt Wagner das Stück von Tristan und Isolde; damit soll gesagt sein, daß hier von einer Handlung schlechthin die Rede sei, deren Bühnen-Realität in Wahrheit bloßes Abbild des Dinges an sich, nachvollziehendes Ritual sei. In Wieland Wagners Tri-stan-Inszenierung ist das neue Bayreuth der Wahrheit vielleicht am nächsten gekommen, indem es ein Mysterienspiel statua-risch stilisierte: Liebe und Tod dessen Inhalt, Nacht sein Ele-ment, »tönendes Schweigen« (Richard Wagner) seine Sprache.

Die Handlung von Liebe und Tod in einer – nach Wagners eigenen Worten – »Welt ohne Gott« steht Bachs Passio Domini nostri Jesu Christi gegenüber. Es muß dem gläubigen Christen befremdlich, ja lästerlich erscheinen, hier vergleichbare Größen zu sehen; doch phänomenologisch ist der Vergleich möglich. Denn was anders hat die christliche unio mystica zum Inhalt als Liebe und Tod? Treten nicht auch in der Matthäuspassion ne-ben theologische Aussagen (aus Liebe will mein Heiland ster-ben) kreatürliche Empfindungen der anima mystica? Davon abgesehen ist auch in der Matthäuspassion bei aller Bewegtheit der Chöre und Arien eine statuarische, transzendierende Hal-tung unverkennbar; beherrschend ist die Passion an sich, um die sich die Gemeinde unter dem Kreuz versammelt. So unter-schiedlich beide Welten sind – Wagner selbst hat betont, daß Bachs Passionen ihre volle Lebenswirklichkeit nur in der Kir-che und unter der Gemeinde haben könnten – so lebendig ist doch in beiden der Geist der Utopie, jenes tief und leise in sich selber Schreiten und zugleich aus der festgefügten Welt Aufbrechen in das Land der Verheißung. Sind Bachs Jenseits-Bejahung und Wagners Diesseits-Verneinung auch zwei auseinanderstrebende Kräfte, so verbindet sie doch der Wille zur Überwindung der Welt; und auch Wagner kennt für Tristan und Isolde des dritten Aktes nicht nur die Entsagung, sondern neben »tiefstem Leiden« zugleich »unerhörten Jubel«. Beiden, Bach und Wagner, genügt die werkimmanente Schönheit der Musik nicht, beiden ist sie darüberhinaus Hinweis auf künftige Freiheit.

MARTIN GECK (geb. 1936), deutscher Musikforscher und -pädagoge. 1966–1970 betreute Geck die Redaktion der Wagner-Gesamtausgabe. Seine zahlreichen Veröffentlichungen sind überwiegend Wagner und dem Barock, insbesondere Bach gewidmet.

ROMAIN ROLLAND, Musiker von heute, Bd. II (deutsche Übersetzung von: Musiciens d'aujourd'hui, Paris 1908), München 1925, S. 227f.

Tristan überragt alle anderen Liebesgedichte, wie Wagner alle anderen Künstler seines Jahrhunderts um Bergeshöhe überragt. Tristan ist ein Denkmal erhabener Macht. Zwar fehlt viel daran, daß er ein vollkommenes Werk ist. Bei Wagner gibt es kein vollkommenes Werk. Die Anstrengung, welche die Schöpfung solcher Arbeiten erfordert, ist zu maßlos, um sie durchhalten zu können; und nun gar, um jahrelang durchgehalten zu werden. Diese bis zum Paroxismus [höchste Steigerung der Erregung] gespannten Leidenschaften während eines ganzen Dramas können nicht von einem Musiker in plötzlichen Improvisationen festgelegt, ebenso schnell verwirklicht werden, wie sie empfangen wurden.

[. . .] Ich will nicht auf den Fehler eingehen, der dem Wagner-Theater anhängt: Das Drama Wagners ist nur eine dramatische oder epische Sinfonie, die unmöglich zu spielen ist, und die durch die Darstellung nichts gewinnt. Das bewahrheitet sich vor allem beim Tristan, wo das Unebenmaß zwischen dem Orkan der dargestellten Gefühle und der kalten Konvention, der gezwungenen Zurückhaltung, die in der szenischen Handlung ausgedrückt wird, bei gewissen Stellen, wie z. B. im zweiten Akt, peinlich, anstößig, fast unnatürlich wirkt.

Aber wenn man zugibt, daß das Drama Wagners eine Sinfonie ist, und daß man sie nicht darstellen kann – selbst wenn man das zugibt, muß man noch Flecke und Unebenheiten aufdecken.

Der erste Akt ist in der Orchestration oft schwach und dem Aufbau fehlt es an Einfachheit. Es gibt Lücken, unerklärliche Löcher, melodische Zeilen, die über die Leere ausgebreitet sind. Dann ist der lyrische Schwung von einem Ende bis zum anderen durch die Deklamation oder, was schlimmer ist, durch traditionelle Erläuterungen zerrissen. Rasende Wirbel halten plötzlich inne, um den Rezitativen Platz zu machen, die erklären oder diskutieren. Und wohl sind die Rezitative fast immer ein ergreifendes Relief, wohl bewahren die metaphysischen Träumereien einen Charakter unausgebildeter Feinheit, dessen Geschmack stark ist –, das Übergewicht der reinen poetischen Bewegungen, der reinen Leidenschaft, der reinen Musik ist so offenbar, daß dieses musikalische und philosophische Drama dazu gemacht ist, um einem Philosophie und Drama zu verleiden, was vor allem der Musik hinderlich ist und sie beschränkt. – Schließlich ist der rein musikalische Teil von dem Vorwurf ausgeschlossen, der sich gegen das gesamte Werk richtet; es fehlt die Einheit. Der Stil Wagners ist aus sehr vielen verschiedenen Stilen geschmiedet, man findet darin Italianismen und Germanismen – auch Gallizismen – jeder Art; es ist Erhabenes, es ist Mittelmäßiges darin; manchmal fühlt man die Verknüpfung; die Verschmelzung ist nicht vollkommen. – Oder zwei gleich ursprüngliche Gedanken verletzen einander und tun sich durch ihren zu starken Kontrast weh. Die wunderbare Klage des Königs Marke – dieses Gralsritters – ist mit einer so tiefen Mäßigung behandelt, so gleichgültig gegen die materielle Wirkung, daß am Ende des feurigen Ergusses des Duettes sein reines und kaltes Licht gänzlich verlischt.

Das Werk leidet auch überall unter einem Mangel an Proportion. Ein fast unvermeidlicher Fehler, der seiner Größe selbst entspringt. Eine mittelmäßige Arbeit kann wohl leicht vollkommen in ihrer Art sein, selten aber, daß eine erhabene Arbeit dahin gelangt. Eine Landschaft kleiner Täler und lieblicher Wiesen ist viel leichter harmonisch, als eine blendende Alpenlandschaft mit Gießbächen, Gletschern und Stürmen. Bald hier, bald dort, zerdrücken furchtbare Gipfel in dieser Landschaft das Bild und zerstören die Harmonie. – So ist es bei einigen Stellen im Tristan: z. B. jene beiden Gedichte von berauschender und zerrüttender Erwartung, – die Haltung Isoldens im zweiten Akt, in der von Wollust erfüllten Nacht, – die Haltung Tristans im dritten Akt, verwundet, rasend, blutend; die Erwartung des Schiffes, das Isolde bringt, und der Tod; – oder das

Präludium, dieser ewige Wunsch, der klagt, schleudert und wie
das Meer ewig zerschellt.

Romain Rolland, s. S. 73.

Frederick Goldbeck, Tristan oder der Koloß auf »halbtönernen« Füßen, in: Melos 18, 1951, S. 274 f.

Eine »verzehrende Passion für Logik« erschwere den Franzosen den Zugang zur deutschen Romantik, meinte Wagner.
Doch eine solche Passion war gerade die seinige – und sie hat
den Zugang zu *seiner* Romantik nicht wenig erleichtert. Die
nachttrunkene Musik des »Tristan« ist logisch, klar und einheitlich bis zur Verzweiflung: ein Stil, der durch Wiederholung
selbst das Dunkelste überdeutlich macht – ein Stil, der weder
Spaß versteht noch Seitensprünge duldet. Sehr im Gegensatz zu
Beethoven, bei dem ein prächtiger Rest und Überschuß von
Musikanten-Willkür noch die gespannteste Form durchbricht,
geht bei Wagner alles auf in dem Ringen um Gestalt und Regel.
Er »stellt sie selbst und folgt ihr dann« – so folgsam, daß er
nicht einen Takt schreibt, der sich nicht sofort vor ihr verantworten könnte. Ein ganzer Akt (und im Grunde der ganze
Ring) *eine* strenge Durchführung – das ist eines der erfolgrei-
chen Mittel des vermeintlichen Magiers und überwachen Komponisten: der Hörer darf träumen; er riskiert nie, Wichtiges zu
verpassen – dafür sorgt die Wiederholung; er wird, dank der
Durchführungslogik, nie den Faden verlieren. Wagner ist unter
den großen Musikern der erste, dem zur Wirkung eine halbe
oder Viertels-Aufmerksamkeit seiner Hörer genügt. Damit begründet und definiert er das moderne »große« Publikum: als ein
Publikum, das solche Bescheidenheit der Komponisten zur Bedingung seines Mitgehens macht. »Tristans« unendliche Melodie, Chromatik und Insistenz haben seitdem allen wetterwendi-
schen, barocken, einfallsreichen, kurz den interessantesten Musikern und Werken den Erfolg verwirkt; und, umgekehrt, allen
denen den Weg geebnet, die klug oder arm genug sind, sich an
eine Stimmung zu halten – die, hart oder weich, vornehm oder
banal, *einen* Ton, und sei es der monotonste, auszubeuten verstehen. Von »Tristan« geformte Hörer – und dazu gehören auch
nicht wenige Anti-Wagnerianer – haben Ohren für Tschaikowsky, aber nicht für Liszt; für Bruckner eher als für Mahler.

Dvořák gefällt ihnen besser als Janáček, Hindemith besser als Busoni. Wagner ist nicht unschuldig daran, daß Debussys »Gigues« und »Jeux« unbekannt bleiben, und daß nur »Boléro« Ravel allbeliebt machen konnte. Als extremster Fall dürfte sich sogar noch »Der dritte Mann« beim »Tristan« für seine verwunderliche Popularität bedanken.

Doch auch hier hat Wagner noch einmal für Dialektik, Widerspruch und Gegengift gesorgt. Dieselbe »Tristan«-Logik, die das große Publikum zur Faulheit erzog, verführte ein allerkleinstes und allerwichtigstes Publikum zur Strenge und zum Abenteuer. Mit dem Unternehmen des »Tristan«, zugleich Harmonie und Form aufzulösen und Ausdruck auszukonstruieren, begann die endgültig »moderne« Paradoxie des Brauens musikalischer Liebestränke: der Logik mißtrauend und doch der Logik verschrieben, hat der Komponist von nun an auch noch zu verantworten, was bis dahin, als der »Inspiration« anheimgestellt, sich der Verantwortung vor der musikalischen »Sitte« entzog. Und komponieren heißt seitdem, sich mit dieser Paradoxie und Herausforderung auseinandersetzen, die Wagner im »Tristan« mit seinen großen Lettern an die Wand schrieb. Ihr verdanken wir Debussys Gegen-Tristan »Pelléas et Mélisande«, mit denselben Personen desselben Dramas, aber ohne Leit- und laute Töne. Und Schönbergs, Bergs und Weberns Über-Tristane, bald ohne Personen, bald mit Gespenstern als Personen, mit ersticktem Schrei und auseinandergerissener Chromatik. Zu solchen Versuchen zu stehen und noch zu einigen anderen Arten »einsamster Musik, die es gibt« (wie sie Nietzsche in Wagners Partituren zu finden verstand), das ist vielleicht die beste Weise, noch heute Wagner dankbar zu sein.

FREDERICK GOLDBECK (geb. 1902), französischer Musikschriftsteller. Goldbeck schrieb »The perfect Conductor« (New York 1951) und zahlreiche kleinere Aufsätze in französischen, englischen und deutschen Musikzeitschriften, ist aber mit Arbeiten über Wagner indes sonst kaum hervorgetreten.

HANS-HEINZ STUCKENSCHMIDT, Wagner und die atonale Musik, in: Melos 30, 1963, S. 221.

Ein Ohr, das gelernt hat, Wagner wirklich zu hören, und nicht nur oberflächlich, hat bei einiger Schulung keine Schwierigkeiten, sich in der Musik Schönbergs, Alban Bergs oder Anton Weberns zurechtzufinden. Denn alle drei kommen ebenso von dem Jugenderlebnis Wagner her wie Alexander Skrjabin oder Gustav Mahler. In einem technisch und ästhetisch so weit von Wagner entfernten Stück wie den Klaviervariationen von Anton Webern geistert noch dieser Tristanstil unverkennbar herum. Die Tristan-Herkunft nimmt bei Alban Berg einmal die Form eines Bekenntnisses an, wenn im Largo desolato, dem sechsten Satz der »Lyrischen Suite« für Streichquartett, das berühmte Motiv [das »Sehnsuchtsmotiv« des Anfangs] vom Violoncello und der ersten Geige wörtlich zitiert wird. Das ist freilich ein Zitat von heiligem Ernst, weltenfern der Ironie Claude Debussys, der dieselbe Stelle sentimental den Mittelsatz eines Kinder-Cakewalks würzen läßt, fern auch dem Spott in den Zeitungsausschnitten des Schönberg-Schülers Hanns Eisler, wo sie bei den Textworten auftritt: »Ich bitte Sie sehr zu blühen, Herr Baum; vergessen Sie nicht: es ist Frühling!«

Hans Heinz Stuckenschmidt (geb. 1901), deutscher Musikkritiker. Stuckenschmidt gilt als einer der angesehensten Kritiker der Neuen Musik, für die er sich zeitlebens engagierte. Er schrieb zahlreiche Bücher, u. a. über Schönberg, Strawinsky und Ravel.

EDUARD HANSLICK in: Wiener Zeitung (1877)
EDUARD HANSLICK in: Neue Freie Presse (1877)
KARL EDUARD SCHELLE in: Die Presse (1877)
FRANZ GEHRING: Deutsche Zeitung (1877)
ANONYMUS in: Wiener Sonn- u. Montagszeitung (1877)
HANS KLESER: Plaudereien aus Wien (1877)
THEODOR HELM in: Musikalisches Wochenblatt (1878)
RICHARD HEUBERGER in: Wiener Tagblatt (1890)
EDUARD HANSLICK in: Neue Freie Presse (1890)
THEODOR HELM in: Musikalisches Wochenblatt (1891)
ANONYMUS in: Ostdeutsche Rundschau (ca. 1890/91)
MAX KALBECK in: Wiener Montag-Revue (1891)
ERNST KURTH: Bruckner, Bd. 2 (1925)
WILHELM KIENZL: Im Konzert (1928)
FRITZ GRÜNINGER: Anton Bruckner. Der metaphysische Kern
    seiner Persönlichkeit und Werke (1930)
KARL SCHÖNEWOLF: Konzertbuch (1961)
LUISE G. BACHMANN: Bruckner. Der Roman der Sinfonie
    (1938)

Einleitung

Die zeitgenössischen Kontroversen um die Sinfonien Anton Bruckners sind einer der Schauplätze jener musikästhetischen Auseinandersetzung, die in der zweiten Hälfte des 19. Jahrhunderts zwischen zwei Parteien geführt wurden, die mit einer kleinen Kollektion von Schlagworten zu kennzeichnen wären: Neudeutsche, Wagnerianer, Progressive, Inhaltsästhetiker auf der einen Seite, Klassizisten, Brahmsianer, Konservative, Formalästhetiker auf der anderen. Publizistischen Niederschlag fanden diese Kämpfe vor allem in einer Musikkritik, die sich als unbedingte Parteikritik verstand und keinen Anstoß daran nahm, die Produkte der jeweils »gegnerischen Seite« anhand der eigenen, ästhetischen Normen zu be- und verurteilen. Dieses Phänomen läßt sich an den Uraufführungskritiken einer Bruckner-Sinfonie besonders gut illustrieren, weshalb diese hier einen breiten Raum einnehmen.

Entsprechend dem bekannten saloppen Diktum, Bruckner habe nur eine Sinfonie geschrieben, und diese neunmal, gibt es für die Auswahl gerade der Dritten keine sonderlich gravierenden Motive, allenfalls, daß die Antiwagnerianer sich über dieses Werk besonders erregen mußten, präsentierte es sich doch in besonderem Maße als Huldigung des Komponisten an sein Bayreuther Idol. Bruckner hatte die Sinfonie Wagner ja nicht nur gewidmet, sondern sie vorübergehend sogar ausdrücklich als »Wagner-Symphonie« bezeichnet und einige Reminiszenzen an »Tannhäuser«, »Tristan« und »Walküre« eingestreut, die fast Zitatcharakter haben.

Zum Verständnis der Wirkungsgeschichte von Bruckners Dritter Sinfonie ist es unerläßlich, den verschlungenen Pfaden ihrer Entstehungsgeschichte zu folgen:

Die erste Fassung entstand 1872/73. Nach einer Erzählung Bruckners aus dem Jahre 1890 soll das Andante des zweiten Satzes am 15. Oktober 1872, dem Namenstag seiner Mutter, entstanden sein, am darauffolgenden Tag sei ihm das Thema des »Mysterioso« eingefallen. Im Frühjahr 1873 wurden die ersten drei Sätze abgeschlossen; die Skizze des Finale entstand im August 1873 während des Kuraufenthalts im böhmischen Marienbad. Von dort aus reiste Bruckner Anfang September nach Bayreuth, um Richard Wagner seine zweite und dritte Sinfonie mit der Bitte vorzulegen, ihm eines der beiden Werke widmen zu dürfen. Wagner wählte die Dritte, und Bruckner stellte am Silvestertag 1873 die Partitur des Finale fertig. Eine vollständige Reinschrift mit dem Titel »Wagner-Symphonie«, die wahrscheinlich dem Widmungsträger übersandt wurde, ist erhalten. 1874/75 bot der Komponist das Werk zweimal den Wiener Philharmonikern vergeblich zur Aufführung an. Wohl unter dem Eindruck dieser Ablehnungen erstellte er 1876/77 eine neue, zweite Fassung, die am 16. Dezember 1877 von den Philharmonikern uraufgeführt wurde. Johann Herbeck, der die Aufführung durchgesetzt hatte und dirigieren wollte, war am 28. Oktober verstorben, und da sich kein anderer Dirigent fand, mußte der in der Arbeit mit dem Orchester recht unerfahrene und von den Philharmonikern ohnehin nicht ernst genommene Komponist die Leitung selbst übernehmen, wodurch das Fiasko wohl noch ärger wurde. Trotz des Mißerfolgs druckte der bei der Uraufführung anwesende Verleger Theodor Rättig das Werk, das zu diesem Zweck noch einmal überarbeitet wurde. 1888/89 bearbeitete Bruckner diese Fassung erneut, wobei er beim Finale von einer gekürzten Version der ersten Druckfassung ausging, die sein Schüler Franz Schalk angefertigt hatte. Noch während der Drucklegung schaltete sich Gustav Mahler ein, der Bruckner dazu bewog, einen Teil der Änderungen wieder rückgängig zu machen und auf die erste Druckfassung zurückzugreifen. Mit einem Druckkostenzuschuß Kaiser Franz Josefs von 1600 Gulden erschien die zweite Druckfassung 1890 wieder im Verlag Th. Rättig. Die Uraufführung dieser Fassung fand am 21. Dezember 1890 in Wien statt, es spielten die Philharmoniker unter Hans Richter.

Ein Vergleich der Kritiken beider Uraufführungen zeigt bei den einzelnen Autoren Konstanz wie auch Variabilität der Urteile. Positive wie negative Wertungen beziehen sich bei Anhängern wie Gegnern auf die gleichen Aspekte: Geschätzt werden Einfall und Instrumentation, kritisiert werden Verarbeitung und mangelhafte Logik der Form, was noch fünfzig Jahre später bei Kienzl anklingt.

Aus Ernst Kurths über 50 Druckseiten umfassenden Darstellung der Sinfonie sei hier die Einleitung wiedergegeben. Die emphatische Diktion mutet wie ein Versuch an, sich dem musikalischen Gegenstand im Sprachstil anzupassen. Kurths Hermeneutik gründet auf der Vorstellung von Musik als einem Kräftespiel von Themen, Motiven und Rhythmen, das er in seinen Werkbeschreibungen anschaulich schildert. Reich an solchen »energetischen« Bildern ist auch seine schaffenspsychologische Deutung in bezug auf die Stellung der Dritten in Bruckners Gesamtwerk.

Die Idee vom »Mystiker« Bruckner klingt in kritischer Tönung schon früh an; Fritz Grüningers Text steht hier stellvertretend für dieses seither vorherrschende Klischee. Schönewolf wendet sie ins Saekulare, in der ersten Auflage seines Konzertführers zeigt er sich noch traditionellen hermeneutischen Dramaturgien verpflichtet, die zweite Auflage seines Werks, »dessen Erläuterungen zu Komponisten und Werken Erkenntnisse marxistischer Musikgeschichtsschreibung und -ästhetik zugrunde lagen« (Vorwort, S. 5), zeigt sich in dieser Hinsicht modernisiert.

Nach dem Abklingen der frühen Kontroversen hat sich die Bruckner-Rezeption lange in den bei Grüninger paradigmatisch belegten Bahnen gehalten. Die Bruckner-Literatur der letzten Jahrzehnte hat hier keine neuen Tendenzen gezeigt, das Interesse der Autoren liegt nun vor allem im Biographischen und bei der Aufarbeitung der komplizierten quellenkritischen Problematik der »Fassungen«.

Zum Schluß des Bruckner-Kapitels soll ein Beispiel aus der Trivialliteratur nicht fehlen, ein besonders schönes Dokument einer naiven biographischen Werkdeutung.

Eine gründliche Werkanalyse bietet: Josef Tröller, Anton Bruckner. III. Symphonie d-moll, München 1976 (Meisterwerke der Musik, Heft 13).

EDUARD HANSLICK in: Wiener Zeitung (Abendpost) vom 17. Dezember 1877.
Zit. nach: Manfred Wagner, Geschichte der Österreichischen Musikkritik in Beispielen, Tutzing 1979 (Publikationen des Instituts für österreichische Musikdokumentation, Bd. 5), S. 214.

Gestern ging das zweite ordentliche Concert der Gesellschaft für Musikfreunde vor sich. Am Dirigentenpult stand noch Herr Joseph Hellmesberger; aber er nahm in seiner Eigenschaft als provisorischer Leiter der Gesellschaftsconcerte Abschied. [. . .] Die Schlußnummer bildete eine Riesensymphonie (D-moll) von Bruckner, welcher die Leitung seines Werkes persönlich führte. Es ist das ein ganz ungeheuerliches Werk, dessen Wagnisse und Seltsamkeiten sich nicht mit wenigen Worten charakterisiren lassen. Es sei uns also gestattet, auf dasselbe zurückzukommen. Es arbeitet in dieser verblüffenden Musik ein ungezügelter und ungeschulter Naturalismus, dem keine Rohheit zu groß, kein logischer Sprung zu weit ist und der das Unerhörteste mit einer wahrhaft kindlichen Gutgläubigkeit begeht. Herr Bruckner mordet Vater und Mutter mit der Ueberzeugung, das müsse so sein. Was er an Generalpausen leistet, streift ans Märchen. Man kommt bei dieser Musik aus dem Kopfschütteln nicht heraus, greift sich wohl auch zuweilig an den Puls, um sich zu überzeugen, ob das Gehörte nicht etwa Product selbsteigenen Fiebers sei. Trotzdem fesselt dieser verspätete Sendling des Antediluviums durch einen ganz bestimmten Anspruch, den er auf das Leben erhebt, mehr und interessirt nachhaltiger als manche wohlgesetzte und gutgesinnte Symphonie eines dürren Schulfuchses. Noch bevor Herr Bruckner den Tactstock hob, begann ein Theil des Publicums schon aus dem Saale zu strömen und dieser Exodus nahm nach jedem Satze immer größere Dimen-

sionen an, so daß das Finale, welches an Absonderlichkeit alle
seine Vorgänger überbietet, nur mehr vor einer kleinen Schaar
zum Äußersten entschlossener Waghälse abgespielt wurde. Es
sei fern von uns, diese traurige Unsitte des Wiener Publicums in
Schutz nehmen zu wollen.

EDUARD HANSLICK, s. S. 159.

EDUARD HANSLICK in: Neue Freie Presse vom 18. Dezember 1877.
Zit. nach: Anton Bruckner. Ein Lebens- und Schaffens-Bild
von August Göllerich. Nach dessen Tod ergänzt und hrsg.
von Max Auer, Bd. IV, 1. Teil, Regensburg 1936, S. 479 f.

[...] Den Beschluß machte eine neue Symphonie (Nr. 3
D-moll) von Anton Bruckner, k. k. Hoforganist und Professor am Konservatorium. Wir möchten dem als Menschen
und Künstler von uns aufrichtig geehrten Komponisten, der es
mit der Kunst ehrlich meint, so seltsam er mit ihr umgeht, nicht
gerne wehtun, darum setzen wir an die Stelle einer Kritik lieber
das bescheidene Geständnis, daß wir seine gigantische Symphonie nicht verstanden haben. Weder seine poetischen Intentionen
wurden uns klar – vielleicht eine Vision, wie Beethoven's
»Neunte« mit Wagner's »Walküre« Freundschaft schließt und
endlich unter die Hufe ihrer Pferde gerät – noch den rein musikalischen Zusammenhang vermochten wir zu fassen. Der persönlich dirigierende Komponist wurde mit Beifall begrüßt und
am Schlusse von einer bis zum Ende ausharrenden Fraction des
Publikums für die Flucht der übrigen durch lebhaften Applaus
getröstet.

EDUARD HANSLICK, s. S. 159.

KARL EDUARD SCHELLE in: Die Presse vom 30. Dezember
1877, S. 1.
Zit. nach: Manfred Wagner, a. a. O., S. 215.

[...] Ueberhaupt hinterließ dieses Concert einen etwas ge-
mischten Eindruck, theils in Folge einer gewissen Ueberfülle an
Musik, theils aber auch wegen des Charakters der Neuigkeit,
welche zum Schluß kam, nämlich einer »Symphonie in D-moll«

von Anton Bruckner. Eine ungemeine schöpferische Begabung verleugnet sich wahrlich nicht in diesem Tonwerke; es enthält vielmehr sehr interessante Gedanken. Allein der Mangel an Maß, an klarer Gliederung und logischer Entwicklung in der Form verdirbt wieder das, was an der Conception fesselt. Eine gründliche Ueberarbeitung dürfte wol dieser bemerkenswerthen Composition eine ganz andere Wirkungsfähigkeit verleihen, als derselben in ihrer jetzigen Gestalt innewohnt.

Karl Eduard Schelle (1816–1882), seit 1864 Musikkritiker in Wien, schrieb u. a. »Der Tannhäuser in Paris« (1861).

Franz Gehring in: Deutsche Zeitung vom 19. Dezember 1877, S. 1.
Zit. nach: Manfred Wagner, a. a. O., S. 216.

[. . .] So war also das sonntägige Concert ein höchst genußreiches, bis Hellmesberger den Dirigentenstab niederlegte. Es folgte dann eine neue Symphonie von Anton Bruckner unter des Componisten Leitung. Viele Zuhörer schienen nichts Gutes zu ahnen, und da die Zeit auch schon ziemlich vorgerückt war, suchten sie das Weite. Die Folge erwies, wie klug sie daran gethan hatten. In der That bekamen wir ein höchst absonderliches Werk zu hören, welches eher eine bunte, planlose Aneinanderflickung von Fetzen musikalischer Ideen genannt werden könnte, statt mit dem schon an und für sich wohlklingenden Namen »Symphonie« bezeichnet zu werden. Der Componist, welcher bekanntlich im Jahre 1873 ein »Concert zum Schlusse der Weltausstellung« gab, ist unstreitig ein Original; er muß aber wenige oder gar keine Freunde haben, sonst hätten ihn diese wohl verhindert, daß der große Musikvereins-Saal sich allmälig immer mehr leerte, je weiter die Ausführung der Symphonie vorschritt. Schließlich klatschten sogar einige Spaßvögel sehr lebhaft Beifall, indem sie »Bis« und »Da capo« riefen. Es wurden bei dem Herausgehen aus dem Saale Stimmen laut: Herbeck trage die Schuld an dem für Wiens Musikzustände höchst bedauerlichen Ereignisse, daß ein solches Werk zur Aufführung gelangte, Herbeck habe die Symphonie zugelassen. Damit hat es wohl seine Richtigkeit, aber man bedenke, daß Herr Bruckner Professor am Conservatorium ist, daß ferner Richard Wagner die Widmung der Symphonie angenommen

201

hat: durfte unter solchen Umständen Herbeck interveniren
oder hätte er mit seiner Intervention etwas ausgerichtet? Die
Beantwortung dieser Fragen liegt auf der Hand. Lassen wir die
Todten in Frieden ruhen!

FRANZ GEHRING (1838–1884), Professor für Mathematik an der Wiener Universität, daneben Musikschriftsteller, veröffentlichte u. a. eine Mozart-Biographie.

ANONYMUS (»FLORESTAN«) in: Wiener Sonn- und Montagszeitung vom 24. Dezember 1877, S. 3.
Zit. nach: Manfred Wagner, a. a. O., S. 216 f.

[...] Den merkwürdigen Schluß des Concertes machte die erste
Aufführung der D-moll-Symphonie von Anton Bruckner unter
Leitung des Componisten. Es ist uns leider unmöglich, zwischen dieser Symphonie und ihrer Vorgänger in C-moll einen
Fortschritt zur Läuterung und Tiefe zu erblicken. Was wir damals – vor vier Jahren – in diesen Blättern über Bruckner gesagt
haben, können wir heute seinem neuen Werk gegenüber fast
buchstäblich wiederholen; wir begnügen uns indessen mit einem Citate über die – Generalpausen, und bitten die Leser,
unsere Meinung aus C-moll nach D-moll zu transponiren.
»Wenn die Generalpausen ein Verbindungsmittel wären, dann
gäbe es in der ganzen Musikliteratur kein compacteres Werk als
Bruckner's Symphonie; ihre zahllosen Generalpausen sind,«
wenn wir uns eine bekannte Stylprobe als Citat erlauben dürfen, in Wahrheit »das Band, welches uns trennt.« – Glänzende
Einfälle, Details voll Adel und instrumentaler Schönheit liegen
in diesem Werke haufenweise übereinander, wie kostbare Ein-
richtungsstücke bei einem Trödler. Eine Eigenschaft, die für
den Componisten eben so unerläßlich, ja noch wichtiger ist als
die Erfindungsgabe, fehlt Herrn Bruckner gänzlich: der Sinn
für Ordnung, die Fähigkeit, Ordnung zu machen. Wenn es in
seiner Wohnung so aussähe wie in seiner Symphonie, dann hiel-
te es eine wohlgeartete Hausfrau nicht vier Tage lang dort aus,
und das Publikum, das sich nicht gerne einreden läßt, daß das
Genie gerade in der Formlosigkeit stecke, hielt es eben so wenig
bei den vier Sätzen der Bruckner'schen Tonschöpfung aus. Ob
es im Interesse der Kunst läge, die Concertbesucher durch
Absperrung der Saalthüren aller Theile einer solchen Symphonie zu verhalten, möge hier unerörtert bleiben. Ohne Zweifel
macht es einen peinlichen Eindruck auf den Componisten oder

Dirigenten, und wohl auch auf die ausübenden Musiker, wenn das Publikum jede Pause benützt, um sich auf die Straße zu retten; die »öffentliche Meinung« gibt sich in dieser Form noch viel rücksichtsloser, ja grausamer als in der bittersten Kritik, die Derjenige schreiben könnte, der das ganze Werk mitangehört hat. Wir ließen uns keinen Theil der Composition entgehen, der wir allerdings mehr Interesse entgegenbrachten, als sie uns Befriedigung gewährte. Allein auch das Verhalten des Publikums können wir nicht unberechtigt nennen; es ist unbedingt nöthig, Kirchenthüren zu sperren oder das unablässige Kommen und Gehen der Kirchenbesucher als Religionsstörung zu bezeichnen. Wer sein Concertbillet bezahlt, hat damit das Recht erkauft, seinen Platz nicht nur einzunehmen, sondern auch zu verlassen, und die »Ordner des Hauses« haben nur dafür Sorge zu tragen, daß dieses nicht während eines einzelnen Musikstükkes geschehe, – eine Rücksicht, die übrigens bekanntermaßen nur in den Concertsälen beobachtet zu werden pflegt und in den Theatern durchaus nicht Uebung ist.

Florestan.

[HANS KLESER], Plaudereien aus Wien, in: Kölnische Zeitung vom 30. Dezember 1877.

Das Gegentheil von der Herbeck'schen zeigt die Bruckner'sche Symphonie, ihr fehlt die knappe Maßhaltung, dagegen zeigt sie wahre, mitunter titanenhafte Genialität der Empfindung und eine Ueberfülle harmonischer Erfindungen, wie man sie eben nur von einem Meister des Contrapunctes erwarten kann, welch letzterer ja Niemand so sehr sein muß, wie der practische Orgelspieler.

»Der Stil – das ist der Mensch«, – dies Wort gilt in hervorragender Weise von der Musik und den Musikern. Bruckner ist ganz und ausschließlich Musiker, er hat eigentlich gar nichts Anderes gelernt. Er geht auf und unter in der Musik, lebt nur für die Musik [. . .]. Das mag für den ausübenden Künstler gut sein, für den Musikdichter ist es gefährlich, nicht ausschließlich, aber doch hauptsächlich, weil er dadurch den Sinn für Maßhaltung verliert und in der Regel bei dem Publicum, selbst dem musikverständigen, zu viel an Auffassungsvermögen, concentrierter Aufmerksamkeit, ausschließlichem Interesse, ja, sogar solidem Nervensystem voraussetzt. Es war an einem der herr-

lichsten Tage des verflossenen Hochsommers, daß ich mit
Bruckner und einem anderen Freunde die Donau hinauf nach
Klosterneuburg fuhr. ... »Kinder«, meinte Bruckner, »Eins
fehlt, ein bischen Musik.« [...] Er hatte sich vom Prior den
Orgelschlüssel geben lassen und spielte uns die Orgel. [...] Wir
gaben ihm den Anfang eines Chores aus der Schöpfung, im
Ganzen neun Noten. Dieses Thema bearbeitete er, immer neu,
immer originel und anders, nahe an eine Stunde lang, bis wir
den in Schweiß Gebadeten fast gewaltsam zum Aufhören zwingen mußten. »Ja«, meinte er, »wenn ich einmal hineinkomm',
nachher hör' ich nimmer auf.«

»Ja«, entgegneten wir ihm, »da müssen Sie am Ende für sich
selber spielen. Denn wir halten das nicht aus.« Der hier angedeutete ist der Hauptfehler in Bruckner's Symphonie. Man
sieht ordentlich, wie ungern er immerfort auf eine Variirung
eines ihm liebgewordenen Gedankens verzichtet und sich nicht
enthalten kann, dieselbe wenigstens anzudeuten. Aber auch von
denjenigen, die er durchführt, ist ein Viertel zu viel. Ferner sieht
man, wie sich der Organist beständig nach den Registern sehnt,
die er auf der Orgel hat und die ihm im Orchester fehlen. [...]
Darum verfällt er in Wagnerische Manieren von Klangmischun-
gen, die auch bei früheren Arbeiten diesem sonst edelsten
Nachstreber Beethoven's schadeten. Bruckner [...] ist in Wien
[...] nicht nach Verdienst behandelt worden, ihm fehlt die Gabe, sich immer in die erste Reihe zu stellen, und so wurde er
allmählich gedrückt, eine nicht immer sachliche Kritik that das
Uebrige und machte ihn zum Sonderling; und wenn nun
Bruckner einmal wieder etwas von sich zur Aufführung bringt,
möchte er uns gleich Alles zeigen, was er wieder kann. Schwierigkeiten der Harmonie gibts für ihn nicht, und so erscheinen
dann seine besten Sachen unklar, Perlen, zwischen welche allerdings oft sehr sauber geschliffene Glaskorallen gereiht sind. So
ist's auch mit seiner D-moll-Symphonie, deren Introduction,
Adagiosatz und namentlich Schlußsatz, des entstellenden, gar
zu üppig wuchernden Nebenwerkes entkleidet, oft genug an die
Höhe Beethoven'scher Intuition erinnern. Der Schlußsatz der
Symphonie hat einen ganz auffallend modernen Charakter. Es
werden darin die Gegensätze des Lebens gemalt: auf der einen
Seite die Freude, der Frohsinn, die Lust, auf der andern die
Frömmigkeit, die Betrachtung, das Gebet, welche beide
schließlich in einem höheren, allgewaltigen Dritten sich vereini-
gend aufgehen.

Das Ideale des Lebens ist durch einen prächtigen Choral ver-
sinnlicht, die genießende, leichtlebige Seite des Daseins, aber
durch einen so echten einladenden Wiener Walzer, daß bei allem Ernst der Stimmung es jeder Wienerin beim ersten Tact
dieses Motivs in die Füßchen fahren muß. Beide Weisen klingen
zuletzt zusammen. Das ist allerdings fast bizarr, aber ist denn
das Leben anders? Vor der Drucklegung muß an die Symphonie
letzte glättende und – streichende Feder gelegt werden, wenn
sie sich die Concertsäle erobern soll.

Dieser Text erschien ohne Verfasserangabe. Nach Göllerich-Auer, a. a. O., IV/1,
S. 480f., stammt er von Dr. Hans Kleser, wie Gehring Redakteur der »Deutschen Zeitung«. Dieser »setzte alles ein, um den ›ketzerischen Neuling‹ in der
Mitarbeiterschaft bei der Redaktion unmöglich zu machen. Kleser wurde jedoch
1879 Redakteur der ›Kölnischen Zeitung‹ bis 1889 und war noch bis 1892 Referent für Musik.«

Theodor Helm in: Musikalisches Wochenblatt 9, 1878,
S. 110.

Anton Bruckner's D-moll-Symphonie wurde, wie schon erwähnt, von dem Componisten – unserem Hof-Organisten –
selbst dirigirt. Sie ist dem Meister Richard Wagner gewidmet
und von diesem mit aufmunternden Lobsprüchen acceptirt
worden, man konnte daher von dieser Partitur etwas Außerge-
wöhnliches, in einer oder anderer Richtung Hervorragendes
erwarten, und die Erwartungen wurden nicht getäuscht.

Diese Symphonie ist sogar in mehrfacher Beziehung hervor-
ragend im positiven Sinne durch die sich offenbarende urwüch-
sige Kraft der Erfindung, welche den Componisten den ersten
Symphonikern der Gegenwart an die Seite stellt, im negativen
... durch eine kolossale Un-Logik und crasse Willkür in der
thematischen Entwicklung, welche an einem »gelehrten Con-
trapunctiker« wie Bruckner doppelt auffällt.

Es kommen in jedem Satze dieser Bruckner'schen Symphonie
Genieblitze vor, Steigerungen, Abschlüsse, so großartig, daß
wir z. B. selbst in der zweiten Brahms'schen Symphonie vergeblich nach derlei reckenhaften Ausbrüchen suchen würden, aber
keine Künstlerhand, kein Formen- und Schönheitssinn verbinden diese höchst bedeutenden Einzelheiten zu einem vollgülti-
gen überzeugenden Ganzen. Neben wirklich Erfundenem,
mächtig Empfundenem stehen Gesuchtes und Gemachtes in oft

geradezu scurriler Combination, z. B. wenn im Finale aus gewaltigem Orchestersturm (an Wagner's »Walküre« erinnernd) die niedlichste Polka hervorhüpft, aber nur, um von dem Tonsetzer »akademisch« contrapunctirt zu werden. Dergleichen Stellen (– jene Polka steht generell durchaus nicht vereinzelt da –) verrathen einen solchen Mangel alles natürlich musikalischen Ingeniums, daß man dabei vollständig erstarrt.

Verhältnismäßig am klarsten und abgerundetsten erscheint das Scherzo, in thematischer Erfindung ein prächtiges Stück, in welchem die Gegensätze ausnahmsweise nicht wie in den übrigen Theilen bei den Haaren herbeigezogen, sondern wirklich musikalisch motivirt sind, man könnte diesen Satz überall zur Einzelaufführung anempfehlen, wäre nicht gerade er verhältnismäßig roh instrumentirt. Die machtvollsten Steigerungen enthält der erste Satz, leider, wie gesagt, Steigerungen, auf welche die blankste Ernüchterung folgt, Beethoven's neunte Symphonie wurde stark benutzt, am auffälligsten in ihren gigantischen Orgelpuncten (des 1. Satzes und des Scherzos): die Schlüsse dieses und des Beethoven'schen ersten Satzes sind beinahe wörtlich gleich, nur sucht Hr. Bruckner Beethoven womöglich noch zu überbieten, ihm erwächst sein letztes Crescendo ins Ungeheuerliche, und eben darum ins Unkünstlerische. Züge feinster, poetischster Empfindung enthält das Adagio, das insbesondere wunderschön gesangvoll anhebt. Später verliert sich der Componist in vage Träumereien und Grübeleien, inmitten deren ihm aber auf einmal wieder ein ganz vorzügliches, plastisches zweites Thema einfällt, das er leider über einer Menge episodischer Kleinigkeiten bald aus dem Auge verliert. Im Gegensatz zu den Beethoven-Reminiscenzen des ersten Stückes gibt es im Adagio mehr Wagner-Anklänge, Tristan und Isolde bemühen sich nicht im Geringsten, ihre Anwesenheit zu verbergen; ihr schmachtendes Liebesmotiv wird sogar mitunter für den Hörer zum einzigen Leitstern in den ihn umgebenden nächtlichen Labyrinthen. –

Des rhythmisch kräftigen und formell ohne Vergleich am besten gerathene Scherzo gedachten wir schon, einzelne Sequenzen erinnern uns hier stark an Beethoven's »Achte«, aus der wirren Tonflucht des Finale haben wir bei einmaligem Hören sehr wenig mitnehmen können, das Genießbare beschränkte sich auf ein paar dramatisch bewegte Momente, die unzweifelhaft Meister Wagner ihre Anregung verdanken. Auf das Publicum – einige specielle Verehrer des Componisten ausgenommen –

wirkte die Symphonie wie ein Schlag ins Wasser; daß es unleugbar ein Keulenschlag, macht den künstlerischen Nicht-Effect noch betrübender.

Wir wissen nicht, ob wir nach diesem zweiten symphonischen Debut Anton Bruckner's von unserem Organisten etwas Ersprießliches für die moderne Instrumentalmusik hoffen sollen, als deren Messias ihn schon nach seiner ersten – in ihren Vorzügen und Schwächen weniger prononcirten, aber trotzdem ähnlich maaßlosen – C-moll-Symphonie eine kleine Partei in Wien hingestellt. Gewiß ist – und dies hat R. Wagner bei der Annahme jener Dedication auch sofort herausgefühlt –, daß nur wenige lebende Musiker die große Orchestersprache der Symphonie so zu sprechen im Stande sind, wie A. Bruckner, soweit es hierin auf musikalische Begabung ankommt. Da aber mit dieser Begabung bei unserem vielgepriesenen und vielgeschmähten Componisten der künstlerische Geschmack auch nicht entfernt gleichen Schritt hält, so spricht er zwar die Sprache der Symphonie, aber gleichsam in gebrochener Weise, etwas wirklich Lebensfähiges zu produciren, dürfte ihm kaum gelingen.

THEODOR HELM (1843–1920), Jurist im österreichischen Staatsdienst, ab 1867 Musikkritiker und Konservatoriumslehrer für Musikgeschichte und -ästhetik in Wien.

RICHARD HEUBERGER in: Wiener Tagblatt vom 23. Dezember 1890.
Zit. nach: Göllerich-Auer, a. a. O., Bd. IV, 3. Teil, S. 92 ff.

Stets, wenn der Name Bruckner auf dem Konzertzettel steht, weht Sensationsluft im Saale; so auch gestern, als desselben D-moll-Symphonie (Nr. 3) zur ersten Aufführung in den philharmonischen Konzerten gelangte. Der Erfolg war derselbe, wie stets bei Bruckner'schen Sachen. Während die Schüler und Anhänger des Komponisten einen meisterhaft inszenierten Beifallssturm losließen, ergriff ein großer Teil des Publikums in den Pausen zwischen den Sätzen die Flucht. Der Komponist, welcher trotz seines vieljährigen Aufenthaltes in Wien seine Naivität bewahrt hat, wurde nach jedem Abschlusse unzähligemale hervorgerufen, das heißt hervorgeschrieen und erhielt einen herrlichen Lorbeerkranz. Die Wirkung, welche das Werk auf uns gemacht hat, ist eine sehr gemischte und können wir dieselbe nur annähernd wiedergeben, wenn wir sie mit dem Eindrucke vergleichen, welche manche Altarbilder aus der tollsten Zopfzeit hervorbringen. Wir sehen da ein Gemisch von fast willkürlich durcheinanderpurzelnden Extremitäten, deren Leibesangehörigkeit nicht zu eruieren ist; dazwischen erblicken wir ein paar wundervolle Engelsköpfe, einen extatischen Heiligen, zu Füßen des ganzen, himmlischen Getümmels vielleicht ein paar betende Landleute – das ganze farbenglühende Wirrsal durch die aufsteigenden Weihrauchwolken in ein mystisches Dunkel gehüllt. – Wie die einzelnen Teile einer Bruckner'schen Symphonie zusammengehören – das ist schwer zu entdecken. Nach einer Partie, welche anscheinend den kirchlichen Pomp einer Fronleichnamsprozession malt und man die goldstrotzenden Prachtgewänder der Geistlichen ordentlich zu sehen vermeint, hüpft ein leichtgeschürzter Gedanke herein (so das wunderhübsche, graziöse Fis-dur-Motiv im letzten Satze), der jeder feinen Balettmusik zum Schmuck gereichte. Zwischen Kirche und Theater hat Bruckner mit feinem Instinkt einen Zusammenhang entdeckt und diesen musikalisch illustriert – das kann kein Gesetzbuch der Welt verwehren. Den Kindern der Welt, welche ein großer zeitgenössischer Dichter dieser Tage auf Bruckner's D-moll-Symphonie in begeisterter Weise aufmerksam machte, hat wohl das reizende Trio des Scherzos und Vieles aus dem letzten Satze am besten gefallen. Im ersten Satze drängen sich zu viele Erinnerungen an die 9. Symphonie von Beethoven auf, dessen großer Genius auch segnend die Hand über das erste Thema des zweiten Satzes hält. – Alles in Allem können wir sagen, daß Bruckners Symphonie mehr interessiert als beglückt, mehr zur Bewunderung des prachtvollen Klanges, als zur Vertiefung in den thematischen Bau auffordert.

RICHARD HEUBERGER (1850–1914), zunächst Ingenieur, ab 1876 in Wien Dirigent mehrerer Chöre, ab 1881 auch Musikkritiker verschiedener Zeitungen. Komponierte Opern, die erfolgreiche Operette »Der Opernball«, Instrumental- und Chormusik.

EDUARD HANSLICK in: Neue Freie Presse vom 24. Dezember 1890.
Zit. nach: Göllerich-Auer, a. a. O., IV/3, S. 88 ff.

[. . .] Der beste Satz ist jedenfalls das Scherzo, ein rasch fortströmender Dreivierteltakt, von einer bei Bruckner seltenen Konsi-

stenz der Form. Auch dem gesangvollen Adagio in Es-dur können wir eine geraume Zeit mit Vergnügen folgen, so lange es
sich klar und ohne unmotivierte grelle Absprünge entwickelt.
Diese bleiben später nicht aus und trüben, zusammen mit der
unleidlichen Ausdehnung des Satzes, den guten Eindruck der
ersten Hälfte. Der erste Satz, in welchem sich Nachklänge aus
der Neunten Symphonie mit etlichen Venusberg-Motiven kreu-
zen, dann das lärmende Finale sind Stücke, die sich in lauter
falschen Kontrasten bewegen und zersplittern. Sie haben mir
denselben unkünstlerischen Eindruck gemacht, wie die übrigen
in Wien gehörten Kompositionen von Bruckner, in welchen
geistreiche, kühne und originelle Einzelheiten mit schwer be-
greiflichen Gemeinplätzen, leeren, trockenen, auch brutalen
Stellen, oft ohne erkennbaren Zusammenhang wechseln. Wie
helle Blitze leuchten hier vier, dort acht Takte reiner und eigenartiger Schönheit auf; dazwischen liegt ein verwirrendes Dunkel, müde Abspannung und fieberhafte Überreizung. Und Alles
zu einer Länge ausgedehnt, welche dem geduldigsten Gemüt
zur Qual wird. In Bruckner's Kompositionen vermissen wir das
logische Denken, den geläuterten Kunstverstand. Daß die
D-moll-Symphonie lebhaften Beifall fand, wäre viel zu wenig
gesagt. Es wurde gestampft, getobt, geschrien; nach jedem Satze
mußte der Komponist wieder und wieder dankend hervortreten. Bruckner ist zwar noch nicht eigentlich Mode geworden –
das Parquett lichtete sich schon nach dem ersten Satze und sehr
bedenklich nach dem zweiten und dritten – aber er ist Armee-
befehl geworden für eine gewisse Partei. Diese tobte auf der
Galerie und im Stehparterre mit ihren jungen Händen und Füßen noch fort, nachdem der Saal sich bereits geleert und die
Lampen abgedreht wurden. Von Herzen gönne ich dem mir seit
dreißig Jahren befreundeten, begabten und ehrenwerten Mann
diesen Jubel, in welchen miteinzustimmen mir unmöglich ist.
Ich gönne ihm auch den jüngsten Münchner Triumph, dessen
Herolde es nur hätten unterlassen können, Österreich zu verlä-
stern und Wien ob der »beispiellosen Vernachlässigung der
Bruckner'schen Werke« abzukanzeln. Tatsache ist, daß in Wien
Hans Richter allein mehr Aufführungen Bruckner'scher
Werke geleitet hat, als seine sämtlichen Kollegen im deutschen
Reich zusammen. [. . .]

Eduard Hanslick, s. S. 159.

THEODOR HELM in: Musikalisches Wochenblatt 22, 1891,
S. 47f.

Was den äußeren Erfolg, die nicht enden wollenden stürmischen Beifallsbezeugungen und Hervorrufe anbelangt, so er-
rang unter allen bisher in dieser Saison von den Philharmonikern vorgeführten Novitäten ohne Frage die Palme: Anton
Bruckner's dritte Symphonie in D-moll (Richard Wagner gewidmet). Im engeren Sinne als Novität kann das Werk allerdings nur für die Philharmonischen Concerte gelten, da es ja
schon im December 1977 – noch von Herbeck vorgeschlagen,
der aber die Aufführung nicht mehr erleben sollte – hier in
einem Gesellschaftsconcert zum 1. Mal gespielt worden war. Es
drängte mich, meinen damals über diese Aufführung dem »Mu-
sikal. Wochenblatt« gesandten Bericht im Jahrgang 1878 unseres Blattes nachzulesen, aber ich – prallte fast vor Schrecken
zurück. Das soll ich geschrieben haben? – Es muß wohl so sein,
denn sonst stünde es nicht schwarz auf weiß da. Nun das Ergebnis ist: ich habe damals das Werk gründlich mißverstanden,
und es ist das am Ende auch nicht gar so sehr zum Verwundern,
stand ich doch damals einer überaus complicirten, in völlig neu-
en Bahnen wandelnden Schöpfung ohne Partitur (die noch
nicht gedruckt war) oder irgend Sonstigem, welches das Ver-
ständniß erleichtern half, rathlos gegenüber. Seither habe ich die
im Verlage von Th. Rättig hier erschienene Partitur gründlich
studirt, überdies in den vierhändigen Clavierauszügen (von G.
Mahler und den Herren Löwe und Schalk) Bruckner's D-moll-
Symphonie wiederholt mit verstehenden Freunden durchge-
spielt, und es erklärt sich somit ganz einfach, wenn ich diesem
Werke gegenüber aus einem ihm alle künstlerische Lebensfähig-
keit absprechenden Saulus ein von dessen hoher Bedeutung
überzeugter Paulus geworden bin.

[...] daß mir die drei ersten Sätze von Bruckner's D-moll-
Symphonie jetzt einen hochbedeutenden, ja was mehr: bei aller
künstlerischen Freiheit im Einzelnen auch einen symphonisch
einheitlichen Eindruck gemacht, kann ich unmöglich ableug-
nen. Wie sehr stimme ich vielmehr jetzt mit dem Urtheil Ihres
geehrten Frankfurter Correspondenten überein – zu lesen in
No. 2 des Jahrganges 1886 dieses Blattes –, dem freilich bereits
die Partitur zur Klärung des Eindrucks vorgelegen.

Welch symphonische Größe, welch sinniges thematisches In-
einander-Spielen der Motive mit der ihnen Allen eigenen cha-

rakteristischen Triole in diesem ersten Satz: wie eigenthümlich und durchaus fesselnd die contrapunctische Arbeit, welch kühne Orgelpuncte und sonstige große Steigerungen! Wie innig und gesangvoll in Beethoven's Geiste empfunden das Adagio, welch volksthümlich packender Humor im Scherzo, dessen Hauptsatz so trotzig und schließlich triumphirend einherstürmt, dessen in allen Notenwinkeln singendes und klingendes Trio aber eine ländliche Tanzscene schildert, in welche – wie so häufig bei Bruckner – der treuherzige oberösterreichische Bauer die Hauptrolle spielt: ein würdiges Gegenstück zu dem unsterblichen Scherzo der Pastoral-Symphonie.

Von dem letzten Satze der Bruckner'schen D-moll-Symphonie konnte ich allerdings auch jetzt noch kein völlig überzeugendes Bild gewinnen, es stehen hier die Gegensätze doch zu unvermittelt nebeneinander, auch wird daselbst im Ganzen mehr dramatische, als symphonische Musik gemacht, und die in den früheren Sätzen nur vorübergehend, gleichsam als harmonische oder rhythmische Würze gebrauchten Wagner-Anklänge treten im Finale selbst melodisch und wohl zu unverhüllt auf (Wotan's Zorn aus der »Walküre« und die bekannten chromatischen Steigerungen aus der Venusbergmusik im »Tannhäuser« sind darunter die auffallendsten). Übrigens hat Bruckner in neuerer Zeit dieses Finale wesentlich gekürzt und außerdem dessen grandiose auf das Hauptthema des 1. Satzes zurückgreifende, selbes aus dem finsteren ursprünglichen Moll ins strahlende Dur übersetzende Schlußcoda durch Vereinfachung der polyphonen Nebenstimmen um Vieles mächtiger, großartiger gestaltet: ganz zuletzt scheint eine Cyklopenhand drei gewaltige Hammerschläge auf der Tonica (d) und der Dominante (a) und nochmals auf der Tonica zu führen: Alles unisono in höchster Schallkraft des Orchesters, ein Symphonieschluß, von dessen gigantischer Wirkung die Feder keine Vorstellung zu geben vermag. Auch in den früheren Sätzen hat der Componist Einiges in der Instrumentation wohl auch thematisch geändert. [...]

Der Erfolg der Symphonie im 4. Philharmonischen Concerte hat gewiß die kühnsten Erwartungen des Componisten übertroffen. Daß dabei die jugendlichen Universitätshörer Bruckner's vielleicht auch Manche seiner sonstigen Verehrer in ihren lärmenden Beifallsäußerungen ein Bischen übers Ziel hinaus schossen und dadurch den von ihnen vertretenen künstlerischen Sachen eher schadeten, wollen wir nicht verschweigen.

Immerhin muß man bedenken, wie selten innerhalb des ge-

schlossenen, wesentlich conservativen Kreises unserer Philharmoniker eine Bruckner'sche Symphonie überhaupt zur Ausführung kommt, und man es daher den jungen Leuten nicht gar zu
sehr verübeln darf, wenn sie einen greisen und noch dazu vater-
ländischen Meister nun durch verdoppelten Enthusiasmus für
langjährige, in jedem Fall ungerechtfertigte Vernachlässigung zu
entschädigen suchen.

THEODOR HELM, s. S. 207.

ANONYMUS in: Ostdeutsche Rundschau Nr. 2.
Zit. nach Göllerich-Auer, a. a. O., IV/3, S. 96 f.

[...] Wie lächerlich mußten uns daher die Referate über die
Bruckner'sche Symphonie vorkommen, die wir da in allen Blättern mit Ausnahme weniger zu lesen bekamen! Da wird Bruckner als ein Programmusiker hingestellt, als ein Tondichter, der
dem Fluge einer ausschweifenden Phantasie ohne Rückhalt
folgte. Richard Heuberger, der Kritiker des »Wiener Tagblat-
tes« und Komponist großer Werke, die ihm erst einfallen werden, hört alle Engel singen und sieht verzückte Heilige, wenn
die Klänge Bruckner'scher Musik an sein zartes Trommelfell
schlagen. Herr Hanslick gar erzählt uns von seiner dreißigjähri-
gen Freundschaft mit Bruckner! Der spaßhafte Mann! – Der
arme Tondichter aber hat dieses hohe Gut teuer erkauft!
Es dürfte wohl Manchem, der als naiver Zuhörer dem Konzerte der Philharmoniker beiwohnte, da sie die Bruckner'sche
D-moll-Symphonie aufführten, ein Rätsel sein, daß Anton
Bruckner, der gewiß nicht bei der Presse und beim Publikum
im Verdachte einer deutschnationalen Gesinnung steht, in der
Weise von der sogenannten öffentlichen Meinung angegriffen
wird? – Der große deutsche Meister ist als Mensch naiv und
liebenswürdig, sein innerstes Wesen wird so wenig von dem
Einflusse jüdischer Elemente berührt, daß er sogar mit Juden
oder doch Judenstämmlingen in freundschaftlicher Weise ver-
kehrt. Auch hat er kein »Judentum in der Musik«, kein »Mo-
dern«, kein »Erkenne dich selbst« auf dem Gewissen! – Anton
Bruckner wurde von dem Zeitpunkte an so befehdet, als er
seine dritte Symphonie dem Meister Richard Wagner widmete.
Und wehe denen in der Ostmark, die sich als Vollblut – Wagnerianer, wie Wolzogen so trefflich dieselben nennt, bekennen!
Erlebt doch der akademische Wagnerverein genug Angriffe, ob-

gleich er alle Jene ausgeschieden hatte, die den Vorstand daran in zarter oder grober Weise erinnern, daß Wagner bis an sein Lebensende Antisemit war.

Max Kalbeck in: Wiener Montag-Revue vom 5. Januar 1891.
Zit. nach: Göllerich-Auer, a. a. O., IV/3, S. 91.

[. . .] Doch was sind die schüchternen Hervorrufe und der dankbare Applaus, den die herrlich ausgeführte 2. Leonoren-Ouverture Beethovens fand, im Vergleich zu den gewalttätigen Demonstrationen, mit welchen Anton Bruckners D-moll-Symphonie von der jungen und fauststarken Partei der »Verkannten« akklamiert wurde? Als wäre einer der vielen Geister, von welchen die Symphonie besessen ist, ausgetrieben durch die Exorzismen Hans Richters, in das Stehparterre gefahren, so wurde dort gejohlt, geschrien, gebrüllt, gestampft und getobt. Es ärgerte die guten Jünglinge offenbar, daß ihnen niemand Opposition machte; man ließ sie aber ruhig gewähren, bis sie sich müde gearbeitet hatten, und tat wohl daran. Etwas Neues hat Bruckner in seiner, an die zwanzig Jahre alten dritten Symphonie nicht gesagt; es geht nicht vernünftiger und nicht toller in ihr her als in den späteren Werken des Komponisten. Aus ihnen allen schimmert die zu- und aneignende Verehrung Bruckners für Beethoven und Wagner deutlich hervor. Die D-moll-Symphonie, welche dem Komponisten des »Rienzi«, »Holländer«, »Tannhäuser« und »Lohengrin« gewidmet ist, könnte ebensogut dem Verfasser der »Neunten« gewidmet sein. Wenn man das Allegro der letzten Beethoven'schen Symphonie auf den Kopf stellt, so fallen Anfang und Ende des ersten Bruckner'schen Satzes heraus. Daneben wetterleuchtet es von eignen Gedanken in der schwülen Atmosphäre dieser gemütsbeklemmenden Musik; aber es sind nur Blitze, »die sterbend ins Gebirg versinken«, ohne zu zünden. Und so scheiden wir auch von dieser phantasiereichen, einen starken Affekt für orchestrale Effekte bekundenden Schöpfung des nach Klarheit ringenden Bruckner'schen Geistes mit dem aufrichtigen Bedauern, daß es dem reich veranlagten Komponisten nicht gegeben ward, den für den Künstler so notwendigen harmonischen Ausgleich zwischen Wollen und Können zu finden.

Max Kalbeck, s. S. 129.

Mit den beiden ersten Symphonien schwillt eine druckschwere Grundmacht dem Ausbruch an eine andere, heiß ersehnte, in Bruckners himmlischen Lichtwundern strahlende Welt entgegen. Beides, Dunkel und Sturmwille, gemahnen dort in manchem noch an Beethoven, und gerade auf die Werke, wo sich dessen stärkst umwölkte, brütende, schicksalsschwerste Grundstimmung kundgab, scheint auch die gemeinsame Tonart c-Moll der beiden Anfangssymphonien zurückzuweisen. Wer zur romantischen Pracht der Vierten vorausblickt, erkennt auch bei der Dritten sofort wieder, was mit dem Drängen ans Licht stets in Bruckner vorgeht, erkennt das gleichzeitige Rückdunkeln und die merkwürdige Durchbreitung der d-Moll-Tonart über ihre magische Leere, erkennt es am Aufjauchzen und der gleichzeitigen Melancholie, an der ganzen Seele dieser Musik, an Tonbildern, Klängen und Linien, großen und kleinen Formzeichen. So erscheint hier von den ersten Takten an die bedeutungsreiche Übereinstimmung mit Zügen aus der Sterbensbereitschaft der Neunten. Aber von ihr scheidet die Dritte dennoch ein anderes inneres Leben; es ist nicht Rückfluten vor dem Ende, sondern mitten im ersten Entwicklungsweg; es geht nicht letzten Todesmysterien entgegen, sondern dem erst voll erwachenden Lebensleuchten; es ist ein inneres Rückwellen, das von allen Kräften des Werdens und Schwellens durchströmt ist; aus der erschreckten Verhaltenheit bricht wilder Lebenstrotz und das abgeblendete Licht blitzt überall durch, leuchtet oft über ganze Strecken voraus zu den sonnenbestrahlten Gefilden, an die Bruckner mit der Vierten hinansteigt.

Das auffälligste Zeichen sind auch da die unheimlich auftauchenden Fernuntergründe, die gotischen Formzüge der Neunten, in den Themen fast noch geschärfter, dabei einheitlich über sämtliche Themen der Ecksätze gebreitet und über die Mehrzahl der mittleren, wo im übrigen diese Züge zum Teil ein wenig verdeckter sind. Die Einheitlichkeit eines bestimmten Formwillens durchzieht die motivischen und freieren Linienbildungen, derart, daß sie alle wieder nur als seine vereinzelt ans Licht geworfenen, aber tief zusammengehörigen Sondergestaltungen erscheinen. Alle die Hauptsymbole herrschen auch hier; Streckungen, Steilstrebigkeit, Spitzenwirkungen und zackige Sprünge treten hier ebenso in Erscheinung wie die weite, durchsichtige, überall Zwischen- und Tiefenräume offen lassende

Setzweise, Vorliebe für die unisonen reinen Kraftlinien und der allgemeinere Grundcharakter einer gewissen weihevollen Abdämpfung des Klanglichtes, wie eine Vorliebe für leere Quintklänge, und im Einklang mit der Identität des Formwillens erscheint auch die gleiche Tonart wie in der Neunten.

Ernst Kurth (1886–1946) studierte in Wien Musik und Musikwissenschaft, war dann als Nachfolger August Halms Musiklehrer der Freien Schulgemeinde in Wickersdorf, seit 1912 lehrte er Musikwissenschaft an der Universität Bern. Hauptwerke: Grundlagen des Linearen Kontrapunkts (1917), Romantische Harmonik und ihre Krise in Wagners Tristan (1920), Bruckner (1925), Musikpsychologie (1930).

Wilhelm Kienzl, Im Konzert. Von Tonwerken und nachschaffenden Künstlern empfangene Eindrücke, Berlin 1928, S. 265 f.

In seinem eigentlichsten Element aber ist Löwe [Ferdinand Löwe, 1865–1925, Schüler Bruckners, nach 1900 Dirigent in Wien, München, Budapest und Berlin, als welcher er sich sehr für Bruckners Symphonien einsetzte] erst bei Bruckner, welches Meisters enthusiastischster Förderer er schon bei dessen Lebzeiten war. Außerdem ist er als Schüler des Tondichters über dessen Intentionen genau unterrichtet, so daß seine Wiedergabe der Brucknerschen Symphonien wohl als authentisch gelten darf. Wenn die Mängel der Architektur der Brucknerschen Symphonien in Löwes Interpretation kaum fühlbar werden, so ist es das Verdienst dieses begeisterten Bruckner-Apologeten, der in überaus feinfühliger Weise Loses zu verbinden und innere Zusammenhänge aufzudecken versteht, so daß die (man gestatte mir das Wort) unbewußten Absichten des Tondichters dem aufmerksamen und nicht im vorhinein sich ablehnend verhaltenden Hörer verständlich werden. [. . .] Nicht minder gelingt ihm ganz besonders aber die Dritte (D-moll). In der Wiedergabe Löwes geht der erste Satz, dessen gewaltige Größe schon im ersten Motiv und in dessen Einführung, sowie im Löwengebrüll der gegen das Ende hin chromatisch nach abwärts steigenden Bässe (ähnlich wie am Schlusse des ersten Satzes der »Neunten«) Bruckner als würdigen Erben Beethovenschen Geistes erscheinen läßt, würdevoll einher, und das inbrünstige Adagio singt sich nur so in die Seelen der ergriffenen Zuhörer hinein; das unbedingt treffsicher urbrucknersche

Scherzo aber entfesselt alle Geister, und die zusammenfassende Art des zyklopischen, von begeisterter Andacht erfüllten und von dem triumphierenden Hauptthema des ersten Satzes (in Dur) gekrönten Schlußsatzes bildet die volle Bekräftigung eines künstlerischen Ereignisses. Mit liebevoller Naivität läßt der Österreicher Löwe das Trio des Scherzos erklingen, in dem sich Bruckner als echter Sohn seiner liederfrohen oberösterreichischen Heimat gibt.

Löwes geniale Aufführungen Brucknerscher Symphonien vermögen demnach weit mehr zu überzeugen, als noch so eingehende Analysen oder geharnischte Zeitungsartikel jener Bruckner-Exegeten, die krampfhaft die gegen den Mangel an zwingender Logik des Brucknerschen Schaffens und besonders gegen den Bau seiner Schlußsätze geäußerten Bedenken ehrlicher Musiker bekämpfen, um Anerkennung um jeden Preis zu erzwingen.

WILHELM KIENZL (1857–1941), Dirigent in Amsterdam, Krefeld, Hamburg, München, Graz und Wien, gleichzeitig Musikkritiker und Komponist, u. a. der lange Zeit überaus populären Oper »Der Evangelimann« (1895).

FRITZ GRÜNINGER, Anton Bruckner. Der metaphysische Kern seiner Persönlichkeit und Werke, Augsburg 1930, S. 202 ff.

Was in der Zweiten im Keim vorgebildet war, ist hier erreicht: Die zyklische Form als Folge vollendeter Reife des Künstlers und Menschen, als Prüfstein der Meisterschaft, die Richard Wagner durch die Annahme der Widmung der Dritten bestätigte, da seinem tiefblickenden Künstlerauge Wert und Bedeutung dieses Werkes nicht verborgen bleiben konnten.

Der weltumspannende Charakter Brucknerscher Tonkunst, dessen Symbole Quinte und Oktave sind, zeigt sich in dem quintgeteilten Oktavsprung des Hauptthemas, des königlichen, majestätischen Trompetenthemas, das die ganze Symphonie beherrscht. Hier steht die erhabene Größe vor uns, die aus den kreisenden, wogenden Elementen der ersten Symphonie erstand, nachdem diese durch den reifer gewordenen Geist künstlerischer Mäßigung der Zweiten geläutert und geklärt sind. Was die ungeheure Evolution jener gärenden Elemente versprach, ist hier erfüllt. Der Meister hat sich selbst gefunden, der ganze Bruckner offenbart sich so, wie es ihm der Geist diktierte, unbekümmert um Kritik und Erfolg. Hier erstand ein König, der vom ersten Thema an unumschränkt herrscht, der eine wahre Größe, eine echte Persönlichkeit bedeutet, weil er ein König ist, der im Dienste des höchsten Königs der Welt steht und ihm seine ganze Kraft dankt. Ihm gilt der Choralhymnus des ersten und letzten Satzes. So stark ist die religiöse Kraft in Bruckners Wesen geworden, daß sie den Choral, die Urform religiöser Tonkunst, braucht, um sich auszuströmen. Sicher ist es kein Zufall, daß er den Choral, der vorher kaum angedeutet war, erst in die dritte Symphonie einführt, denn erst jetzt ist er kein Werdender, kein Suchender mehr, sondern ein Reifer, ein Vollendeter, im innersten Wesen einig mit seiner erhabenen Sendung, rückhaltlos die Stimme des Geistes verkündend; daher der erbarmenswerte Mißerfolg bei der ersten Aufführung der Dritten.

Der Choral wird fortan einen Wesensbestandteil der Symphonie ausmachen, bis der Meister desselben in der Neunten nicht mehr bedarf, da dort der künstlerische Ausdruck seiner mit Gott verbundenen Seele so durch und durch religiös ist, daß formale Anklänge an kirchliche Musik überflüssig werden. Aber eine Erinnerung an das »Miserere nobis« des »Gloria« der D-Moll-Messe taucht im Adagio der Neunten und im ersten Satz der Dritten auf. Darin liegt eine tiefe, dem Meister selbst vielleicht gar nicht vollbewußte Bedeutung: Es ist der Ausdruck der Demut, des Flehens um Erbarmen, entstiegen dem Gefühl des Bangens, der Furcht. Aber warum diese Bangigkeit? Sie ist tief begründet in Bruckners Wesen, das von Ehrfurcht durchdrungen war, und sie wird verständlich, wenn wir den Gang der Symphonien gründlich zu erfassen suchen. Die Dritte geht dem strahlenden Morgenleuchten, dem Hochfesttag des Naturempfindens der Vierten voraus, die Erlebnisse offenbaren wird, von welchen das Wesen des Meisters durchglüht ist, und in der Dritten ist er von der Vorahnung der Offenbarungen der Natur, denen er entgegenreift, durchbebt; Wonne und Schauer durchfluten seine Seele und pressen aus ihr die Bitte »Miserere nobis«. In der Neunten steht er vor der Erfüllung seines stets himmelwärts gerichteten Strebens. Im Geiste der Erde schon entrückt, kostet er das Vorgefühl ewiger Verklärung. Er steht an der Pforte der Ewigkeit, und sein Sehnen wird sich wandeln in wirkliches Schauen. Da mischt sich mit seinem »Abschied vom Leben« heiliges, ehrfürchtiges Erschauern, und seiner Seele entringt sich die Bitte: »Miserere nobis«!

Nun kann es uns nicht wundern, warum die Dritte innere Verwandtschaft mit der Neunten verrät, und die Übereinstimmung der Tonart beider bedeutet mehr als Zufall.

Das »Misterioso« fern verhallender Orgelklänge nach dem Zitat des »Miserere« im ersten Satz der Dritten und die verklärten Töne des »Misterioso« im Adagio künden uns wahrhaft ein tiefes Geheimnis der um Erbarmen flehenden Seele: Wie zarte, rosige Strahlen der aufgehenden Sonne leuchten sie, Erhörung verheißend, ins Herz. Näher hebt sich die Seele zur Gottheit empor. Deshalb erscheint in dieser Symphonie auch zum erstenmal der »Bruckner-Rhythmus« (die Vereinigung von 2+3 oder 3+2 Tönen in einem Takt) entwickelt; denn in ihm erscheint die Loslösung des Geistes vom Irdischen symbolisiert, das Hinstreben zur Gottheit von der Erdbetonung weg.

Die Bejahung der Erde mit ihrer Schönheit und Freude tritt aber andererseits machtvoll hervor in der von jauchzender Freude und stiller Zufriedenheit erfüllten Gesangsgruppe des ersten Satzes und in dem wieder von ländlichem Tanzvergnügen erzählenden Scherzo, dessen Trio von reizenden Vogelstimmen durchzwitschert ist. Das alles deutet hin auf die Nähe der romantischen Symphonie.

Nicht nur die mystische Adagiokraft ist stärker und vertiefter, sondern der Kampf mit den feindlichen Mächten erscheint intensiver durchlebt. Licht und Schatten sind kräftiger, ihr Gegensatz krasser. Der über eine Welt von Feinden triumphierende Siegesjubel am Schlusse des Finales würde seinen überwältigenden Eindruck nicht ausüben, wenn er nicht der Bedeutung des Kampfes, der vorherging, entspräche. Nur nach einem solchen Riesenkampf, wie ihn dieses Finale entrollt, ist ein derart erhabener Triumph begründet. Nur nachdem der furchtbare Gegensatz zwischen Scherz und Ernst so kraß zum Bewußtsein kam, wie er in der Verbindung von Tanzweise und Choral zum Ausdruck gelangte, ist es möglich, den Jubel dieses Ausklanges zu begreifen.

Von wahrhaft dämonischer Gewalt ist die beklemmende Umdüsterung, nachdem das Ringen seinen Höhepunkt erreichte. Wie von einem Alpdruck fühlt sich die Brust beschwert; das strömt in ungeheuerem Unisonogang aufwärts, und mit größter Wucht erdröhnt noch einmal das (mit dem Hauptthema rhythmisch verwandte) feindliche, trotzige Anfangsthema des Finales. Es sind Augenblicke von niederschmetternder Macht, wir stehen nur vor zwei Möglichkeiten: Entweder folgt die völlige

Vernichtung oder göttlicher Sieg, eine Abschwächung solcher Spannungen ist undenkbar. Wer so ernst gerungen hat, das Auge dem Ewigen zugewandt, der geht nicht unter, der wird erlöst, und die Erlösung strahlt in blendendem Sonnenlicht: Das erste Hauptthema ersteht zu majestätischer D-Dur-Größe im vollen Orchester; Himmelslicht aus höchsten Höhen; Sieg, Vollendung, Verklärung verkündet jedes Instrument. Noch einmal der »Bruckner-Rhythmus« als Symbol jubelnder Rückschau zur Erde, von der sich die Seele löste. Nichts mehr von der Furcht erweckenden Größe des quintgeteilten D-Moll-Oktavsprungs des ersten Satzes, nein, der strahlende D-Dur-Dreiklang ist durchflutet von reinster Harmonie: Die suchende Seele ist vereint mit Gott!

Karl Schönewolf, Konzertbuch. Orchestermusik. 1. Teil: 17. bis 19. Jahrhundert, Berlin (Ost) 1961, S. 588f.

Ist der Charakter dieses Themas wie auch der seiner Fortspinnung, die zu einer großen Steigerung führt, kraftvoll-männlich, man könnte auch sagen beethovisch, führt uns das Gesangsthema in der Paralleltonart F-Dur (eigentlich ein Doppelthema) in die freundliche Idyllik Schubertscher Naturfreude. Ein drittes, ein typisch Brucknersches Oktaventhema, betont wieder den heroischen Charakter des Satzes, der in der Reprise noch verstärkt wird. Auch in diesem Satz ertönt ein Zitat aus einer Messe, aus der in d-moll, ein Motiv, das man als rechtes Brucknersches »Zentralthema« bezeichnen kann, da es später auch in der neunten Sinfonie vorkommt. Dieser Christianisierung der Sinfonie – Bruckner war bis zu seinem Lebensende naiv-gläubiger Katholik – stehen viele Züge eines weltlichen, ja geradezu heidnischen Allgefühls gegenüber, die eine einseitige Auffassung der Brucknerschen Musik verbieten. [Dieser Satz ist in der 2. Auflage ersatzlos entfallen.]

Der *langsame Satz* ist im Gedenken an die Mutter, an deren Geburtstag entstanden. Daraus erklärt sich der vorwiegend elegische Ton, der seine drei Themen prägt, Gedanken in verehrender Erinnerung, im satten Streichersatz des ersten, in der eindringlichen Bratschenmelodie des zweiten und in dem verklärten Abgesang des dritten Themas.

Auch hier fehlt es nicht an dramatischen Ausbrüchen, die sich ungezwungen aus der Verarbeitung des Themenmaterials erge-

ben. Von unmittelbarer Wirkung und darum einen leichten Zugang zu Bruckner gewährend ist das *Scherzo,* das seine Herkunft aus dem heimatlich-bäurischen Tanz in keinem Takt verleugnet. Aus dem übermütigen Anruf der spielerisch kreiseln-
den zweiten Violinen und dem lustig hingetupften Pizzicato der
Bässe entspringt das Hauptthema, das mit seinen Tonika-Do-
minant-Schritten deutlich an das Hauptthema des ersten Satzes
erinnert.

Man wird an Tschaikowskis Ausspruch über seine vierte Sinfonie erinnert: »Wenn Du in Dir selbst keine Ursache zur Freude finden kannst, so schaue Dir andere Menschen an! Gehe zum
Volk! Schau, wie es diese Menschen verstehen, lustig zu sein
und sich vollkommen ihren freudigen Gefühlen hinzugeben
. . .« Das Trio bildet einen anmutigen Gegensatz zum Hauptteil,
ist aber mit ihm durch die gleichfalls in Erscheinung tretende
Verbundenheit mit der Volksmusik auf engste verknüpft. Max
Auer weist in seiner Bruckner-Biographie mit Recht darauf hin,
daß so wie Haydn und Mozart die französischen höfischen
Tänze in die Sinfonie verpflanzt haben, Bruckner seinem Scher-
zo durch die Verwendung bodenständiger Tanzweisen seiner
Heimat einen spezifisch nationalen Zug verliehen hat.

Im *Finale* dieser Sinfonie, die man die »Sinfonie des heldischen Menschen« nennen kann (worauf schon das Trompeten-
thema des ersten Satzes hinwies), steht das Monumentalthema,
hier das Thema des tapfer ringenden Helden, an der Spitze. [In
der 2. Auflage lautet der Satz: Im Finale dieser Sinfonie steht
das Monumentalthema an der Spitze.] Ein Riese ist es, der mit
majestätischen Bläserakkorden in Erscheinung tritt. Als Gesangsthema erscheint wieder ein Doppelthema, das in den Bläsern choralhaft ernst, in den Streichern tänzerisch bewegt ist.
Bruckner hat es selbst gedeutet: »So ist das Leben.« Aus einem
Palais am Schottenring drang in einer Faschingsnacht des Jahres
1891 Tanzmusik, und in dem nahen »Sühnhaus« war Dombau-
meister Schmidt aufgebahrt. »Die Polka bedeutet den Humor
und den Frohsinn der Welt – der Choral das Traurige, Schmerzliche in ihr.« Dieses Schmerzliche wird von dem Helden, dessen
kämpferische Natur auch in dem dritten (Oktaven-)Thema bestätigt wird, überwunden, und in sieghaftem Gesang erklingt
ein Thema, das Hauptthema des ersten Satzes, die Sinfonie mit
einem freudigen Bekenntnis zum Leben abschließend. [Der
letzte Satz ist in der 2. Auflage durch folgenden ersetzt:
Schmerz und Trauer werden bereits im dritten (Oktaven-)The-

ma aufgehoben, und in sieghaftem Gesang erklingt das Hauptthema des ersten Satzes, das die Sinfonie mit einem freudigen
Bekenntnis abschließt.]

Karl Schönewolf, s. S. 78.

Luise G. Bachmann, Bruckner. Der Roman der Sinfonie,
Paderborn [8]/1946 (1. Aufl. 1938), S. 293 ff.

Gleich nach seiner Heimkunft erteilte er Frau Kathi die nötigen
Aufträge und kehrte, diese Sache zunächst als abgetan betrach-
tend, zur Komposition seiner »Dritten« zurück.

Die schritt rüstig vorwärts. Zu Frühlingsanfang stand er
schon mitten im zweiten Satz. Seinem Adagio fügte er eine weit
ausgreifende Bratschenmelodie im Dreitakt als Andante an, die
ihm bei der Gedächtnismesse für seine Mutter am Theresientag
im vorigen Herbst plötzlich eingefallen war.

Er hatte für der Mutter Seelenheil gebetet, sich das Bild der
teuren Verewigten so recht in Erinnerung zu rufen bemüht, und
»Vergiß a d' Muatter nöt auf mi'« inbrünstig gewünscht. Als
Antwort, gleichsam wie eine tröstliche Versicherung der mütterlichen Obsorge aus dem Jenseits, erfüllte ihn plötzlich die so
sehr beruhigende Melodie und am folgenden Tag der überirdi-
sche Klang des »Mysterioso«.

Den dritten Satz begann er zur selben Zeit, als draußen in
seiner Heimat die Schwalben zum erstenmal im jungen Jahr die
Luft durchschnitten, und alle Sehnsucht nach Feld und Wiese,
Dorfheimat und Natur entströmte seinem übervollen Herzen
und wurde zur Musik.

Zu Schuljahrsende lagen die ersten drei Sätze fix und fertig
vor. Er packte sie zusammen mit der »Zweiten« obenauf in
seinen Koffer und fuhr fort, das Finale zu suchen.

Diesmal jedoch nicht heimwärts, wie sonst, sondern nach
Marienbad. [. . .] Denn in Marienbad fand sich auch das Finale.
Auf der Höhe, nahe beim »Rübezahl«, verriet ihm der Sturm,
der über die Waldwipfel fuhr, den Anfang, als Bruckner sich an
der wundervollen Aussicht erfreute und sehnsüchtig nach dem
Fichtelgebirge starrte, das die Mainquellen barg und ihm den
Blick nach Bayreuth verwehrte. Und unten in der Stadt er-
schloß sich ihm die zierliche Tanzweise des Gesangthemas, als
er den Wiegeschritt des zarten Töchterleins seiner Hauswirtin

beim »Weißen Rößl« bewunderte und die liebe Kleine gern vom Fleck weg geheiratet hätte, wenn, ja wenn nicht schon ein Bräutigam vorhanden gewesen wäre. Das gab den Feierklang des Verzichtes in Blechbläsern und die Kraft der Loslösung vom Alltag, den prächtigen letzten Aufschwung. [...]

Während Bruckner auf dem Hügel herumlief und alles Werdende in Augenschein nahm, saß Richard Wagner vor der III. Sinfonie des Wiener Komponisten am Klavier und spielte.

Wie aus den geheimnisvoll flüsternden Streicherstimmen das Hauptthema in den Naturtönen der Trompete entwuchs, fesselte ihn sogleich. »Schau, schau, der Mann getraute sich etwas«, stellte er angenehm überrascht fest. Das war ja die reinste Apotheose der D-Moll-Tonleiter, was er da mit wenigen Zeilen niederlegte. Dann aber kam noch ein Motiv und wieder eines. Auch der Seitensatz verfügte ebenfalls über drei wichtige Themen. »Das ist kühn!« murmelte Wagner. »Und das geradezu rührend«, erkannte er, als ihm eine fast notengetreue Wiedergabe seines »Schlafzaubers« aus der »Walküre« vor Augen trat. Die offensichtliche Huldigung erfreute ihn; denn beim vorliegenden Gedankenreichtum Bruckners stand eine bewußte Übernahme außer Frage.

LUISE G. BACHMANN (1903–1976) lebte in Wien als Autorin von Romanen, Novellen, Jugendbüchern, Lustspielen und Hörspielen, u. a. »Der Thomaskantor« (1936), »Wirrwarr in Weimar« (1941), »Das Schicksalslied Clara Schumanns« (1947), »Beethoven contra Beethoven« (1963).

Gustav Mahler, Sinfonie Nr. 5 cis-moll

ALMA MAHLER: Gustav Mahler – Erinnerungen und Briefe (1949)

PAUL HILLER in: Neue Zeitschrift für Musik (1904)

ANONYMUS in: Münchener Neueste Nachrichten (1904)

FERDINAND PFOHL in: Hamburger Nachrichten (1905)

GUSTAV ALTMANN in: Neue Musik-Zeitung (1905)

RUDOLF LOUIS: Die deutsche Musik der Gegenwart (1909)

KARL WEIGL: Mahlers Sinfonien (1910)

PAUL BEKKER: Die Sinfonien Gustav Mahlers (1921)

RUDOLF MENGELBERG: Gustav Mahler (1923)

WILHELM FURTWÄNGLER nach Berndt W. Wessling, Gustav Mahler (ca. 1925)

THEODOR W. ADORNO: Mahler. Eine musikalische Physiognomik (1960)

GYÖRGY LIGETI: Gustav Mahler und die musikalische Utopie (1974)

Einleitung

Mahlers 5. Sinfonie, entstanden 1901/02, kam am 18. Oktober 1904 unter der Leitung des Komponisten in Köln zur Uraufführung. Zur Wahl gerade dieser Sinfonie – der Herausgeber ist geständig – hat der Umstand geführt, daß die Verwendung ihres vierten Satzes, des Adagiettos, im Visconti-Film »Der Tod in Venedig« stets als schlagender Beweis dafür zitiert wird, daß Mahlers Musik in den sechziger Jahren sich »durchgesetzt« habe. Freilich, dies sei vorweg bemerkt, wird das Adagietto, auch in den Filmkritiken, meist nur am Rande erwähnt. Gleichwohl sind die beiden wesentlichen Charakteristika der Mahler-Rezeption: seine »rätselhafte Popularität« um 1970 und die mit dem Wort »Kapellmeistermusik« verbundenen zeitgenössischen Vorwürfe der Trivialität und Epigonalität, Vorformen der nationalsozialistischen Anfeindungen Mahlers, an der 5. Sinfonie deutlich erkennbar.

Gattungsbezeichnungen wie »Trauermarsch« oder Vortragsanweisungen wie »klagend« führten unmittelbar zu der Anschauung, in diesem Werk fände der tiefste Schmerz eines Menschen Ausdruck, es ginge um nichts anderes als um die subjekti-

223

ve Empfindung eines Einzelnen. Das zentrale Kriterium der Textauswahl bestand darin, jene bei vielen Autoren anzutreffende Prämisse musikalischer Unmittelbarkeit zu akzentuieren, die Anschauung, »wahre« Musik hätte nichts anderes als der direkte und greifbare Ausfluß eines Gefühls zu sein, das sich jedermann umstandslos mitzuteilen hätte. »Geistreich, doch unwahr« (Hiller), die Behinderung des Ausdruckswillens durch kompositorisches Unvermögen (Pfohl), »mehr Künstlichkeit als Kunst« (Altmann) oder der Vorwurf des »Jüdelns« (Louis) – allen Urteilen ist gemeinsam, daß sie die Existenz einer unteilbaren musikalischen Wahrheit voraussetzen und nicht mit den Vermittlungen rechnen, die sich zwischen die direkte musikalische Kommunikation vom Herzen zum Herzen schieben und die Adorno später analysiert hat. Solch romantischer Anschauung hängen ebenfalls die positiv wertenden Texte des Anonymus, von Weigl und Mengelberg an. Das »per aspera ad astra« des letzteren, ein Gemeinplatz seit Beethovens Fünfter, wirkt ebenso unbegründet und aussageschwach wie die ressentimentgeladenen Verrisse der Traditionalisten. Erst in den zwanziger Jahren, nach den Erfahrungen mit Neuer Musik und nachdem die Katastrophe des Weltkriegs Wirklichkeit geworden war, die in Mahlers Musik im voraus sich andeutet, scheint ein erstes Gespür für Mahlers Brüchigkeit und Größe aufzukeimen. Furtwänglers Wort von der »nihilistischen Musik« mag dafür einstehen, ebenso der Ausschnitt Bekkers, der in katastrophisch-atemloser Identifikation eine so differenzierte wie faszinierende Beschreibung des ersten und zweiten Satzes bietet, die bei allen Romantizismen doch den Boden der objektiven Daten nie verläßt. Werkbezogene Zeugnisse aus der nationalsozialistischen Epoche sind nur schwer aufzufinden, es war bei jenen »Theoretikern« nicht Brauch, ihre rassistischen Wahnideen musiktheoretisch zu begründen[1].

Den Beginn des sogenannten Mahler-Booms nach 1960 markiert die Monographie Adornos, zu deren zweiter Auflage (1963) der Autor im Nachwort anmerkt: »Daß die zweite Ausgabe so rasch fällig wurde, spricht dafür, daß das volle Bewußtsein von Mahlers Bedeutung durchzudringen beginnt«. Ador-

---

[1] Vgl. z.B. Karl Blessinger, Mendelssohn, Meyerbeer, Mahler. Drei Kapitel Judentum in der Musik als Schlüssel zur Musikgeschichte des 19. Jahrhunderts, Berlin 1939. – Vgl. dazu auch Joseph Wulf, Musik im Dritten Reich. Eine Dokumentation, Gütersloh 1963, S. 397, 400 und 406.

nos Befunde über Weltlauf und Durchbruch, Einsturzpartien, Progrommusik und vermittelte musikalische Sprache gleichen an einigen Stellen auf verblüffende Weise den negativen Urteilen der zeitgenössischen Kritiker. Aus der Ablehnung Mahlers als Abwehr seines realistischen Bildes vom Zerfall erwuchs die apologetische Zustimmung zu eben jener getreuen Widerspiegelung, deren Wahrheit sich erst später offenbarte, wie Adornos zahlreiche Verweise auf die Mahler nachfolgenden Epochen zu belegen versuchen. Die erstaunliche Vorliebe für Mahler könnte, so lautet eine Vermutung, indes schlicht durch die Massenmedien, durch die Entwicklung der Stereo-Technik verursacht sein, die die Gelegenheit nutze, sich gerade an Mahlers Farbigkeit und ungewöhnlichen Klangvolumina zu üben[2]. Darüber, daß für die Verbreitung Mahlers förderliche Einflüsse von der Schallplattenindustrie ausgehen, weil Mahler geradezu ein Stereo-Komponist sei, waren sich in der Tat bald die meisten Kritiker einig: »Der Stereo-Sound der Phonoindustrie nahm sich mit Vorliebe der komplexen, aber gerade noch tonalen Partituren an«[3]; »Ein Markstein der Stereo-Ära«[4]; »Neue Perspektive in Stereo«[5]; »Er [der Dirigent Bernstein] zeigte, daß der Stereo-Klang bei diesem Komponisten Vorgänge hörbar machen kann, die im Saal verborgen bleiben«[6]; »Mahler – ein Schallplatten-Phänomen«[7]. Ligetis ebenfalls aus diesen Jahren stammende Äußerung, die Entdeckung des komponierten musikalischen Raumes bei Mahler durch einen späteren Komponisten, mag überdies in solchem Zusammenhang stehen. Der vorangestellte Brief Mahlers deutet schließlich auf seine bis zur Uraufführung der 5. Sinfonie wenig erfreulichen Erfahrungen mit Publikum und Kritik; er stammt von einem Komponisten, der einst sagte: »Meine Zeit wird kommen«.

Eine detaillierte, wenn auch die spätere Mahler-Rezeption nicht enthaltende Analyse findet sich – bemerkenswert früh –

---

[2] Vgl. Carl Dalhaus, Rätselhafte Popularität. Gustav Mahler – Zuflucht vor der Moderne oder der Anfang der Neuen Musik, in: »Die Zeit« 19/1972; Hellmut Kühn, Mahlers »rätselhafte Popularität«, in: Musik und Bildung 5, 1973; des weiteren Martin Zenck, Die Aktualität Gustav Mahlers als Problem der Rezeptionsästhetik, in: Melos/NZ 3, 1977.

[3] »Frankfurter Rundschau« vom 10. Februar 1973.

[4] »Der Spiegel« 9/1973.

[5] »Hannoversche Allgemeine« vom 21. April 1973.

[6] »Münchner Merkur« vom 26. November 1973.

[7] Neue Zeitschrift für Musik 135, 1974, S. 650.

bei Ernst Otto Nodnagel: Gustav Mahlers fünfte Symphonie in
cis-moll. In: Die Musik, IV. Jg. (1904/05), Bd. 13, Heft 5,
S. 314 ff.

ALMA MAHLER, Gustav Mahler – Erinnerungen und Briefe,
Amsterdam 1949, S. 315 f.

Köln, Freitagnachmittags nach der ersten Probe [der 5. Sinfo-
nie] 16. Oktober 1904

> Oh selig, oh selig,
> ein Schuster zu sein!
> mit Variationen

Lieb's Almschi!
Meiner Berechnung nach wirst Du diesen Brief morgen früh
erhalten, wenn ich ihn gleich auf den Bahnhof trage. Also heute
die erste Probe! Es ist alles passabel gegangen. Das Scherzo ist
ein verdammter Satz! Der wird eine lange Leidensgeschichte
haben! Die Dirigenten werden ihn fünzig Jahre lang zu schnell
nehmen und einen Unsinn daraus machen, das Publikum – oh
Himmel – was soll es zu diesem Chaos, das ewig auf's Neue
eine Welt gebärt, die im nächsten Moment wieder zugrunde-
geht, zu diesen Urweltklängen, zu diesem sausenden, brüllen-
den, tosenden Meer, zu diesen tanzenden Sternen, zu diesen
veratmenden, schillernden, blitzenden Wellen für ein Gesicht
machen? Was hat eine Schafherde zu einem »Brudersphären-
Wettgesang« anderes zu sagen, als »blöken«? Oh selig, oh selig,
ein Schneider zu sein! Oh, wäre ich als Commis geboren und als
Baritonist am Opernhaus angestellt! Oh, könnt' ich meine Sinfonien fünfzig Jahre nach meinem Tode uraufführen! Jetzt gehe
ich an den Rhein, – der einzige Kölner, der nach der Premiere
ruhig seinen Weg weiternehmen wird, ohne mich für ein Mon-
strum zu erklären!

PAUL HILLER [Kritik der Uraufführung] in: Neue Zeitschrift für Musik 71, Nr. 48 (23. November 1904), S. 852.

Im ersten Gürzenich-Konzert wurde Gustav Mahlers V. Sinfonie zur Uraufführung gebracht. Im vorigen Winter mußte ich
betonen, daß ich das Bekanntwerden mit Mahlers ungeheuer-
lich ausgedehnter III. Sinfonie ob ihres vielfach verzwickten
und verkünstelten Inhalts nicht als eine Errungenschaft be-

zeichnen konnte. Schlimmer noch steht es mit dem neuesten Werke des wohl geistreichen, aber nicht überzeugenden, weil unwahren Komponisten. Auch jetzt hatte er uns nicht musikalische Gedanken, spontane Eingebungen als Ergebnisse tief innerlicher Empfindungen mitzuteilen, nein, es war das Bedürfnis des vertrauten Kenners aller bekannten orchestralen Mittel und Techniken, der nach Sensationen lüsternen Mitwelt zu einem erstaunlichen kompositorischen Virtuosenstück aufzuwarten, einen Triumph der »Mache« zu zeitigen. Die »Mache« fühlten wir, der Triumph blieb aus. Das ungefähr 1½ Stunden währende Werk ist betreffs der zugrundeliegenden Gedanken noch weit unverständlicher als die III. Sinfonie. Selbstverständlich fehlt es ihm, als dem Werke eines Musikers von der sonstigen Bedeutung Mahlers, nicht an Stellen von Schönheit, aber sie treten allzu vereinzelt auf und dann meist außer Zusammenhang mit dem übrigen, auf alle musikalische Logik verzichtenden Tongemenge. Das klarste und beste ist ein als Nr. 4 in der 3. Abteilung enthaltenes kleines Adagio. Daß Mahler die raffiniertesten Effekte der Instrumentierung zu Hilfe nimmt, könnte man ihm nicht verdenken, wenn er damit irgendwie Schönes oder auch nur im besseren künstlerischen Sinne Apartes erreicht hätte. Leider benutzt Mahler alle diese Effekte der Instrumentation lediglich zu einer großen Reihe von Absurditäten und gefällt sich in Bizarrerien tollster Art. Bei dieser Beschaffenheit der Sinfonie ist es denn nicht zu verwundern, daß sie mehr befremdend und abstoßend als erfreuend wirkte. Der Komponist dirigierte auch diesmal die Aufführung seines neuen, sehr lau und nicht ohne Opposition aufgenommenen Werkes.

PAUL HILLER (1853–1934), Sohn des Komponisten Ferdinand Hiller. Zunächst Opernsänger und Theaterdirektor, von 1903–1927 Musikkritiker der »Rheinischen Zeitung« in Köln.

ANONYMUS in: Münchener Neueste Nachrichten 57, 20. Oktober 1904.
Zit. nach: Gustav Mahler, Werk und Interpretation. Autographe Partituren Dokumente. Zusammengestellt und kommentiert von Rudolf Stephan, Köln 1979, S. 112.

Die gestrige Uraufführung von Gustav Mahlers fünfter Sinfonie (ohne Programm und ohne vokales Element) unter Mahlers

bewundernswerter Leitung hatte einen entschiedenen großen
Erfolg. Die Hauptsymptome sind wieder großartiges kontra-
punktisches Vermögen, elementare weitspannende Themen,
wunderbarer Stimmungsgehalt. Der anfangs einsetzende Trauermarsch war von erschütternder Wirkung. Das Finale, fast
durchweg in Mahlers genialer Art fugiert, ist grandios, poesie-
voll, mit einfachsten Mitteln das Adagietto. In dieser Sinfonie
steht Mahler auf bezwingender Höhe der Meisterschaft.

FERDINAND PFOHL, Kritik in: »Hamburger Nachrichten«
vom 14. März 1905.
Zit. nach: Ferdinand Pfohl, Gustav Mahler. Eindrücke und
Erinnerungen aus den Hamburger Jahren, hrsg. von Knut
Martner, Hamburg 1973, S. 73 f.

Alles andere [außer dem Finale] ist bis auf wenige Lichtblicke
öde und unerquicklich, eine schauderhafte und peinliche Musik, in der ein titanisches Wollen mit der Ohnmacht des schöpferischen Vermögens in qualvollem Kampfe liegt.
   Die melodischen Quellen der Mahlerschen Musik rinnen
spärlich; gelegentlich versiegen sie ganz und dann hilft sich
Mahler mit dem Segen der Dachtraufe. Er nimmt, was sich ihm
von ungefähr bietet, skrupellos, ganz und gar nicht wählerisch.
Selbst die ordinäre Melodie der Straße ist ihm nicht zu plebe-
jisch und wenn er uns das scheußliche Trompeterlied des ersten
Satzes an den Kopf wirft, dann könnte man glauben, Mahler
habe uns in diesem Trauermarsch zum Begräbnis des Trompe-
ters von Säckingen eingeladen. Ein Stück voll ähnlicher Ge-
schmacklosigkeit gibt es in der ganzen Sinfonieliteratur nicht
wieder. Man könnte an dem ästhetischen Gefühl Mahlers irre
werden: der nicht genug an dieser Biergartentrompete hat, gesellt er ihrem trivialen Leichenbittergesang noch einen dem un-
geniertesten Verdi nachempfundenen Marsch in schmachtenden
und sentimentalen Sexten und Terzen bei. Sollte es nicht doch
der Trompeter von Säckingen sein, dem da zu seinem Gange
aufgespielt wird? Möglich auch, daß Mahlers Totenpomp einem
italienischen Operntenor gilt. Seinen Trauermarsch hat Mahler
– welcher von den beiden auch gelten mag – mit der ganzen
Äußerlichkeit herausgeputzt, die das widerliche Zeremoniell
des Todes nun einmal verlangt. Krachende Orchesterdonner,

harte, dumpfe Schläge, düstere Farben, schwere drückende Harmonien.

Der Trauermarsch leitet unmittelbar in den zweiten Satz hinüber, in eine Musik, in der wie ein wilder Chor von hundert Klageweibern, in kreischend heftigem Ausbruch der zurückgedämmte und gestaute Schmerz sich mit wütender Leidenschaft entlädt. Der Wert des thematischen Materials ist wiederum sehr gering: Elementare Schreimotive, bewegte Figuren, schneidende Dissonanzen, gestopfte Trompeten und lange Hörnermittelstimmen. Immer Musik aus zweiter und dritter Hand. Häßlich und wüst, eine Erniedrigung, begangen an der Kunst, am heiligen Geist der Musik. Aber immer übersichtlich in der formalen Gliederung und sicher auch geistreich in der inneren Ökonomie, in der Motive aus dem ersten Satz eine bedeutungsvolle Rolle spielen; ein System, das Mahler im ganzen Verlauf seiner Sinfonie durchführt: das psycho-physische Gesetz der Periodizität in geistvoller Nutzanwendung in großen sinfonischen Formen dienstbar gemacht. Das Verfahren ist in dieser Mahlerschen Form immerhin bemerkenswert. Man kann das Wesen dieses zweiten Satzes der Sinfonie kurz damit charakterisieren, daß man sagt, die Musik ist hier Grimasse, eine Kette unaufhörlicher Verzerrungen geworden. Welche groteske Tragikomödie musikalisch-pantomimischer Akzente!

Aus der unerträglichen Situation befreit uns das Scherzo mit seinem lichten Horizont. Erfreulich und beglückend ist freilich auch dieser Satz nur in bescheidenstem Maße, seine Heiterkeit ist zu geräuschvoll, zu unruhig und gespannt, sein Humor zu brutal. Aber es steht doch wenigstens wieder die Sonne am Himmel, Licht und Farben leuchten. Im Mittelsatz des Scherzo besinnt sich Mahler auf den Wiener Walzer. Mit dem lockenden pizzicato vereinzelter Geigen – nach dem Bläserlärm ein wirkungsvoller, aber in seiner Naivität gesuchter, in seiner Kindlichkeit nicht ganz glaubhafter Übergang – tastet er sich auf eine blumige Wiese, wo die Kinder und die Unschuldigen tanzen. Mephisto spielt ihm auf! Die Melodie will mir wieder dürftig erscheinen; indessen, es bleibt immerhin ein Kreis von Musik, in dem die Sinfonie hier lebt und atmet. Und musikalisch reizvoll auf den weichen Klang der Streichinstrumente gestimmt, wenn auch weder bedeutend noch ursprünglich, zieht und schwebt leise und zurückhaltend, sinnend und träumend das zart sentimentale Adagietto hin; ein Satz, der seiner Natur nach aus dem Rahmen der Sinfonie herausfällt. Aber sei es darum.

Das schlichte Stück kam aus einer Seele, die oft hinabtauchte in die reine Volkstümlichkeit der einfachen rührenden Lieder in »Des Knaben Wunderhorn«.

Das Finale, dessen ich schon gedachte, folgt nun. Es ist die Krone der Sinfonie, nicht nur in dem maliziösen Sinn des von mir gebrauchten Gleichnisses. Mag man denken über die Mahlersche Sinfonie, wie man will, so muß ihr doch Freund und Feind eines nachrühmen: ihre offizielle Programmlosigkeit. Welch' ungeheurer Vorzug könnte das sein, wäre sie wirklich nicht nur absolute Musik, sondern auch Absolutmusik, wie es z. B. die Sinfonien eines Brahms sind. Aber das ist leider nicht der Fall. Der Größe des Wollens entspricht in der Sinfonie Mahlers die tragende Kraft des Gedankens nicht. Und an dieser Ohnmacht wird sie zugrunde gehen.

FERDINAND PFOHL (1862–1949) studierte Jura und Musik. Musikkritiker der Leipziger Nachrichten, ab 1892 der Hamburger Nachrichten. Daneben schriftstellerische (Bücher u. a. über Wagner und Beethoven) und kompositorische Tätigkeit. War zeitweise mit Mahler befreundet.

GUSTAV ALTMANN, Kritik der Straßburger Aufführung Mai 1905, in: Neue Musik-Zeitung Stuttgart 26 (1905), 8. Juni 1905, S. 385 f.

Gustav Mahler hatte seine »Fünfte« gewählt, die meines Erachtens der von mir in Basel (1903) vernommenen Zweiten an Größe der Konzeption bedeutend nachsteht. Ich habe bei all der eminenten Satzkunst und Orchesterverwendung doch mehr den Eindruck von Künstlichkeit als Kunst bei Mahler, denn die Themen stellen sich durchweg als geschickt kompilierte und transformierte Gedanken anderer heraus – von Händel bis Brahms, Bizet und Johann Strauß, mit besonderer Vorliebe für Beethoven, ist so ziemlich die ganze Literatur vertreten. Und der Grundcharakter seiner Thematik – selbst in dem einleitenden »Trauermarsch« (»auf den Tod eines schlechten Kapellmeisters« taufte ich ihn!), noch mehr im Scherzo (III.) und Finale (V.), wie in dem unangenehm süßlichen Adagio – ist das dabei das spezifisch österreichisch-wienerische »Gemütliche«, selbst mit einem Stich ins Banale, das durch die dicken Beläge der Blechinstrumentation fast überall durchschimmert. »In Mahler steckt eigentlich ein Operettenkomponist«, hörte ich von mehr als einer Seite äußern. Sehr sorgfältig, in achttägigen Proben vom Komponisten vorbereitet und vom Orchester mit Schwung und Hingabe gespielt, machte das an vielen Stellen sicherlich imponierende und gar nicht übermäßig schwer verständliche Werk großen Effekt.

RUDOLF LOUIS, Die deutsche Musik der Gegenwart, München 1909.
Zit. nach: Nicolas Slonimsky, Lexicon of Musical Invective, New York 1953, S. 121.

Wenn Mahlers Musik jüdisch sprechen würde, wäre sie mir vielleicht unverständlich. Aber sie ist mir widerlich, weil sie *jüdelt*. D. h.: sie spricht musikalisches Deutsch, aber mit dem Akzent, mit dem Tonfall und vor allem auch mit der Geste des östlichen, des allzu östlichen Juden [. . .]. Denn auch dem, den sie nicht gerade beleidigt, kann sie doch unmöglich etwas *sagen*, und man braucht von der künstlerischen Persönlichkeit Mahlers noch keineswegs abgestoßen zu sein, um die völlige Leerheit und Nichtigkeit einer Kunst einzusehen, in der der Krampf eines ohnmächtigen Schein-Titanentums sich auflöst in das platte Behagen an gemeiner Nähmädel-Sentimentalität.

RUDOLF LOUIS (1870–1914), deutscher Dirigent, Komponist, Musiktheoretiker. Louis lebte ab 1897 in München, wo er Musikkritiker der »Münchener Neuesten Nachrichten« war. Er verfaßte Bücher, u. a. über Wagner, Liszt, Bruckner, Pfitzner, wurde freilich am bekanntesten durch die mit Thuille gemeinsam veröffentlichte »Harmonielehre« (1907).

KARL WEIGL, Mahlers Sinfonien, Wien o. J. (1910) (Meisterführer 10 der Schlesinger'schen Musik-Bibliothek, hrsg. von E. Istel), S. 85.

Anders [als die Sinfonien II–IV] die V. Sinfonie; sie ist ein Werk der freudigen Lebensbejahung. Ihr Schmerz und ihr Jubel ist von *dieser* Welt. Nicht mehr der verzückte Visionär spricht aus dieser Musik, sondern der kraftvolle Überwinder, der sich mutig durch die Gedanken von Tod und Vernichtung ringt und in der Freude am Schaffen und Gestalten, im »tätigen Leben« seiner Sehnsucht vergißt.

KARL WEIGL (1881–1949), österreichischer Komponist und Musiktheoretiker, der 1903 bei Guido Adler promovierte und 1904–1906 unter Mahler Solo-Korrepetitor an der Wiener Hofoper war.

Paul Bekker, Die Sinfonien Gustav Mahlers, Berlin 1921, S. 179–203.

Die Trompete allein beginnt [Takt 1 ff.]. Erst beim Aufstieg zum A setzt mit voller Wucht das Orchester ein. Es bleibt unter Führung der Trompeten in stärkster Kraft bis zum gis-Moll-Abschluß, von dem aus das punktierte Motiv in sich vergrößernden Sprüngen zur Tiefe stürzt [Takt 24 ff.]. Hier verklingt es langsam unter nachhallenden Triolenrhythmen im Paukenwirbel Gis. Eine Exposition von mächtiger dynamischer und rhythmischer Kraftspannung. Die Blechbläser führen, die Streicherbegleitung gibt nur dunkle Untermalung. Erst nach dem Verhallen der großen Trauerfanfare setzt das Streichorchester als selbständiger Gegenchor mit einförmiger, liedartiger Klagemelodie ein, ohne starke Bewegung, resigniert singend, im unabänderlichen Marschtempo schreitend [Takt 34 ff.]. Dem Charakter nach ähnelt die Melodie der des Trauermarsch-Kanons aus der I. Sinfonie. Hier wie dort ein ersticker wort- und klagloser Schmerz, der gerade durch das Fehlen jeglichen Affektes ergreift. Zum zweiten Mal die Fanfare, diesmal sofort von straff rhythmisierten Harmonien der Streicher, Holzbläser und Hörner gestützt, kräftiger, schärfer ausgreifend als vorher. Zum zweiten Mal auch der Klagegesang des Streicherchores, reicher belebt in der Stimmführung, mit Steigerung durch duettierende Holzbläser und Violoncelli [Takt 104 ff.]. An die zart sich aufschwingende Dur-Wendung anschließend im Pianissimo des Holzchores ein Trostgesang in Dur [Takt 120 ff.]. Die Streicher spinnen ihn von As- nach Cis-Dur hinüber, ihm für einen Augenblick den Ausdruck schmerzbefreiter Verklärung gebend [Takt 132 ff.]. Die Dur-Stimmung hält sich nur vorübergehend. Der Gesang verschwindet in der Tiefe auf leisem Paukenwirbel, der Anfangsruf der Trompete hallt wie fernes Echo nach. »Plötzlich schneller, leidenschaftlich, wild«, ein neues Thema. Trompeten, statt die angefangene Fanfare zu vollenden, schlagen in ein anderes, heftig erregtes Empfindungsgebiet um. Die tiefen Bläser: Tuba, Fagotte und Kontrafagotte, dazu Streichbässe, intonieren ein glockenartiges, ostinates Baßmotiv, Posaunen begleiten in wogenden Synkopenharmonien [Takt 155 ff.]. Alle bisher gewaltsam gestaute Leidenschaft des Schmerzes bricht hemmungslos durch. Ein Triolen-Doppelmotiv der Trompeten und Violinen reißt die Entwicklung weiter in wilde Bewegtheit [Takt 165 ff.]. Wie ein Notruf klingt die Anfangstriole der Trompeten in das Gewoge hinein, unvermögend sich durchzusetzen, selbst mitgezogen in den immer heftiger brausenden Wirbel. Auch die kurze Ges-Dur-Wendung der Violinen gibt keinen Halt [Takt 203 ff.]. Bis nach äußerster Kraftentfesselung ein greller Ruf der gedämpften Trompeten [Takt 229 ff.] »allmählich sich beruhigende« Stimmung schafft, als wäre dies plötzliche Aufflammen nur Traum gewesen. Die Anfangsfanfare ertönt wie vorher, in noch steiler emporführender Steigerungslinie der Trompeten. »Schwer« setzt der Trauergesang ein, diesmal Holzbläsern mit lasternder Harmoniebegleitung des Bleches zugeteilt. Die Streicher schweigen zunächst. Nur eine gedämpfte Violoncell-Stimme klingt, sehnsuchtsvoll emporsteigend, vereinzelt in die massive Wucht der Bläser und des dumpf Schritt-markierenden Schlagwerkes. Erst bei der Des-Dur-Wendung mischen sich wieder weiche Streicherfarben ein. Zunächst in den tiefen Lagen, dann, nach D-Dur aufgleitend, plötzlich in den oberen Registern »singend«, wie aus einer anderen Welt. Im Zwiegesang der Flöte, Klarinette und der Violinen erklingt das Verheißungsmotiv vom »Freudenlicht der Welt« aus dem ersten Kindertotenlied [Takt 306 ff.]. Das Schmerzliche der Trauerstimmung scheint wie weggewischt. Das Triolenmotiv ertönt leise aus der Pauke und leitet zu einem neuen Gedanken von ausdrucksvoll erhabener Prägung. Er schreitet in ernsten a-Moll-Klängen der Violinen, ein Trostgesang von feierlicher Kraft, in den nur aus den Begleitstimmen der Violoncelli und Bratschen leise Schmerzenslaute hineinklingen [Takt 313 ff.]. Seine volle Bedeutung kann er erst im größeren Rahmen des folgenden Satzes entfalten. Hier, innerhalb der Trauerstimmungen, erhält er bald leidenschaftlichen Ausdruck, weist zurück auf den »wilden« Zwischensatz der Trompeten und führt über einen breit ausholenden Orgelpunkt E in »klagende« chromatische Abwärtsbewegung. Alle Stimmen in herber Klangsteigerung, Hörner und Trompeten gestopft, »Schalltrichter auf«, sinken nach unten. Auch die Bässe, anfangs den Orgelpunkt E festhaltend, rieseln langsam bröckelnd in die Tiefe. Noch einmal setzt die Trompetenfanfare an, sie gelangt nicht zu Ende. »Verlöschend« stocken die Klänge, fallen von Stufe zu Stufe kraftlos herab. »Schwer« setzen dumpfe Bläserharmonien ein. Hemmungslos nach unten gezogen, fällt die thematische Linie von Ton zu Ton, bis sie im Dunkel der Grabharmonien verschwindet. Wie verloren, vom Winde verweht, klingt der Triolenruf nach. Ferne Trompetenklänge geben ihn

weiter, ein leicht zum Äther aufschwebender Flötenton trägt
ihn wie eine entschwebende Seele zur Höhe. Noch ein dumpfer
Trommelwirbel, und mit dem letzten Pizzikato Cis der Streicher fällt die letzte Scholle.

[. . .] Mahler hat das Stück [den Trauermarsch] offenbar nicht
als selbständig gedacht. Er hat der Sinfonie gleichsam zwei
Eröffnungssätze gegeben: den cis-Moll-Trauermarsch und das
unmittelbar anschließende »Stürmisch-Bewegt«. Mit größter
Vehemenz »in a-Moll«. Beide gehören zueinander. Sie sind the-
matisch verknüpft durch Wiederkehr des Trauergesanges in
Dur innerhalb des a-Moll-Satzes und durch Vorwegnahme des
Seitenthemas in a-Moll im Trauermarsch.

[. . .] Gleich der Beginn [des zweiten Satzes] überrascht durch
eigentümliche thematische Gestaltung. Der Satz hat kein erstes
Thema im gewohnten Sinne. Eine Art motivischen Ausrufes
steht dafür, zuerst ganz knapp gefaßt: fünf Baßnoten, wild und
leidenschaftlich hervorgestoßen, fast geschleudert, rauh, gebie-
terisch, auffahrend, durch einen zischenden Harmonieschlag
des Orchesters abgeschlossen, dann wiederholt, in mehr und
mehr sich überstürzender Steigerung heftig vorwärtstreibend
[Takt 1 ff.]. Aufpeitschende Schmerzensmotive, aus dem Trauermarsch bekannt, gesellen sich hinzu [Takt 6 ff.]. Thematische
Erscheinungen brechen hervor, wie in wilder Leidenschaft einander überrennend. Zunächst die Fortsetzung des Schmerzens-
motivs in den Violinen, heftig aufzuckend, dann in hämmernden Achtelrhythmen weitereilend, von Streichbässen durch auf-
stürmende Gegenbewegung ergänzt [Takt 8 ff.]. In den Posaunen dazu skalenartig steigende Harmoniefolgen über dem starr
festliegenden A. Sie waren schon in den Einleitungstakten
rhythmisch vergrößert erschienen und kehren jetzt in gesteigerter Zusammendrängung wieder, wie eine eiserne Klammer, die
sich fester und fester schließt [Takt 5 ff.]. Hörner stürmen voran, Violinen in scharf rhythmisierten Terzen drängen, abwärts
gerichtet, ihnen entgegen [Takt 15 ff.], eine Spannung von fast
zersprengender Gewalt entwickelt sich im Auf- und Abjagen
der Stimmen. Kein Ziel, kein Halt, keine feste Bahn scheint zu
finden. Hemmungslos, von Takt zu Takt wilder entfesselt, rasen
die Stimmen durcheinander, in äußerster Kraft durch Sforzati
noch gesteigert. Schmetternde Trompeten- und Hörnerrufe, ein
gewaltsamer, alle erfassender Schlag auf dem Dominantakkord
E mit eingefügtem verschärfendem C. Tiefe Streicher, Klarinetten und Fagotte stürzen in ein brandendes a-Moll-Gewoge, aus

dem sich im dritten Takt das neue Thema herausringt. Dreimal setzt es mit dem Schmerzensmotiv an. Aus den Hörnern klingt es wie Notruf, im Streichorchester sind zweite Violinen und Bratschen eine Oktave höhergelegt als die ersten Violinen, um durch den Bratschenklang die klagende Schärfe des Tones intensiver hervortreten zu lassen [Takt 31 ff.]. Ein Thema von alle Dämme überspülender Flutkraft, unerschöpflich an innerem Sturm, unersättlich weitertreibend, vorwärtspeitschend wie eine unheimliche Naturgewalt, der gegenüber Widerstand nicht in Betracht kommt. Bald fegt es in aufheulenden Legatophrasen [Takt 38 ff.]. Bald stößt es in heftigen Rhythmen [Takt 41 ff.]. Dazwischen tönen aus den Trompeten und Hörnern neue Kampfrufe [Takt 43 ff.]. Sie dringen jetzt nicht durch. Eine akustisch kaum noch darstellbare Steigerung faßt das Anfangsthema, jetzt sechs Hörnern zugeteilt, und das zweite a-Moll-Thema im Sturm der Oberstimmen zusammen, die Bässe stürzen chromatisch abwärts, das Akkordmotiv der Posaunen zur Steigerung auf die unbetonten Taktteile schlagend, hämmert. Der Orkan treibt dem Höhepunkt zu, um nun, eine plötzlich nachlassende Naturgewalt, fast mit einem Schlage zu erlöschen. In wenigen Takten stürzen die Legatoläufe der Holzbläser zur Tiefe. Ein langer, leise abklingender Paukenwirbel auf C bleibt allein übrig von dem a-Moll-Toben. Die Tonart wechselt nach f-Moll. »Bedeutend langsamer, im Tempo des Trauermarsches« klingt unter leise zuckenden Begleitrhythmen der Flöten wieder das Schmerzensmotiv, jetzt wehevoll klagend, von Klarinetten, den Flöten, von ihnen Hörner und Fagott zugerufen. Unter dieser Begleitung, die sich weiterspinnt, hebt ein ernster Gesang des Violoncells an, »molto cantando«, eine Melodie von edler Größe, gemessen schreitend, voll düsterem, doch verhaltenem Ausdruck.

[...] Die früheren Gegensätze verschmelzen. Der melodische Schwung und die edle Gesangslinie des zweiten Themas wird von der rhythmischen und dynamischen Spannkraft des ersten durchdrungen. Es steigert sich zur äußersten Leidenschaft, in dem auf breites a-Moll der Posaunen und Tuba gelagerten Unisono sämtlicher Holzbläser und Hörner [Takt 388 ff.]. Die Motive der Mollgruppe kehren wieder in fliegendem, beschwingtem Tempo, mit stärkster Erregung des Ausdrucks. Es ist ein inneres Drängen, ein zu fast atemberaubender Spannung wachsendes Erwarten einer Entscheidung, so daß Mahler in der Partitur fortwährend gleichsam warnend befiehlt: »Nicht eilen«,

»gehalten«, »nicht eilen«. Die Steigerung liegt in der taktweise sich schärfenden Zuspitzung des Ausdruckes und darf nicht durch zu frühe Beeilung des Tempos in ihrer letzten Auswirkung gefährdet werden. Von e-Moll steigt die Welle nach f-Moll, fällt von dort »wuchtig« in es-Moll zurück. Mit dämonischer Gewalt erklingt das Sturmlied [Takt 429 ff.]. »Immer auf G« die Violinen, »wild« die Bässe, »Schalltrichter auf« die Bläser. »Etwas drängend« im Vortrag das Ganze, unerschöpflich, rastlos, wie gepeitscht, und nun, zum Furioso treibend, letzte, äußerste Kräfte spannend, Violinen »gerissen«, ein rasender Ausbruch von Trotz, Verzweiflung, Vernichtungswillen [Takt 439 ff.]. Das »Pesante, plötzlich etwas anhaltend« ein leise schimmernder, anschwellender Lichtstrahl. Aufleuchtendes A der Trompeten und Posaunen. Es hebt sich in mächtigem Oktavschwung zum D-Dur-Akkord, zum Choral. Nach maßlos wühlendem, unbändigem Gewirr der Stimmen und Harmonien, nach der chaotischen Zerrissenheit plötzlich dieser feierliche Zuruf, diese einfach und doch überwältigend aufstrahlende Verheißung. Trompeten und Posaunen haben die Führung, Holzbläser, anfangs schweigend, schließen sich ihnen an, Streicher und Harfen umrauschen die mächtigen Klänge mit jubelnd stürmischen Läufen. So klingt die Verkündigung in den Sturm hinein [Takt 463 ff.]. Hier wird der Hymnus unterbrochen, vielmehr er schweigt aus sich heraus. Die Wucht des Schwunges ist zu stark, sie sprengt fast das Ausdrucksvermögen. Doch ist das Letzte, Höchste noch zu sagen, die volle, alles zusammenfassende Kraft muß gewonnen werden. Währenddessen jubiliert das Orchester wie zur Auferstehungsbotschaft. Accellerando drängen die Trompeten wie in nicht zu bändigender Erwartung [Takt 488 ff.]. »Mit Gewalt« rufen Hörner und Trompeten empor [Takt 491 ff.]. Alles treibt aufs Äußerste, Violinen stürmen, Harfenglissandi rauschen, das Schlagwerk wirbelt. Atempause. Da ertönt die abschließende Strophe. Mit ungeheurer Leuchtkraft setzt die Terz Fis ein. Alles was Glanz hat, wird auf diesen »Höhepunkt« hingelenkt [Takt 500 ff.]. Was ist, was war geschehen? Etwas, was sich auch im Leben eines großen Künstlers selten ereignet, weil es selbst für ihn Geschenk geweihtester Stunden bleibt: die Offenbarung von etwas Außerordentlichem, künstlerisch wie menschlich gleich tief Erschütterndem. Ein Himmelsblick, gewonnen durch unerhörte Spannung aller Kräfte, durch fanatische Aufpeitschung des Schmerzes bis zur selbstvergessenen Wildheit, durch unnachgiebiges Ringen mit dem Engel, das nicht abläßt, ehe nicht der Segensspruch erklingt.

Paul Bekker (1882–1937), deutscher Musikschriftsteller und -kritiker. Nach Tätigkeiten als Orchestergeiger und Dirigent war Bekker 1906–1925 Kritiker in Berlin und Frankfurt, von 1925 bis zu seiner Emigration 1933 Theaterintendant in Kassel und Wiesbaden. Er veröffentlichte u. a. Bücher über Beethoven, Mahler und Wagner und war ein entschiedener Vorkämpfer der Neuen Musik.

Rudolf Mengelberg, Gustav Mahler, Leipzig 1923, S. 55 f.

Von revolutionierender Ausdrucksgewalt sind die beiden ersten Sätze, für Mahler fast undifferenziert in ihrer pathetischen Wucht, ihrer weiten und sinnlich intensiven Melodik, mit der sich der Komponist völlig dem neuen Schaffenstrieb hingibt. Während im Trauermarsch ein schmerzgequältes Herz sich aussingt, kündigt das erste Motiv des zweiten Satzes, in dem das thematische Material des Trauermarsches weiter entwickelt wird, trotzige Auflehnung gegen das Schicksal an. Aber dem wilden Kampf bleibt die Befreiung versagt, und angstvoll beklommene Schreie verflüchtigen sich in grausig-phantastischem Spuk. Das folgende Scherzo (mit charakteristischer obligater Hornpartie) ist nicht nur Mittelpunkt, sondern auch geistige Achse der ganzen Sinfonie. Sein Mottomotiv übernimmt das erste Motiv des vorigen Satzes, indem es den bitteren Ernst in bitteren Humor umdeutet und den Konflikt aus der Fülle der Lebensenergie lösend zur Schlußgruppe überleitet. In dem zarten, süß-melodischen Adagietto – überaus klangvoll für Streichorchester und Harfe gesetzt – ist die Ruhe des Herzens gefunden. Es führt zum Rondo-Finale, einer Jubelhymne auf das irdische Leben. Das Glücksgefühl errungenen seelischen Gleichgewichts klingt aus diesem kunstvoll verschlungenen Reigen heiterer Melodien. Zögernd beginnt der Satz mit zaghaften Andeutungen verschiedener Motive. Dann strömt das erste Thema freudig bewegt hervor, und in einem musikalischen Organismus voll blühenden beseelten Lebens offenbart sich die neue Wandlung von Mahlers Stil in vollendeter Form.

Rudolf Mengelberg (1892–1959), Vetter und Schüler des niederländischen Dirigenten Willem Mengelberg, ein Freund Mahlers. Rudolf Mengelberg war Musikschriftsteller und Komponist, ab 1915 lebte er in Amsterdam, wo er lange Zeit das Concertgebouw leitete.

Berndt W. Wessling, Gustav Mahler. Ein prophetisches Leben, Hamburg 1974, S. 223.

Furtwängler hat diesen Satz [den zweiten] »die erste nihilistische Musik des Abendlandes« [Das Datum des Furtwängler-Ausspruchs, welches vom Herausgeber leider nicht zu eruieren war, ist in der genannten Quelle nicht nachgewiesen. Es wird sich vermutlich um die Mitte der zwanziger Jahre handeln.] genannt. Er war nach einer Probe dieses Sinfonieteils mit den Berliner Philharmonikern einmal so mitgenommen, daß er den Taktstock resignierend fallenließ und sagte: »Diese merkwürdigen Wendungen Mahlers lassen in einem das Bewußtsein aufkommen, daß alles umsonst ist. Ich wüßte keine andere Musik, die mich so pessimistisch stimmen könnte. Sie entwertet, was einem in dieser öden Welt überhaupt noch wertvoll erscheinen könnte!«

Wilhelm Furtwängler (1886–1954), deutscher Dirigent und Komponist. 1922 Dirigent der Leipziger Gewandhaus-Konzerte, 1928 des Berliner Philharmonischen Orchesters, 1931 übernahm er die Leitung der Bayreuther Festspiele, 1933 wurde er Direktor der Berliner Staatsoper und Vizepräsident der Reichsmusikkammer. Er setzte sich vor allem für die Opern Mozarts und Wagners, die sinfonischen Werke des 19. Jahrhunderts und die Musik Hindemiths ein.

Theodor W. Adorno, Mahler. Eine musikalische Physiognomik, Frankfurt 1960, passim (zitiert nach der 2. Aufl. 1969), S. 19–22, 32f., 52–54, 65f., 139f., 172f., 179f.

[S. 19–22]
Auf der Höhe der Fünften Symphonie hat dann Mahler die Antithese von Weltlauf und Durchbruch mit voller Konsequenz zum Prinzip der Komposition erhoben, im zweiten Satz. Paul Bekker erkannte ihn als eine Art von zweitem ersten Satz und als eine der großartigsten Konzeptionen Mahlers. Er ist kein Scherzo, sondern voller Sonatensatz von »größter Vehemenz« [Vgl. Partitur S. 47]. Weggefegt ist der Humor, der den Weltlauf aus einer Distanz zu belächeln sich vermißt, die jener keinem Menschen gestattet; er ist unwiderstehlich losgelassen samt allen Akzenten von Leiden, ohne Begütigung. Seine Proportionen, das Verhältnis der stürmischen Allegroteile zu den überwuchernden langsamen Einschiebseln aus dem Trauermarsch erschweren die Wiedergabe ungemein. Jene Proportionen dürfen nicht dem Zufall des So nun einmal Komponiert-

seins anheimfallen, sondern das ganze Stück muß von Anbeginn so klar auf den Kontrast hin organisiert werden, daß es in den Andanteteilen nicht steckenbleibt; der Wechsel bildet die Form. Besonders kommt es darauf an, daß auch die Prestopartien, ohne Konzession im Tempo, deutlich, thematisch gespielt werden und nicht im Wirbel verlorengehen; sie balancieren die Trauermarschmelodien. Daß aber das dahinrasende Presto nirgendwohin führt, ist seine Formidee. Der Satz kennt, bei aller Dynamik, aller Plastik im einzelnen, keine Geschichte, kein Wohin, eigentlich keine emphatische Zeit. Seine Geschichtslosigkeit verweist ihn auf die Reminiszenz; die vorwärtstreibende Energie wird gestaut und strömt gleichsam zurück. Von dort jedoch kommt die Musik ihr entgegen. Die potentielle Dynamik des Trauermarschs, zumal seines zweiten Trios, entfaltet sich erst nachträglich in der integralen, sonatenhaften Durchkomposition, als Seitensatz des Prestos. Was gebunden war in der stationären Form des ersten Satzes, wird entfesselt. Zugleich aber bereiten die unterbrechenden Reminiszenzen den Boden für die Choralvision, in der der Satz dem Kreis sich entringt. Nur durch die formale Korrespondenz zwischen ihr und den langsamen Interpolationen vermag er das Hereinbrechende sich einzuverleiben, ohne in Chaos zurückzuschlagen. Vision und Form bedingen einander. Diese schließt mit einer Coda. Die Vision hat keine Schlußkraft. Endete der Satz mit ihr, so wäre sie Vision nicht länger. Aber die Coda gehorcht dem, was geschah: der alte Sturm wird zu seinem ohnmächtigen Nachhall. [. . .]

[S. 32–33]
Das erste Trio des bereits sehr groß einsetzenden Trauermarschs der Fünften Symphonie [S. 20ff.] antwortet nicht mehr mit lyrisch subjektiver Klage auf die objektive Trauer von Fanfare und Marsch. Es gestikuliert, erhebt ein Geschrei des Entsetzens vor Schlimmerem als dem Tod. Von den Angstfiguren der Schönbergischen »Erwartung« ward es nicht überboten. Seine Gewalt zieht es paradox daraus, daß solcher Erfahrung noch keine musikalische Sprache bereit stand. Durch den verstörten Kontrast zur harmlosen, deren sie sich bedient, wird jene Erfahrung schlagender, als wenn die klagende Dissonanz schon ganz freigesetzt und damit wiederum eingespielt wäre. In dem sich ins Wort fallende Duett der schneidenden Trompeten und der regellosen Geigen verwirrt sich der Gestus des Het-

mans [slawisches Wort für Hauptmann; Kosakenführer], der zum Mord ermuntert, mit dem Jammer der Opfer: Programmusik, so wie die expressionistischen Dichter den Krieg prophezeiten. Nach den von der Form gefaßten Marschteilen, dem emphatischen cis-Moll treibt die extreme, der sicheren Mitte von Gestalt sich weigernde Ausdruckslage der Stelle das Kunstwerk ins Protokoll wie fünzig Jahre später Schönbergs »Überlebender von Warschau«. Dabei aber ist die Tonalität bereits reflektierend ergriffen, als Darstellungsmittel. So hatte sie allerdings das gesamte tonale Zeitalter hindurch, in jedem einzelnen bedeutenden Komponisten, zumal in Beethoven, stets wieder fungiert, wann immer jene subjektive Intentionen objektivieren mußten. Indem jedoch Mahler die Sprache der zweiten Natur zum Reden bringt, schlägt sie qualitativ um. [. . .]

[S. 52–54]

Was im Potpourri Not der wahllosen Aneinanderreihung arrivierter Melodien war, wird bei ihm Tugend eines Gefüges, das empfindlich die eingefrorenen Gruppierungen der anerkannten Formtypen auftaut. Der Zusammenhang, den diese garantieren sollten, wird nun von der Gebrochenheit der prägnanten Themen und Gestalten gestiftet; vom Anschein des schon Bekannten, durch den ein jegliches mehr ist, als es bloß ist. In der spätromantischen Symphonik, vor allem den sogenannten nationalen Schulen, bei Tschaikowsky oder Dvořák, war das vorbereitet. Die fiktiv volksliedhafte Spezifikation der Themen placiert diese derart im Vordergrund, daß sie die Vermittlungskategorien der klassizistischen Tradition, wo sie sie bemühen, zum theatralischen Rummel oder zum Füllsel entwerten. Was bei ihnen unfreiwillig vulgär war, wird bei Mahler zur herausfordernden Allianz mit der Vulgärmusik. Schamlos paradieren seine Symphonien mit dem, was allen in den Ohren liegt, Melodieresten der großen Musik, schalen volkstümlichen Gesängen, Gassenhauern und Schlagern. Sogar solche klingen an, die erst viel später geschrieben wurden wie das Maxim-Chanson in der Ersten Symphonie oder gar im zweiten Satz der Fünften, das Berlinische »Wenn du meine Tante siehst« aus den zwanziger Jahren. Von den potpourriähnlichen spätromantischen Stücken holt er sich die zugleich auffälligen und eingängigen Einzelprägungen, beseitigt aber das läppisch gewordene Zwischenwerk. Stattdessen entwickelt er die Beziehungen konkret aus den Charakteren. Manchmal läßt er diese übergangslos aufeinanderprallen, solidarisch mit der späteren Kritik Schönbergs am Vermittelnden als dem Ornamentalen, nicht zur Sache Gehörigen. Mehr als einem Desiderat Mahlers genügt das Potpourri. Es schreibt dem Komponisten nicht vor, was auf was zu folgen habe; es befiehlt keine Wiederholungen, entzeitlicht nicht die Zeit durch prästabilierte Ordnung ihres Inhalts. Den verwesten Themen aber, die es zusammenrafft, hilft es zum Nachleben in der zweiten Musiksprache. Diese bereitet Mahler artifiziell. Ihm wird das Potpourri Form durch unterirdische Kommunikation seiner zerstreuten Elemente, eine Art triebhaft ungebundener Logik. Jakobinisch stürmt die untere Musik in die obere ein. Die selbstgerechte Glätte der mittleren Gestalt wird demoliert vom unmäßigen Klang aus den Pavillons der Militärkapellen und Palmengartenorchester. Geschmack hat für Mahler sowenig Autorität wie für Schönberg. Symphonik gräbt nach dem Schatz, den allein noch der Wirbel von Pauken aus der Ferne oder Stimmgeräusche verheißen, seitdem Musik als Kunst häuslich sich einrichtete. Sie möchte die Massen ergreifen, die vor der Kulturmusik flüchteten, ohne doch ihnen sich gleichzuschalten. Daß sie schwerlich symphonischen Organismen ohne Krücken folgen und desto lieber über deren Mangel an Kultur sich entrüsten würden, ist nicht einkalkuliert. Wohl aber wird die Konsequenz daraus gezogen, daß die disparaten Niveaus nicht dekretorisch wieder zu vereinigen sind. Das ungehobene Untere wird als Hefe in der hohen Musik verrührt.

[S. 65–66]
Die Einsturzpartien Mahlers jedoch vermitteln nicht mehr bloß zwischen anderen oder besiegeln Entwicklungen, sondern sprechen für sich selbst. Während sie eingebettet sind in den Gesamtverlauf der Form, erstrecken sie sich in dieser zugleich als ein Eigenes: die negative Erfüllung. Tritt in den Erfüllungsfeldern ein, was die Entwicklung verhieß, so ereignet sich in den Einstürzen, wovor der musikalische Verlauf sich ängstigt. Sie modifizieren nicht bloß die Komposition, die in ihnen weniger dicht wurde oder vollends zerstäubte. Sie sind Formteile als Charaktere. Materiale Formenlehre hätte durchweg Formabschnitte Mahlers zum Gegenstand, die anstatt mit Charakteren ausgefüllt, dem eigenen Wesen nach als Charaktere formuliert werden. Die Kategorie des Einsturzes läßt auf ein sehr frühes und einfaches Modell sich zurückverfolgen, den Schluß des dritten Gesellenlieds: »Ich wollt', ich läg' auf der schwarzen

Bahr'«, wo über einem Dominantorgelpunkt aneinandergereih-
te Akkorde nach unten schreiten. Sie gehen nicht zu einem
anderen über; sie sind selber Ziel, die Motivfragmente danach
bloß noch Coda; das letzte Lied dann Epilog. Diesen Typus hat
Mahler unverkennbar im ersten Satz der Zweiten Symphonie
übernommen [S. 25, Takt 4 ff.], der überhaupt die Tendenz zu-
sammenzustürzen zeigt. Mit voller Meisterschaft ist ein solcher
Zusammenbruch komponiert im Trauermarsch der Fünften
Symphonie [S. 43 ff., Takt 369 bis 400]. Er dynamisiert die
Form, ohne daß doch die traditionellen Formrayons durch Entwicklung einfach abgeschafft wären; vielmehr ist die Dynamik
des Katastrophenabschnitts selbst zugleich ein Charakter, ein
quasi räumliches Feld. Nicht nur wird durch die Einsturzteile
einem formalen Entspannungsbedürfnis genügt, sondern sie
entscheiden inhaltlich die Musik durch ihren ausgeführten Charakter.

[S. 139–140]
Mit einer Anstrengung, die er selbst als außerordentlich muß
empfunden haben, konzipiert er in der Fünften das Novum des
Durchführungsscherzos. Zwar werden zunächst Scherzoteil
und erstes Trio – praller freilich mit Charakteren als je zuvor im
Schema – deutlich hingestellt, aber mit Verzahnungen versehen,
durch die sie ineinandergreifen. Ihr abgezirkeltes Wesen wird
dynamisiert, ohne daß der Bauplan sich verdunkelte, ein wahres
Meisterstück. In ihm hat die Mahlersche Polyphonie einen ihrer
Ursprünge. Weil die Scherzotänze ebenso fest umrissen bleiben
wie wechselfältig sich durchdringen müssen, kombiniert er sie
simultan, vermischt die Scherzothemen kontrapunktisch. Die
Coda geht darin mit vier gleichzeitigen Themen [S. 172, Takt
799 ff.] am weitesten. Die Künste sind keine Spielerei: sie allein
bändigen die extensive Fülle der Tanzgestalten, ohne von ihr
etwas nachzulassen. Die Formanlage des Satzes, ohne den übrigens Straussens Rosenkavalier kaum zu denken wäre, ist selber
vom Kontrapunkt determiniert. Die sukzessiven Themen heben
voneinander schon ähnlich sich ab wie gute Kontrapunkte von
einem cantus firmus. Die orchestrale Meisterschaft erweist sich
an kleinsten Zügen. Gleich zu Beginn ist die Gegenstimme der
Klarinetten und Fagotte so gesetzt [S. 116, Takt 5 ff.], daß sie
völlig deutlich wird, nicht matt, schwächlich, wie man beim
bloßen Lesen es befürchtet. Die volle Setzweise wirkt über sich
hinaus; an einer Stelle führt die pure Zweistimmigkeit von obli-

gatem Horn und ersten Geigen den Reichtum des vollen Orchesters vorher noch mit sich [S. 117, Takt 15 ff.]. Das schluß-
gruppen- und abgesangsähnliche Ende des Scherzo-Hauptteils
[S. 124, Takt 121 ff.] wird, was es ist, durchs Ökonomieprinzip;
jene Gruppe kehrt die Hauptlinie um. Erinnerung an ein nie
zuvor Gehörtes ist die Pizzicato-Episode [S. 135, Takt 308 ff.],
Urbild des Schattenhaften bei Mahler; der darauf folgende
»schüchterne« Oboeneinsatz [S. 136, Takt 329 ff.] hat sein Un-
beschreibliches daran, daß die Stimme wie lebendig unter die
Schatten sich wagt.

[S. 172–173]
Unersättlich wird melodisiert, unersättlich ist zuweilen der Ton
der Einzelgestalten, auch die Formanlage. Der Gehalt, den es
[das Unerwartete] im abgesteckten Umfang, in der Rechtfertigung des Endlichen nicht duldet, macht den musiksprachlichen
Gestus sich gefügig, sabotiert die ästhetische Norm von Maß
und Ordnung. Das ist der Schaden, den Transzendenz als uner-
reichte im Immanenzzusammenhang hinterläßt. Der Affekt
kollidiert mit der Zivilisation, die ihn als unerzogen zum
Schweigen verhält; unersättliche Musik ist die Resultante des
Konflikts. Sie verletzt das mimetische Tabu. Der sich nicht halten kann, flüchtet zur unbegrifflichen Sprache, die schrankenlo-
ses Weinen und schrankenlose Liebe eben noch gestattet. – Zuweilen gesellt sich jenem Gestus in der Form ein eigentümliches
Gefühl des Nachher: was sehnsüchtig über sich hinaus will, ist
zugleich Abschied, Erinnerung. Etwas davon lebt in dem Wort
»entlächelnd« in einem frühen Gedicht von Werfel. Derart wird
der Motivtyp in dem »mit Empfindung« bezeichneten Nachsatz der ersten Geigen aus dem Adagietto der Fünften beseelt
[S. 176, Takt 23 ff.].

[S. 179–180]
Das Adagietto der Fünften grenzt trotz bedeutender Konzeption innerhalb des Ganzen als Einzelstück, durch den ein-
schmeichelnden Klang, ans Genrehafte; das Finale, frisch in
vielen Details und mit neuartigen Formideen wie der des kompositorischen Zeitraffers, wiegt wohl doch gegenüber den drei
ersten Sätzen zu leicht.

THEODOR W. ADORNO (1903–1969), einer der bedeutendsten Philosophen des
20. Jahrhunderts. Nach dem Studium von Philosophie, Soziologie und Psychologie, das er mit der Promotion 1924 beendete, wurde Adorno Kompositions-

schüler von Alban Berg. 1928–1932 redigierte er die Wiener Musikzeitschrift »Anbruch«, seit 1931 war er dem Frankfurter »Institut für Sozialforschung« verbunden, auch während seiner Emigration 1934–1949. Von da an lehrte er bis zu seinem Tode Philosophie und Soziologie an der Frankfurter Universität. Adorno war der einflußreichste Theoretiker der Neuen Musik, daneben galt sein Hauptinteresse vor allem der Musik Mahlers, Wagners und Beethovens. Kunst, insbesondere Musik, war für Adorno denkbar nur als kritische; in einer durch und durch ideologischen Wirklichkeit lege sie allein Zeugnis ab vom Leiden der Menschheit, sie sei unbewußte Geschichtsschreibung, welche die Realität am getreuesten dokumentiere.

GYÖRGY LIGETI, Gustav Mahler und die musikalische Utopie. I. Musik und Raum – Ein Gespräch zwischen György Ligeti und Clytus Gottwald, in: Neue Zeitschrift für Musik 135, 1974, S. 8 und 11.

Ich glaube, der erste Satz der Fünften ist ein wunderbares Beispiel für Mahlers Verräumlichung der Musik, eine Hineinsetzung einer imaginären Perspektive mit rein kompositorischen Mitteln – in der Fünften Sinfonie gibt es keine Fernaufstellung der Instrumente. Am Anfang des ersten Satzes wird eine Art Fanfare exponiert, die den ganzen Trauermarsch einleitet, und zwar wird sie allein, ohne jede Begleitung exponiert. Dieses Signal kehrt dann öfters wieder, unter anderem auch am Ende des Satzes, dort aber eingebettet in einen Komplex von anderen Instrumenten. Und als verhüllte erscheinen die gleichen melodischen Wendungen irgendwie in eine große Entfernung gerückt – ich meine das hier nicht nur räumlich, sondern auch zeitlich. Unsere Erinnerung am Ende des Satzes bezieht sich auf das Signal, das am Anfang allein exponiert wurde, und wir assoziieren alles, was diesem Signal im Laufe des Satzes widerfahren ist: Die Melodie hat im Laufe des Satzes eine Geschichte durchgemacht. Doch das ist keineswegs alles. Am Ende des ersten Satzes kehrt die Trompetenmelodie – wie gesagt – zunächst eingebettet in einen Orchestersatz, dann aber erneut allein wieder. Dreimal hören wir letzte Bruchstücke des Signals, zweimal von der Trompete und das dritte Mal erwarten wir, daß es wieder eine Trompete ist. Mahler gibt das Signal jedoch der Flöte [S. 46, Takt 406 ff.]. Das ist wieder ein gestaltpsychologisches Phänomen, eine Art akustische Täuschung. Wir hören die Flötenstelle so, als ob eine Trompete aus einer Riesenentfernung antworten würde, wie ein Echo. Nun, die Flöte ist eine Art Chamäleon. Würde die gleiche Stelle von einer Oboe ausgeführt, von einem sehr obertonreichen Instrument also, käme nie der Eindruck einer entfernten Trompete auf. Die obertonarme Flöte vermag diese Rolle viel eher zu übernehmen. Es gibt beim späten Verdi – im Othello und im Falstaff – viele Stellen, an denen tiefe Flöten Fanfaren spielen. Wir hören sie fast als Trompeten. Es kann sein, daß Mahler diese Stellen bei Verdi gekannt hat. Doch bei Mahler kommt an dieser Stelle noch eine besondere kompositionstechnische Raffinesse hinzu. Solange die Trompete die Schlußsignale spielt, wird sie durch ein Paukentremolo begleitet. Sobald jedoch die Flöte das Signal übernimmt, wechselt das Begleitinstrument: statt der Pauke begleitet ein Wirbel der großen Trommel. Die Pauke hat noch eine Tonhöhe, zwar sehr verschwommen, aber doch wahrnehmbar; die große Trommel hat keine Tonhöhe mehr. Mahler baut also das Klangspektrum dieser Stelle in Richtung Geräusch ab, also geradewegs in Richtung Nebel, atmosphärisch Entferntes. Dadurch wird das räumliche Verschwinden des Signals ausgemalt. [. . .]

In der Coda des zweiten Satzes von Mahlers Fünfter [S. 95, Takt 428 ff.] baut sich der Choral scheinbar ebenso affirmativ wie bei Bruckner auf. Doch wo der Choral auf die Apotheose [S. 103, Takt 500 ff.] zusteuert, beginnt er in sich zusammenzusinken. Der Boden läßt nach, der Choral wird zurückgenommen. Rein technisch geschieht das im Abbau der Dichte der Instrumentation. Selbst die Blechbläser, Hauptträger des Chorals, werden allmählich verdünnt. Schließlich bleiben nur noch sechs Hörner übrig, ganz zuletzt sogar nur drei [S. 105, Takt 518 ff.]. Auch die Begleitfiguren verflüchtigen sich. Sobald der Choral in einer imaginären Entfernung verschwindet, kommt es zu einem neuerlichen Aufbau. Nur wird jetzt nicht mehr der Choral, sondern das Hauptthema exponiert. Aber auch dem Hauptthema widerfährt das gleiche Schicksal: auf sumpfigem Boden aufgetürmt, sinkt es in sich zusammen [S. 110, Takt 539 ff.]. Hier wird ein Vorgang zweimal mit verschiedenen Inhalten auskomponiert. Musik verschwindet in der Entfernung, verliert sich ins Nichts.

GYÖRGY LIGETI (geb. 1923 in Ungarn), einer der bekanntesten Komponisten der Gegenwart. 1950–1956 war Ligeti Dozent für Musiktheorie an der Musikhochschule in Budapest, 1956 emigrierte er nach Deutschland. Eine Zeit lang war er im Elektronischen Studio des WDR in Köln tätig, seit 1970 ist Ligeti Professor für Komposition an der Hamburger Musikhochschule. Er schrieb bislang Orchester- und Kammermusik sowie ein »Requiem« und die Oper »Le grand macabre«. Vor allem im »Requiem« sucht Ligeti durch Differenzierung von Dynamik, Klangfarbe und -dichte gleichsam räumliche Wirkungen der Musik zu erzielen.

CLYTUS GOTTWALD (geb. 1925), deutscher Musikforscher und Dirigent. Nach dem Studium von Gesang, Chorleitung, Musikwissenschaft, Soziologie und Theologie promovierte Gottwald 1961. 1960 gründete er die Stuttgarter Schola Cantorum, ein auf Vokalmusik der Renaissance und der Avantgarde spezialisiertes Ensemble. Seit 1967 ist Gottwald Musikredakteur beim Süddeutschen Rundfunk.

ANONYMER »DILLETANT« nach der Uraufführung (1908)
ANONYMUS in: Neues Wiener Tagblatt (1908)
M. K. in: Neues Wiener Abendblatt (1908)
EGON WELLESZ: Arnold Schönberg (1910/11)
HUGO RASCH: Aus dem Berliner Musikleben (1927)
ARNOLD SCHÖNBERG: Wie man einsam wird (1937)   .
ARNOLD SCHÖNBERG: Analyse des Zweiten Streichquartetts
  (1949)
WINFRIED ZILLIG: Die neue Musik (1963)
JAN MEYEROWITZ: Arnold Schönberg (1967)
JAN MAEGAARD: Studien zur Entwicklung des dodekaphonen
  Satzes bei Arnold Schönberg (1972)

Einleitung

Wohl nie zuvor in der Musikgeschichte, wie Křenek einmal
über Schönberg bemerkte, sei der Name eines Komponisten so
bekannt gewesen, dessen Musik so selten gespielt werde. Ähnliches gilt für schriftliche Dokumente: zwar finden sich in einer
unermeßlichen Menge von Veröffentlichungen Hinweise auf
»wichtige« Werke Schönbergs, etwa die Orchesterstücke op. 16
oder der »Pierrot lunaire«, doch ist die Zahl der Texte, die sich
einigermaßen eingehend mit den Kompositionen Schönbergs
auseinandersetzen, bei all seinen Arbeiten, ausgenommen »Mo-
ses und Aaron«, bemerkenswert klein; von einer wirklichen
Entfaltung der Rezeption, dem Tristan oder der Eroica vergleichbar, kann keine Rede sein. Dies mag am relativ geringen
Alter der Kompositionen liegen und gewiß auch daran, daß die
Schönbergsche Musik selbst nach wie vor im offiziellen Musikleben eine nur marginale Existenz führt. Doch hinter dem
quantitativen Faktum verbirgt sich ein qualitatives: die Rezeption Schönbergs – Adorno ausgenommen – zerfällt in Polemik
und Technik. Die Gegner dieser Musik, zum Beispiel Alois
Melichar (Schönberg und die Folgen, o. O. 1960), äußern sich
meist zwar dezidiert, doch nie detailliert; abendfüllende Kompositionen werden abgetan mit einem einzigen Satz. Bezeugen
derartige Texte die übergroße Entfernung zwischen solchen
Autoren und ihrem Gegenstand, so verraten die kompositions-

technischen Analysen derer, die an Schönberg in konstruktivem
Geist herangehen, eine Nähe zum Objekt, die gleichsam ständig
bedroht ist durch Kurzsichtigkeit. Zwischen Fernrohr und Mikroskop ist ein Drittes nicht gegeben. Wie bei den meisten
anderen Arbeiten Schönbergs trifft das Gesagte auch auf das
Zweite Streichquartet op. 10 zu, das 1907/08 entstand und am
21. Dezember 1908 in Wien zu einer Uraufführung gelangte,
die als »Skandal« seitdem stets Erwähnung findet. Das Werk,
wie ebenfalls überall hervorgehoben, sei bedeutend, da es einen
Wendepunkt zwischen Schönbergs tonalen Kompositionen und
der mit den Klavierstücken op. 11 beginnenden Reihe der ato-
nalen Arbeiten bezeichne. Äußerliche Besonderheiten des
Zweiten Streichquartetts sind weiterhin die George-Gedichte,
die Schönberg hierin vertonte, und ein Zitat von »O du lieber
Augustin« im zweiten Satz; beides wird freilich von allen Autoren nur am Rande beachtet.

Die Auswahl der hier versammelten Texte spiegelt die be-
schriebenen Merkmale der Schönberg-Rezeption wider. Paart
sich in den Kritiken der Uraufführung (auch in der fast 20 Jahre
älteren von Rasch) Häme mit Unverständnis, so beschränken
sich Wellesz, Zillig, Meyerowitz und Maegaard auf formale Be-
schreibungen und objektivierte Analysen. Kaum will als Zufall
anmuten, daß diese Autoren selbst kompositorisch tätig, in ir-
gendeiner Weise – außer Maegaard – gar Schüler Schönbergs
waren. Die weitaus differenzierteste Analyse Maegaards, wovon die hier zitierte Tabelle noch die bei weitem harmloseste ist,
mag zugleich das Maß an rationaler Durchdringung andeuten,
welches zum Kriterium des wissenschaftlichen Zugriffs wurde
und das in fundamentalem Gegensatz zu den Deutungen des
19. Jahrhunderts steht, denen eine solche Rationalität höchst
fremd war. Beiläufig verwiesen sei auf die Anrufung Beethovens, dessen Genius Schönberg gelästert habe, wie der »anonyme Dilletant« konstatiert, und dessen Geist er doch getreulich
bewahrt habe, wie Meyerowitz meint. Neben den technischen
Analysen aus dem kleinen Kreis der familiären Kenner und
neben den polemischen Ergüssen der entfernten Widersacher
zählen seit Schönberg zur Rezeptionsgeschichte eines Werkes
freilich auch die eigenen Äußerungen eines Komponisten zen-
tral hinzu, nicht zuletzt deshalb, weil sie die Rezeption beeinflussen. Die hier einsetzende Steigerung der kompositorischen
Komplexität führt zur erzwungenen Konsequenz, mit Worten
zu ergänzen, was die Sinne allein nicht mehr wahrnehmen.

ANONYMER »DILLETANT« nach der Uraufführung:
Arnold Schönberg (eine traurige Ballade, frei nach Heine)
[nach Heines Gedicht »Belsazar«].
Zit. nach: Willi Reich, Arnold Schönberg oder Der konservative Revolutionär, Wien 1968, S. 55f.

Die Mitternacht zog näher schon,
In stummer Ruh lag Babylon.
Nur in der Wiedener Chaussee
Da flackert's: Da lärmt das Quartett Rosé.
Dort drüben in Herrn Ehrbars Saal
Gab Arnold Schönberg ein leckeres Mahl.
Die Gäste saßen in dichten Reih'n,
Der Kunst ein williges Ohr zu leih'n.
Es schwirrten die Bogen in wildem Gefecht,
So klang es dem störrigen Schönberg recht.
Und seine Wangen leuchten Glut,
Im Wahn erwuchs ihm frecher Mut.
Und blindlings reißt der Mut ihn fort,
Und er lästert die Gottheit mit sündigem Wort.
Und er brüstet sich frech und lästert wild,
Die Schülerschar ihm Beifall brüllt.
Er trug einen Glorienschein ums Haupt,
Der war aus dem Tempel Beethovens geraubt.
Und er rufet laut mit schäumendem Mund:
»Genug mit Schmarren, Tand und Schund!
Beethoven, Dir künd' ich auf ewig Hohn –
Ich bin der einzige Musensohn!«
Doch kaum das grause Wort erklang,
Ward's allen heimlich im Busen bang.
Die Hörerschar saß kalt durchgraut,
Und saß gar still, gab keinen Laut.
Die Kritiker kamen, doch keiner verstand
Zu deuten die Weisen, die Schönberg erfand.
Er aber ward in selbiger Nacht
Nach Steinhof in Pension gebracht.
(Für Nichtwiener sei angemerkt, daß Steinhof die Wiener Irren-
anstalt ist.)

ANONYMUS in: Neues Wiener Tagblatt vom 22. Dezember 1908.
Zit. nach: Schönberg Berg Webern. Die Streichquartette. Eine Dokumentation, hrsg. von Ursula von Rauchhaupt, Hamburg 1971, S. 148f.

Unsere Leser sind gewöhnt, über Ereignisse, die sich im Konzertsaale abspielen, im Kunstteile des Blattes informiert zu werden. Diesmal sind wir gezwungen, den Kammermusikabend des Quartetts Rosé, mindestens was einen Teil des Programms betrifft, an dieser, den lokalen Vorkommnissen gewidmeten Stelle zu besprechen, weil es sich eben nur um einen »lokalen«, nicht künstlerischen Vorfall handelt. Das, was sich gestern Abend zwischen 8 und 9 Uhr im Bösendorfer Saale ereignete, ist einzig in der Geschichte des Wiener Konzertlebens: es kam zu einem regelrechten Skandal während der Aufführung einer Komposition, deren Urheber auch schon mit anderen Erzeugnissen öffentliches Ärgernis erregt hatte. Aber so arg wie gestern hat er es noch nie getrieben. Man glaubte eine veritable Katzenmusik zu vernehmen. Nichtsdestoweniger hielt das Publikum still, das anfänglich der Meinung war, es würde von seinen Qualen bald erlöst sein. Schluß des ersten Satzes. Da werden im Stehparterre Beifallsrufe laut. Dies ist das Signal zum Skandal, der wie eine Lawine anwächst, abflaut, wieder anhebt und schließlich in ein Fortissimo ausklingt.

Doch erzählen wir der Reihe nach: Herr Rosé und seine Genossen beginnen mit dem zweiten Satz, als plötzlich jemand laut auflacht. Das Lachen ergreift den ganzen Saal und die Quartettisten, die todesmutig darauf losgeigen, finden sich plötzlich einem lang anhaltenden, stürmischen Gelächter gegenüber. Selbstverständlich opponiert die kleine Gemeinde des Komponisten, aber man achtet ihrer nicht und verfolgt das Spiel der Rosés mit weiteren intermittierenden Lachsalven. Schluß des zweiten Satzes. Wieder reizen die paar jungen Leute im rückwärtigen Trakt des Saales das Publikum, indem sie ein förmliches Indianergeheul anstimmen. Alles dreht sich um und betrachtet zunächst mit gutmütigem Humor die Demonstranten, die aber nicht ruhig werden wollen, demzufolge ein kräftiges Zischen sie zur Vernunft bringen soll.

Inzwischen war Frau Gutheil-Schoder aufs Podium getreten. Ihre Aufgabe war es, den vokalen Teil der Kakophonien auszuführen. Der Hexentanz des dritten Satzes beginnt. Mittendrin wieder stürmisches Gelächter. Einzelne verlassen den Saal, aber die anderen bleiben, denn es ist ja interessant zu sehen, wie sich die Dinge weiterentwickeln. Das Lied ist zu Ende. Frau Gutheil, deren zahlreiche Verehrer nunmehr applaudierend in Erscheinung treten und mithin den Sukkurs der Demonstranten bilden, verneigt sich, muß aber bald erfahren, daß das wirkliche Publikum empört über ihre Mitwirkung ist, denn es werden nunmehr von allen Seiten Rufe laut, wie: »Aufhören! Schluß! Nicht weiterspielen!« und dergleichen mehr. Selbstverständlich erklingen von der anderen Seite die Rufe: »Ruhe! Weiterspielen!« Frau Gutheil setzt sich und blickt stumm in den Saal. Endlich kann das Finale angehen. Rosé und Genossen, gegen die ebenfalls Rufe des Unmutes laut wurden, weil sie in einem Abonnementskonzert ein solches Werk aufführten, strichen den letzten Satz an, in den Frau Gutheil, die sich mittlerweile wieder erhoben hatte, singend eingriff. Während des letzten Satzes hielt man ziemlich still, als aber auch dieser zu Ende war, bemächtigte sich der Zuhörerschaft eine solche Erregung, daß einander wildfremde Menschen sich zu Gruppen verdichteten, um je nach der Parteistellung das Vorkommnis zu besprechen. Man überließ nunmehr, da nichts mehr zu befürchten war, das Terrain vollständig den Spektakulanten, die aus vollen Backen schrien und Heiterkeit erweckten.

Im Foyer stand verzweifelt Ludwig Bösendorfer, der so enorm viel auf Anstand und Würde in seinem Saale hält. Einer seiner Freunde rief ihm zu: »Jetzt wird Beethoven gespielt werden, lassen Sie doch vorher den Saal lüften!«

M. K. in: Neues Wiener Abendblatt vom 24. Dezember 1908.
Zit. nach: Schönberg Berg Webern, a. a. O., S. 151.

Von unserer Neugierde aber, den Komponisten Arnold Schönberg endlich einmal kennenzulernen, hat uns ein angeblich in fis-moll stehendes Streichquartett dieses Herrn, das im Roséquartett seine »Uraufführung« mit knapper Not erlebte, gründlich kuriert. Wie das Erscheinen dieser Katzenmusik von einem künstlerischen in ein lokales Ereignis umschlug, da es einen beispiellosen Skandal provoziert, so ist auch die Komposition und ihre Art kein ästhetischer, sondern ein pathologischer Fall. Zur Ehre des Komponisten wollen wir annehmen, daß er klangtaub, also musikalisch unzurechnungsfähig ist und nicht weiß, an welchem beklagenswerten Übel er leidet. Sonst müßte das Quartett als grober musikalischer Unfug qualifiziert und sein Verfasser von der Sanitätspolizei in Anklagezustand versetzt werden. Womit es die Abonnenten des Roséquartetts verschuldet haben, daß dessen Primarius ein solches nichtsnutziges Attentat auf ihre Ohren zuzulassen für gut befand, entzieht sich unserer Kenntnis. Die Mitwirkenden und Frau Gutheil-Schoder, welche der gezeigten Scheußlichkeit noch zwei gesungene, mit schwulstigem Texte von Stefan George anhängte, scheinen uns gestraft genug. – Paul Juons nicht gerade bedeutende, aber wohlklingende und melodiöse »Rhapsodie« für Violine, Bratsche, Cello und Klavier ging dem Schönbergschen Werke voran und brachte dem Komponisten, der am Flügel saß, freundliche Anerkennung ein.

EGON WELLESZ, Arnold Schönberg, in: Zeitschrift der Internationalen Musikgesellschaft 12, 1910/11, S. 342 und 346 f.

Unter den Komponisten des Seicento gibt es eine Persönlichkeit, die schon bei den Zeitgenossen eine Sonderstellung einnahm, und deren Bedeutung auch heute noch ungleich beurteilt wird, den Principe da Venosa. Mit ihm kann die künstlerische Erscheinung Arnold Schönbergs am ehesten verglichen werden. Beide Künstler sind dem harmonischen Empfinden ihrer Zeit derart vorangeeilt, daß die Mitwelt den Werken oft ratlos gegenübersteht, weil ihr die verbindenden Gedanken- und Gefühlsketten fehlen. Die folgenden Zeilen haben den Zweck, die Entwicklung der künstlerischen Persönlichkeit Schönbergs zu zeigen und darzustellen, wie sich in ihm organisch der Übergang von den klassischen Formen zum musikalischen Impressionismus vollzogen hat.

[. . .] Mit dem Quartett Opus 10 setzt die dritte Periode im Schaffen A. Schönbergs ein, die seinen Stil zur vollen Entfaltung bringt. Satz I ist die konzentrierteste Form eines ersten Sonatensatzes. Jedes Passagenwerk, jedes Übergangsmotiv ist vermieden; die nachstehenden drei Themen, die scharf gegeneinander kontrastieren, beherrschen den Satz [Takt 1 ff., 1. V.; Takt 12 ff., 2. V.; Takt 58 ff., 1. V. Vgl. Notenbeispiele 2–4, S. 264 ff.]. Das Scherzo ist ein gespenstisches Stück voll verhaltener Leidenschaft; harmonisch und kontrapunktisch äußerst kühn geführt. Mit dem dritten Satz durchbricht Schönberg die bisherigen Bahnen des Quartetts und setzt an Stelle des Adagio und Finale zwei Gesangssätze nach Gedichten von Stefan George »Litanei« und »Entrückung«, die aber die gegebenen Formen wahren; denn der III. Satz ist ein reguläres Thema mit Variationen, und der IV. Satz in freier Sonatenform.

Das Thema der Variationen ist eine achttaktige Periode, bestehend aus Vorder- und Nachsatz. Der Vordersatz besteht aus zwei Motiven, die rhythmische Umbildungen der Hauptmotive des ersten und zweiten Satzes sind. Das Begleitmotiv ist aus dem Seitenthema des ersten Satzes gewonnen. Der Nachsatz ist eine Vergrößerung von Thema III. Nach der Aufstellung des Themas beginnt eine Wiederholung des Vordersatzes mit vertauschten Stimmen, über dem Nachsatz setzt die Singstimme mit einer neuen Melodie ein [3. Satz, Takt 1–9]. Die folgenden Variationen, die alle achttaktig sind, bringen motivische Verarbeitungen, wobei stets die wechselnden Stimmungen des Gedichtes aus dem Motivmaterial ihre Charakteristik gewinnen. Im letzten Satz ist das Betonen des poetischen Inhalts noch mehr in den Vordergrund gestellt, dem Gesang geht eine längere, frei gehaltene Einleitung voraus und die Sonatenform beginnt erst mit dem Einsetzen der Singstimme [3. Satz, Takt 14 ff.]. Mit diesem Quartett, das Schönberg im Vollbesitz der Technik zeigt, verläßt er aber auch die »Form« und wendet sich neuen Problemen zu. In der ersten Periode seines Schaffens, die hauptsächlich Gesangswerke umfaßt, ist er mit der Erweiterung des Melodischen beschäftigt, in der zweiten Periode, die vornehmlich Instrumentalwerke umfaßt, sucht er die höchste Stufe der Vollendung der klassischen Form dadurch zu erreichen, daß er jede Stimme mit motivischem Leben erfüllt und – im Gegensatz zu Bruckner – die Übergänge von einem Gedanken zum anderen aufs Innigste zu verschmelzen sucht. Nirgends findet sich ein Riß, ein unvermittelter Sprung; eins wächst unmerkbar aus dem andern hervor.

Egon Wellesz (1885–1974), österreichischer Musikforscher und Komponist. Wellesz studierte 1904–1906 bei Schönberg Kontrapunkt und promovierte 1908 in Musikwissenschaft bei Guido Adler. Er lehrte 1911–1938 Musikgeschichte in Wien und wirkte nach seiner Emigration 1938 in Großbritannien und den USA. Wellesz widmete sich vor allem der Erforschung der byzantinischen Musik.

HUGO RASCH, Aus dem Berliner Musikleben in: Allgemeine
Musikzeitung vom 21. Januar 1927, S. 61.

Zu hören gab es das fis-moll-Quartett, das für diejenigen, die
dem Fall Schönberg noch Aufmerksamkeit widmen, insofern
von Belang ist, als es den Grenzstein zwischen zwei Schaffens-
perioden des Wiener Tonsetzers bildet oder genauer ausgedrückt: den Übergang zu den bekannten kleinen Klavierstük-
ken, in denen, um die etwas harten, aber zweifellos ehrlichen
Worte von Rudolf Louis zu gebrauchen, Schönberg »auf einem
Punkt angelangt ist, wo nur noch die Frage zu beantworten ist,
ob man es mit einem Wahnsinnigen oder mit einem Schwindler
zu tun habe«. Da alle, die Schönberg persönlich näher stehen,
von seiner Ehrlichkeit überzeugt sind, dürfte die erste Vermutung näher liegen, wenngleich das Wort »Wahnsinn« mir zu
bedeutsam klingt angesichts der kühlen Experimental-Erzeug-
nisse eines einst, als er noch normal schrieb, durchaus nicht
bedeutenden Komponisten. Das ist ja das Lehrreiche, nicht nur
an Schönberg, daß all diese spekulativen Quertöner auf die Aufgabe, etwas mit Mitteln zu schaffen, mit denen unsere Großen
Unsterbliches geleistet haben, durchaus negativ reagieren. Das
besagte Werk fand infolge unverhohlener behördlicher Auffor-
derung zum Applaus bei der Zusammensetzung des Hörerkrei-
ses »begeisterte Aufnahme«, für die sich der Autor persönlich
bedanken konnte. Difficile est usw . . . Die schwulstigen Worte
von Stefan George, die den beiden letzten Sätzen unterlegt und
als begleitende Singstimme gedacht sind, wurden von der ein-
gangs erwähnten Sängerin [Margot Hinneberg-Lefèbre] vorgetragen: freud- und lustlos, wie die Tendenz unserer Heutigen
eben ist.

HUGO RASCH (geb. 1873), studierte Gesang und Komposition und machte sich
als Komponist und Musikschriftsteller einen Namen. Seit 1911 war er als ständi-
ger Referent der »Allgemeinen Musikzeitung« in Berlin und als Mitarbeiter der
verschiedensten Tageszeitungen tätig. Als Komponist trat er mit einem Klavier-
trio, zehn Liederheften sowie mit einer Neubearbeitung der italienischen Ge-
sangsschule von Aless. Busti hervor.

ARNOLD SCHÖNBERG, Wie man einsam wird (Vortrag vom 11. Oktober 1937).
Zit. nach: Stil und Gedanke. Aufsätze zur Musik, hrsg. von Ivan Vojtěch, Frankfurt 1976 (Gesammelte Schriften 1), S. 352 f.

Die Erregung der Zuhörerschaft bei Uraufführungen neuer Kompositionen von mir wuchs von Werk zu Werk. Wenn ich von Zeit zu Zeit glaubte, sie könne nicht mehr überboten werden, mußte ich erfahren, daß das doch möglich war. Aber in meiner Erinnerung war eine der schlimmsten die Erregung nach meinem zweiten Streichquartett. Das Publikum lauschte dem ersten Satz ohne jegliche Reaktion, weder pro noch contra. Aber sobald der zweite Satz, das Scherzo begann, fing ein Teil des Publikums über einige Figuren, die ihm seltsam erschienen, zu lachen an, und es brach weiterhin an vielen Stellen während dieses Satzes in schallendes Gelächter aus. Ich werde Ihnen später einige Stellen zeigen, die seine Heiterkeit hervorriefen. Aber lassen Sie uns zuerst das Ende des ersten Satzes anhören [1. Satz, Takt 196–233]. Viele von Ihnen werden erstaunt sein, wenn ich im Folgenden die Stelle signalisiere, wo das Gelächter einsetzte. Wir spielen den Anfang dieses Satzes [2. Satz, Takt 1–53]. Ein Scherzo ist die Art von Musik, die Heiterkeit auslösen sollte. Und daher hätte ich eine Art Lächeln verstehen können, wenn ich im nächsten Beispiel meine Themen in tragikomischer Weise mit einem Wiener Lied, das in Wien sehr beliebt ist, dem Lied »O du lieber Augustin« kombiniere. Aber auch dies rief eruptives Gelächter statt eines verstehenden Lächelns hervor [2. Satz, Takt 165–189. Vgl. Notenbeispiel 1, S. 263]. Von jetzt ab wurde es schlimmer und schlimmer. Ich bin sicher, wenn das Rosé-Quartett ein Streichquartett von Haydn gespielt hätte, hätte man den Unterschied gar nicht gemerkt und hätte weiterhin sinnlos gelacht.

Jahre später erfuhr ich, daß diese Reaktion des Publikums zum Teil auf eine Intrige zurückging, die ein mächtiger Feind von mir angestiftet hatte als Racheakt für einen Angriff, den Freunde von mir ohne meine Beteiligung früher wegen seiner künstlerischen Verfehlungen gegen ihn gerichtet hatten.

Arnold Schönberg, Analyse des Zweiten Streichquartetts (geschrieben wahrscheinlich Dezember 1949; im Original englisch).
Zit. nach: Schönberg Berg Webern, a. a. O., S. 160 ff. (Vgl. Arnold Schönberg, Stil und Gedanke. Aufsätze zur Musik, Frankfurt 1976, S. 414 ff.)

Das Zweite Streichquartett in fis-moll, op. 10, wurde 1907 begonnen und 1908 beendet. In diesem Werk trennte ich mich von der einsätzigen Form. Es war eines der ersten Symptome (der Wende zur neuen Musik), daß die Periode der weit ausgedehnten Formen, die von Beethovens cis-moll-Quartett eingeleitet worden war, vorbei war. Eine neue Entwicklung strebte statt dessen nach weit knapperen Formen: (sowohl) nach Inhalt und Umfang, (als) auch im Ausdruck. Die zyklische Form kehrte in den vier Sätzen von op. 10 zurück.

Dieses Quartett spielte eine große Rolle in meiner Entwicklung. Jedoch der entscheidende Schritt zur sogenannten Atonalität war noch nicht getan. Jeder der vier Sätze endet mit einer Tonika, die die Tonart (des Satzes) angibt. Innerhalb (der Sätze) finden sich viele Zwischenschlüsse mit mehr oder weniger entfernten Beziehungen zur Tonika. Daß diese Endungen die traditionellen Kadenzwendungen vermeiden, rechtfertigt nicht die strikte Verurteilung, die es zu ertragen hatte. Zweifellos beruhen die Schwierigkeiten für das Verständnis auf den außertonalen Entwicklungen der Themen, die sich durch entfernt verwandte Harmonien erklären lassen, welche selbst Hindernisse für das Verständnis darstellen. Augenscheinlich melodische Entwicklungen wie im Beispiel 13 und 14 aus dem 3. Satz [Takt 14 und Takt 50, Sopran] können nicht durch tonale Dreiklänge begleitet werden und wenn überhaupt durch Akkorde, dann durch alterierte. Stattdessen finden sich begleitende Stimmen, deren Wirkung gar nicht harmonisch ist; sie beabsichtigen nicht einmal die Erzeugung von Akkorden. Ihre Funktion und Herkunft mag in nächster Zeit erforscht werden. Ihr Autor fand sie psychologisch belebend, als er sie schrieb.

Erster Satz – Moderato.

Die Gruppe der Hauptthemen zeigen Beispiel 15 und 16 [Takt 1 f., 1. V. und Takt 12 ff., Va.]. Die Gruppe der Seitenthemen enthält unter anderem Beispiel 17 und 18 [Takt 43 ff., 1. V. und Takt 58 f., 1. V.]. In diesem Quartett kann eine Abneigung gegen die traditionelle Durchführung – im Scherz sprach ich vom »Spandelmachen«, das bedeutet Anmacheholz (spalten) – und die auf Beethoven zurückgehende Tendenz bemerkt werden, die Anordnung der Reprise zu variieren. Andere Verfahren, einen Durchführungskontrast zu erzeugen, treten auf, wie (in Beispiel 19 und 20) zu sehen ist. Das Verhältnis zwischen Beispiel 19 und 20 [Takt 106 ff., 1. V. und Vc. und Takt 123 ff., 1. V. und Va.] mag einen Kenner kontrapunktischer Finessen interessieren. Die eigentliche Reprise beginnt in F-Dur und wendet sich erst allmählich nach fis-moll. Das Seitenthema, Beispiel 17, das die Durchführung beherrscht, wird nicht wieder aufgenommen, und das Motiv, Beispiel 18, tritt nur in der Coda wieder auf.

[. . .] Der 4. Satz, »Entrückung«, beginnt mit einer Einleitung, die die Abreise von der Erde zu einem anderen Planeten beschreibt. Der visionäre Dichter berichtet hier von Erscheinungen, die vielleicht bald bestätigt werden. In dieser Einleitung wurde versucht, die Befreiung von der Gravitation darzustellen – das Passieren durch die Wolken in zunehmend dünnere Luft, das Vergessen aller Sorgen des Erdenlebens.

Die Figur Beispiel 31 [Takt 1] ist ein Zitat des Anfangs. Wenn dann die Singstimme einsetzt: »Ich fühle luft von anderen planeten« [Takt 21 ff.], ist die musikalische Szene in dieser Art eingerichtet und alles Folgende ist zart und mild, sogar wenn es durch eine Steigerung zu einem Höhepunkt führt. So wird die Hauptmelodie des Satzes eingeführt [Beispiel 33, Takt 52 ff., Sopran und 1. V.]. Ein kontrastierender modulierender Zwischenteil arbeitet Bruchstücke früherer Themen aus, die leitmotivisch jeden Ausdruck der Dichtung darstellen, bis schließlich eine großzügig variierte und ausgedehnte Reprise des Beispiels 33 erreicht wird. Endlich wird der Satz von einer instrumentalen Coda abgeschlossen, die in der Art solchen musikalischen Ausdrucks verweilt, wie in Beispiel 30 [3. Satz, Takt 29 f., 1. und 2. V.,] und Beispiel 29 [3. Satz, Takt 1 ff.] zeigt.

WINFRIED ZILLIG, Die neue Musik. Linien und Portraits, München 1963, S. 72–74.

Der erste Satz beginnt noch in strengem fis-moll, mit einem blühenden Haupteinfall. Aber schon die Fortführung des Gedankens ist tonal nur noch unter Zuhilfenahme der Unverbindlichkeit der Chromatik zu erklären. Ein weiterer motivischer

Gedanke ist dadurch besonders interessant, daß er fünf verschiedene Intervalle, nämlich große Sekund, kleine und große Terz und reine und übermäßige Quart enthält – und damit schon auf spätere Reihengeheimnisse deutet. Der Seitensatz weist noch mehr in diese Richtung. Er ist ein Beispiel des polymorphen Kanons, also eine Form des musikalischen Geschehens, in der jede Note des Zusammenklangs aus Gegeneinanderstellen derselben Melodie von verschiedener Tonhöhe und zu verschiedenem Zeitpunkt entsteht. Das Thema bildet hier zu seiner Umkehrung einen Kanon, und die dritte und vierte Stimme sind auch wieder Austerzungen dieses Kanons. Der Satz hat dann eine verschleierte Reprise, wie denn überhaupt in diesem Werk auch die formalen Begriffe der Tonalität in Auflösung geraten. Der zweite Satz ist ein verzwicktes Scherzo mit Themen von motivischer Kürze. Drei Hauptgedanken spielen eine Rolle; besonders der dritte gewinnt im weiteren Verlauf des Quartetts noch an Bedeutung. Ein trioartiger Mittelteil enthält als Begleitfigur eine Abwandlung des Hauptthemas des ersten Satzes, dem ein neuer melodischer Gedanke gegenübergestellt ist. Die Reprise wird durch ein Zitat verzögert, ein verblüffendes Zitat in dieser Umgebung. Die urwienerische Melodie des »Lieben Augustin« wird zitiert. Schönberg hat sich meines Wissens nie über den Sinn dieses Zitates geäußert, aber irgendwie scheint es mir doch etwas mit der hingegangenen Tonalität zu tun zu haben. Die Reprise, die höchst kunstvolle Kontrapunktik mit kühnen melodischen Entwicklungen verbindet, endet mit einer Stretta, die in ihrer Motorik Hindemith – er hat dieses Quartett als junger Mann oft gespielt – und in ihrer wilden Melodik Bartók um ein Jahrzehnt vorausnimmt. Der nächste Satz, »Litanei«, bringt die Gesangsstimme zum Quartett. Formal ist er ein Variationssatz, der im Sinn Beethovenscher Variationskunst erfunden ist. Das Hauptthema ist dabei in jeder Note schon in den vorigen Sätzen vorhanden gewesen. Es setzt sich aus dem Hauptthema des ersten Satzes, dem dritten Motivgedanken des Scherzos und jenem Gedanken des ersten Satzes zusammen, der fünf verschiedene Intervalle enthält. Das Ganze wirkt aber nun nicht wie die verlegene Aneinanderreihung fremdartiger Dinge, es entsteht ein völlig neues Thema mit einem ganz persönlichen Charakter. Dieses Thema kann nur so und nicht anders heißen, in völliger Kongruenz mit dem Text von George: »Tief ist die Trauer, die mich umdüstert.« Bis zum Schluß dieses Satzes ist das es-moll, in dem er steht, zu spüren, aber jede Einzelheit führt aus der Tonart in ein Gebiet, das sich hier noch gar nicht recht greifen läßt, das jedoch Takt für Takt, wenn man die späteren Beziehungen rückwirkend aufdeckt, die Größe der Intuition Schönbergs beweist.

WINFRIED ZILLIG (1905–1963), deutscher Komponist und Dirigent. Zillig studierte zunächst Jura, ging dann aber zum Studium bei Schönberg nach Wien, dem er auch nach Berlin folgte (1926–1928). Bei seinen unterschiedlichsten Verpflichtungen als Dirigent setzte er sich vor allem für Schönberg und Mahler ein. 1959 wurde er Leiter der Musikabteilung des Norddeutschen Rundfunks.

JAN MEYEROWITZ, Arnold Schönberg, Berlin 1967 (Köpfe des XX. Jahrhunderts), S. 48.

Viel besonnener und von unvergleichlich überzeugenderer Wirkung [als die erste Kammersymphonie op. 9] ist das zweite Streichquartett. Zwei Instrumentalsätze bestechen durch eine fast Beethovensche Klarheit der Konturen und durch überlegene Kontrolle des Ausdrucks. Wie in keinem anderen Werk der ganzen Literatur der Zeit wird die klassische Sonatentechnik mit der nervösen Abneigung des modernen Menschen gegen alles Schematische und unnötig Wiederholte geschickt und human versöhnt. Die Wiederholungen, die die Sonatenform nötig macht, werden auf eine für alle Zeiten vorbildliche Weise so verwendet, daß sie zwar die Reprise klar verwirklichen, aber doch stets Neues bringen. Das Scherzo zeigt ganz offen den Einfluß Beethovens – aber überhaupt von Beethoven lernen zu können (und dazu noch auf so originelle zeitgenössische Art) ist ja allein schon bewundernswert. Auch im Beethovenschen Geiste erdacht ist die Einleitung zum vierten Satz des Quartetts. Die tiefsinnige Phantasie gemahnt uns – und zwar als der würdige Dritte im Bunde – an Beethovens Vorspiel zum Finale der Hammerklaviersonate und an den Anfang der Chor-Phantasie.

JAN MEYEROWITZ (geb. 1913), amerikanischer Komponist deutscher Herkunft. Von 1927–1933 studierte er Komposition bei Zemlinsky, dem Lehrer und späteren Schwager Schönbergs. Seit 1946 lebt Meyerowitz als Musikdozent und Komponist tonaler Werke in den USA.

JAN MAEGAARD, Studien zur Entwicklung des dodekaphonen Satzes bei Arnold Schönberg, Bd. II, Kopenhagen 1972,
S. 37–39.

Der erste Satz ist ein ziemlich klar gegliederter, jedoch wenig
kontrastierender Sonatensatz:

T.	Themen	Gruppen	Teile
1	A	⌈ HT Gruppe	⌈ Exposition: 89 T.
12	B		
33	A	⌊	
43	C	⌈ ST Gruppe	
58	D, D, inv.	⌊	
70	E	⌊ Schlußgruppe	
90	A, D var.		⌈ Durchführung: 56 T.
106	C, C inv.		
114	D, D inv.		
123	C, C inv.		
132	Cb, D		
146	A, D	⌈ HT Gruppe	⌈ Reprise: 88 T.
159	B		
186	A	⌊	
196	B–C var.	⌈ ST Gruppe	
218	D (A)	⌊ (auch Koda)	⌊

Die Beschreibung der Form in der Philharmonia Partitur –
wohl von Erwin Stein – führt keine Reprise an, sondern läßt die
Durchführung sich bis T. 159 erstrecken und will den Rest als
»Koda (quasi Reprise)« aufgefaßt wissen. Danach wäre also T.
146–159 der letzte Abschnitt der Durchführung. Dafür spricht,
daß sich die Durchführung dann sehr symmetrisch gestaltet und
in eine Kadenz nach fis-moll ausmündet; dagegen spricht aber
die nicht zu verleugnende Analogie von T. 146–195 zu T. 1–40,
die die ersteren als wirkliche Reprise der Hauptthemengruppe
erscheinen läßt. Über die tonalen Verhältnisse soll weiter unten
gesprochen werden.
Der Satz enthält fünf thematische Gedanken, A–E; siehe Notenbeilage no. 9. Alle haben Beziehungen zu einer Figur, die das
A-Thema beherrscht. Diese Figur hat somit, dem Urmotiv in
op. 13 ähnlich, die Bedeutung einer Art Grundgestalt, in einer
Weise aber, die, bald als motivisch, bald als strukturell zu bewer-
ten ist. Es handelt sich weder um fixierte Töne, noch um fixierte
Intervalle. Die Figur unterliegt Änderungen, die für sich genommen als motivische Abwandlungen erscheinen; diese motivisch abgewandelten Figuren erlangen aber eine Art strukturelle

Bedeutung durch die Weise, in der sie die thematischen Gestalten durchdringen. Sie treten allzu konsequent in den Themen A–D auf, um für die thematische Einheit des Werkes belanglos zu sein. An einigen Stellen sind sie deutlich hörbar, an anderen unterliegen sie dem Satz strukturell. Um ferner die motivische Durchdringung anzuzeigen, hat es sich als praktisch erwiesen, die Grundgestalt in gelegentlich isoliert vorkommende Teilmotive zu unterteilen. Die weiteren Motive werden unten näher erörtert werden.

Das Hauptthema, A, ist ganz auf der Grundgestalt aufgebaut. In der Notenbeilage wurde es mit der Begleitung zitiert, um ein Bild von der Intensität des Motivspiels über die ganze Textur zu geben. An zwei Stellen ist die Beziehbarkeit der Melodielinie auf die Grundgestalt nicht ganz einleuchtend. In T. 3 tritt ein gebrochener GTT-Klang auf, der jedoch als eine Umspielung der untransponierten Grundgestalt verständlich ist; die zwei fehlenden Töne finden sich im Baß als Teil einer invertierten Variante der Grundgestalt. Die Figur des gebrochenen GTT-Klangs findet im D-Motiv ihre Weiterentwicklung. In T. 9–10 klingt ein Drehmotiv E-Dis-E, das nicht von der Grundgestalt ableitbar ist; seine Bedeutung scheint darin zu suchen zu sein, daß es das Kopfmotiv von B vorbereitet.

B macht zusammen mit A die Hauptthemagruppe aus: A B B A_1. Das in A vorbereitete Kopfmotiv x gewinnt durch seine exponierte Stellung selbständige Bedeutung. Wenn man eine Variation der Intervallverhältnisse in der Grundgestalt zuläßt, ist das ganze Thema unschwer darauf zurückzuführen. Ferner wird ersichtlich, daß die Quinttransposition der Grundgestalt, die bereits in A T. 3–4, vorkommt, in diesem Thema zum Prinzip erhoben wird. Auch hier wird das Kopfmotiv des nächsten Themas vorausgenommen. Bereits die vier ersten Töne, die aber nicht melodisch zusammengehören, umspielen das Motiv y; und später im Thema erscheint y exakt in rückläufiger Form: His-D-Cis.

C ist nicht nur im Kopfmotiv aus Anlagekomponenten von B entsprungen, sondern seiner ganzen Gestalt nach ist es B auffallend ähnlich, obwohl es zur Seitengruppe gehört: Drehmotiv, dann absteigende Skalenbewegung, wieder Drehmotiv und endlich ein melodischer Aufschwung. Dieser letzte Aufschwung ist einerseits in B vorgebildet, andererseits nimmt er äußerst prägnant den Schluß von D voraus, wo die Figur sozusagen ihre thematische Ausprägung erhält.

D, eher Motiv als Thema, ist somit sowohl von A als auch von C vorbereitet. Es erlangt eine weitgehende Selbständigkeit, und tritt nach dem ersten Erscheinen immer wieder auf. Als motivische Komponente macht es der Grundgestalt den Vorrang streitig. Beim Anhören des Satzes bekommt man den Eindruck, daß es sich um eine ziemlich fixierte Gestalt handelt, die sowohl in Grundform als auch in Umkehrung vorkommt, aber darüberhinaus nur wenigen Änderungen unterliegt. Erstaunlich ist es daher, die tatsächliche Fülle von Varianten feststellen zu müssen. Sie werden unten in Intervallnotation gezeigt. Die Zahlen zählen Halbtonschritte; die negativen Zahlen zeigen fallende, die positiven zeigen steigende Intervalle an.

÷4÷6÷3+5÷2÷2	5mal		÷3÷6÷3+6	1mal		
÷4÷6÷3+5÷2	1mal		÷3÷7÷4÷2	2mal		
÷6÷3+5÷2	1mal		÷4÷2÷6÷1+7	1mal		5mal
÷4÷6÷3+5	1mal	11mal	÷1+7÷1	1mal		
÷6÷3+5	1mal					
÷4÷6÷3	1mal		÷2÷5÷4÷2÷2	1mal		
÷4÷6	1mal		÷2÷4÷8÷1÷1	1mal		
			÷1÷4÷5÷2÷1	2mal		5mal
÷4÷6÷4+6	1mal		÷1÷3÷7÷2	1mal		
÷6÷4+6	1mal	4mal				
÷4÷6÷4+5	2mal		Umkehrungs-formen:			
			+4+6+3÷5+2+2	3mal		
÷3÷6÷4+5÷2÷2	5mal		+4+6+3÷5+2	1mal		7mal
÷3÷6÷4+5	4mal	9mal	+4+6+3÷5	3mal		
÷3÷6÷6+5÷2÷2	1mal		+4+6+4	2mal		
÷4÷6+5	1mal	3mal	+4+5+6	2mal		4mal
÷4÷6+8	1mal					

Von 48 Formen sind nur 5 in der vollständigen Grundform. Die Varianten lassen sich jedoch, wie gezeigt, unschwer in Gruppen einteilen. Danach gehören 11 Formen zur Grundform und 7 zu ihrer exakten Umkehrung; das macht drei Achtel des Ganzen aus. Die nächstverwandte Gruppe, die mit ÷3÷6÷4 anfängt, zählt 9 Ausprägungen. Zusammen bilden die drei Gruppen also mehr als die Hälfte. Die übrigen Varianten entfernen sich z. T. ganz weit von der Grundform, wobei die entferntesten nur durch Figurenähnlichkeit und rhythmische Gestaltung erkennbar sind. Die Verwandtschaft mit der Figur im dritten Takt des A-Themas tritt dadurch zutage, daß diese von D-Varianten ersetzt werden kann, so T. 94 und 100–104 – ausschließlich die sechste Gruppe – und T. 150–153.

E fängt mit dem Teilmotiv o an, sowohl im Diskant wie im Baß, ergreift dann die ganze Grundgestalt, die in den zwei letzten Takten ganz horizontal erscheint. Im Vergleich mit C und D bezeichnet E eine Intensivierung der Bindung an die Grundgestalt, was mit der Stellung als Schlußsatz in der Exposition übereinstimmt.

JAN MAEGAARD (geb. 1926), dänischer Komponist und Musikforscher. Er studierte 1945–1957 Komposition und Musikwissenschaft in Kopenhagen, wo er heute als Professor für Musikwissenschaft tätig ist.

Mäßig (moderato) (♩ = ca. 100)
etwas langsamer anfangen

Hauptzeitmaß (♩. = ca. 52-56)

belebend

Igor Strawinsky, »Le Sacre du Printemps«

Einleitung

Strawinskys Komposition »Frühlingsopfer« mit dem Untertitel
»Bilder aus dem heidnischen Rußland« – nach »Feuervogel«
(1910) und »Petruschka« (1911) das dritte seiner »Russischen
Ballette« – entstand von 1911 bis 1913 und wurde am 29. Mai
1913 im Pariser Théâtre des Champs Elysées uraufgeführt. Das
Attribut russisch bezieht sich zum einen auf das Ensemble der
Uraufführung – das zu jener Zeit in Paris weilende »Ballet rus-
se« unter der Leitung von Diaghilew und mit dem berühmten
Tänzer Nijinsky –, zum anderen auf die Herkunft der Stoffe.
Neben Nijinsky, der die Choreographie des »Sacre« konzipier-
te, war es vor allem der russische Maler, Bühnenbildner und
Amateur-Ethnologe Roerich, der den von russischer Vorzeit
handelnden Sagenstoff gestaltete und auch das Bühnenbild des
»Sacre« entwarf. Obwohl ursprünglich ein Ballett – dessen
Handlung ungefähr aus den Titeln der Bilder hervorgeht[1] –,
wurde die Komposition bald wesentlich häufiger konzertant
aufgeführt.

---

[1] Vgl. Robert Craft (Hrsg.), Igor Strawinsky. The Rite of Spring. Le Sacre du
Printemps. Sketches 1911–1913, London 1969, S. XXXI.

Nach dem überall zitierten Wort Cocteaus sei Strawinskys
»Sacre«, vergleichbar der französischen Malerei jener Epoche,
ein »œuvre fauve«. Ob der als ungebändigt empfundenen Musik überfiel die Hörer der Uraufführung ein »Schwindelgefühl
des Jahrmarktes« (Pawlowski), die Premiere geriet entschieden
zum Skandal (White)[2]. Der mag indes nicht nur durch die Musik, vielmehr auch von der fremdartigen Choreographie verursacht worden sein, denn die erste konzertante Darbietung des
»Sacre« – am 5. April 1914 im Casino de Paris, neben Werken
von Bach und Mozart – wurde vom Publikum begeistert aufgenommen. Drei der hier wiedergegebenen Kritiken (Pioch, Boschot, Carraud) beschreiben die Generalprobe des Werkes am
28. Mai 1913. Lediglich dazu waren die Kritiker von der Thea-
terleitung eingeladen worden, nicht zur Premiere selbst, was
einige von ihnen denn verstimmt haben mochte. Die Tendenzen
der meisten Uraufführungs-Kritiken: ein Lob der älteren Werke Strawinskys (an Beethovens »Eroica« erinnernd) angesichts
des Neuen; die Ablehnung der als mißlungen beurteilten Choreographie; eine Verdammung der als barbarisch oder eine Ver-
unsicherung über die als umwälzend empfundene Musik und
schließlich ein Widerhall der Publikumsreaktionen sind in den
hier zitierten wiedergegeben. Boschot äußert überdies den Argwohn, man habe sich einen Spaß mit dem Publikum erlauben
wollen, ein hartnäckig wiederkehrender Gemeinplatz angesichts neuer Kunst; Pioch zeigt sich verwirrt über die unge-
wohnte Instrumentation und Pawlowski, ohne das Werk zu
verteidigen, attackiert mit bemerkenswert deutlichen Worten
das Verhalten des Publikums. Mag dieses auch von einiger Willkür bestimmt gewesen sein, so artikuliert sich – in Gegensatz
zum Wien Schönbergs – jedenfalls in den Kritiken ein eher
urbaner Geist, das M(onsieur) vor den Namen ist nicht nur eine
Äußerlichkeit, sondern markiert eine Haltung, die trotz aller
Ablehnung des Wahrgenommenen zivilisierte Umgangsformen
nicht gleich aufgibt. Die Authentizität der vorangestellten Beschreibung des »Sacre« durch den Komponisten, am Tag der
Uraufführung erschienen, wurde übrigens später von ihm be-
stritten[3], was allerdings auch nicht umstandslos als authentisch
zu werten wäre.

[2] Weitere Details bei Claude Samuel, Histoire d'une bataille, in: Stravinsky,
Paris 1968 (= Collection Genies et Realites).
[3] Vgl. Igor Strawinsky, Erinnerungen, Zürich 1937, S. 63f.

Für die Rezeption des »Sacre« gilt Ähnliches wie für die des Schönbergschen Quartettes: so häufig das Werk als eines der bedeutendsten Gebilde Neuer Musik gerühmt wurde, so selten wurde es einer näheren Betrachtung unterzogen. Immerhin liefern die wenigen hier vereinigten Texte höchst unterschiedliche Interpretationen. Der nationalistische Text von Heuss deutet das Werk als Ausdruck russischer Grausamkeit, eine Anschauung, die wohl durch den auch gegen Rußland verlorenen Ersten Weltkrieg begründet sein dürfte, den der – deshalb derart weinerliche – Text ja ausdrücklich erwähnt. Fleischer steht fest auf der naiven Grundlage von Blut und Boden, angesichts des avantgardistischen Gegenstandes ein durchaus ungewöhnliches Faktum. Welten davon entfernt ist der zweite Text, Ausschnitte aus Adornos »Philosophie der Neuen Musik«. Bereits die Überschriften der Hauptteile dieses Buches bezeichnen die Funktionen, die beide Komponisten im ästhetischen Denken Adornos erfüllen: »Schönberg und der Fortschritt« – »Strawinsky und die Restauration«. Wie differenziert Adorno die – nur scheinbar undialektisch anmutende – Konstruktion des strikten Kontrastes auch ausführte, seine Abneigung gegen Strawinsky, die gleichermaßen einflußreich auf das Musikdenken nach 1950 war wie seine Parteinahme für Schönberg, entbehrt der hinreichenden Begründung. Dies mag die dargestellte Kritik am »Sacre«, die soziologische und psychoanalytische Kategorien benutzt, verdeutlichen. Die Komposition, so meint Adorno, gehe in vorgeschichtliche Zeiten zurück, gebe damit das entwickelte Individuum auf und entspreche so einer gesellschaftlichen Tendenz jener Jahre, nämlich der zum kollektiven Faschismus. Der Schock, den das Bewußtsein der Nichtigkeit des modernen Individuums bewirkt, werde bei Schönberg »dargestellt«, er banne ihn im Bilde, setze sich damit zur Wehr, während Strawinskys Musik nur ein automatischer Reflex des Schocks sei. Zwar drücke das »Sacre« den Wahnsinn der Subjektlosigkeit präzise aus, insofern entspreche es der gesellschaftlichen Lage, sei »wahr«, würde aber »unwahr«, weil es die Aufgabe des Individuums als Fortschritt kennzeichne: »Die Vernichtung des Subjektes durch den Schock wird in der ästhetischen Komplexion als Sieg des Subjekts und zugleich als dessen Überwindung durch das an sich Seiende verklärt«. Gerade dies ist fragwürdig, da die Zeichen jenes Sieges in der Partitur nirgendwo erkennbar. Adorno mißt den Russen Strawinsky mit den Maßstäben der deutsch-österreichischen Musik, er vermißt demnach eine dynamische Entwicklung, ausgeprägte Melodik, flexible Rhythmik. Boulez hingegen – der die traditionsorientierte Tonalität des »Sacre« hervorkehrt, welche die zeitgenössischen Kritiker übersahen – konstatiert lediglich eine Andersartigkeit der Musik Strawinskys, die bedingt sei durch seine Herkunft; zudem bescheinigt er eine enorme rhythmische Differenzierung. Jarustowskis Text mag als weiteres Beispiel einer politisierten Interpretation gelten. Er hört aus dem »Sacre« die kommende, wohl proletarische Revolution heraus, von der er annimmt, sie sei Strawinsky kaum willkommen gewesen, weshalb dieser sich an die ewige Unveränderlichkeit des natürlichen Kreislaufs gehalten habe. Strawinskys eigene Anmerkungen zu drei Schallplattenaufnahmen des Werkes mögen, bei aller Heiterkeit, etwas von der Haltung desjenigen Komponisten vermitteln, der wie kaum ein anderer auf der strengsten Ausführung seiner Stücke beharrte – auch wenn er für 5000 Dollar gestattete, das »Sacre« als Filmmusik zu Walt Disneys »Fantasia« völlig verstümmeln zu lassen.

Als erste Einführung mag dienen: Helmut Kirchmeyer, Strawinskys Russische Ballette. Der Feuervogel, Petruschka, Le Sacre du Printemps, Stuttgart 1974. Eine aberwitzig detaillierte Untersuchung der Tonalität des »Sacre« findet sich bei Horst Scharschuch, Analyse zu Igor Strawinskys »Le Sacre du Printemps« (= Forschungsbeiträge zur Musikwissenschaft Bd. 8), Regensburg 1960.

Igor Strawinsky (?), »Ce que j'ai voulu exprimer dans Le Sacre du Printemps« [Was ich in Le Sacre du Printemps ausdrücken wollte], in: Montjoie vom 29. Mai 1913.
Zit. nach: Truman Campbell Bullard, The first Performance of Igor Strawinsky's »Sacre du Printemps«, 3 Bde., Diss. University of Rochester (New York) 1971, Bd. III: Original Texts, S. 3–6.
(deutsche Übersetzung von Christine Bierbaß-Schimmel)

In »Le Sacre du Printemps« wollte ich das außerordentliche Wachstum der Natur ausdrücken, die sich selbst erneuert: der totale, bestürzende Aufstieg der allumfassenden Kraft. Im Prélude, bevor der Vorhang sich hebt, habe ich meinem Orchester den Ausdruck der Furcht anvertraut, die jeden Lebensgeist niederdrückt, sobald er mit den Dingen in ihrer Kraft konfrontiert

wird: Das Ding an sich kann wachsen, kann sich selbst unendlich weiterentwickeln. Ein zarter Klang der Flöte fängt jenen
Raum in ihrer Kraft, der sich dann im ganzen Orchester ver-
breitet. Es ist jenes undeutliche und unermeßliche Gefühl, das
von allen Dingen in dem Moment geteilt wird, in dem die Natur
ihre Formen erneuert; und es ist die vage und tiefe Ängstlich-
keit einer allumfassenden Pubertät. Meine Absicht war, dies in
der Orchestrierung und im wechselseitigen Spiel der Melodien
hervorzurufen.

Das gesamte Prélude basiert auf einem stetigen, nicht wechselnden »mezzo-forte«. Die Melodie entwickelt sich von hier-
aus entlang einer horizontalen Linie, und die Dynamik steigt
und fällt nur mit der sich verändernden Anzahl der Instrumente, durch die außerordentliche Dynamik des Orchesters und
nicht durch die melodische Kurve selbst.

Als ein Ergebnis aus diesen Überlegungen habe ich bei der
Behandlung dieser Melodie die Streicher, die in ihren crescendi
und diminuendi die menschliche Stimme darstellen, vermieden.
In den Vordergrund habe ich die trockeneren und klareren
Holzbläser gestellt, die weniger reich an gefälligen Ausdrücken
und deshalb meiner Ansicht nach beweglicher sind.

Kurz, ich wollte im Prélude die bestürzende Ehrfurcht beschreiben, die Schönheit, die aufkommt, das heilige Erschrek-
ken einer Mittagssonne, eine Art Schrei des Pan. Das musikalische Material selbst schwillt an, wächst zum Großen und bricht
aus sich heraus. Jedes Instrument ist wie eine neue Knospe, die
aus der Borke eines ehrwürdigen, alten Baumes hervorsprießt;
es ist ein Teil eines größeren Ganzen. Und das ganze Orchester,
alle im Ensemble, sollen die Geburt des Frühlings kennzeichnen. Im ersten Akt sieht man einige junge Leute mit einer alten,
einer sehr alten Frau; niemand kennt ihr Alter noch das Jahrhundert, in dem sie die Geheimnisse der Natur erlernte oder
ihren Söhnen beibrachte, zu prophezeien. Sie läuft über die
Erde gebeugt, halb Frau, halb Tier. Die jungen Männer neben
den Mädchen stellen die Vorzeichen des Frühlings dar, die an
ihrem Platz stehend, mit ihren Schritten den Rhythmus des
Frühlings schlagen, den Pulsschlag des Frühlings.

Währenddessen kommen die jungen Mädchen vom Fluß. Sie
bilden eine Krone, die sich mit der Krone der Jungen vermischt.
Dies sind dann die Schritte der Lebewesen, die schon da sind;
ihr Geschlecht ist einfach und doppelt, wie das eines Baumes.
Sie vermischen sich, aber in ihren Rhythmen kann man das

Zusammenprallen von Gruppen erahnen, die geformt werden. In der Tat teilen sie sich und gehen nach rechts und links. Dies ist die neue Form, die entsteht, eine Synthese der Rhythmen. Und ein von daher geformtes Ding bringt einen neuen Rhythmus hervor. Die Gruppen trennen sich und beginnen zu streiten; Wortführer laufen von Gruppe zu Gruppe und streiten sich untereinander. Dies kennzeichnet die Erklärung von verschiedenen Kräften durch Kampf, d. h. durch das Spiel.

Aber im selben Moment hören wir, daß sich eine Prozession nähert. Es ist der Schutzheilige, der Weise, der Hohe Priester, der Älteste des Stammes. Ein mächtiger Angstschauer durchläuft die Menge. Und der Weise, der auf dem Bauch liegt und Arme und Beine von sich streckt, segnet die Erde, indem er eins mit dem Boden wird. Seine Segnung ist das Signal zum Beginn eines Rhythmusausbruchs. Jeder verbirgt seinen Kopf und läuft in Spiralen; unablässig strömen Leute in großer Zahl hervor wie die neuen Energien der Natur. Es ist der Tanz der Erde.

Der zweite Akt beginnt mit einem mysteriösen Spiel der Mädchen. Zuerst hört man ein musikalisches Vorspiel, das auf dem mysteriösen Gesang basiert, der den Tanz der Mädchen begleitet. Mit ihrer Formation zeichnen sie jene Schlinge nach, in der die Erwählte am Ende eingeschlossen wird und aus der sie nicht mehr entkommen kann. Die Erwählte ist die, die dem Frühling opfern muß. Sie muß dem Frühling die Kraft geben, die ihm durch ihre Jugend genommen wurde. Die Mädchen tanzen eine Art Lobpreisung um die Erwählte. Dann folgt die Läuterung des Bodens und die Beschwörung der Vorfahren. Die Vorfahren drängen sich um die Erwählte, als sie den Opfertanz beginnt. Als sie fast vor Erschöpfung hinfällt, sehen die Vorfahren das. Wie gierige Monster kriechen sie um sie herum, damit sie im Fallen nicht die Erde berührt. Sie heben sie hoch in die Luft und bieten sie dem Himmel an.

In diesen wesentlichen Rhythmen ist der jährliche Zyklus jener Kräfte gezeichnet, die im Schoß der Natur erneuert werden und verfallen.

Und ich bin glücklich, daß ich zu diesem Werk der Wahrheit M. Nijinsky, den idealen choreographischen Mitarbeiter, und M. Roerich, den Schöpfer der Bildatmosphäre, gefunden habe.

Eric Walter White, Strawinsky – A Critical Survey, London 1947.
Zit. nach der deutschen Übersetzung: Strawinsky, Hamburg 1957, S. 51 f.

Das Ballett schien von Anfang an unter einem bösen Stern zu stehen. Während die Einleitung gespielt wurde, brach im Publikum Gelächter aus; an diesem Punkt verließ Strawinsky angewidert den Zuschauerraum und ging hinter die Bühne. Die skandalöse Szene ist von verschiedenen Augenzeugen beschrieben worden. Nach Carl van Vechten »war ein gewisser Teil der Zuhörer fasziniert von dem, wie sie meinten, blasphemischen Versuch, die Musik als Kunst zu zerstören, und mitgerissen von wütender Begeisterung fingen sie an, bald nachdem der Vorhang sich geöffnet hatte, zu miauen und laute Vorschläge für den Fortgang der Vorstellung zu machen. Das Orchester spielte ungehört, ausgenommen wenn es gelegentlich etwas leiser im Zuschauerraum wurde. Der junge Mann, der hinter mir in der Loge saß, stand im Verlauf des Balletts auf, um besser zu sehen. Die starke Erregung, die ihn gefangenhielt, äußerte sich darin, daß er sogleich anfing, mit seinen Fäusten im Takt auf meinen Kopf zu schlagen. Ich selbst war so außer mir, daß ich die Schläge lange Zeit nicht spürte«. Romola Pulsky (die spätere Frau Nijinskys), die während des ersten Teils der Aufführung im Zuschauerraum war, beschreibt, wie »die Leute pfiffen, die Darsteller und den Komponisten beleidigten, schrieen und lachten. Monteux warf verzweifelte Blicke auf Diaghilew, welcher in Astrucs Loge saß und ihm Zeichen machte weiterzuspielen. In diesem unbeschreiblichen Lärm befahl Astruc [der Leiter des Theaters], das Licht anzumachen; nun beschränkten sich Kampf und Streit nicht mehr auf Geräusche, sondern arteten in richtige Schlägerei aus. Eine gutgekleidete Dame in einer Orchesterloge stand auf und schlug einem jungen Mann, der in der nächsten Loge zischte, ins Gesicht. Ihr Begleiter erhob sich und die Männer tauschten ihre Visitenkarten. Ein Duell folgte am nächsten Tag«. Jean Cocteau sah, wie die alte Comtesse de Pourtalès in ihrer Loge mit flammendem Gesicht und verrutschter Tiara aufstand und hörte sie ausrufen, während sie ihren Fächer schwang: »Das ist das erste Mal in sechzig Jahren, daß es jemand gewagt hat, sich über mich lustig zu machen!«

Eric Walter White (geb. 1905), Studium in Oxford, Musikschriftsteller, seit 1946 Mitglied des britischen Art Council. Bücher über Strawinsky, Britten und »The Rise of English Opera«.

Adolphe Boschot, Le Sacre du Printemps, ballet en deux actes de MM. Roerich, Stravinsky et Nijinsky, in: L'Echo de Paris vom 30. Mai 1913.
Zit nach: Truman Campbell Bullard, a. a. O., S. 7–11.
(deutsche Übersetzung von Susanne Reichert)

Ich würde Ihnen gerne erzählt haben, wie das Publikum dieses neue Russische Ballett aufgenommen hat. Aber die Kritiker waren nur zur Probe eingeladen; ich sah das Werk, aber ich konnte nicht wissen, wie der Zuschauer bei diesem doppelten Säurebad reagieren würde.

Das Publikum ist gelegentlich so fremd, so entfremdet von aller Kultur, so ängstlich darauf bedacht, intelligent und up to date zu erscheinen, so schnell dabei, Partei für das Unglaubliche oder die »précieuses ridicules« [Ausdruck für die Sprache des aristokratischen Salons im 17. Jahrhundert, Vorform des »small talk«] zu ergreifen ... der Mensch ändert sich nicht, und unter den Modeerscheinungen des Jahres 1913 kann man leicht ein ewiges, menschliches Kriechertum finden. Die Menge ist immer der Hofstaat hinter Panurque [Anspielung auf den Streich des Panurque im vierten Buch von Rabelais' Pantagruel, wo Panurque dem Dindenault, der ihn beleidigt hatte, einen Hammel abkauft und ihn ins Meer wirft, worauf alle Hammel – Dindenault mit ihnen – nachspringen und ersaufen]: Sie folgt jenen Führern, die von sich glauben, die Spitze zu sein. Deshalb muß man das Russische Ballett bewundern. Und in der Tat haben die Leute seiner prächtigen Wildheit seit mehreren Jahren zugejubelt. Es besaß gewisse neue Kennzeichen, einen gewaltigen Glanz, ein unwiderstehliches Brodeln – und zeitweise hatte die Musik etwas von einer köstlichen Fremdartigkeit. [...]

Sie [die Tänzer des russischen Balletts] wollen uns die Tänze des vorzeitlichen Rußland zeigen: dann bieten sie uns die primitiven Tänze der Wilden, der Kariben und Kanaken ... sei's drum, aber es ist unmöglich, ernst zu bleiben. Stellen Sie sich die Leute vor: aufgetakelt in den schreiendsten Farben, in spitzen Hauben und Schlafrock, in Tierhäuten und purpurnen Tuniken, gestikulierend wie Derwische, wenn sie die gleichen Bewegungen hundertmal wiederholen: sie scharren am Boden, sie stampfen, stampfen, stampfen, stampfen und stampfen ... plötzlich ein Blitz! Sie brechen in zwei Gruppen auseinander und begrüßen sich. Und sie stampfen und stampfen und stampfen ... plötzlich ein Blitz! Eine kleine alte Dame fällt auf den Kopf und zeigt uns ihren dritten Unterrock. Und sie stampfen und stampfen ...

Und dann sehen wir, wie die Gruppen sich zu einem festen Klumpen zusammenballen. Die Damen sind gegeneinanderge- preßt, zusammengepfercht wie Sardinen und ihre hübschen Köpfe fallen auf die rechte Schulter. In dieser verdrehten Pose stehen sie da, alle mit dem gleichen steifen Hals.

Die Analyse dieser Choreographie und dieser Nachäfferei könnte endlos fortgesetzt werden, und immer und überall wird man zum Lachen gereizt. Nun, warum sollten wir uns um die nichtssagenden Pirouetten kümmern? Im zweiten Akt haben wir eine vorzügliche Tänzerin vor uns, Mlle. Piltz. Aber der Choreograph zerstört sie, wie es ihm gefällt. Er verformt ihre Beine, indem er sie bewegungslos mit den Fußspitzen soweit wie möglich nach innen stehen läßt. Es ist entsetzlich ... und hinterher, wenn sie sich bewegt, muß sie ihren Kopf, der auf einer Schulter festgeklebt ist, zwischen den Händen halten, um uns zu zeigen, daß sie gleichzeitig unter fürchterlichen Zahn- schmerzen und unter der sehr schlimmen Genickstarre leidet, die beide die persönliche Unterschrift des »Dichter-Choreogra- phen« tragen. [...]

Die Musik von M. Stravinsky ist verwirrend und unange- nehm. Zweifellos war es die Absicht, sie der Wildheit der Cho- reographie anzugleichen. Man kann nur bedauern, daß sich der Komponist des »Feuervogels« erlaubte, solche Fehler zu bege- hen. In »Le Sacre du Printemps« findet man unbestreitbare Virtuosität der Orchestrierung, eine gewisse rhythmische Kraft, ein gefälliges Erdichten von melodischen Fragmenten oder Klangmustern, komponiert mit einem Sinn für Begleitung, Pla- cierung und Charakterisierung der szenischen Abschnitte. Hier haben wir einen wirklich begabten Musiker vor uns; geistreich, kunstfertig, zu großer Kraft und großem Gefühl fähig, soviel hat er schon bewiesen. Aber es scheint, als ob er im Wunsch primitiv, prähistorisch zu sein, versucht hat, die Musik mit dem Geräusch zu verbinden. Um das zu erreichen, setzt er darauf, alle Eindrücke von Tonalität zu zerstören. Ich würde diesem besonders amusikalischen Werk anhand der Partitur gerne weiter folgen (aber ich habe sie nicht erhalten). Wenn Sie folgendes tun, bekommen Sie eine Vorstellung davon, was meine Eindrücke sind: Spielen Sie auf zwei Klavieren oder vierhändig, indem Sie den einen Part einen Ganzton nach oben verschieben, nicht aber den anderen: wenn Sie also zum Beispiel im einen Part C – E – G haben, haben Sie im anderen D – F – A, und das zur gleichen Zeit. Und sollten Sie übrigens Akkorde bevorzugen, die einen Halbtonschritt voneinander liegen, so kümmern Sie sich bitte einen Moment nicht darum. Sie müssen nur so viele als irgendmöglich jener unwürdigen Akkorde vermeiden, die bisher als Konsonanzen galten. Und diese Urwaldmusik, die eine halbe Stunde dauert, begleitet den Tanz der Kariben. Wird das Publikum als letzter Richter all dies durchschauen? Wird es verstehen, daß es das Recht hat zu lachen? Wird es verärgert sein? ... Oder wird es all dies als bemerkenswert, als bewundernswert proklamieren? Was die zeitgenössische Psychologie des Pöbels anbelangt, so möchte man hierzu das Urteil eines unparteiischen und unabhängigen Kritikers hören.

ADOLPHE BOSCHOT (1871–1955), französischer Musikhistoriker, 1910–1938 Musikkritiker des »L'Echo de Paris«. Er veröffentlichte in Frankreich vielbeachtete Schriften über Berlioz und Mozart.

GEORGES PIOCH, Le Théâtre des Champs-Elysées: Le Sacre du Printemps, in: Gil Blas vom 30. Mai 1913.
Zit nach: Truman Campbell Bullard, a. a. O., S. 26–30.
(deutsche Übersetzung von Susanne Reichert)

Wenn M. Igor Stravinsky uns nicht solche Meisterwerke wie Feuervogel oder das nette und bilderreiche Werk Petruschka gegeben hätte, würde ich zurücktreten aus einem Gefühl der Bestürzung über das, was ich gerade gehört habe. Ich sollte mich darauf beschränken festzustellen, daß wir hier eine Orchestrierung vor uns haben, bei der alles einzigartig, fremdartig und kunstvoll ist, und daß alles so vielfältig ist, daß es sowohl das Gehör als auch den Verstand verwirrt. Nichts ist sicherer, als daß diese Orchestrierung außergewöhnlich ist; aber ich fürchte, das ist auch alles, was sie ist. Nicht einmal konnte man ein Quartett hören, nur die Instrumente mit dem gewaltigsten und bizarresten Klang überwogen. Weiter noch, M. Stravinsky hatte oft sehr gründlich dafür gesorgt, daß ihre natürlichen Klänge verzerrt wurden. Was noch schlimmer ist, es gibt für den Hörer keine Erleichterung der Bestürzung, was doch nur zu einfach gewesen wäre. Hören Sie sich das Prélude an: ein Holzblasinstrument spielt den Hauptpart; jemand fragt mich: »Welches Instrument gibt solche Töne von sich?« Ich antworte: »Die Oboe.« Aber der Mann, der zu meiner Rechten sitzt, ist ein großer Komponist und versichert mir: »Es ist eine gestopfte Trompete.« Der Mann zu meiner Linken ist musikalisch nicht weniger gebildet und schlägt vor: »Ich dachte, es sei die Klarinette.« Während der Pause suchen wir den Dirigenten selbst auf: und wir lernen, daß es das Fagott war, das uns so verwirrt hatte. Ich begreife, daß all dies, was einige sicherlich seinem Wahnsinn zuschreiben werden, äußerst kalt und peinlich genau gewollt ist. Wenn M. Stravinsky nicht Feuervogel und Petruschka komponiert hätte, und wenn ich die Ernsthaftigkeit seiner Werke nicht kennen würde, würde ich zu dem Schluß kommen, daß er selbst verwirrt war, und uns die unerfreuliche Aufgabe überließ, das herauszufinden.

Ich habe lange von der Musik von Le Sacre du Printemps gesprochen, denn hier, in diesem Werk, ist alles fremd und mit Absicht verwirrend.

Die Choreographie von M. Nijinsky läuft auf eine ausgearbeitete Stilisierung von schwerfälligen Festen, unbeholfenem Wahnsinn und Ekstasen hinaus, die alle sehr wässrig sind, verglichen mit denen der frühesten Russen. In allem ist keine Schönheit, keine Grazie; aber es ist möglich, daß M. Nijinsky sich darum überhaupt nicht gekümmert hat; in dieser Hinsicht verfolgte er konsequent, was er bei uns hervorrufen wollte. Und was für ein erbärmliches Schauspiel das ist! Um Ihnen zu erzählen, was in dem Stück passiert, gebe ich Ihnen die Handlung wieder, wie sie mir gegeben wurde:

Erster Akt: Die Anbetung der Erde.

Männer greifen den Tanz auf und befragen gemäß ihren Riten die Zukunft. Der Vorfahre aller Weisen selbst nimmt an der Verherrlichung des Frühlings teil. Er wird hinausgeführt, um sich mit der hervorragenden und reichen Erde zu verbinden. Jeder stampft in Ekstase auf die Erde.

Zweiter Akt: Das Opfer.

Nach dem Einbruch der Nacht; nach Mitternacht.

Da sind geweihte Steine auf einem Hügel. Die jungen Tänzer spielen mystische Spiele und suchen den Großen Weg. Die Eine, die erwählt worden ist, Gott angeboten zu werden, wird verherrlicht und begrüßt. Die Vorfahren werden als verehrte

Zeugen angerufen. Und die weisen Vorfahren der Männer vollziehen das Opfer. Es ist so, daß man Yariolo, dem Großartigen,
dem Flammenden opfert.

Ich könnte fortfahren.

Aber man behandelt einen solchen Künstler nicht auf diese
Art und Weise. Und da mir an der musikalischen Komposition
nichts tadelnswert erscheint außer der Tatsache, daß sie mich
erschlägt, will ich zugeben, daß wir hier die Erscheinung einer
neuen Art von Musik vor uns haben, die für Zuhörer komponiert wurde, deren Empfinden und Geschmack besser vorbereitet ist als meiner. Vielleicht haben wir Ordnung, Harmonie und
Klarheit vor uns, wo ich nur Zusammenhanglosigkeit, Dissonanz, Schwerfälligkeit und Undurchsichtigkeit unterscheiden
konnte. Zuerst glaubte ich natürlich, daß dies nur ein Ausnah-
mewerk Stravinskys sei, und daß diese Musik, die mich so er-
schreckte, komponiert worden ist, um besonders gewisse
Aspekte des prähistorischen Rußland hervorzurufen, denn das
ist das Thema von Le Sacre du Printemps.

Noch viel mehr, ich hätte die einzigartige Logik verstanden,
die erwartet, daß diese primitivsten Instinkte, Gefühle und Gesten nur durch die intellektuelle und komplizierte Musik hervorgerufen werden können. Aber es kann gar kein Zweifel bestehen: Dies ist keine Ausnahme; die Kunst von M. Stravinsky,
wurde mir gesagt, schockiert einen nur zu Beginn. Wir müssen
nur warten und weiterhin hoffen. Es ist in der Tat möglich, daß
wir hier eine neue Musik vor uns haben. Aber man ist versucht,
um M. Stravinsky und seine Anhänger zu fürchten. Sie haben
hier ein musikalisches Kanaan betreten, von dem sie uns nur
einen winzigen Ausschnitt gegeben haben. Wir sollten sie darum wegen ihrer Unabhängigkeit und ihres Wagnisses respektieren.

Wie wird die Öffentlichkeit Le Sacre du Printemps aufnehmen?

GASTON CARRAUD, Au Théâtre des Champs Elysées: Le
Sacre du Printemps, in: La Liberté vom 31. Mai 1913.
Zit. nach: Truman Campbell Bullard, a. a. O., S. 48–51.
(deutsche Übersetzung von Susanne Reichert)

Die Komposition ist nicht so grundlegend kompliziert. Sie erinnern sich sicher an den alten Witz über den Maler, der einen

Kampf unter Negern in einem Tunnel zeichnete; die Musik von Le Sacre läßt den Eindruck von Katzenkämpfen entstehen – natürlich im Frühling –, bei dem die Katzen in einem Wandschrank mit Töpfen und Pfannen eingesperrt sind. Aber sie ist absolut klar. Die Linienführung der Komposition, die Themen und Rhythmen können trotz ihrer Komplexität klar unterschieden werden; und es ist nicht schwer, unter dieser Menge von Noten, für die man noch Namen finden muß, harmonische und tonale Vorgänge zu finden, die völlig normal und einfach sind. Man bewältigt dies alles im ersten Akt ohne Schwierigkeiten und mit echtem Interesse; während des zweiten Aktes allerdings fangen Ihre Zähne an wehzutun.

Die Musik ruft oft den alten Witz in Erinnerung, der darin besteht, daß man ein Stück auf dem Klavier vierhändig spielt, den Prima-Teil in Dur, den Secunda-Teil in moll. Ich erwähne dies, um Ihnen durch etwas Bekanntes eine Ahnung davon zu geben; Sie dürfen das nicht wörtlich nehmen oder gar glauben, daß diese Musik die Aufmerksamkeit nicht wert ist. M. Stravinsky ist ein Musiker von unzweifelhaftem Talent: Er schrieb Feuervogel, eine vorzügliche Partitur, und Petruschka, eine bilderreiche Partitur voller Geist, auch wenn man schon die drohende Nebenwirkung vorhersehen kann. Keiner sollte etwas an der Ernsthaftigkeit seiner Erneuerungen aussetzen, wo er fortfährt, und das besonders in orchestralen Farben, eine außergewöhnliche technische Virtuosität zu zeigen. Es gibt andere, die auch Erneuerungen vorbringen. Es ist möglich, daß aus all diesem eine neue Art Musik resultieren wird; tatsächlich ist es wahrscheinlich. Auf jeden Fall wird es weder M. Stravinsky noch M. Kódaly noch M. Schönberg sein, der es zustande bringt. Sie alle werden von einem heißen, verstandesmäßigen Willen vorwärtsgetrieben, mit allem Althergebrachten zu brechen; aber sie sind nur Partner des Zeitalters der Zerstörung. Der, der die neue Musik entstehen läßt, wird der sein, der aus diesen Ruinen eine neue musikalische Ordnung aufbaut. Nichts in der Kunst kann ohne Ordnung existieren, und das bißchen, was die Musik in diesen revolutionären Tagen an Ordnung aufweist, hat sie aus der Vergangenheit geerbt.

GASTON CARRAUD (1869–1920), französischer Musikkritiker und Komponist. 1890 war Carraud Rompreisträger des Pariser Conservatoire, wandte sich dann mehr der Musikkritik zu und arbeitete 20 Jahre lang für die Zeitung »La Liberté«.

GUSTAVE DE PAWLOWSKI, Au Théâtre des Champs-Elysées: Le Sacre du Printemps, ballet de deux actes de M. Igor Stravinsky, in: Comoedia vom 31. Mai 1913.
Zit. nach Truman Campbell Bullard, a. a. O., S. 31–37.
(deutsche Übersetzung von Susanne Reichert)

Wo auf der Erde wurden denn diese Schweine erzogen? Das ist einer der harmlosesten Sätze, die mir bei dieser denkwürdigen und eleganten Gelegenheit durch den Kopf gingen. Er faßt kurz das Erschrecken zusammen, das wir fühlten, als wir Zeugen der dummen und geplanten Ungezogenheiten wurden, welche die »Pariser Elite«, wie sie beschönigend genannt wird, angesichts einer fundamentalen und verwegenen Erneuerung von sich gab. Das gleiche Publikum, das seit Jahren nicht einmal gegen das müdeste Variété protestiert, nicht gegen die Operetten-Braten, mit dicker englischer Soße serviert, diese Öffentlichkeit, die sich Tag für Tag die erschreckendsten Bilder ansieht und das dümmste Geschwätz anhört (denn sie alle kaufen sich Spiegel und reden mit sich selbst), diese Öffentlichkeit gibt nun vor, unerträglich zu leiden, wenn ein Künstler, der von etwas Exotischem gepackt ist, versucht, diesem Gefühl etwas ganz Neues zu entreißen, um uns mit ganz unbekannten Linien und Bewegungen zu unterhalten oder gar zu interessieren. Echter Snobismus besteht, laut Thackeray, nicht im Wagnis, sondern in der Reaktion. Ihr akzeptiert nur die Frechheiten, die hundertmal erprobt und von der eigenen Kaste erlaubt worden sind. Die wahre Kühnheit gehört den einsamen Künstlern. Während der Tanz des »Fürst Igor« [aus der gleichnamigen Oper von Alexander Borodin, der im selben Konzert gespielt wurde] hundertmal mit Aufmerksamkeit und Respekt genossen wurde, wird »Le Sacre du Printemps« deshalb mit Entsetzen aufgenommen, weil dieses Stück frühere Sitten zeigt als die, welche in jenen speziellen Geschichtsbüchern dargestellt sind, die von Weltmännern zu Rate gezogen werden.

Es ist wahr, daß die Mehrheit des anwesenden Publikums die Überschrift des Werkes gar nicht verstehen konnte. Die Männer glaubten, es handele sich um blutige Kämpfe, und die Frauen schätzten, es beträfe die neueste Mode, die von einem Modegeschäft propagiert würde. So konnten wir nur, wenn wir unsere Ohren mitten im unbeschreiblichen Lärm verschlossen hielten, schmerzlicherweise eine ungefähre Idee des neuen Stücks bekommen, das gleichermaßen von seinen Verteidigern und Gegnern übertönt wurde. Bis zu einer gewissen Grenze respektieren wir die Rechte eines Verteidigers vor einem Schwurgericht; aber es scheint, daß die Künstler, die ihr Anliegen am Theater vorbringen, dieses Recht nicht in gleicher Weise genießen. Es genügte, um rasend zu werden.

Ich beeile mich aber hinzuzufügen, daß dies in keiner Weise heißen solle, das neue Werk stehe jenseits aller Kritik. Absolut nicht! Die Autoren und Interpreten haben eine unglaubwürdige Tour-de-Force zustandegebracht, indem sie zwei Akte mit primitiver Gestik, unvorstellbarem, kindischem Wahnsinn von Stämmen, die zu den Mysterien des Lebens erwachen, inszeniert haben; aber ein Kunstwerk, das habe ich schon vorher festgestellt, sollte nicht nur auf dem Vulgären und Häßlichen basieren.

[...] Die Autoren von »Le Sacre du Printemps« haben nichts als Lautmalereien verwendet. Ihr persönlicher Stil kommt nicht genug zur Geltung. Uns erscheint solche Art prähistorischer Naturalismus, geboten in einer Umgebung, in der wir ihn nicht erwarten, wie eine Scheibe Leben aus einem Auerochsen herausgehauen. Vom künstlerischen Standpunkt aus ist das Experiment nicht uninteressant: es bietet uns in einer Zeit etwas Neues, in der die künstlerische Welt keine Neuheiten mehr zu kennen scheint. Noch viel mehr! Indes erscheint der Hauptgedanke hinter diesem Werk uns ein bißchen schwach. Dennoch ist wahr, daß aus der Koordinierung der Gesten mit Musik eine Art eigenartiger und neuer Stilisierung resultiert, ein Stil, den ich wahrscheinlich als Stil der Reflexbewegungen oder, wenn sie wollen, des Automatismus bezeichnen würde.

Ganz gewiß haben Sie auf einem Jahrmarkt schon einmal ein Schwindelgefühl gehabt, das durch das Durcheinander der verschiedenen Orchester und die Absurdität der sich widersprechenden Aktionen erzeugt wird, die man bei jeder Attraktion bemerken kann. Eine Melodie, die auf der Dampforgel gespielt wird, ist nicht die gleiche wie in den russischen Bergen; das Pfeifen der Dampfmaschinen schrillt ohne einen Gedanken an die Siegesfanfare, welche aus der Wurfbude herausdröhnt; die Blitzlichter der Kameras haben nichts mit den Gewehrschüssen oder dem Klingeln des Hau-den-Lukas zu tun. Ein russischer General aus Zucker sitzt auf einer Orgel und schlägt die Triangel mit kleinen sprunghaften Bewegungen. In einiger Entfernung schütteln sich wie toll automatische Puppen. Es ist ein dichtes Wirrwarr, das Ihnen dennoch einen allgemeinen Eindruck von Harmonie vermittelt. Wir verdanken das gleiche Gefühl den sprunghaften Gesten der prähistorischen Gliederpuppen, den spontanen und sinnlosen Posen in »Le Sacre du Printemps«. Doch all das, trotz der Dissonanzen, gibt den Eindruck eines lebendigen Automatismus von sehr präzise stilisierten, zuckenden, scharf gezeichneten Reflexen. Und war es nicht die Absicht der Autoren, uns diesen Eindruck von Tierhaftigkeit, von instinktiven Reflexen zu übermitteln? Was auch immer ihre Absicht gewesen sein mag, nie wurde ein Versuch so gründlich mißverstanden. Es war kein »Sacre«, sondern ein »Massacre du Printemps«, und diese Tatsache ist, um es harmlos auszudrükken, skandalös.

Daß ein Publikum, welches nicht nur seine Abende, sondern sein ganzes Leben mit Nichtstun und Nichts-aus-der-Konsequenz-lernen verbringt, nicht die Geduld haben sollte, zu versuchen, in einer halben Stunde eine neue Idee zu begreifen, ist verblüffend und gibt eine völlig falsche Vorstellung vom Theater. Wahrhaftig werden die Maler und Autoren viel besser behandelt. Stephane Mallarmé starb als Halbgott und keiner hat sich jemals träumen lassen, daß Goya sich über die Öffentlichkeit lustig machte, indem er ihre Sprüche und Launen stach. Sich Lustigmachen über die Öffentlichkeit! Das ist die Phrase, welche man unter diesen Umständen hört, und ich kann mir keine dümmere vorstellen. Bitte, erzählen Sie mir von einem Künstler, der diesen Namen verdient oder gar von einem der niederträchtigsten Kunsthändler, der je davon träumen würde, sich über die Öffentlichkeit lustig zu machen. Was für ein Widerspruch, was für ein blanker Hohn des gesunden Menschenverstandes! Können Sie sich eher die Qual und Furcht, den Mut vorstellen, den ein Künstler haben muß, um der Welt ein neues Bild zu geben? Es ist ungefähr so dumm wie zu sagen, daß Molière sich dadurch über die Öffentlichkeit lustig machte, daß er Komödien statt Tragödien schrieb.

Ich will den Respekt vor einem Werk durch einen Künstler nicht erwähnen. Aber welche Bewunderung würde für die ausgezeichneten und tapferen Interpreten ausreichen, die nicht davor zurückschreckten, mit ihren schmerzlich einstudierten, unbeholfenen Gesten grotesk primitive Bewegungen darzustellen, die mit ihren eigenen nichts gemeinsam haben, und deren Stilisierung sie unendlich mehr Arbeit, Schmerz und Sorge kostete als die Errichtung eines Kaufhauses? Unter anderen Umständen würde solche Hingebung mehr verdienen als nur Bewunderung: man müßte ihr Dankbarkeit zollen. Das Publikum denkt, es zeige seine Einmütigkeit und seinen guten Geschmack durch eine Revolte. Solch eine Haltung übertrifft Snobismus – es ist boshafter Kunsthaß. Aber wir müssen uns mit dem Gedanken trösten, daß jeder seine Bewunderung auf seine Art zeigt: die Kröte seibert, wenn die Sonne zu heiß ist, die feinen Damen bewegen ihre Federboas, ihre Begleitungen machen gefährliche Zeichen von Überfüllung, und die Menge gibt die ihr eigenen tierischen Schreie von sich. Und dies ist wirklich für den hellsichtigen Künstler das schönste Lobkonzert, das er erhoffen kann. Denn jeder drückt sich gemäß seiner eigenen Natur aus, und der Vergleich, das müssen Sie zugestehen, dient den Interpreten zum Vorteil, sogar, wenn der Autor Wilde auf die Bühne stellt.

GUSTAVE DE PAWLOWSKI (1874–1933), französischer Literat und Journalist, Chefredakteur verschiedener Zeitungen, darunter »Comoedia«.

ALFRED HEUSS, Igor Strawinsky im Gewandhaus, in: Neue Zeitschrift für Musik 86, 1923.

Nun haben wir ihn auch in Leipzig gehabt, den russischen Gottseibeiuns Igor Strawinsky, und zwar gleich mit einem für ihn bezeichnendsten Werke, der Musik zu dem Ballett La [!] Sacre du Printemps (Frühlingsfeier). Im vierten Gewandhauskonzert geschah dies, und das musikalisch gebildete Publikum der Hauptprobe verhielt sich ablehnend, während das weit robustere, mit den Nerven eines gesellschaftlich emporkommenden Geschlechtes zwar gelegentlich ebenfalls etwas zuckte, dieser russischen »Volksmusik« dann aber einen unzweifelhaften Erfolg bereitete. War die Aufführung in heutiger Zeit wirklich nötig, oder war sie eine Versündigung gegen ..., das ist die Frage, die wir uns vorzulegen haben.

Befassen wir uns dabei gleich mit dem Kern der Sache. Ihrem innersten Wesen nach wird eine Musik wie diese dem deutschen Charakter immer fremd bleiben, weil sie mit einer derartigen Rücksichtslosigkeit eine gewisse Seite des russischen Volkstums zur musikalischen Darstellung bringt, daß man sagt: Wir können und wollen mit ihr nichts im eigentlichen Sinne zu tun haben. Das ist die spezifische *Grausamkeit* des russischen Bauern, die in Strawinsky zum ersten Mal ihren Vertreter in der russischen Musik gefunden hat, in welcher Eigenschaft er sich von allen früheren nationalen russischen Komponisten etwa in dem Maße unterscheidet wie die den russischen Bauern idealisierende Literatur des 19. Jahrhunderts gegenüber einer Anzahl russischer Schriftsteller der neueren Zeit. Daß dieser russische Literaturbauer nie existiert hat, wird uns ein Russe bezeugen, der sich wie kaum ein zweiter auf diesem Gebiet auskennt. Ich glaube dabei kaum, daß diese Grausamkeit, wie sie gerade in dieser Ballettmusik zum Ausdruck kommt, den Vorwurf unmittelbar nahe legte, sondern die Sache liegt tiefer, in Strawinsky, dem ersten russischen Vollblutrussen in dieser Hinsicht, selbst. Wohl wird man zu den Russen aufs Land geführt, die nach ihrem harten, sehr langen Winter und bei der ins Mystische gehenden Liebe, die der russische Bauer seiner Erde entgegenbringt, den Frühling mit allerlei Kultushandlungen und stärksten, sogar orgiastischen Gefühlen feiern, dabei aber denn doch wohl keine eigentliche Gelegenheit haben, ihrer spezifischen Grausamkeit in besonderem Maße zu frönen. Doch lasse ich diese Frage immerhin dahingestellt, denn vielleicht liegt nach dieser Seite hin gewissen Überschriften des Balletts mehr zugrunde, als wir in Deutschland wissen können, wie es denn auch kaum einen einzigen deutschen Hörer des Werkes geben dürfte, der mit den russischen Gebräuchen derart vertraut wäre, daß er im Sinne klarer Anschauung mit den meisten dieser Überschriften etwas Rechtes anfangen könnte. Man ist deshalb gezwungen, sich im Konzertsaal dieses Ballett als absolute Musik anzuhören, was fürs erste ohnehin das Beste ist. Wenn nun dieses »Bauernballett« teilweise einen geradezu bestialisch grausamen Eindruck macht, das Ohr in einer Art gepeinigt und schließlich auch abgestumpft wird, wie es selbst die eigentlich neue Musik nicht zustandebringt – Strawinskys Ballett ist vor dem Krieg geschrieben –, so fragt man schließlich nach dem menschlichen Ursprung dieser musikalischen Scheußlichkeiten, und findet ihn in der abnormen Veranlagung des russischen Volkscharakters zur Grausamkeit, für die nun eben die entsprechenden Töne gefunden zu haben, das besondere »Verdienst« Strawinskys ausmacht. [...]

Soll man Strawinsky, diesen russischen Folterknecht, in Deutschland aufführen? Je nun, man mache, was man wolle. Wir sind allmählich so tief gesunken, daß es gerade tonangebenden Musikern nicht mehr darauf ankommt, was sie aufführen, wenn's nur Sensation macht. Foxtrots, Niggersongs, russische

Bauernscheußlichkeiten und was sonst alles. Wir sind ja das »Bildungsvolk« auf Erden, das sich ja nichts entgehen lassen darf, und müssen deshalb unserm heutigen schwachen Magen einverleiben, was es nur so gibt, und gehen wir dabei vollends zugrunde. Also immer nur her mit dem ganzen internationalen Musiknapf. Nur eines ist dabei dem Dirigenten des Gewandhauses zuzurufen: Wird wieder ein russisches sacre du printemps gehalten, so benutze man nicht herrliche deutsche Meisterwerke dazu, um diesem Russen sowohl die Pforten zu öffnen wie zu schließen. [Brahms' Haydn-Variationen und Beethovens 5. Klavierkonzert wurden im selben Konzert gespielt.]

[. . .] Wenn wir uns selbst zu Schuhputzern anderer Nationen erniedrigen, solls da ein Wunder sein, wenn man Deutschland in diesem Sinn behandelt? Herrn Strawinsky spanne man mit seinesgleichen zusammen, warum nicht gleich ganze russische Abende, weiterhin russische Wochen, wie es die Franzosen vor dem Krieg getan haben, damit die Entente cordiale immer kordialer Deutschland das Genick brechen könne.

Alfred Heuss (1877–1934), deutscher Musikschriftsteller. Er studierte Musikwissenschaft in München und Leipzig (Promotion 1903 bei H. Kretzschmar) und war 1904–1921 »als einer der charaktervollsten und gedankenreichsten deutschen Kritiker« (Riemann Musiklexikon) für verschiedene Zeitschriften tätig. 1921–1929 hatte er die Schriftleitung der »Zeitschrift für Musik« inne, die er »zu einer Kampfzeitschrift gegen die internationale Moderne gestaltete« (Riemann Musiklexikon).

Herbert Fleischer, Strawinsky, Berlin 1931, S. 99–102.

Über *Frühlingsweihe* viel vorweg zu sagen, erübrigt sich. Es ist das geistig umwälzendste Kunstwerk unserer Tage. Hier spricht ein erdverbundener, mit dem Ur verwurzelter Mensch, er prägt einer immerhin recht entwurzelten und enteigneten Welt ein neues Gesicht, *sein* Gesicht, sein Weltbild auf. Die Erde, Urkern allen Lebens wird geweiht: sie wird geküßt und bezaubert. Der Frühling, Erwecker der Erde, Symbol ewiger Neugeburt, wird zelebriert. Es ist eine Musik, die in ihrer Erdnähe, ihrer Unmittelbarkeit aufwühlend, vulkanisch wirkt.

Wie in Petruschka, so spricht auch in Frühlingsweihe der Plastiker. Wohl ist hier klare Formung wiederum oberster Grundsatz, wohl wird auch in diesem Werk das Musikerleben der Sphäre dumpfer Gefühlsseligkeit enthoben und in einen objektivierenden Instrumentalklang umgeprägt, der streng gegliederte, plastische Figuren bildet. Doch das Wesentliche, Revolutionierende dieser Musik ruht in ihrer dunklen, erdfarbenen Tönung, in ihrer unendlichen Beschwertheit. Diese Musik ist urtümlichste Äußerung, ist Abguß des herbrauhen, schweren, erddurchbluteten russischen Bauern, der, allem historisch Zeitlichen entrückt, nur seine Erde kennt, mit der er sich eins fühlt, die ihm Allmutter, zeugende, gebärende und ernährende Kraft ist; seine Erde, die er in prähistorischem Kult weiht und beschwört. Die dunklen, schwerfließenden Töne des Landvolkes treten in grellen Gegensatz zu der hellen, kristallischen Petruschka-Musik: der Musik des Städters, der frohen, ausgelassenen Wesens sich seinem Feiertag hingibt.

[. . .] Den ersten Teil der Frühlingsweihe: Der Kuß der Erde, leitet ein sinfonisches Vorspiel ein; es gibt das Bild des knospenden Frühlings, der keimenden Triebe der Erde, die sich neu verjüngt. Man hört das erste Schwellen ihrer Säfte, das leise Atmen der Natur: Es ist ein ständiges Aus- und Einatmen in allmählicher Steigerung. Sphärenhaft ist diese Musik, von unnennbar schamhafter Zartheit. Die Kräfte, die Regungen entwickeln sich weder in harmonischem noch disharmonischem Zusammenfließen der Tonlinien. Ich möchte die Einleitung ihrer Anlage nach als ein Gewebe *anharmonischer* – das heißt außerhalb jeder harmonischen Bindung – über- und ineinanderfließender Stimmen bezeichnen.

Die Themen schichten sich in zahllosen Varianten allmählich bis zu unendlicher Vielstimmigkeit übereinander. Es ist ein Stück sinfonischer Dichtung, das hier erklingt, von einer geradezu inselhaften Einmaligkeit der Gestaltung. Das Instrumentalgeschehen ruht in der Hauptsache auf Instrumenten, deren klangliches Leben Atem ist: auf Blasinstrumenten. Bereits die im hohen Register zu Anfang erklingende pastorale Melodie des Fagotts birgt in sich die Hoch-Spannung des ganzen Werkes [Takt 1 ff.]. Zunächst wird die Entwicklung durch tiefe Klarinetten gehemmt, die in statisch unveränderlichen Quartintervallen behäbige, chromatische Triolenbewegungen ausführen. Doch alsdann verwandelt sich das Thema unter strengster Wahrung seines Grundrhythmus in ständig neue kleine Figuren, die sich allmählich miteinander verketten und schließlich zu einem kühn verschlungenen polyphonen Klangbild sich schließen – die Frühtriebe der Erde.

THEODOR W. ADORNO, Philosophie der Neuen Musik (Tübingen 1949), Neudruck Frankfurt 1958, S. 135–148, 157f. und 163–165.

Das Sacre du Printemps, Strawinskys berühmtestes und dem Material nach vorgeschrittenstes Werk, wurde, der Autobiographie zufolge, während der Arbeit am Petruschka konzipiert. Das ist kaum zufällig. Bei allem Stilgegensatz zwischen dem kulinarisch zubereiteten und dem tumultuösen Ballett ist beiden der Kern gemeinsam, das antihumanistische Opfer ans Kollektiv: Opfer ohne Tragik, dargebracht nicht dem heraufkommenden Bilde des Menschen, sondern der blinden Bestätigung eines vom Opfer selbst sei's durch Selbstverspottung, sei's durch Selbstauslöschung anerkannten Zustandes. Dieses Motiv, das die Verhaltensweise der Musik gänzlich determiniert, tritt aus der spielerischen Hülle des Petruschka im Sacre mit blutigem Ernst hervor. Es gehört den Jahren an, da man die Wilden Primitive zu nennen begann, der Sphäre von Frazer und Lévy-Bruhl [Frazer (1854–1941), britischer Ethnologe, arbeitete über Totemismus, Lévy-Bruhl (1857–1939), französischer Philosoph und Ethnologe, entwickelte die Anschauung einer »primitiven Mentalität« und »mystischen Partizipation«], auch von »Totem und Tabu« [von Sigmund Freud]. Keineswegs wird dabei, in Frankreich, sogleich die Vorwelt gegen die Zivilisation ausgespielt. Vielmehr wird »geforscht«, in einer positivistischen Detachiertheit [Losgelöstheit], die gut zum Abstand paßt, den Strawinskys Musik von dem Greuel auf der Bühne hält, das sie kommentarlos begleitet. »Ces hommes crédules«, schrieb Cocteau gut-aufklärerisch und etwas herablassend vom prähistorischen Jungvolk des Sacre, »s'imaginent que le sacrifice d'une jeune fille élue entre toutes est nécessaire à ce que le printemps recommence« [diese leichtgläubigen Menschen stellen sich vor, daß das Opfer eines ausgewählten jungen Mädchen notwendig ist, damit der Frühling beginnt]. Die Musik sagt zunächst: so war es, und nimmt sowenig Stellung wie Flaubert in der Madame Bovary. Das Greuel wird mit einigem Wohlgefallen betrachtet, aber nicht verklärt, sondern ungemildert vorgeführt. [...]

Das Menschenopfer, in dem die heraufziehende Übergewalt des Kollektivs sich anmeldet, wird beschworen aus dem Ungenügen des individualistischen Zustandes an sich selber, und gerade die wilde Darstellung des Wilden befriedigt nicht bloß, wie

der Philister ihr vorhält, das romantisch-zivilisatorische Reiz-
bedürfnis, sondern auch die Sehnsucht nach dem Ende des gesellschaftlichen Scheins, den Drang zur Wahrheit unterhalb der
bürgerlichen Vermittlungen und Maskierungen von Gewalt. In
solcher Gesinnung ist das Erbe gerade der bürgerlichen Revolution gegenwärtig. Der Faschismus dann, der die liberale Kultur
samt ihren Kritikern buchstäblich liquidiert, kann eben darum
den Ausdruck des Barbarischen nicht ertragen. Nicht umsonst
haben Hitler und Rosenberg die kulturellen Streitigkeiten innerhalb ihrer Partei gegen den nationalbolschewistisch-intellek-
tuellen Flügel zugunsten des Kleinbürgertraums von Tempel-
säulen, edler Einfalt und stiller Größe entschieden. Das Sacre
du Printemps wäre im Dritten Reich der ungezählten Menschenopfer nicht aufführbar gewesen, und wer immer es wagte, die
Barbarei der Praxis unmittelbar in der Ideologie einzubeken-
nen, fiel in Ungnade. Die deutsche Barbarei – so mag es Nietzsche vorgeschwebt haben – hätte ohne Lüge mit dieser vielleicht
die Barbarei selber ausgerottet. Trotz all dem jedoch ist die
Affinität des Sacre zum Vorwurf unverkennbar, sein Gaugui-
nismus, die Sympathien dessen, der, wie Cocteau berichtet, die
Spieler von Monte Carlo schockierte, indem er die Schmuck-
stücke eines Negerkönigs anlegte. Nicht bloß hallt das Werk in
der Tat wider vom Lärm des kommenden Krieges, sondern es
hat an der wüsten Pracht seine unverhohlene Freude, die freilich im Paris der Valses nobles et Sentimentales [Klavierstücke
von Maurice Ravel] sich begreifen ließ. Der Druck der verding-
lichten bürgerlichen Kultur treibt zur Flucht ins Phantasma von
Natur, das dann schließlich als Sendbote der absoluten Unterdrückung sich erweist. Die ästhetischen Nerven zittern danach,
in die Steinzeit zu regredieren.

Als Virtuosenstück der Regression ist das Sacre du Printemps
der Versuch, ihrer durch ihr Abbild mächtig zu werden, nicht
einfach ihr sich zu überlassen. Dieser Impuls hat an der unbe-
schreiblich breiten Wirkung des spezialistischen Stückes auf die
nachfolgende Musikergeneration seinen Anteil: nicht bloß be-
hauptete es die Rückbildung der musikalischen Sprache und des
ihr gemäßen Bewußtseinsstandes als up to date, sondern versprach zugleich der vorgefühlten Liquidation des Subjekts
standzuhalten, indem es sie zur eigenen Sache machte oder wenigstens wie ein überlegen unbeteiligter Betrachter künstlerisch
sie registrierte. Die Imitation von Wilden soll mit wunderlich-
sachlicher Magie davor behüten, dem Gefürchteten zu verfal-

len. Wie schon während der Anfänge, im Petruschka, die Montage aus Bruchstücken einem witzig-organisatorischen Verfahren sich verdankt, allerorten durch technische Tricks herbeigeführt wird, so ist jegliche Regression in Strawinskys Werk, eben als Abbild, das keinen Augenblick die ästhetische Selbstkontrolle vergißt, manipuliert. Im Sacre bewirkt ein rücksichtslos angewandtes artistisches Prinzip von Selektion (Fußnote: Der Begriff des Verzichts ist grundlegend für das gesamte Werk Strawinskys und macht geradezu die Einheit aller Phasen aus [...]) und Stilisierung den Effekt des Vorweltlichen.

Die Melodiepartikeln, die jeweils einem Abschnitt des Sacre zugrundeliegen, sind meist diatonischer Art, dem Tonfall nach folkloristisch, oder einfach der chromatischen Skala entnommen wie die Quintolen des Schlußtanzes, nie »atonale«, ganz freie, auf keine vorgeordnete Skala bezogene Sukzession von Intervallen. Zuweilen handelt es sich um eine beschränkte Auswahl aus den zwölf Tönen, etwa wie in der Pentatonik, so als wären die anderen Töne tabu und dürften nicht berührt werden: man mag beim Sacre wohl an jenes délire de toucher [Berührungswahn] denken, das Freud aufs Inzestverbot zurückführt.

[...] Die archaische Wirkung des Sacre verdankt sich musikalischer Zensur, einem sich Verbieten aller nicht mit dem Stilisierungsprinzip vereinbarten Impulse. Aber die artistisch erzeugte Regression führt dann zur Regression des Komponierens selber, zur Verelendung der Verfahrensweisen, zum Verderb der Technik. Die Anhänger Strawinskys pflegen mit dem Unbehagen davor sich abzufinden, indem sie ihn als Rhythmiker erklären und ihm bezeugen, er habe die von melodisch-harmonischem Denken überwucherte rhythmische Dimension wieder zu Ehren gebracht und damit die verschütteten Ursprünge der Musik ausgegraben, so wie die Veranstaltungen des Sacre die zugleich komplexen und streng disziplinierten Rhythmen primitiver Riten beschwören möchten. Es ist demgegenüber von der Schönbergschule mit Recht geltend gemacht worden, daß der meist viel zu abstrakt gehandhabte Begriff des Rhythmischen selber bei Strawinsky verengt ist. Zwar tritt die rhythmische Gliederung als solche nackt hervor, aber auf Kosten sämtlicher anderen Errungenschaften der rhythmischen Organisation. Nicht bloß fehlt die subjektiv-expressive Flexibilität der bei Strawinsky vom Sacre an starr stets durchgehaltenen Zählzeit, sondern auch alle mit dem Aufbau der inneren kompositorischen Zusammensetzung, dem »Großrhythmus« der Form zusammenhängenden rhythmischen Relationen. Der Rhythmus ist unterstrichen, aber vom musikalischen Inhalt abgespalten [...]. Es gibt nicht mehr, sondern weniger Rhythmus als dort, wo er nicht fetischisiert wird, nämlich nur Verschiebungen eines Immergleichen und ganz Statischen, ein auf der Stelle Treten, indem die Unregelmäßigkeit der Wiederkehr das Neue ersetzt. Offenbar ist das im Schlußtanz der Auserwählten, dem Menschenopfer, wo die kompliziertesten, den Dirigenten zu Drahtseilakten verhaltenden Taktarten [...] in kleinsten Zählzeiten miteinander abwechseln, einzig um das unveränderlich Starre mit konvulsivischen, von keiner Angstbereitschaft vorwegzunehmenden Stößen, Schocks, der Tänzerin und den Hörern einzupauken. Der Begriff des Schocks fällt in die Einheit der Epoche. Er gehört zur Grundschicht aller neuen Musik, auch der extrem verschiedenen: von seiner Bedeutung für den expressionistischen Schönberg war die Rede. Man darf als gesellschaftliche Ursache das im späten Industrialismus unwiderstehlich gesteigerte Mißverhältnis zwischen dem Leib des einzelnen Menschen und den Dingen und Kräften der technischen Zivilisation vermuten, über die er gebietet, ohne daß sein Sensorium, die Möglichkeit der Erfahrung, das losgelassene Unmaß hätte bewältigen können, solange noch die individualistische Organisationsform der Gesellschaft kollektive Verhaltensweisen ausschließt, die vielleicht subjektiv den Stand der objektivtechnischen Produktivkräfte gewachsen wären. Durch die Schocks wird der Einzelne seiner Nichtigkeit gegenüber der Riesenmaschine des ganzen Systems unmittelbar inne. Sie haben seit dem neunzehnten Jahrhundert ihre Spuren in den Kunstwerken hinterlassen; musikalisch dürfte Berlioz der Erste gewesen sein, für dessen Werk sie wesentlich waren. Aber alles hängt davon ab, wie Musik mit Schockerlebnissen umgeht. Beim mittleren Schönberg setzt sie sich gegen diese zur Wehr, indem sie sie darstellt. In der »Erwartung« und jener schreckhaft aufgescheuchten Umbildung des Scherzotypus, die von der »Lockung« aus op. 6 bis zum zweiten Klavierstück aus op. 23 sich verfolgen läßt, gestikuliert sie gleichsam wie ein von wilder Angst ergriffener Mensch. Diesem aber gelingt, psychologisch gesprochen, die Angstbereitschaft: während der Schock ihn durchfährt und die kontinuierliche Dauer alten Stiles dissoziiert, bleibt er seiner selbst mächtig, Subjekt, und vermag daher noch die Folge der Schockerlebnisse seinem standhaften Leben zu unterwerfen, heroisch sie zu Elementen der eigenen Sprache umzuformen. Bei Strawinsky gibt es weder Angstbereitschaft noch widerstehendes Ich, sondern es wird hingenommen, daß die Schocks nicht sich zueignen lassen. Das musikalische Subjekt verzichtet darauf, sich durchzuhalten, und begnügt sich damit, die Stöße in Reflexen mitzumachen. Es benimmt sich buchstäblich so wie ein Schwerverwundeter, dem ein Unfall widerfuhr, den er nicht absorbieren kann und den er darum in der hoffnungslosen Anstrengung von Träumen wiederholt. Was die vollständige Absorption der Schocks scheint, die Fügsamkeit der Musik gegen die ihr von außen angetanen rhythmischen Schläge, ist in Wahrheit gerade Zeichen dessen, daß die Absorption mißglückte. Das ist das innerste Pseudos des Objektivismus; die Vernichtung des Subjektes durch den Schock wird in der ästhetischen Komplexion als Sieg des Subjekts und zugleich als dessen Überwindung durch das an sich Seiende verklärt. [...] Das Wohlgefallen an dem von der Musik abgezäumten subjektlosen Zustand ist sado-masochistisch. Wird nicht die Liquidation des jungen Mädchens vom Zuschauer schlicht genossen, so fühlt er ins Kollektiv sich ein und wähnt, selber dessen potentielles Opfer, eben damit in magischer Regression an der kollektiven Kraft teilzuhaben. Der sado-masochistische Zug begleitet Strawinskys Musik durch alle ihre Phasen. [...]

Von dem Concertino für Streichquartett, also für jene Besetzung, die einmal dem musikalischen Humanismus, der absoluten Durchseelung des Instrumentalen, am reinsten sich angemessen hatte, verlangte der Autor [Strawinsky], es solle abschnurren wie eine Nähmaschine. Die Piano Rag Music ist für mechanisches Klavier geschrieben. Angst vor der Entmenschlichung wird umgedeutet in die Freude, diese zu enthüllen, schließlich in die Lust des gleichen Todestriebes, dessen Symbolik der verhaßte Tristan bereitete. Die Empfindlichkeit gegen das Verbrauchte der Ausdruckscharaktere, gesteigert zur Abneigung gegen allen unfiltrierten Ausdruck, die der gesamten streamline-Epoche der Zivilisation eignet, bekennt sich als Stolz darüber, daß man aus Einverständnis mit dem entmenschlichten System den Begriff des Menschen in sich selber negiert, ohne darüber real unterzugehen. Das schizophrenische Gebaren von Strawinskys Musik ist ein Ritual, die Kälte der Welt zu überbieten. Sein Werk nimmt es grinsend mit dem Wahnsinn des objektiven Geistes auf. Indem es den Wahnsinn, der allen Ausdruck tötet, selber ausdrückt, reagiert es ihn nicht bloß, wie die Psychologie es nennt, ab, sondern unterwirft ihn selber der organisierenden Vernunft. [...]

Es gibt Stellen bei Strawinsky, die in ihrer trüben Indifferenz oder grausamen Härte dem Ausdruck und seinem untergehenden Subjekt mehr Ehre antun, als wo es weiter überströmt, weil es noch nicht weiß, daß es tot ist: in solcher Gesinnung führt in der Tat Strawinsky den Prozeß Nietzsche contra Wagner zu Ende [...]. Die leeren Augen seiner [Strawinskys] Musik haben zuweilen mehr Ausdruck als der Ausdruck. Unwahr und reaktionär wird die Absage an diesen erst, wenn die Gewalt, die damit dem Individuellen widerfährt, unmittelbar als Überwindung des Individualismus erscheint, Atomisierung und Nivellierung als Gemeinschaft der Menschen. Damit kokettiert die Strawinskysche Ausdrucksfeindschaft auf all ihren Stufen. Hebephrenie [Gleichgültigkeit gegen die Umwelt] enthüllt am Ende auch musikalisch sich als das, was die Psychiater von ihr wissen. Die »Indifferenz zur Welt« kommt auf das Abziehen aller Effekte vom Nicht-Ich, auf narzißtische Gleichgültigkeit gegen das Los der Menschen heraus, und diese Gleichgültigkeit wird ästhetisch als Sinn ihres Loses zelebriert.

Theodor W. Adorno, s. S. 243 f.

Pierre Boulez, Strawinsky demeure (Bd. I von Musique russe, Paris 1953).
Zit. nach der deutschen Übersetzung: Strawinsky bleibt, in: Anhaltspunkte. Essays, Stuttgart 1975, S. 231–234.

Damit [mit einer äußerst detaillierten, vor allem rhythmischen Analyse] glauben wir eine ziemlich vollständige Arbeit geleistet zu haben, zumindest was den Rhythmus betrifft. Im Vorübergehen habe ich auch auf die harmonischen und melodischen Charakteristiken hingewiesen; man konnte sich darüber klarwerden, daß es wirklich der Ausnahmefall war, wenn einige von ihnen zum Aufsprengen der tonalen Sprache hinstrebten. Ganz im Gegenteil: die Mehrzahl dieser Charakteristiken haften an den überaus starken Anziehungskräften von Tonika, Dominante und Subdominante; den Beweis dafür geben unter anderem die Danse Sacral und die Danse de la Terre. Wenn kontrapunktische Ansätze auftreten, so sind sie eingestandenermaßen schwach und wir erinnern an das zweite Couplet der Danse

Sacral, in dem das Thema-Antwort-Paar, abgesehen von der chromatischen Abweichung, die wir vermerkt haben, in überaus einfacher Art erscheint. Wenn Motiv-Überlagerung auftritt, geschieht dies in äußerst strenger Art, wobei jedes Motiv hartnäckig im gleichen Intervallbereich verläuft. Aufs Ganze gesehen gibt es keine Entwicklung im eigentlichen Sinn, sondern vielmehr variierte Wiederholung; keine chemische Reaktion, sondern physikalische Mischung: man wird uns zubilligen, daß wir in diesem Unterschied eine starke Niveauminderung sehen.

Soll ich auf die Polytonalität zu sprechen kommen, von der man beim Sacre soviel Aufhebens gemacht hat, daß man nichts anderes mehr in ihm sah? Das wäre anachronistisch, denn eines ist klar: die Polytonalität ist heute ins Museum der nutzlosen Requisiten, der verbrauchten Masken abgeschoben. Glücklicherweise fehlen im Sacre solche Absurditäten. Man könnte hier höchstens von einer Polymodalität reden, die von gleichen Tonpolen ausgeht. [. . .]

Muß ich auch von dem reden, was man den Mangel an Melodie bei Strawinsky genannt hat? Ganz unpolemisch, einfach unter der Voraussetzung einer von Italien und Deutschland ererbten melodischen Tradition (ich meine damit die Italiener des 17. und 18. Jahrhunderts und die Deutschen des 18. und 19. Jahrhunderts) hat man festgestellt, Strawinsky besäße nicht die »Gabe der Melodie«. Es wäre zu fragen, ob Strawinsky nicht vielmehr eine melodische Konstruktion erweitert und vertraut gemacht hat, die von einer bestimmten Art der Volksmelodie abgeleitet ist. Und vielleicht liegt gerade hier das Mißverständnis über seine »folkloristischen« Themen (dem im Sinn von Plagiat und Erfindungsmangel gebrauchten Begriff gegenüber ist schon ein wenig Boshaftigkeit am Platz). Wir finden Strawinskys Neigung zur vertikalen Fixierung des Klangmaterials hier in einer horizontalen Form. Wie die Töne eines Modus von Anfang an durch einen bestimmten Tonumfang festgelegt sind, so tritt auch die ganze melodische Struktur nie aus der solchermaßen festgelegten Skala heraus. Immer dann, wenn nicht alle Töne des Modus verwendet werden oder wenn – im gegenteiligen Fall – die Stützpunkte den vorherrschenden Platz einnehmen, erfaßt man sofort den statischen Aspekt, der einer solchen Melodie vom klanglichen Gesichtspunkt her anhaftet, und ich glaube, dieser statische Aspekt der Skala ist es, der zum Schlagwort eines vorgeblichen »Mangels an Melodie« geführt hat. Auch läßt sich eine Beziehung zu den unvollstandi-

gen Modi der indonesischen und der tibetanischen Musik entdecken, der Musik des Schwarzen Afrika und – näher bei Strawinsky – gewisser Volksmelodien, deren klanglicher Widerschein uns hauptsächlich durch Borodin und Mussorgsky vertraut geworden ist. Es handelt sich also nicht um einen Mangel
an Melodie, sondern um einen bestimmten Aspekt von Melodik
– mit archaisierender Tendenz vom tonalen Standpunkt aus betrachtet –, der Strawinskys Eintreten für eine archaisierende
tonale Sprache mit Gruppierungen um primär polebildende
Anziehungspunkte nur verstärken konnte. Wir sagen ungescheut »archaisierend«, denn die Sprache des Sacre – und stärker noch die der Noces oder des Renard – hat im Hinblick auf
die sprachliche Entwicklung Wagners und seiner Nachfolger
etwas geschaffen, was sich im geographischen Sinn als Schlagbaum-Phänomen bezeichnen ließe; und zweifelsohne hat dieser
Archaismus die entschiedeneren Bestrebungen im Bereich der
Rhythmik erst möglich gemacht.

Aus all dem komme ich zu dem Schluß, daß dieses Werk,
trotz und dank seiner Mängel und Lücken, für die musikalische
Entwicklung ebenso nutzbringend war wie beispielsweise Pierrot Lunaire [von Arnold Schönberg]. Denn wenn auch nichts
von den Mitteln des Tonsatzes im Sacre – und mehr noch in den
Noces – beizubehalten ist, weil sie überlebt sind, so ist doch die
Rhythmik noch fast unerforscht, zumindest was ihre internen
Konsequenzen anbelangt. Zwar steht bei niemand im Zweifel,
daß etliche mehr oder minder mechanisch aufgesetzte Verfahren
als rhythmische Kolorierung Eingang in die zeitgenössische
Sprache gefunden haben, genauso wie man sich einer oberflächlichen tonalen Kolorierung mittels irgendwelcher anarchischer
[archaischer?] Intervalle befleißigte. Wir wollen aber doch nicht
übersehen, daß es in der Musikgeschichte nur wenige Werke
gibt, die sich des Privilegs rühmen können, noch nach vierzig
Jahren nichts von ihrer erneuernden Kraft eingebüßt zu haben.
Sagen wir es ruhig, daß diese Neuheit nur auf einer Ebene
verläuft: der rhythmischen; aber selbst mit dieser Einschränkung bedeutet das Werk eine Summe der Erfindungen und eine
Qualität der Entdeckung, die beide höchst beneidenswert sind.

PIERRE BOULEZ (geb. 1925), französischer Dirigent, Komponist und Musikschriftsteller. Er war, vor allem in den Fünfziger Jahren, einer der wichtigsten
Komponisten und Theoretiker der sogenannten Seriellen Musik. Seit 1958 trat
Boulez als Dirigent hervor. 1971 wurde er Chefdirigent des BBC Symphony
Orchestra und zugleich der New York Philharmonic. Seit 1976 ist Boulez Direktor des Pariser Musikforschungsinstitutes IRCAM.

Boris Jarustowski, Igor Strawinsky, Moskau 1964.
Zit. nach der deutschen Übersetzung: Igor Strawinsky, Berlin (DDR) 1966, S. 48–50 und S. 59.

»Sacre du Printemps« ist ein typisches Werk der vorrevolutionären Epoche. Man darf es nicht für zufällig halten, daß es nur ein Jahr später als Skriabins »Prométhée« entstand, zwei Jahre später als Strauss' »Elektra«, etwa gleichzeitg mit Bartóks »Herzog Blaubarts Burg«, Ravels »Daphnis und Chloe«, Rachmaninows Chorsinfonie »Kolokola« (Die Glocken), Mahlers Neunter Sinfonie, Schönbergs »Pierrot Lunaire«, kurze Zeit vor Prokofjews »Skythische Suite«. Obwohl all diese Werke durchaus nicht gleichartig sind, gibt es in ihnen doch etwas gemeinsames: Züge der Krise, ein Vorgefühl künftiger Katastrophen, Raserei der Gefühle, großartige expressive Höhepunkte. Nicht selten erscheint in ihnen auch die Gestalt des Todes als Symbol bevorstehender unvermeidlicher Opfer, der Furcht vor etwas langsam Näherrückendem, noch Unbekanntem. Es ist verständlich, daß neue Ausdrucksmittel gebraucht wurden, um diese Thematik auszudrücken. [. . .] Die Helden des neuen Strawinskyschen Werkes sind Menschen aus dem heidnischen Rußland, die fest mit der Erde, mit den elementaren Kräften der Natur verbunden sind und von primitiven, aber wohl auch beständigsten und stärksten Kräften der menschlichen Natur bewegt werden: den Instinkten der Lebens- und Gattungsfortpflanzung. Diese Menschen sind noch bar des Intellekts, bar jeder psychologischen Feinheit und unterscheiden sich noch kaum von der übrigen belebten Natur. Eben darin ist nach der Meinung des Autors ihre Ursprünglichkeit und Lebenskraft zu sehen.

In diesem Stadium war das Leben des Menschen untrennbar mit dem Jahreskreis der Natur verbunden: Ähnlich der Pflanzenwelt verlöscht es im Winter, um unter der Frühlingssonne wieder zu erstehen und sich zu erneuern. »Im Sacre du Printemps«, schrieb Strawinsky, »wollte ich die leuchtende Auferstehung der Natur schildern, die zu neuem Leben erweckt wird, eine vollständige elementare Auferstehung, die Auferstehung der gesamten Welt.« [Vgl. zu diesem Zitat S. 270 ff.]

Daß es dem Komponisten gelang, diesen mächtigen Ausbruch der elementaren Kräfte der Frühlingserneuerung zu zeigen, und daß er ihn vor allem überwiegend mit nationalem russischen Material wiedergab, spricht für den schöpferischen

Weitblick Strawinskys, der ein Vorgefühl des revolutionären Aufbruchs empfunden haben muß. Die Widerspiegelung dieses Prozesses – durch russische Skythen, durch tatsächlich noch barbarisch-primitive, unzivilisierte Massen, die zur Erreichung ihrer Ziele nicht vor Grausamkeiten und Tötung zurückschrekken – war natürlich nicht nur das Ergebnis einer bestimmten konkreten inhaltlichen Aufgabe. Der Komponist des »Sacre du Printemps« erweist sich auch in dieser Beziehung als typischer Vertreter der bürgerlichen Intelligenz, der sich den Volksmassen gegenüber, die für ihn auch im zwanzigsten Jahrhundert in vieler Hinsicht noch primitive Heiden geblieben sind, mit Furcht und Mißtrauen verhält. Sie flößten infolge ihrer gigantischen, elementaren Macht Achtung und Angst, vielleicht sogar einen gewissen nationalen Stolz ein, doch waren von ihnen (was Gott verhüten möge!) auch viele unangenehme und schwerwiegende Überraschungen zu erwarten.

[. . .] In der Zeit kurz vor dem Ersten Weltkrieg konnte das Bürgertum leider nicht mehr mit neuen vorwärtsweisenden Ideen aufwarten. Und wenn sich im »Sacre du Printemps« auch irgendwie schon die Donnerschläge kommender Kriege und Revolutionen ankündigen, so war die Position des Komponisten doch insgesamt weit entfernt von revolutionären Bestrebungen. Strawinsky und seine Gesinnungsgenossen gehörten niemals zu den »Sturmvögeln einer neuen Welt«. Sie blickten eher mit Mißtrauen und wachsender Unruhe auf den rotschimmernden Horizont. Aus eben diesem Grunde wohl wird im »Sacre du Printemps« so nachdrücklich die Idee von der Unausbleiblichkeit des Kreislaufs der Natur bekräftigt, von der Kraft der menschlichen Natur und der angeborenen Instinkte, über welche die Kräfte des geistigen Fortschritts keine Macht hätten.

Boris Jarustowski (1911–1978), sowjetischer Musikforscher. Er lehrte Musikgeschichte am Moskauer Konservatorium und veröffentlichte Schriften vor allem über die Oper des 19. Jahrhunderts und über Musikästhetik.

IGOR STRAWINSKY, Drei Arten von Frühlingsfieber. Ein
Vergleich dreier Aufnahmen aus jüngster Zeit von »Le Sacre
du Printemps«, in: Süddeutsche Zeitung vom 9. Oktober
1965.
Zit. nach: Igor Strawinsky, Erinnerungen und Gespräche
mit Robert Craft, Frankfurt 1972, S. 168–173.

Strawinsky kommentiert hier die Schallplattenaufnahmen:
1. der Berliner Philharmoniker unter Herbert von Karajan
2. des Orchestre National de la R. T. F. unter Pierre Boulez
3. des Staatlichen Sinfonie-Orchesters der UdSSR unter Robert
   Craft.

1.	2.	3.

8 Tanz der Erde

1.	2.	3.
Das freiwillig gelieferte Accelerando schwächt die Entwicklung *in* der Musik, und der Schlußakkord ist ein einziger Ruin.	Die Baßklarinette ist bei (75) zu direkt »am Mikrophon«, und bei (78) sind die Bässe und Tuben zu weit davon entfernt. Vielleicht ist es gefährlich, den Gedanken zu äußern, aber ein schnelleres Tempo als das vorgeschriebene M. M. 168 würde nicht schaden. Es ist schließlich ein Prestissimo-Tanz, kein Allegro. Bernsteins Tempo für diesen Satz ist richtig.	Von den drei Aufnahmen weist diese das beste und erregendste Tempo auf, und die Hauptstimme bei (75) findet sich, wie's sich gehört, bei den Bratschen. Dank der Artikulation sind die Streicher deutlicher zu hören als in den anderen zwei Aufführungen.

9 Einleitung

1.	2.	3.
Ich meine am Anfang eine Grille zu hören: hinzugefügte Naturstimmung? Ob die Vorstellung kommender sommerlicher Ermüdungserscheinungen für das träge Tempo verantwortlich ist? Bei (84) sind die Bässe schwächer als die anderen Streicher, und bei (85)	Dies ist zu sehr gehetzt, und die zweite Trompete ist nach (84) zu diskret. Vor (91) schwebt der Solocellist herab, als sympathisiere er mit Saint-Saëns.	Hier findet sich die beste Streicherbalance für den Abschnitt, der mit (84) anfängt, und ebenso die beste Balance der zwei Trompeten, doch schlampige Celloeinsätze verstümmeln die Passage bei (85).

ist das Piano der Hörner ein Forte im Vergleich mit dem Piano der Trompeten bei (86). Und die Tempowechsel bei (89), (90) ...

10 Geheimnisvoller Kreis der Mädchen

... und (91) sind gering, falls überhaupt vorhanden. Die Balance ist vollkommen bei (99) und (100), aber der Pegel ist zu hoch. Vermutlich ist der Dirigent das Opfer des Toningenieurs, der im Idealfall sein *alter ego* sein müßte. Das Tempo wackelt am Anfang des zweiten Aktes nach (103).

Das hinzugefügte Ritardando vor (97) zerstört das stille Pulsieren, das mit dem Abschnitt (97) beginnt. Die Balance der Hörner bei (99) ist schlecht, und die Fermate vor (101) ist nicht gut abgemessen, doch ein schwerer wiegender Fehler ist, daß das Accelerando bei (102) zum zweiten Takt nach (103) führen sollte, statt, wie hier, darüber hinaus zu schießen, was dann eine Abbremsung auf ein langsameres Tempo nötig macht!

Das Tempo ist bei (97) etwas übersteigert. Der verfrühte Ausfall des ersten Cellos bei (100) zeigt, wie wenig bekannt diese Musik in der Sowjetunion noch ist; tatsächlich hält diese Platte die zweite Aufführung eines Moskauer Orchesters seit fünfzig Jahren fest. Das Accelerando bei (102) ist gut angelegt, desgleichen der orchestrale Blutsturz bei (103).

11 Verherrlichung der Auserwählten

Das Tempo ist gut, doch sollten die Töne wie gestochen klingen. Das Molto allargando vor (117) wird fälschlich als fünf gleiche Schläge ausgeführt.

Die Aufführung von Karajan ist gleichmäßiger, und der Rhythmus ist hier einen Takt vor (118) schief, wo eine Art Schluckauf passiert und unbetonte Taktteile zu betonten werden.

Das Tempo ist *giusto*.

12 Anrufung der Ahnen

Dies ist zu langsam! Der Pulsschlag sollte derselbe wie im vorigen Stück sein, die alten Achtel sollten den neuen Vierteln wie ineinandergreifende Zahnräder gleichen.

Das Tempo ist vollkommen richtig, ebenso die Artikulation ...

Weil das E der Bässe undeutlich ist, nicht nur hier, sondern in der Regel, änderte ich die Stimme für diese Aufführung ab, indem ich aus dem Fis (Aufstrich), E (Abstrich) und D eine Triole machte. In Zu-

298

kunft würde ich die Pauke nur jeweils die erste Note jeder Gruppe spielen lassen. Leider ist das Ergebnis dieser Veränderungen in *dieser* Aufführung ein unberechtigtes und unglückliches Nachlassen des Tempos.

13 Tanz der Ahnen

Ob das Tempo metronomisch stimmt oder nicht, dieses *Tempo di strip-tease* ist zu langsam, und bei (138) ist die Musik stumpfsinniger als Walt Disneys sterbende Dinosaurier. Beim zweiten Takt nach (136) müßten die Triolentöne getrennt, nicht aneinandergeklebt werden. Bei (139) ist die Baßtrompete zu schwach und das Englischhorn zu stark. Bei (140) ist die Intonation der Klarinette schlecht. Das Rubato drei Takte vor (142) ist unnötig und entkräftend.

... doch *dies* ist zu schnell, und die Abtakte des Ostinatos sind zu laut, insbesondere beim ersten Horn und den ersten Violinen. Die Trompeten fangen bei (132) so unbestimmt an und schrauben ihre Zuversicht so langsam hoch, daß man meint, sie sind nicht sicher, ob sie noch an der richtigen Stelle sind. Nebenbei mag ich diese Passage nicht, wenn man sie *legato* spielt, auch wenn sie so gedruckt steht.

Ich höre merkwürdige »Happenings« des Schlagzeugs bei (131); hat jemand etwas fallen lassen? Probt irgend jemand ein anderes Stück? Die Artikulation der Trompete bei (132) ist lobenswert, doch sind die Trompeten und Posaunen bei (134) im Verhältnis zu den Hörnern zu laut. Die Balance zwischen der Baßtrompete und der G-Flöte ist gut; dieser kleine Dialog, zusammen mit den folgenden Klarinettenmelismen, ist nebenbei die beste Musik in diesem Satz. Der Rest, seit langem ein Modell für Filmmusik zu Safarisequenzen, hat sich am schlechtesten gehalten. Es wäre ein Trost zu wissen, daß der Fehler darin liegt, daß die Stelle sich leicht nachahmen läßt.

14 Opfertanz der Auserwählten

Das träge Tempo gibt irgendwelcher Spannung, die bis zu diesem Punkt noch bestanden hat, den Gnadenstoß.

Das Tempo zu Beginn ist zwar schnell, aber gut. Dann bei (157) und (159) scheint es unangemessen schnell, und die

Der Pauker verzählt sich irgendwo in der Nähe von (148) und beendet diesen Abschnitt in völliger Unabhängig-

Bei (189) ist die Balance schief, weil die erste Trompete, neben anderen Missetätern, im Verhältnis zur D-Trompete zu laut ist.

Spannung wird dadurch genauso verschwendet wie durch Karajans Tempo. Nebenbei schenkt keine dieser Aufführungen dem Iktusakzent die geringste Aufmerksamkeit [. . .].

$$\left|\begin{matrix}2\\8\end{matrix}\right. \quad \text{♪}\, \overset{>}{\text{♫♫}} \left.\right|$$

Das Accelerando bei (165) fängt zu früh an, das Tempo schleppt drei Takte vor (190), und das Orchester ist nicht immer zusammen, beispielsweise zwei Takte vor (154).

keit von seinen Kollegen des Orchesters, eine Art von Fehler, die abermals beweist, wie ungewohnt diese Partitur für Musiker der Sowjetunion ist. Das Tempo ist gut, und trotz der Schlampigkeit ist die Nebennierenerregung viel größer als bei den anderen Aufnahmen. Der zweite Takt nach (197), der Angelpunkt des letzten Abschnitts und des Rhythmuswechsels, fühlt sich in *dieser* Aufführung tatsächlich wie der Wendepunkt an.

Resümee: Die Aufnahme ist im allgemeinen gut, die Aufführung im allgemeinen seltsam, wenn auch auf ihre eigene Weise verfeinert – in der Tat verfeinert: ein domestizierter Wilder, kein wirklicher. Der Hauptfehler liegt im Hang zum *sostenuto;* hier sind die Längen der Töne eigentlich dieselben, wie sie bei Wagner oder Brahms wären: das dämpft die Energie der Musik und läßt das, was an rhythmischer Artikulation vorhanden ist, mühsam erklingen. Aber vielleicht hätte ich damit beginnen müssen, daß die Musik der Kultur ihrer Ausführenden fremd ist. Schönberg erkannte sie als einen Angriff auf die mitteleuropäische Tradition, als er sagte, es erinnere ihn an »die wilden Negerpotentaten, die nichts wei-

Resümee: Erstens die Aufnahme: Die immense dynamische Breite von *Sacre* wird auf das übliche Aufnahmestudio-Mezzoforte reduziert; neben der Verpackung allen Klangs in Hallraumflanell ist dies eine der schlimmsten Verfälschungen der Schallplattenindustrie. Lärm selber ist eine Art von Sprache und Lautstärke ein Element; und während die Nivellierung der Klangpegel bei einigen Musikstücken nur geringfügigen Schaden anrichtet, raubt sie der Partitur von *Le Sacre* eine ihrer wesentlichen Dimensionen; das ist zum Teil der Grund, weswegen sogar heute eine Konzertaufführung für jeden einen Schock bedeutet, der das Werk durch Schallplattenaufnahmen kennengelernt hat. Zwei-

Resümee: Da es sich hier bloß um die Aufnahme eines öffentlichen Konzertes handelt, können weder Aufführung noch Aufnahmetechnik dem Vergleich mit den zwei anderen im Studio zurechtgeschnittenen Aufnahmen standhalten. Doch während die Musik bei der französischen Aufnahme französisch und bei der deutschen deutsch klingt, gelingt es den Russen, sie russisch klingen zu lassen, was genau richtig ist. (Mir fehlt hier der Raum, verständlich zu machen, was ich mir, auf die Musik angewandt, unter diesen Nationalbezeichnungen vorstelle.) Außerdem, wenn *Sacre* für das russische Orchester neu ist, für die konservativen sozialistischen Zuhörer muß

ter anhaben als Krawatte und Zylinderhut«. (Als ihm 1925 berichtet wurde, ich hätte erklärt, sein Zwölftonsystem sei eine Sackgasse, antwortete er: »Es gibt keine sackere Gasse als ›Sacre‹.«) Aber ich zweifele, ob *Le Sacre* befriedigend im Rahmen der Tradition des Herrn von Karajan aufgeführt werden könnte. Ich möchte nicht unterstellen, daß er nun dabei nicht in seinen Tiefen sei, sondern daß er in meinen Untiefen ist – beziehungsweise meinen einfachen Massenbildungen und Vergegenständlichungen. Es gibt im *Sacre du printemps* einfach keine Bereiche der Seelenforschung.

tens die Aufführung: Sie ist weniger gut, als ich mir erhofft hatte, da die Ansprüche im Falle von Maître Boulez sehr hoch sind. Man hätte vermutet, daß diese Musik sein Bier wäre, zumal die Tatsache, daß ihm Herrn von Karajans Art von *Kultur** völlig abgeht, hier von Vorteil ist. Von einigen schlampigen Stellen abgesehen, in dieser Aufführung überraschend, doch nicht von Wichtigkeit, gibt es einige sehr schlechte Tempi. Die Artikulation ist im allgemeinen ausgezeichnet und sehr erholsam gegenüber der Aufnahme der Deutschen Grammophon Gesellschaft.

es wie der Schlachtruf der Sansculotten geklungen haben. Zumindest wird dadurch die Luft prickelnd, im Gegensatz zu der smogverseuchten Atmosphäre unserer Großstädte, in denen *Sacre* zum Schaustück der Dirigenten degradiert wurde, für das, wenn man Glück hat, eine einzige Probe angesetzt wird.

Keine von den drei Aufführungen ist so gut, daß man sie aufbewahren müßte.

* Deutsch im Original

Allgemeines

Boyd, Morrison Comegys, Composer and Critic. 200 Years of Musical Criticism, New York 1946.

Braun, Werner, Musikkritik. Versuch einer historisch-kritischen Standortbestimmung, Köln 1972 (= Musik-Taschenbücher. Theoretica, Bd. 12).

Dahlhaus, Carl, Grundlagen der Musikgeschichte, Köln 1977.

–, Vom Nutzen und Nachteil der »Rezeptionsgeschichte«, in: Neue Zeitschrift für Musik 134, 1973, S. 686.

–, Philologie und Rezeptionsgeschichte, in: Festschrift Georg von Dadelsen zum 60. Geburtstag, hrsg. von Thomas Kohlhase und Volker Scherliess, Neuhausen-Stuttgart 1978, S. 45 ff.

Faller, Max, Johann Friedrich Reichardt und die Anfänge der musikalischen Journalistik, Kassel 1929 (= Königsberger Studien zur Musikwissenschaft, Bd. 7).

Gülke, Peter, Die Verjährung der Meisterwerke. Überlegungen zu einer Theorie der musikalischen Interpretation, in: Das Orchester 14, 1966, S. 45 ff.

Kropfinger, Klaus, Probleme der musikalischen Rezeptionsforschung, in: Neue Zeitschrift für Musik 135, 1974, S. 741 ff.

Krummacher, Friedhelm, Rezeptionsgeschichte als Problem der Musikwissenschaft, in: Jahrbuch des Staatlichen Instituts für Musikforschung Preußischer Kulturbesitz, Berlin 1979/80, S. 154 ff.

Kühn, Dieter, Musikbeschreiber, in: derselbe, Löwenmusik. Essays, Frankfurt 1979, S. 25 ff.

Lissa, Zofia, Zur Theorie der musikalischen Rezeption, in: dieselbe, Neue Aufsätze zur Musikästhetik, Wilhelmshaven 1975 (Taschenbücher zur Musikwissenschaft 38), S. 111 ff.

Schenk-Güllich, Dagmar, Anfänge der Musikkritik in frühen Periodika. Ein Beitrag zur Frage nach den formalen und inhaltlichen Kategorien von Musikkritiken der Tages- und Fachpresse von 1700 bis 1770, Phil. Diss. Erlangen-Nürnberg 1972.

Schering, Arnold, Aus der Geschichte der musikalischen Kritik in Deutschland, in: Jahrbuch Peters 1928, S. 9–23.

Schmitt-Thomas, Rainer, Die Entwicklung der deutschen Konzertkritik im Spiegel der Leipziger Allgemeinen musikalischen Zeitung (1798–1848), Frankfurt 1969 (= Kultur im Zeitbild I).

Beethoven:

Brümmer, Eugen, Beethoven im Spiegel der zeitgenössischen rheinischen Presse, Würzburg 1932.

Brusatti, Otto, Das Beethoven-Bild Arnold Schönbergs, in: Bericht über den Internationalen Beethoven-Kongreß 20. bis 23. März 1977 in Berlin, hrsg. v. Harry Goldschmidt, Karl-Heinz Köhler und Konrad Niemann, Leipzig 1978, S. 377ff.

Dömling, Wolfgang, Die Symphonie als Drama. Bemerkungen zu Berlioz' Beethoven-Verständnis, in: Festschrift Georg von Dadelsen zum 60. Geburtstag, hrsg. v. Thomas Kohlhase und Volker Scherliess, Neuhausen-Stuttgart 1978, S. 59ff.

Eggebrecht, Hans Heinrich, Zur Geschichte der Beethoven-Rezeption, Wiesbaden 1972 (= Abhandlungen der Mainzer Akademie der Wissenschaften. Geistes- und Sozialwissenschaftliche Klasse, 3).

–, Theorie der ästhetischen Identifikation. Zur Wirkungsgeschichte der Musik Beethovens, in: Archiv für Musikwissenschaft 34, 1977, S. 103ff.

Kropfinger, Klaus, Wagner und Beethoven, Regensburg 1975 (= Studien zur Musikgeschichte, Bd. 29).

Krummacher, Friedhelm, Synthesis des Disparaten. Zu Beethovens späten Quartetten und ihrer frühen Rezeption, in: Archiv für Musikwissenschaft 37, 1980, S. 99ff.

Kühn, Dieter, Löwenmusik, in: derselbe, Löwenmusik. Essays, Frankfurt 1979, S. 51ff.

Mahling, Christoph-Hellmut, Zur Beethoven-Rezeption in Berlin in den Jahren 1830–1850, in: Bericht über den Internationalen Beethoven-Kongreß 20. bis 23. März 1977 in Berlin, hrsg. v. Harry Goldschmidt, Karl-Heinz Köhler und Konrad Niemann, Leipzig 1978, S. 351ff.

Pečman, Rudolf, Mozart oder Beethoven? Eine Grundfrage des Prager Musikmilieus der ersten Dezennien des 19. Jahrhunderts, in: Bericht über den Internationalen Beethoven-Kongreß 20. bis 23. März 1977 in Berlin, hrsg. v. Harry Goldschmidt, Karl-Heinz Köhler und Konrad Niemann, Leipzig 1978, S. 345ff.

Riemer, Otto, Scherings Beethoven-Deutung, in: Musica 24, 1970, S. 242ff.

Rundtischgespräch Beethovens Wirkungsgeschichte, in: Bericht über den Internationalen Beethoven-Kongreß 20. bis 23. März 1977 in Berlin, hrsg. v. Harry Goldschmidt, Karl-Heinz Köhler und Konrad Niemann, Leipzig 1978, S. 467ff.

Schmitz, Arnold, Das romantische Beethoven-Bild, Berlin-Bonn 1927.

Schrade, Leo, Das französische Beethoven-Bild der Gegenwart, in: Beethoven und die Gegenwart. Festschrift L. Schiedermayr zum 60. Geburtstag, Berlin-Bonn 1937.

–, Beethoven in France. The Growth of an Idea, New Haven 1942.

Wolff, Jochem, Sozialgeschichtliche Probleme der Beethoven-Rezeption, in: Bericht über den Internationalen Musikwissenschaftlichen Kongreß Berlin 1974, hrsg. v. Hellmut Kühn und Peter Nitsche, Kassel 1980, S. 523 ff.

Zoltai, Denes, Zur Beethoven-Rezeption der Romantik, in: Bericht über den Internationalen Beethoven-Kongreß 20. bis 23. März 1977 in Berlin, hrsg. v. Harry Goldschmidt, Karl-Heinz Köhler und Konrad Niemann, Leipzig 1978, S. 361 ff.

Berlioz:

Reckow, Fritz, »Wirkung« und »Effekt«. Über einige Voraussetzungen, Tendenzen und Probleme der deutschen Berlioz-Kritik, in: Die Musikforschung 33, 1980, S. 1 ff.

Brahms:

Fellinger, Imogen, Das Brahms-Bild der ›Allgemeinen musikalischen Zeitung‹ (1863–82), in: Beiträge zur Geschichte der Musikkritik, hrsg. v. Heinz Becker, Regensburg 1965 (= Studien zur Musikgeschichte des 19. Jahrhunderts, Bd. 5), S. 27 ff.

Bruckner:

Kolleritsch, Otto, Über Wertungsmodelle in der Brucknerauslegung, in: Anton Bruckner in Lehre und Forschung. Symposium zu Bruckners 150. Geburtstag, Linz a. d. Donau 1974, Regensburg 1976, S. 93 ff.

Martinotti, Sergio, Bruckner nei concerti e nella critica italiana, in: Bruckner-Studien. Festgabe der Österreichischen Akademie der Wissenschaften zum 150. Geburtstag, hrsg. v. Othmar Wessely, Wien 1975 (= Österreichische Akademie der Wissenschaften. Phil.-historische Klasse. Sitzungsberichte, 300. Bd., Veröff. d. Kommission f. Musikforschung, Heft 16), S. 203 ff.

Röthig, Claudia Catharina, Studien zur Systematik des Schaffens von Anton Bruckner auf der Grundlage zeitgenössischer Berichte und autographer Entwürfe, Göttingen 1978 (= Göttinger musikwissenschaftliche Arbeiten, Bd. 9).

Wagner, Manfred, Vorwort zu einer Bibliographie, dargestellt an jener über Anton Bruckner, in: Die Musikforschung 26, 1973, S. 225 ff.

Eisler:

Danuser, Hermann, Hanns Eisler. Zur wechselhaften Wirkungsgeschichte engagierter Musik, in: Die Wiener Schule – heute, hrsg. v.
Carl Dahlhaus, Mainz (im Druck; = Veröffentlichungen des Instituts für neue Musik und Musikerziehung 24).

Mahler:

Blaukopf, Kurt, Hintergründe der Mahler-Renaissance, in: Gustav
Mahler – Sinfonie und Wirklichkeit, hrsg. v. Otto Kolleritsch, Wien
1977 (= Studien zur Wertungsforschung 9).

Gustav Mahler. Ein Lesebuch mit Bildern, hrsg. v. Hellmut Kühn und
Georg Quander, Zürich 1982, S. 170 ff.

Mahler – eine Herausforderung. Ein Symposium, hrsg. v. Peter Ruzic-
ka, Wiesbaden 1977, darin: Carl Dahlhaus, Rätselhafte Popularität,
S. 5 ff.; Monika Tibbe, Anmerkungen zur Mahler-Rezeption,
S. 85 ff.; Hans-Klaus Jungheinrich, Nach der Katastrophe, S. 181 ff.

Zenck, Martin, Aspekte der Mahler-Rezeption. Bemerkungen zu einer
Theorie der musikalischen Rezeption, in: Bericht über den Interna-
tionalen Musikwissenschaftlichen Kongreß Berlin 1974, hrsg. v.
Hellmut Kühn und Peter Nitsche, Kassel 1980, S. 526 ff.

Mendelssohn:

Worbs, Hans Christoph, Zur Rezeption von Mendelssohns Musik in
der 2. Hälfte des 19. Jahrhunderts, in: Bericht über den Internationalen Musikwissenschaftlichen Kongreß Berlin 1974, hrsg. v. Hellmut
Kühn und Peter Nitsche, Kassel 1980, S. 387 ff.

Mozart:

Cosi fan tutte. Beiträge zur Wirkungsgeschichte von Mozarts Oper,
hrsg. vom Forschungsinstitut für Musiktheater der Universität Bayreuth, Bayreuth 1979 (= Schriften zum Musiktheater, Bd. 2).

Ruf, Wolfgang, Die Rezeption von Mozarts ›Le Nozze di Figaro‹ bei
den Zeitgenossen, Wiesbaden 1977 (= Beihefte zum Archiv für Musikwissenschaft, Bd. 16).

Schrade, Leo, Mozart und die Romantiker, in: Bericht über die musikwissenschaftliche Tagung der Internationalen Stiftung Mozarteum in
Salzburg vom 2. bis 5. 8. 1931, Leipzig 1932, S. 22 ff., auch in: Gerhard Croll (Hrsg.), Wolfgang Amadeus Mozart, Darmstadt 1977 (=
Wege der Forschung, Bd. 233), S. 145 ff.

Werner-Jensen, Karin, Studien zur ›Don Giovanni‹-Rezeption im
19. Jahrhundert (1800–1850), Tutzing 1980 (= Frankfurter Beiträge
zur Musikwissenschaft, Bd. 8).

Reger:

Popp, Susanne, Reger-Rezeption 1973, in: Mitteilungen des Max Reger-Instituts Bonn 20, 1974, S. 1 ff.

Schönberg:

Schönberg – Berg – Webern. Die Streichquartette. Eine Dokumentation, hrsg. v. Ursula von Rauchhaupt, Hamburg 1971.

Schreiber, Ulrich, Schönberg-Rezeption 1974, in: Monatshefte Musiktheater Frankfurt, 5. Spielzeit 1977/78.

Strawinsky:

Bullard, Truman Campbell, The first Performance of Igor Stravinsky's ›Le Sacre du Printemps‹, 3 Bde., Phil. Diss. University of Rochester 1971.

Verdi:

Dauth, Ursula, Verdis Oper im Spiegel der Wiener Presse von 1843 bis 1859. Ein Beitrag zur Rezeptionsgeschichte, Phil. Diss. Heidelberg 1977.

Kämper, Dietrich, Das deutsche Verdi-Schrifttum, in: Colloquium ›Verdi – Wagner‹, Rom 1969, hrsg. v. Friedrich Lippmann, Köln-Wien 1972 (= Analecta musicologica 11), S. 185 ff.

Wagner:

Großmann-Vendrey, Susanna, Bayreuth in der deutschen Presse, Dokumentenband 1: Die Grundsteinlegung und die ersten Festspiele 1872–1876, Dokumentenband 2: Die Uraufführung des Parsifal 1882, Regensburg 1977 (= 100 Jahre Bayreuther Festspiele, Bd. 10).

–, »Wagner in Italien« – Bemerkungen zur Rezeptionsforschung, in: Die Musikforschung 29, 1976, S. 195 ff.

Jung, Ute, Zum Beitrag von Susanna Großmann-Vendrey »Wagner in Italien« – Bemerkungen zur Rezeptionsforschung, in: Die Musikforschung 30, 1977, S. 193 ff.

–, Die Rezeption der Kunst Richard Wagners in Italien, Regensburg 1974 (= Studien zur Musikgeschichte des 19. Jahrhunderts 35).

Zelinsky, Hartmut, Wagner – ein deutsches Thema. Eine Dokumentation zur Wirkungsgeschichte Richard Wagners 1867–1976, Frankfurt 1976.

Webern:

Schubert, Giselher, Zur Rezeption der Musik Anton von Weberns, in:
Die Wiener Schule – heute, hrsg. v. Carl Dahlhaus, Mainz (im
Druck; = Veröffentlichungen des Instituts für neue Musik und Mu-
sikerziehung 24).

Quellenverzeichnis

Wir danken all denjenigen Autoren, die mit ihrem Einverständnis zur Veröffentlichung der vorliegenden Textsammlung beigetragen haben. Ferner danken wir den folgenden Verlagen für die Abdrucksgenehmigung der geschützten Texte:

S. 19 ff. (Steglich), S. 107 f. (Bücken) und S. 141 f. (Gerber) mit freundlicher Genehmigung der Akademischen Verlagsanstalt, Wiesbaden.

S. 21 ff. (Keller) und S. 176 ff. (Egermann) mit freundlicher Genehmigung der VEB Edition Peters Musikverlag, Leipzig.

S. 25 ff. (Ehricht) mit freundlicher Genehmigung der Evangelischen Verlagsanstalt, Stuttgart.

S. 43 ff. (Abert), S. 66 f. (Kretzschmar), S. 138 ff. (Ehrmann) und S. 237 (Mengelberg) mit freundlicher Genehmigung des Verlages Breitkopf & Härtel, Wiesbaden.

S. 46 ff. (Schönberg), S. 48 ff. (Einstein), S. 170 ff. (Mann), S. 183 f. (Mann), S. 255 ff. (Schönberg) und S. 297 ff. (Strawinsky) mit freundlicher Genehmigung des S. Fischer Verlages, Frankfurt a. M.

S. 71 ff. (Rolland) und S. 91 f. (Spaun, Mayrhofer) mit freundlicher Genehmigung des VEB Breitkopf und Härtel Musikverlages, Leipzig.

S. 73 ff. (Schering) mit freundlicher Genehmigung von Henry Litolff's Verlag/C. F. Peters, Frankfurt a. M.

S. 88 (Gernhardt) mit freundlicher Genehmigung des Verlages Zweitausendeins, Frankfurt a. M.

S. 93 f. (Einstein) mit freundlicher Genehmigung des Cassell-Verlages, London.

S. 94 f. (Goldschmidt), S. 113 f. (Goldschmidt), S. 144 ff. (Siegmund-Schultze) und S. 219 ff. (Schönewolf) mit freundlicher Genehmigung des Deutschen Verlags für Musik, Leipzig.

S. 95 ff. (Reininghaus) mit freundlicher Genehmigung der Zeitschrift Spuren, Zeitschrift für Kunst und Gesellschaft.

S. 98 ff. (Fröhlich) mit freundlicher Genehmigung des Hanser-Verlages, München.

S. 165 f. (Adler) mit freundlicher Genehmigung des Drei Masken Verlages, München.

S. 169 f. (Melchinger) mit freundlicher Genehmigung des Lechte-Verlages, Emsdetten.

S. 179 ff. (Cogni) mit freundlicher Genehmigung der Bayreuther Festspiele. Dieser Artikel ist erstmals in den Programmheften der Bayreuther Festspiele enthalten gewesen.

S. 182 f. (Schnebel) mit freundlicher Genehmigung des Dumont-Verlages, Köln.

S. 185 ff. (Dettmering) und S. 257 ff. (Zillig) mit freundlicher Genehmigung der Nymphenburger Verlagshandlung GmbH, München.

S. 190f. (Geck) mit freundlicher Genehmigung der Verlagsbuchhand-
lung Vandenhoeck und Ruprecht, Göttingen.

S. 214f. (Kurth) und S. 232ff. (Bekker) mit freundlicher Genehmigung
des Verlages Hans Schneider, Tutzing.

S. 221f. (Bachmann) mit freundlicher Genehmigung des Schöningh-
Verlages, Paderborn.

S. 226 (Alma Mahler) mit freundlicher Genehmigung des Verlages Ull-
stein GmbH, Berlin.

S. 228ff. (Pfohl) mit freundlicher Genehmigung des Verlages der Musi-
kalienhandlung Karl Dieter Wagner, Hamburg.

S. 231 (Weigl) mit freundlicher Genehmigung des Verlages Robert Lie-
nau, Berlin.

S. 238ff. (Adorno) und S. 287ff. (Adorno) mit freundlicher Genehmigung des Suhrkamp Verlages, Frankfurt a. M.

S. 259 (Meyerowitz) mit freundlicher Genehmigung des Colloquium
Verlages, Berlin.

S. 260ff. (Maegaard) mit freundlicher Genehmigung der Edition Wilhelm Hansen, Frankfurt a. M.

S. 273 (White) mit freundlicher Genehmigung des Verlages Doubleday
& Co, Inc., New York.

S. 292ff. (Boulez) mit freundlicher Genehmigung des Belser-Verlages,
Stuttgart.

S. 295f. (Jarustowski) mit freundlicher Genehmigung des Henschelver-
lages Kunst und Gesellschaft, Berlin (DDR).

Wir haben uns bemüht, alle Rechteinhaber zu erfassen. Es kann sein,
daß dies uns in dem einen oder anderen Fall nicht gelungen ist. Wir
bitten um Entschuldigung.

Register

Musik im Taschenbuch

Biographisches

Schütz · Bach · Mozart · Schubert ·
Wagner · Clara Schumann ·
Brahms · Schönberg · Bartók

Werkbeschreibungen

Bach-Kantaten · h-moll-Messe ·
Weihnachts-Oratorium ·
Wohltemperiertes Klavier ·
Schubert-Lieder

Handbücher

Geschichte der Musik · Oper ·
dtv-Atlas zur Musik · Schubert-
Werkverzeichnis

eddition MGG

Einzeldarstellungen aus der
Enzyklopädie »Die Musik in
Geschichte und Gegenwart«:
Musikgeschichte ·
Außereuropäische Musik ·
Musikalische Gattungen ·
Musikinstrumente

Musiktheorie
Musikästhetik

Kontrapunkt · Harmonielehre ·
Gehörbildung · Stimmbildung ·
Stilkunde · Musikästhetische Texte ·
Musikethnologie

Essay

Pierre Boulez · Alfred Einstein ·
Peter Hacks · Joachim Kaiser ·
Hans Heinz Stuckenschmidt

Lieder und Texte

Deutsche Liedertexte ·
Weihnachtslieder · Mozart
zweisprachig · Wagner-Dramen ·
Biermann · Degenhardt ·
Cowboylieder

Pop und Schlager

ABBA-Texte · Beatles-Repertoire ·
Hitmacher & Mitmacher · The
Who-Texte · Deutsche Schlager

Memoiren

Anton Dermota · Margot Fonteyn ·
Rudolf Hagelstange · Yehudi
Menuhin · Gerald Moore · Nicolas
Nabokov · Gregor Piatigorsky

Anekdoten und Cartoons

Bernard Grun · Gerard Hoffnung ·
Alexander Witeschnik

Quartettspiel

Kennst du diese Komponisten?

Bärenreiter-
Taschenpartituren

Händel · Bach · Haydn · Mozart ·
Beethoven

edition MGG

Die ›edition MGG‹ ist eine Folge von Taschen-
büchern, in denen Beiträge aus der universalen
Musikenzyklopädie »Die Musik in Geschichte und
Gegenwart« (MGG) nach thematischen Schwer-
punkten zusammengestellt sind. Die von
Friedrich Blume bei Bärenreiter herausgegebene
MGG gilt als Jahrhundertleistung der Musikwissenschaft – ein Werk von bleibendem Wert.
Jedem Band der ›edition MGG‹ sind ein Vorwort,
weiterführende Literaturhinweise und, sofern
sinnvoll, eine Diskographie beigegeben.

Außereuropäische
Musik
in
Einzeldarstellungen

dtv/Bärenreiter
edition MGG

Musikalische
Gattungen
in Einzeldarstellungen
Band 1:
Symphonische Musik

dtv/Bärenreiter
edition MGG

Musikinstrumente
in Einzeldarstellungen
Band 2:
Blasinstrumente

dtv/Bärenreiter
edition MGG

Außereuropäische
Musik in Einzel-
darstellungen
Mit einer Einleitung von
Josef Kuckertz
Bärenreiter 28 433 05
dtv 4330

Epochen der Musik-
geschichte in Einzel-
darstellungen
Mit einem Vorwort von
Friedrich Blume
Bärenreiter 28 414 60
dtv 4146

Musikalische Gattungen
in Einzeldarstellungen
Band 1
Symphonische Musik
Mit einem Vorwort von
Peter Gülke
Bärenreiter 28 438 10
dtv 4381

Musikinstrumente
in Einzeldarstellungen
Band 1
Streichinstrumente
Mit einer Einleitung
von Erich Stockmann
Bärenreiter 28 437 70
dtv 4377

Band 2
Blasinstrumente
Mit einer Einleitung
von Dieter Krickeberg
Bärenreiter 28 438 80
dtv 4388

Band 3
Schlaginstrumente
In Vorbereitung

Die Reihe wird
fortgesetzt

Musik verstehen

Walter Blankenburg:
Einführung in Bachs
h-moll-Messe

dtv/Bärenreiter

Wilibald Gurlitt:
Johann
Sebastian Bach
Der Meister und sein Werk

dtv/Bärenreiter
Biographie

Carl Dahlhaus:
Die Idee
der absoluten Musik

Bärenreiter

Walter Blankenburg:
Einführung in Bachs
h-moll-Messe
BWV 232
Bärenreiter 28 439 40
dtv 4394

Walter Blankenburg:
Das Weihnachts-
Oratorium von
J. S. Bach
Originalausgabe
Bärenreiter 28 440 60
dtv 4406

Wilibald Gurlitt:
Johann
Sebastian Bach
Der Meister und sein
Werk
Bärenreiter 28 153 40
dtv 1534

Hermann Keller:
Das Wohltemperierte
Klavier von J. S. Bach
Werk und
Wiedergabe
Bärenreiter 28 437 30
dtv 4373

Clemens Kühn:
Gehörbildung im
Selbststudium
Originalausgabe
Bärenreiter 28 693
dtv 10073

Carl Dahlhaus:
Die Idee der
absoluten Musik
Originalausgabe
Bärenreiter 28 599
dtv 4310

Alfred Dürr:
Die Kantaten
von J. S. Bach
Originalausgabe
Bärenreiter 28 408 02
dtv 4080

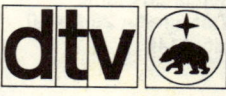

Musik verstehen

**Joachim Kaiser:
Erlebte Musik**
Teil 1
Von Bach bis Verdi

dtv/Bärenreiter

**Diether de la Motte:
Kontrapunkt**
Ein Lese- und Arbeitsbuch

dtv/Bärenreiter

**Peter Michael
Hamel:
Durch Musik
zum Selbst**
Wie man Musik neu erleben
und erfahren kann

dtv/Bärenreiter

Joachim Kaiser:
Erlebte Musik
Band 1:
Von Bach bis Verdi
Band 2:
Von Wagner bis
Zimmermann
Bärenreiter 28 178 60,
28 178 70
dtv 1786, 1787

Diether de la Motte:
Harmonielehre
Bärenreiter 28 418 30
dtv 4183

Diether de la Motte:
Kontrapunkt
Ein Lese- und
Arbeitsbuch
Bärenreiter 28 437 10
dtv 4371

Peter Rummenhöller:
Die musikalische
Vorklassik
Originalausgabe
Bärenreiter 28 441 07
dtv 4410

Peter Michael Hamel:
Durch Musik zum
Selbst
Wie man Musik neu
erleben und erfahren
kann
Bärenreiter 28 158 90
dtv 1589

Rudolf Kloiber:
Handbuch der Oper
2 Bände
Bärenreiter 28 310 90,
28 311 02
dtv 3109, 3110

Richard Wagner
im dtv

Wagner-Chronik
Daten zu Leben und Werk
zusammengestellt
von Martin Gregor-Dellin

dtv/Bärenreiter

**Peter
Wapnewski:
Der traurige Gott**
Richard Wagner in seinen Helden

dtv

**Hurenaquarium
und andere
Unhöflichkeiten**
Richard Wagner
im Spiegel der zeitgenössischen Kritik

dtv

**Wagner-Chronik
Daten zu Leben
und Werk
Zusammengestellt
von Martin
Gregor-Dellin
Bärenreiter 28694
dtv 3251**

Richard Wagner:
Die Musikdramen
Vorwort von
Joachim Kaiser
Dünndruck-Ausgabe
Bärenreiter 2892081
dtv 2085

**Peter Wapnewski:
Der traurige Gott
Richard Wagner in
seinen Helden
Bärenreiter 2891030
dtv 1797**

Alexander
Witeschnik:
Wer ist Wotan?
Wagner und die
Wagnerianer in
Anekdoten
Bärenreiter 2891022
dtv 10067

**Hurenaquarium
und andere
Unhöflichkeiten
Richard Wagner im
Spiegel der zeit-
genössischen Kritik
Zusammengestellt
von Wilhelm Tappert
im Jahr 1876
Vorwort von Heinz
Friedrich
Originalausgabe
Bärenreiter 2891024
dtv 10072**